에듀윌과 함께 시작하면,
당신도 합격할 수 있습니다!

자소서와 면접, NCS와 직무적성검사의 차이점이 궁금한
취준을 처음 접하는 취린이

대학 졸업을 앞두고 취업을 위해 바쁜 시간을 쪼개며
채용시험을 준비하는 취준생

내가 하고 싶은 일을 다시 찾기 위해
회사생활과 병행하며 재취업을 준비하는 이직러

누구나 합격할 수 있습니다.
이루겠다는 '목표' 하나면 충분합니다.

마지막 페이지를 덮으면,

에듀윌과 함께
취업 합격이 시작됩니다.

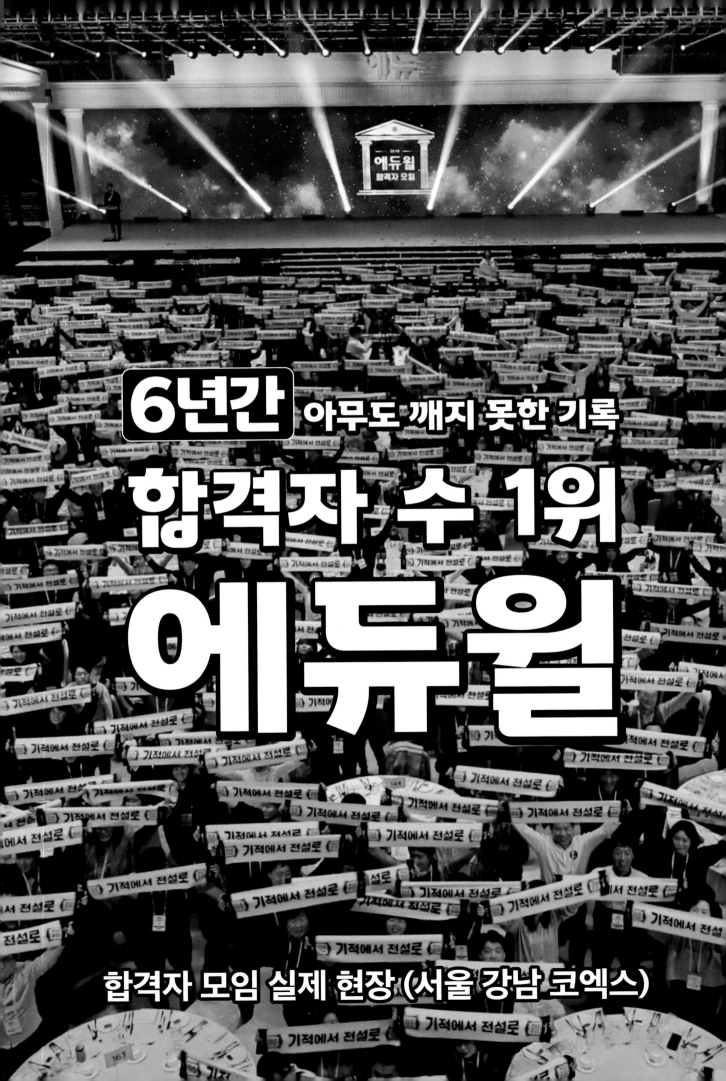

우리는 평생을 함께할 에듀윌 동문입니다

6년간 아무도 깨지 못한 기록

합격자 수 1위
에듀윌

KRI 한국기록원 2016, 2017, 2019년 공인중개사 최다 합격자 배출 공식 인증 (2022 현재까지 업계 최고 기록)

에듀윌을 선택한 이유는 분명합니다

4년 연속 취업 교육

1위

합격자 수 수직 증가

2,557%

취업 교재 누적 판매량

209만 부

베스트셀러 1위 달성

2,130회

에듀윌 취업을 선택하면
합격은 현실이 됩니다.

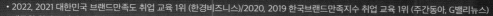

4년 연속 취업 교육 1위!*
합격자 수 2,557%* 수직 증가

에듀윌 취업은
취준생이 아닌 합격생을 만듭니다.

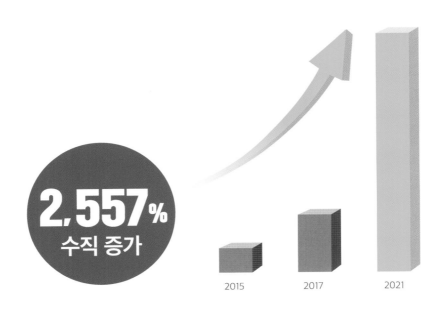

에듀윌 취업만의 체계적인 커리큘럼

STEP 1	STEP 2	STEP 3
1:1 스펙분석	기업별, 전형별 커리큘럼	최종점검 모의고사
정확한 데이터 기반의 객관적 가이드 제공	서류, 필기, 면접, 각 전형별 전문 강의	엄선된 문항, 최상의 퀄리티, 실제 유형/난이도 반영

* 2022, 2021 대한민국 브랜드만족도 취업 교육 1위 (한경비즈니스)/2020, 2019 한국브랜드만족지수 취업 교육 1위 (주간동아, G밸리뉴스)
* 에듀윌 취업 수강생 공기업/대기업 서류, 필기, 면접 전형별 합격자 인증 건수 (총집계/총합계) 2015~2020년도/2021년도 (중복포함)

누적 판매량 209만 부 돌파*
베스트셀러 1위 2,130회* 달성

공기업, 대기업, 취업상식
수많은 취준생을 합격으로 이끈 교재

공사 공단 NCS 베스트셀러 1위

PSAT형 NCS 수문끝 베스트셀러 1위

취업상식 97개월 베스트셀러 1위

삼성 GSAT 베스트셀러 1위

SKCT SK그룹 베스트셀러 1위

LG그룹 베스트셀러 1위

더 많은
에듀윌 취업 교재

eduwill

베스트셀러 1위!
에듀윌 취업 교재 시리즈

대기업 통합

20대기업 인적성
통합 기본서

삼성

GSAT 삼성직무적성검사
통합 기본서

GSAT 삼성직무적성검사
실전 봉투모의고사

GSAT 기출변형
최최종 봉투모의고사

SK

온라인 SKCT SK그룹 종합역량검사
통합 기본서

LG

LG그룹 온라인 인적성검사
통합 기본서

SSAFY

SSAFY SW적성진단
+에세이 4일 끝장

POSCO

PAT 통합 기본서
[생산기술직]

대기업 자소서&면접

끝까지 살아남는
대기업 자소서

금융권

농협은행 6급
기본서

지역농협 6급
기본서

IBK 기업은행
NCS+전공 봉투모의고사

공기업 NCS 통합

공기업 NCS
통합 기본서

영역별

PSAT 기출완성
의사소통 | 수리 | 문제해결·자원관리

NCS, 59초의 기술
의사소통 | 수리 | 문제해결능력

공기업 통합 봉투모의고사

공기업 NCS 통합
봉투모의고사

매일 1회씩 꺼내 푸는
NCS

매일 1회씩 꺼내 푸는
NCS Ver.2

유형별 봉투모의고사

피듈형
NCS 봉투모의고사

행과연형
NCS 봉투모의고사

휴노형·PSAT형
NCS 봉투모의고사

고난도 실전서

자료해석 실전서
수문끝

기출

공기업 NCS
기출 600제

6대 출제사 기출 문제집

한국철도공사

NCS+전공
기본서

NCS
봉투모의고사

ALL NCS
최최종 봉투모의고사

한국전력공사

NCS+전공
기본서

NCS+전공
봉투모의고사

8대 에너지공기업
NCS+전공 봉투모의고사

국민건강보험공단

NCS+법률
기본서

NCS+법률
봉투모의고사

한국수력원자력

한수원+5대 발전회사
NCS+전공 봉투모의고사

ALL NCS
최최종 봉투모의고사

교통공사

서울교통공사
NCS+전공 봉투모의고사

부산교통공사+부산시 통합채용
NCS+전공 봉투모의고사

인천국제공항공사

NCS
봉투모의고사

한국가스공사

NCS+전공
실전모의고사

한국도로공사

NCS+전공
실전모의고사

한국수자원공사

NCS+전공
실전모의고사

한국토지주택공사

NCS+전공
봉투모의고사

공기업 자소서&면접

공기업 NCS 합격하는
자소서&면접 27대 공기업
기출분석 템플릿

전공별

공기업 사무직
통합전공 800제

전기끝장 시리즈
❶ 8대 전력·발전 공기업편

전기끝장 시리즈
❷ 10대 철도·교통·에너지·환경
공기업편

취업상식

월간 취업에 강한
에듀윌 시사상식

공기업기출
일반상식

금융경제 상식

eduwill

에듀윌 회원이면
취업 동영상 강의 누구나 무료

총 218강 이상의 취업 강좌
7일 무료&무제한 수강!

FREE
공기업 NCS
문제풀이

FREE
대기업 인적성
문제풀이

FREE
공기업/대기업
자소서 & 면접 강의

FREE
시사상식
특강

교재 문제풀이를 100% 완벽히 채워줄
7일 무료 수강권 지급

2023 한국수자원공사 | 무료 수강혜택
NCS+전공 실전모의고사 | 바로가기

※ 무료 수강권은 오른쪽 QR코드를 모바일로 스캔 후 받을 수 있습니다.
※ 해당 강의는 에듀윌 취업사이트에서도 무료로 이용 가능합니다.
※ 해당 이벤트는 예고 없이 변경되거나 종료될 수 있습니다.
※ 취업 강의는 수시로 추가 업데이트됩니다.

교재 연계 맞춤형 강의
무료 수강!

| 이 교재 강의

[2023] 2022년 1월 시행 한국수자원공사
기출복원 NCS 주요 문제풀이 무료특강(2강)

수강 경로

에듀윌 홈페이지(www.eduwill.net)
로그인 → 공기업/대기업 취업 검색 →
무료특강 클릭

무료특강
수강신청

※ 해당 강의는 에듀윌 취업사이트에서 무료로 이용 가능합니다.
※ 강의는 2023년 1월 중 순차적으로 오픈될 예정이며, 강의명과 강의 오픈
   일자는 변경될 수 있습니다.

철저한 1:1 학습관리
교재 연계 온라인스터디 무료

스터디 전용 인강+데일리 추가 문제 100% 완전무료

이런 분이라면,
꼭 신청하세요!

- 올해 처음 공기업 NCS / 대기업 인적성을 시작하는 취준생
- 혼자 공부할 의지가 부족해서 공부가 잘 되지 않는 취준생
- 학습 커리큘럼을 1:1로 관리당하여, 꼬리표를 떼고 싶은 취준생

에듀윌 취업! 온라인스터디
반드시 참여해야 하는 세 가지 이유

- 체계적인 단기 완성 커리큘럼과 유료강의 무료 제공
- 취업 전문 연구진의 실시간 질문답변
- 확실한 단기 합격 보장을 위한 추가 학습혜택 제공
- 단기간에 공기업 NCS / 대기업 인적성 집중학습 전략 제시

| 참여 방법

네이버카페 '딱공기업(https://cafe.naver.com/gamnyang)' 접속 → 확기스 스터디 게시판 신청 후 참여

STEP 1		STEP 2		STEP 3
신청서 작성	▶	스터디 교재 구매 후 인증 (선택)	▶	오픈채팅방 입장 및 스터디 학습 시작

※ 온라인스터디 진행 및 혜택은 교재 및 시기에 따라 다를 수 있습니다.

온라인스터디
신청

eduwill

누적 신청자 209,863명*!
온라인모의고사&성적분석 무료

교재를 사면 실전문제가 더 따라온다!

☑ 매 시즌 업데이트 기업별 유형 맞춤 최신 문항

☑ 실제와 동일한 유형·난이도로 확실한 실전 대비

☑ 실제 시험과 동일한 환경을 적용하여 실력 측정 및 시간관리 연습 가능

| 응시 방법

에듀윌 홈페이지 (www.eduwill.net) 로그인	▶	공기업/대기업 취업 클릭	▶	우측 [취업 온라인모의고사 무료] 배너 클릭
해당 온라인모의고사 [신청하기] 클릭	▶	대상 교재 내 쿠폰번호 입력	▶	[응시하기] 클릭

※ '온라인모의고사&성적분석' 서비스는 교재마다 제공 여부가 다를 수 있으니, 교재 뒷면 구매자 특별혜택을 확인해 주시기 바랍니다.

온라인모의고사
신청

적중과 후기로 증명하는
에듀윌 취업 콘텐츠!

2022 상반기 삼성 실제 출제 문항

응용수리에서는 전년 대비 증감량, 증감률을 구하는 문제가 올해도 출제됐다. 확률 문제 역시 출제됐다. 조건추리에서는 주어진 조건을 활용해 비밀번호에 대한 설명 중 참/거짓을 고르거나 토너먼트 조별 경기 내용 중 참/거짓을 고르는 문제 등이 출제됐다. 도형추리에서는 3×3 형태의 박스 안에 배치된 도형이 변화하는 규칙에 따라 빈칸 안에 들어가는 답을 맞추는 문제가 출제됐으며, 독해추론에서는 삼성전자 관련 지문이 등장해 평소 삼성 관련 기사를 잘 살펴본 수험생이라면 많은 도움을 받을 수 있는 문제도 출제됐다.

2022.09.20. 고시워크

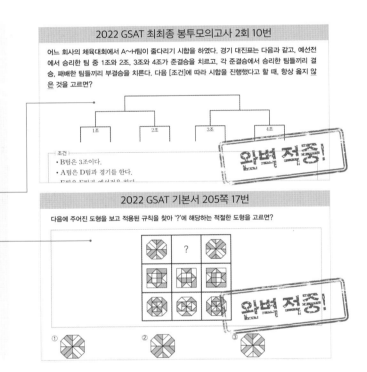

취업 교재 이용자 후기

공기업 전기직 A
에듀윌이 복원을 잘했어요.
유출된게 아닌가 싶을 정도로

★★★ 기출복원 킹정!

코레일 B
에듀윌 복원 진짜 잘해놨네요
완전 비슷

★★★ 복원성지 에듀윌!

공기업 전기직 C
저는 주로 에듀윌꺼 사는데 100% 새 문항 이거 써져있는거만 사요 ㅋㅋ

★★★ 100% 새 문항!

국민건강 보험공단 D
작년 하반기는 에듀윌이랑 정말 비슷하게 나와서 소름끼칠 정도였어요

★★★ 출제 적중!

한전 E
답장 님 한전 어땠어요?
에듀윌 난이도 였습니다.

★★★ 에듀윌 난이도 그 자체!

삼성 F
에듀윌이 깔끔해요! A사는 오류가 많고, B사는 난이도가 안맞아요.

★★★ 가장 깔끔!

[주요 공기업 단톡방의 100% 실제 수험생 대화 재구성]

에듀윌은 완벽한 콘텐츠 제공을 위해 항상 최선을 다하고 있습니다.

한국수자원공사 SPECIAL GUIDE

기관장	박재현	채용 담당 부서	인재경영처
임직원 수	6,584명	채용 담당 전화	042-629-2643
대표전화	042-629-3114	홈페이지	www.kwater.or.kr

기업분석

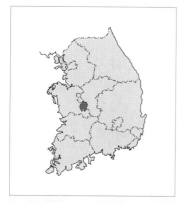

본사 위치
대전광역시 대덕구 신탄진로 200

지역 본부
한강유역본부(24개 지사), 금강유역본부(16개 지사), 낙동강유역본부(23개 지사), 영·섬유역본부(14개 지사), 시화사업본부(3개 지사)

❖ 연봉
신입 초봉: 4,014만 원 수준(성과 상여금 포함)

❖ 응시자격
[기본 자격요건]
① 학력, 전공, 학점, 성별 제한 없음
② 남성의 경우 병역필 또는 면제자(입사지원 마감일 기준)
③ 공사 인사규정에 의한 채용 결격사유가 없는 자
④ 입사일부터 현업 전일근무 가능자

[어학 자격요건]

구분	어학 요건	비고
영어	TOEIC 700점 이상 또는 토익스피킹 130점 이상 또는 TEPS 264점 이상 또는 OPIc IM2 이상	어학성적 중 1개 이상 보유
중국어	HSK 5급 182점 이상	
프랑스어	FLEX 708점 이상 또는 DELF-DALF B2 이상	
스페인어	FLEX 708점 이상 또는 DELE B2 이상	

❖ 우대사항

구분	가점
「국가유공자 등 예우 및 지원에 관한 법률」 등 관계 법률에 의한 취업지원대상자	2~3차 전형 단계별 점수 만점의 5~10%
장애인복지법에 따른 장애인	2~3차 전형 단계별 점수 만점의 10%
전문자격증 소지자	1차 전형 점수 만점의 10%

※ 우대 자격증 목록은 한국수자원공사 채용 공고 페이지에서 제공하는 붙임자료에서 확인 가능함.

❖ 채용절차

1차 서류전형
• 행정: 어학+자격증
• 기술: 어학+자격증
→
2차 필기전형
• NCS 직업기초능력평가
• 직무능력평가
→
직업성격검사
→
3차 면접전형
• 직무PT면접
• 경험역량면접
→
합격자 결정

※ 자세한 정보는 한국수자원공사 채용 홈페이지에서 확정된 채용 공고를 통해 확인하시기 바랍니다.

2023년 최신판 필기전형 정보

2023년 필기전형 안내

① 2023년 상반기 필기전형 구성: NCS 직업기초능력평가(50%)+직무능력평가(50%)

과목	NCS 직업기초능력평가				직렬별 직무능력평가
	문제해결능력	의사소통능력	수리능력	자원관리능력	
문항 수	10문항	10문항	10문항	10문항	40문항
시간	40분				40분

※ 관련 분야(행정 · 토목 · 전기 · 기계 · 전자통신 · 환경 · 건축 · 전산 · 조경)

※ 과락제 적용 기준
- (대상전형) 2차전형(필기), 3차전형(면접)에 각각 적용
- (과락기준) 가점을 제외한 점수 기준으로 아래의 ① 또는 ②일 경우 불합격 처리
    ① 2차전형(필기): NCS 직업기초능력평가 점수가 만점의 40% 미만인 경우 또는 직무능력평가 점수가 만점의 40% 미만인 경우
    ② 3차전형(면접): 전형 만점의 40% 미만인 경우

② 2022년 상반기 필기시험부터 출제사가 '휴노'로 변경되었습니다.

③ 직무능력평가 상세출제 범위는 다음과 같습니다.

선발직렬	응시과목	전공 분야(75%, 30문항)	K-water 수행사업(25%, 10문항)
행정 (법학)	법학	민법, 행정법	K-water 홈페이지의 'K-water 수행사업 참고자료 1권, 2권, PDF' 모두에서 출제
행정 (법학 外)	경영	재무관리, 회계, 경영전략, 인사 · 조직	
	경제	미시경제, 거시경제	
	행정	정책학, 재무행정, 조직행정, 인사행정	
토목		수리수문학, 토목시공학, 상하수도공학	
전기		전력공학, 전기기기, 제어공학, 신재생에너지	
기계		기계설계, 유체역학, 열역학, 유체기계	
전자통신		정보통신, 전자회로 및 계측제어시스템	
환경		수질오염개론, 수처리공정, 수질분석 및 관리, 수질환경 관계 법규	
건축		건축계획, 건축시공, 건축구조, 건축설비, 건축 관계 법규	
전산		전자계산기 프로그래밍, 자료구조 및 데이터 통신, 전자계산기구조, 운영체제, 마이크로 전자계산기	
조경		조경사, 조경계획, 조경설계, 조경식재, 조경시공구조학, 조경관리론	

2022년 시험 출제 경향

NCS 직업 기초 능력 평가 (40문항 /40분)	문제해결능력 (10문항)	• 제시된 조건 또는 지문을 통해 맞는 것 혹은 틀린 것 고르는 유형으로 출제 • 예시문항과 달리 생각을 하면서 풀어야 하는 문제들로 출제 • 명제, 조건추리, 논리퀴즈 등 벤다이어그램을 이용하여 푸는 문제 출제 • 순서 찾기, 조건을 제시하고 참/거짓을 고르는 문제 출제 **[기출키워드]** 자리배치, 등수에 대한 참/거짓 명제, 회의실 배정, 앉은 위치 등
	의사소통능력 (10문항)	• 기존에 출제되었던 문제보다 지문의 길이가 긴 형태의 묶음 문제로 출제 • 과학, 철학 등 비문학, 인문학 지문이 제시되어 한번에 내용을 파악하기 어려웠음 • 단어를 잘못 사용한 것을 고르는 유형 등 단어 활용 문제 출제 **[기출키워드]** 기체/액체/고체 사이의 변환점, 트라우마, 포스트휴머니즘, 기업과 지식습득에 관한 지문
	수리능력 (10문항)	• 초반 4문항은 응용수리와 같은 간단한 유형(경우의 수 유형 多)의 문제 출제 • 후반 6문항은 도표를 보면서 푸는 자료해석 유형의 문제 출제 • 자료해석 유형은 그래프 수치에 빈칸이 많았지만 난이도는 쉬운 문제 출제 **[기출키워드]** 연달아 배치되지 않는 경우의 수, 국가별 신발사이즈, 신입사원 총인원수
	자원관리능력 (10문항)	• 긴 지문을 주고 지문에 대한 문제를 해결하는 유형의 문제 출제 • 표와 조건을 제시한 후 조건에 맞는 것을 고르는 유형의 문제 출제 • 수도요금 유형은 출제되지 않았으며, 대부분 묶음 문제로 출제 **[기출키워드]** 일정조율, 팀원 조건 맞춰 배정하기, 승진자 선별, 구직지원금, 출장비 계산
직무능력평가 (30문항/30분)		• 전공문항은 시중 봉모 대비 체감난도가 높게 출제 • 처음 출제된 K-water 사업 관련 문항은 제공된 자료집을 토대로 나와, 암기 시 바로 해결할 수 있는 정도의 난이도로 출제 **[기출키워드]** • K-water 사업 관련: K-water의 전략체계 · 미션 · 비전 · 핵심가치 정의, 한국수자원공사법 제9조 사업범위, 관련 요금제(이부요금제, 광역상수도 등), 댐 운영 기준수위, 점오염원/비점오염원, 수도관리종합계획, 수도공급체계 순서, 한국수자원공사에서 진행하는 신재생에너지원 • 경영: 맨체스터플랜, 집단성과급, 메리크식 성과급, 몰입상승현상, 톰슨기술과 전략, 앤소프 매트릭스 시장침투전략, BCG매트릭스, 자기자본, 타인자본, 한계대체율, 피셔의 분리정리, 투자관련 현금흐름 • 경제: 자중손실, 정상재 · 필수재, 취업률 구하기, 물가변화율 구하기, 소득탄력성, 가격탄력성, 삼원불가능성 정리, 본원통화, 예금수익, GDP디플레이터, 노동소득분배율, 공공재, 혼합전력 내쉬균형, 공리주의, 평등주의, 롤스주의 등 • 행정: 특정직 공무원, 지수평활법, 기계적관료제, DAFT 조직유형, 예산당일성 원칙 예외 아닌 것, 하우스 경로목표 리더십, 계급제, 탄력근무제, SCOTT 조직이론 분류, 엘리트 집단, 정책 네트워크, 로위 정책, SOP 표준운영절차, 퀸 로보그, 연금운영방식 등 • 전기: 제동방법, 2차에 삽입하는 저항, 퍼센트 임피던스, 태양광 설치기준, 전기저장장치 설비 기준, 변압기 탭변환 전환, 전압변동률 등 • 기계: 불나사 특징, 사이클로이드곡선, 나사 바깥지름, 캐비테이션, 열역학2법칙, 웨버수, 기어 종류, 평행축 기어, 아이볼트 지름, 성능계수, 코터전단응력, 레이놀즈수 구하기, 펌프 상사법칙, 충격수차 펠톤, 카플란, 프로펠러, 정압측정 마노, 피에조미터, 펌프유량, 전양정 등

한국수자원공사 채용제도 변경사항

① 채용절차 변경

기존	변경
자격적·부* → 필기전형 → 면접전형 * 최소 어학성적 기준을 충족하면 필기전형 응시	**서류전형*** → 필기전형 → 면접전형 * 어학성적·자격증 기준으로 심사하여 적정 규모의 지원만 필기전형 응시

※ 심사기준: (행정, 기술) 어학성적 및 자격증

② 2023년 상반기 필기전형 출제 구성 변경

구분		기존	변경
직무능력평가	문항 수	30문항	40문항
	구성	해당 직렬 전공분야 + 타 전공분야	**해당 직렬 전공분야 (30문항)** + K-water 수행사업 (10문항)

한국수자원공사 역량 기반 자기소개서 문항(예시)

- [자기개발능력] 자신이 지원한 분야에서 뛰어난 전문가가 되기 위해 기울이고 있는 노력에 대해 구체적으로 서술해 주십시오.
- [대인관계능력] 다른 사람들과 함께 일을 했던 경험에 대해 설명하고, 그 경험 속에서 팀워크 형성과 협업을 이루기 위해 구체적으로 어떠한 노력을 하였는지 서술해 주십시오.
- [자원관리능력] 중요한 일을 처리할 때, 어떠한 방식으로 계획을 세워서 일을 처리하는지에 대해 개인적 경험을 기반으로 구체적으로 서술해 주십시오.
- [직업윤리] 어떠한 일을 진행할 때, 원칙 준수와 일의 효율성 사이에서 갈등했던 경험에 대해 서술하고, 갈등 해결을 위해 구체적으로 어떠한 노력을 하였는지 서술해 주십시오.
- [조직이해능력] K-water에 입사지원한 동기 및 입사 후 실천하고자 하는 목표를 K-water 인재상(포용, 안전, 신뢰, 도전) 중 자신과 가장 잘 부합하는 역량과 결부시켜 작성해 주십시오.

한국수자원공사

실전모의고사

2022년 1월 15일 시행
기출복원 모의고사

※ 2022년 1월 15일에 시행된 시험의 기출 키워드를 복원하여 재구성하였습니다.

수험번호		이 름	

시험 구성 및 유의사항

- 1교시 NCS 직업기초능력평가(40문항/40분)+2교시 직무능력평가(30문항/30분) 구성으로 진행됩니다.
- 오답 감점은 없으며, 각 문제는 하나의 정답으로 이루어져 있습니다.
- OMR 답안지가 별도로 마련되어 있으며, 마킹을 틀렸을 경우 수정테이프 사용이 불가하며, 답안지를 교체하셔야 합니다.

-시작을 알릴 때까지 페이지를 넘기지 마십시오.-

모바일 OMR
자동채점&성적분석 무료

정답만 입력하면 채점에서 성적분석까지 한번에!

활용 GUIDE

실시간 성적분석 방법!

STEP 1
QR 코드
스캔

▶

STEP 2
모바일
OMR 입력

▶

STEP 3
자동채점 &
성적분석표 확인

STEP 1

교재 내 QR 코드 스캔

기출복원 모의고사
모바일 OMR 바로가기

eduwill.kr/SIMV

• 위 QR 코드를 모바일로 스캔 후
  에듀윌 회원 로그인
• QR 코드 하단의 바로가기 주소로도
  접속 가능

STEP 2

모바일 OMR 입력

• 회차 확인 후 '응시하기' 클릭
• 모바일 OMR에 답안 입력
• 문제풀이 시간까지 측정 가능

STEP 3

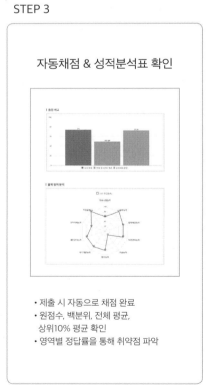

자동채점 & 성적분석표 확인

• 제출 시 자동으로 채점 완료
• 원점수, 백분위, 전체 평균,
  상위10% 평균 확인
• 영역별 정답률을 통해 취약점 파악

※ 본 회차의 모바일 OMR 채점 서비스는 2024년 1월 31일까지 유효합니다.

1. NCS 직업기초능력평가

정답과 해설 P.2

01

A~F가 다음과 같이 번호가 매겨진 자리에 입장한 순서대로 앉았다. 다음 [조건]을 바탕으로 항상 옳은 것을 고르면?

1	2
3	4
5	6

┤ 조건 ├

- 먼저 온 사람이 번호가 작은 순으로 앉는다.
- A는 B보다 빨리 왔다.
- B의 왼쪽에는 아무도 앉지 않는다.
- C는 E의 바로 왼쪽에 앉는다.
- E는 A보다 늦게 왔다.
- F는 C보다 늦게 왔다.

① D는 B보다 앞자리에 앉는다.
② E는 6번 자리에 앉는다.
③ C의 앞에는 아무도 앉지 않는다.
④ A는 3번 자리에 앉는다.

02

다음의 명제가 모두 참이라고 할 때, 결론이 반드시 참이 되도록 하는 [전제2]로 가장 적절한 것을 고르면?

전제1	모든 사람은 A백신과 B백신 중 하나를 접종하였다.
전제2	( )
결론	모든 감염자는 B백신을 접종하였다.

① 미감염자는 모두 B백신을 접종하지 않았다.
② B백신을 접종한 어떤 사람은 미감염자이다.
③ 모든 미감염자는 A백신을 접종하였다.
④ A백신을 접종한 사람은 모두 미감염자이다.

03

A~D팀이 월요일~목요일 기간 중 각 3번씩 회의를 한다. 회의실은 대회의실, 중회의실, 소회의실로 나뉘어져 있고, 각 회의실마다 하루에 한 팀만 회의를 할 수 있다. 다음 [조건]을 바탕으로 회의실을 배정한다고 할 때, 옳지 않은 것을 고르면?

┤ 조건 ├

- 각 팀은 대회의실, 중회의실, 소회의실을 한 번씩 배정받으며, 하루에 한 번만 회의를 할 수 있다.
- A팀은 3일 연속으로 회의를 하고, 대회의실 → 중회의실 → 소회의실 순으로 배정받는다.
- B팀이 대회의실을 배정받은 날, D팀은 중회의실을 배정받는다.
- D팀은 대회의실을 가장 마지막으로 배정받는다.
- C팀이 중회의실을 배정받은 날 D팀은 회의를 하지 않는다.
- 목요일에 C팀이 소회의실을 배정받는다.

① A팀이 중회의실을 배정받은 날 C팀이 대회의실을 배정받는다.
② B팀이 대회의실을 배정받은 날 C팀은 회의를 하지 않는다.
③ D팀이 소회의실을 배정받은 날 A팀은 대회의실을 배정받는다.
④ D팀은 3일 연속으로 회의를 한다.

04

A~D가 달리기 시합한 결과에 대해 다음 [조건]과 같이 서로 대화를 나누고 있다. 자신보다 등수가 높은 사람에 대해서는 항상 참을, 자신보다 등수가 낮은 사람에 대해서는 항상 거짓을 말한다고 할 때, 3등을 한 사람을 고르면?

┌ 조건 ┐
- A: 나는 B보다 등수가 낮고, D는 3등이야.
- B: 나는 C보다 등수가 낮고, D보다도 등수가 낮아.
- C: B는 2등이고, 나는 A보다 등수가 낮아.
- D: A는 B보다 등수가 높고, C보다 등수가 낮아.

① A   ② B   ③ C   ④ D

05

다음의 명제가 모두 참이라고 할 때, 이에 따른 결론으로 옳은 것을 고르면?

전제1	복숭아 알레르기가 있는 사람은 모두 새우 알레르기가 있거나 땅콩 알레르기가 있다.
전제2	땅콩 알레르기가 있는 어떤 사람은 복숭아 알레르기가 없다.
전제3	새우 알레르기가 있는 모든 사람은 복숭아 알레르기가 있다.
결론	( )

① 새우 알레르기가 있는 모든 사람은 땅콩 알레르기가 있다.
② 땅콩 알레르기가 없는 모든 사람은 새우 알레르기가 있다.
③ 새우 알레르기가 없는 어떤 사람은 땅콩 알레르기가 있다.
④ 복숭아 알레르기가 없는 모든 사람은 땅콩 알레르기가 없다.

06

최종 후보로 선정된 숙소 A, B, C, D 네 곳의 비용, 학회장과의 거리, 시설, 서비스 네 가지 영역에서 다음 [표]와 같이 각 영역별로 5점 만점 기준으로 평가하였다. 이에 대한 갑~정의 의견 중 가장 적절한 것을 고르면?

[표] A~D 숙소 영역별 평가 결과   (단위: 점)

숙소	비용	학회장과의 거리	시설	서비스
A	5	3	1	3
B	4	4	2	1
C	2	2	5	4
D	3	5	4	2

① 갑: 모든 영역이 골고루 괜찮은 숙소였으면 좋겠어. 모든 영역이 3점 이상인 D가 좋을 것 같아.
② 을: 나도 모든 영역이 골고루 괜찮은 숙소였으면 좋겠어. 총합이 가장 높은 C가 가장 좋을 것 같아.
③ 병: 학회에 참석하기 위함이니 시설이나 서비스는 중요하지 않을 것 같아. 비용과 학회장과의 거리가 모두 4점 이상인 B가 가장 좋을 것 같아.
④ 정: 나는 서비스를 제외하고 비용, 학회장과의 거리, 시설을 5:3:2로 계산하였을 때, 총합이 가장 높은 숙소 중 비용이 더 저렴한 A가 좋을 것 같아.

07

다음 [표]는 가뭄의 예·경보 기준 자료이다. 이에 대한 설명으로 옳은 것을 고르면?

[표] 가뭄의 예·경보 기준

단계	기준
관심 (약한 가뭄)	○ **기상가뭄** 최근 6개월 누적강수량을 이용한 표준강수지수*−1.0 이하로(평년 대비 약 65%) 기상가뭄이 지속될 것으로 예상되는 경우로 하되, 지역별 강수 특성을 반영할 수 있음. ○ **농업용수** [논] 영농기 평년 저수율의 70% 이하인 경우 [밭] 영농기 토양 유효 수분율이 60% 이하 ○ **생활 및 공업용수** 하천 및 수자원시설의 수위가 평년에 비해 낮아 정상적인 용수공급을 위해 생활 및 공업용수의 여유량을 관리하는 등 가뭄 대비가 필요한 경우
주의 (보통 가뭄)	○ **기상가뭄** 최근 6개월 누적강수량을 이용한 표준강수지수 −1.5 이하로 (평년 대비 약 55%) 기상가뭄이 지속될 것으로 예상되는 경우로 하되, 지역별 강수 특성을 반영할 수 있음. ○ **농업용수** [논] 영농기 평년 저수율의 60% 이하, 비영농기 저수율이 다가오는 영농기 모내기 용수공급에 물 부족이 예상되는 경우 [밭] 영농기 토양 유효 수분율이 45% 이하 ○ **생활 및 공업용수** 하천 및 수자원시설의 수위가 낮아 하천의 하천유지유량이 부족하거나 댐·저수지에서 하천유지용수 공급 등의 제한이 필요한 경우
경계 (심한 가뭄)	○ **기상가뭄** 최근 6개월 누적강수량을 이용한 표준강수지수 −2.0 이하로 (평년 대비 약 45%) 기상가뭄이 지속될 것으로 예상되는 경우로 하되, 지역별 강수 특성을 반영할 수 있음. ○ **농업용수** [논] 영농기 평년 저수율 50% 이하인 경우 [밭] 영농기 토양 유효 수분율 30% 이하 ※ 위와 같은 상황에서 가뭄 피해가 발생하였거나 예상되는 경우 ○ **생활 및 공업용수** 하천 및 수자원시설에서 생활 및 공업용수 부족이 일부 발생하였거나 발생이 우려되어 하천유지용수, 농업용수 공급의 제한이 필요한 경우
심각 (극심한 가뭄)	○ **기상가뭄** 최근 6개월 누적강수량을 이용한 표준강수지수 −2.0 이하로 (평년 대비 약 45%) 20일 이상 기상가뭄이 지속되어 전국적인 가뭄 피해가 예상되는 경우로 하되, 지역별 강수 특성을 반영할 수 있음. ○ **농업용수** [논] 영농기 평년 저수율 40% 이하인 경우 [밭] 영농기 토양 유효 수분율 15% 이하 ※ 위와 같은 상황에서 대규모 가뭄 피해가 발생하였거나 예상되는 경우 관계부처 협의를 통해 결정 ○ **생활 및 공업용수** 하천 및 수자원시설에서 생활 및 공업용수 부족이 확대되어 하천 및 댐·저수지 등에서 생활 및 공업용수 공급 제한이 발생하였거나 필요한 경우

* 표준강수지수: 일정기간의 누적강수량과 과거 동일기간의 강수량을 비교하여 가뭄 정도를 나타내는 지수

① 가뭄 관심 단계에서는 공업용수 공급의 제한이 필요하다.

② 가뭄 경계 단계에서는 농업용수 공급의 제한이 필요하지 않다.

③ 영농기의 토양 유효 수분율이 15% 이하이나 대규모 가뭄 피해가 발생하지 않은 경우에는 가뭄 심각 단계로 보지 않는다.

④ 최근 6개월 누적강수량을 이용한 표준강수지수가 −2.5이고, 기상가뭄이 15일간 지속되었으나 내일 강우가 예상되는 경우 심한 가뭄으로 보지 않는다.

08

다음은 국토종주 자전거길 종주 인증 제도에 관한 자료이다. 이에 대한 설명으로 옳은 것을 고르면?

○ 인증 방법

국토종주 자전거길 종주 인증을 받기 위해서는 인증센터에서 인증수첩을 구입하여 각 코스의 인증센터 스탬프를 순서와 무관하게 모두 찍으면 인증센터에서 확인 후 종주 완료로 인증한다. 각 코스의 인증센터에서 스탬프를 못 찍었을 경우, '무인인증부스'와 '본인', '자전거'가 모두 함께 찍힌 사진을 가지고 유인인증센터로 방문하시면 본인 확인 및 검토 후, 인증이 가능하다.

○ 종주 인증 분류

종류	방법	수령
국토완주 그랜드 슬램	전 구간 인증	인증·헬멧 스티커, 인증서
국토종주	아라서해갑문-낙동강 하구둑(충주댐, 안동댐 미포함)	
4대강 종주	한강, 금강, 영산강, 낙동강 모두 종주	
구간별 종주	한강, 남한강, 새재, 낙동강, 금강, 오천, 영산강, 북한강, 섬진강, 제주(10개 구간), 동해안(강원, 경북)	스티커

※ 인증메달은 우리강 이용도우미에서 유상 판매
※ 인증서는 인증 후 등록되어 있는 주소지로 1~2주 후 배송

○ 종주 구간별 인증센터 및 스탬프 인증장소(4대강)

구간	인증센터 및 인증장소	수첩 판매	종주 인증
한강	여의도		
	뚝섬전망콤플렉스		
	광나루자전거공원		
	양평군립미술관		
	능내역		
	이포보	○	○
	여주보	○	○
	강천보	○	○
	비내섬		
	충주댐		
낙동강	안동댐	○	○
	상주보	○	○
	낙단보	○	○
	구미보	○	○
	칠곡보	○	○
낙동강	강정고령보	○	○
	달성보	○	○
	합천창녕보		
	창녕함안보	○	○
	양산 물문화관		
	낙동강 하굿둑	○	○
금강	대청댐	○	○
	세종보	○	○
	공주보		
	백제보	○	○
	익산 성당포구		
	금강 하굿둑		
영산강	담양댐		
	메타세콰이아길		
	담양대나무숲		
	승촌보	○	○
	죽산보	○	○
	무안느러지		
	영산강 하굿둑		

① 4대강의 인증센터 중 수첩을 판매하는 곳은 총 16곳이다.
② 종주별 짜여진 코스를 순서대로 이동하지 않아도 국토종주 자전거길 종주 인증을 받을 수 있다.
③ 낙동강 구간의 종주를 인증하기 위해서는 안동댐을 제외하고, 10개의 스탬프를 찍으면 된다.
④ 인증센터에서 스탬프를 찍지 못한 경우 무인인증부스, 본인, 자전거가 각각 찍힌 세 장의 사진을 가지고 유인인증센터로 방문하면 된다.

09

다음 [표]는 상수도의 수도꼭지 수질검사 기준과 K정수장 수도꼭지 수질검사 결과에 관한 자료이다. K정수장 열 개의 수도꼭지 A~J의 수질을 검사하였을 때, 모든 항목에서 적합 판정을 받은 수도꼭지의 개수를 고르면?

[표1] 수질검사 기준

항목	기준
일반세균	100CFU/ml 이하
총대장균군	불검출/100ml
대장균	불검출/100ml
잔류염소	4.0mg/L 이하
암모니아성 질소	0.5mg/L 이하
동	1mg/L 이하
아연	3mg/L 이하
염소이온	250mg/L 이하
철	0.3mg/L 이하
망간	1mg/L 이하

[표2] K정수장 수도꼭지 수질검사 결과   (단위: CFU/ml, mg/L)

구분	A	B	C	D	E	F	G	H	I	J
일반세균	10	80	110	120	60	50	30	40	40	48
총대장균군	불검출	불검출	불검출	불검출	불검출	불검출	검출	불검출	불검출	검출
대장균	불검출	불검출	불검출	불검출	불검출	불검출	검출	불검출	불검출	검출
잔류염소	1.3	2.9	3.4	3.8	4.1	4.2	3.9	2.6	3.5	2.4
암모니아성 질소	0.1	0.5	0.4	0.4	0.2	0.1	0.2	0.2	0.8	0.1
동	0.8	0.1	0.2	0.2	0.4	0.6	0.7	0.3	0.5	0.8
아연	불검출	2.5	1.5	1.7	1.2	0.6	4.2	1.3	2.7	2.2
염소이온	120	180	150	240	80	220	280	160	146	260
철	0.28	불검출	불검출	0.15	불검출	0.18	불검출	불검출	불검출	불검출
망간	불검출	0.3	0.2	불검출	불검출	불검출	불검출	0.6	불검출	불검출

① 1개   ② 2개   ③ 3개   ④ 4개

10

어느 음료회사에서 비타민 음료 출시 10주년을 기념하여 이벤트를 하였다. 음료 뚜껑 안쪽에 당첨 여부를 새겨놓았으며, 이 중 1등 당첨 음료는 한 개다. 1등 당첨 음료가 2022년 3월 4일 충주 제2공장에서 450번째로 생산된 음료일 경우, 이 음료의 제조 번호를 고르면?

[음료 제조 번호 부여규칙]
음료 제조 번호는 총 13자리로 구성되어 있다.

A	B	C	D	E	F	G	H	I	J	K	L	M
생산연월				제품코드		생산지역	생산공장	생산순서				확인코드

○ 생산연월
  ABCD에 발급연월을 YYMM 순으로 기재한다. 예를 들어 2005년 8월 9일에 생산된 제품은 0508로 기재한다.

○ 제품코드
  EF에 음료에 해당하는 제품코드를 기재한다. 이 음료회사에서 생산하는 음료들의 제품코드는 다음과 같다.

제품	코드	제품	코드
탄산 음료	12	주스	32
이온 음료	22	유제품	41
비타민 음료	31	홍삼 음료	51

○ 생산지역
  G에 생산지역에 따라 다음과 같이 코드를 기재한다.

공장	코드
평택	1
수원	2
충주	3
구미	4

○ 생산공장
  H에 생산공장에 따라 제1공장에서 생산하는 경우 1, 제2공장에서 생산하는 경우 2, 제3공장에서 생산하는 경우 3을 기재한다.

○ 생산순서
  해당 날짜에 해당 음료가 생산된 순서를 의미한다. IJKL에 0001에서 9999까지 생산 순서를 기재한다.

○ 확인코드
  A~L에 해당하는 수를 모두 더한 후 9로 나눈 나머지를 기재한다.

① 2034313245006   ② 2203313204507
③ 2203313245007   ④ 2203323104506

자연계의 물질은 어느 한 가지 상에 머물러 있지 않고 조건에 따라 그 모습을 바꾼다. 물질의 상을 바꾸는 한 가지 방법은 열(에너지)을 더하거나 빼는 것이다. 예를 들어 물(액체)을 가열하면 수증기(기체)가 되고, 냉각시키면 얼음(고체)이 된다. 대부분의 물질은 고온에서 기체가 되고, 저온에서는 고체가 되며, 그 중간 온도에서는 액체 상태를 취한다.

이와 같이 물질의 상태가 바뀌는 것을 상전이 또는 상변화라 부른다. 상전이가 일어나면 물질의 어떤 물리적 성질이 갑자기 변하게 된다. 예를 들어 액체를 계속 가열하면 어떤 온도에서 더 이상 온도가 증가하지 않고 갑자기 부피가 증가한다.

고체는 열이 가해지면 액체가 되고(㉠), 액체는 열이 빠져나가면서 고체로 바뀐다(㉡). 액체는 열이 공급되면 기체가 되고(㉢), 기체는 열을 잃으면 액체가 된다(㉣). 때로는 고체가 액체를 거치지 않고 직접 기체로 바뀌거나(㉤), 반대로 기체가 고체로 바뀔 수도 있다(증착). 기체를 높은 온도로 가열하면 고온에서 전자가 분리되어 플라즈마가 되고(이온화), 온도가 내려가면 플라즈마는 다시 중성 상태의 기체가 된다(재결합).

온도 외에 상전이에 영향을 주는 요인은 압력이다. 따라서 온도와 압력을 두 축으로 하여 나타낸 상도표는 상전이를 이해하는 데 매우 유용하다. 다음 그래프는 전형적인 상도표를 나타낸 것인데 상도표상의 한 점은 물질이 그 점에 해당하는 압력과 온도에 의해 결정된 상태에 있음을 나타낸다. 상도표에 표시된 선은 각각 융해곡선, 증기압곡선, 승화곡선이라고 한다. 그리고 점선은 물의 융해곡선이다.

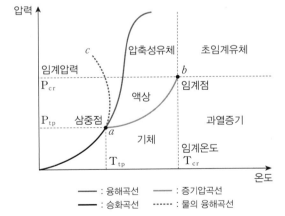

대부분의 온도에서 특정한 두 가지 상태가 평형을 이루며 공존하는 압력이 존재한다. 하나의 예외는 고체, 액체, 그리고 증기의 3가지 상태가 평형을 이루며 공존하는 삼중점이다. 물의 삼중점은 정확하게 0.006기압에서 0.01℃이다. 이 삼중점은 온도계를 세밀하게 보정할 때 사용되는 온도계의 기준점이다. 삼중점의 아래 쪽에 고체

와 기체의 경계를 이루는 승화곡선을 볼 수 있다. 이에 따라 고체 상태에서 액체 상태를 거치지 않고 바로 기체 상태로 변환하는 승화현상이 나타난다.

삼중점 위에 액체와 기체의 경계를 이루는 선이 증기압곡선이다. 압력이 낮아짐에 따라 끓는점도 낮아지는 것을 보여 준다. 예를 들어 대기압이 낮은 높은 산 위에서 물은 100℃보다 낮은 온도에서 끓게 된다. 증기압곡선은 임계점에서 끝난다. 임계온도보다 높은 온도나 압력에서는 액체와 기체의 구분이 사라진다. 즉 액체 상태와 기체 상태를 구분하는 것이 불가능하다. 물의 융해곡선이 음의 기울기를 갖는 것이 특이한데, 이는 물이 얼면서 부피가 증가하기 때문이다. 물처럼 액체 상태일 때 분자 간의 거리가 고체 상태일 때보다 더 가까운 경우, 융해곡선이 음의 기울기를 가진다.

11

윗글의 내용과 일치하지 않는 것을 고르면?

① 제시된 그래프가 물의 상도표라 할 때 a의 세로축은 0.006이다.
② 나프탈렌이 상온에서 기체로 승화하는 현상은 a의 아래쪽에서 일어난다.
③ b보다 높은 온도에서는 액체와 기체는 구별할 수 없다.
④ c의 경우 액체 상태의 부피가 고체 상태의 부피보다 더 크다.

12

윗글의 ㉠~㉤에 들어갈 말로 바르게 짝지어진 것을 고르면?

	㉠	㉡	㉢	㉣	㉤
①	응고	융해	액화	기화	승화
②	융해	응고	기화	액화	승화
③	융해	기화	응고	액화	기화
④	기화	응고	액화	융해	기화

[13~14] 다음 글을 읽고 질문에 답하시오.

⊙트라우마는 '상처'라는 의미의 그리스어 '트라우마트(traumat)'에서 ⓐ유발(誘發)된 말로, 의학용어로는 '외상(外傷)'을 뜻한다. 심리학에서는 영구적인 정신 장애를 남기는 '정신적 외상'이나 '충격'을 말하며 우리가 일상에서 표현하는 트라우마는 주로 심리학 용어에 가깝다. 과거에 경험했던 사고, 위기, 공포로 인해 이와 유사한 일이 벌어질 것 같은 상황에서 당시의 감정이 되살아나면서 심리적 불안, 감정적 동요를 겪는 것을 말한다. 시각적 이미지를 ⓑ동반(同伴)하기 때문에 '장기 기억'으로 저장되는 일이 많아 오래도록 당사자를 괴롭힐 수 있다.

트라우마는 개인에 따라 혹은 상처, 충격의 강도에 따라 몇 가지 종류로 나누기도 한다. 전쟁이나 테러, 재난, 사고 등처럼 개인의 삶에 극적인 영향을 주는 큰 트라우마, 자신감이나 자존감, 자신의 존재 가치에 상처를 입히는 작은 트라우마. 충격적인 경험이 일회성으로 일어난 단일 트라우마, 반복적으로 일어나는 상처, 충격들로 여러 복잡한 심리 문제를 안기는 복합성 트라우마 등이 있을 수 있다.

이런 트라우마는 정신건강의학에서 ⓛ'외상 후 스트레스 장애'의 원인이 될 수 있다. '외상 후 스트레스 장애(PTSD, Post-traumatic Stress Disorder)'는 전쟁 경험, 아동기 성적 혹은 신체적 학대, 테러, 성적 혹은 신체적 공격, 교통사고 등의 심한 사고, 화재, 태풍, 홍수, 쓰나미, 지진 등의 자연재해 등 생명이 위태로울 정도의 큰 트라우마나 반복적으로 경험하는 복합성 트라우마로 인해 발생하는 심리적 반응을 말한다. 최근에는 성장 배경이나 일상적인 생활에서 경험할 수 있는, 가령 지속적인 학교 폭력, 집단 따돌림, 데이트 폭력, 직장 내 폭언 등 크고 작은 트라우마로 인한 불안, 우울 등의 정서적 문제도 PTSD로 접근하고 있다. PTSD환자는 그런 외상이 지나갔음에도 계속해서 그때의 위협적이고 충격적인 기억이 떠올라 그 외상을 떠올리게 하는 장소나 활동을 피하게 된다. 결국 이것을 극복하지 못하고 장기간 고통을 받게 되면 불안장애, 수면장애, 공황장애, 인지기능 저하, 알코올 또는 약물 중독, 우울증 등과 같은 여러 정신적, 신체적 문제를 불러오기도 한다.

PTSD는 정신건강의학과 전문의를 통해 진단이 이루어진다. 일단 외상성 사건이 어느 정도인지, 실제적인 위협이 될 정도인지를 평가한다. 외상으로 인한 증상일 수도 있지만 간혹 원래 가진 정신질환의 증상일 수도 있으므로 면밀하게 전문가의 평가를 받는 것이 좋다. 외상이 분명하다면 그 증상이 1개월 이상 지속적이었는지 그리고 증상으로 인해 생활에 큰 지장을 ⓒ초래(招來)했는지를 문진한다. 그 후 전형적인 증상의 3가지 범주, 즉 고통스런 생각이 지속적으로 괴롭히는 침투 증상, 사건 관련

자극을 피하려는 회피 증상, 증상으로 인해 과민해지고 불면증 등을 경험하는 과민 각성 증상, 그 외에도 불안이나 알코올 의존과 같은 물질 ⓓ남용(濫用) 등을 평가하게 된다. 뇌기능 손상 등이 의심될 경우 MRI 등 신체적 평가도 필요하다.

충격적이고 두려운 정신적 외상은 대부분 갑작스럽게 일어나며 경험하는 사람에게 심한 고통을 주고, 심지어 일반적인 스트레스 대응 능력을 압도한다. 즉 자신이 겪어보지 않거나 함부로 말할 수 없는 강도의 스트레스이다. 따라서 생명을 위협받을 만큼 커다란 사고를 겪었던 사람의 이야기에 귀 기울여주고 자신의 생각을 표현하도록 도와주면서 위로하는 것이 좋다.

13

윗글의 ⊙과 ⓛ에 대한 설명으로 적절하지 않은 것을 고르면?

① ⊙은 ⓛ의 원인이 되는 경우가 많다.
② ⊙은 ⓛ과 다르게 일반적인 스트레스 대응 능력으로 해소가 가능하다.
③ ⓛ은 ⊙과 다르게 외상뿐 아니라 정신질환의 증상일 수도 있다.
④ ⓛ은 ⊙과 다르게 외상이 지나간 후에도 지속적으로 떠올라 이를 극복하지 못하면 신체적 문제를 야기할 수 있다.

14

윗글의 ⓐ~ⓓ 중 잘못 사용된 어휘를 고르면?

① ⓐ
② ⓑ
③ ⓒ
④ ⓓ

최근 포스트휴머니즘이라는 생소한 개념이 대중매체에 심심치 않게 등장한다. 그 배경에는 인공지능과 '실존적 위험'이라는 더 생소한 개념이 자리 잡고 있다.

[가] 앞서 포스트휴머니즘은 휴머니즘의 기본 전제를 비판적으로 검토함으로써 미래사회에 적합한 휴머니즘을 탐색하는 것이라고 했다. 이런 의미에서 포스트휴머니즘은 과거 고전읽기에 머무는 소극적 인문주의가 아니라 실천적, 적극적 인문주의라고 할 수 있다. 그런데 만약 휴머니즘이 고정된 실체가 있는 것이 아니라, 고대에서 르네상스 시대를 거쳐 근대와 현대에 이르기까지 각각의 사회적 요구에 부응하여 새롭게 규정되었다면, 포스트휴머니즘은 휴머니즘으로부터 벗어나려는 일탈적 주장이 아니라 지극히 표준적인 휴머니즘의 21세기 버전이라고 볼 수 있다.

[나] 그렇다면 일단 포스트휴머니즘이 무엇인지부터 살펴보아야 한다. 포스트휴머니즘은 '포스트'와 '휴머니즘'이 결합된 단어이다. 접두사 'post'는 특정 시점이나 장소보다 뒤에 오는 것을 의미한다. 그러므로 포스트휴머니즘은 역사적으로 휴머니즘 이후에 등장한 사상적 조류이고, 휴머니즘의 핵심 전제들에 대해 비판적으로 검토 또는 수정하거나 어떤 경우에는 폐기하고 대안을 모색하려는 시도를 의미한다.

[다] 그럼 휴머니즘이란 무엇인가? 인문학자들은 휴머니즘을 대개 인문주의(人文主義)로 번역한다. 즉 인문학자들은 휴머니즘이 인류가 이룩한 문화 및 문명의 유산에 대한 의미를 깊이 연구하고 이를 향유하는 것으로 이해한다. 한편 사회과학자들은 휴머니즘을 인간 존엄성이나 인권 개념과 긴밀하게 연결시킨다. 그들에게 휴머니즘의 실현 여부는 모든 인간이 갖는 인권을 어떻게 제도적, 실질적으로 보장할 것인지에 의해 결정된다. 이런 의미에서 휴머니즘은 종종 인본주의(人本主義)로 번역된다.

[라] 휴머니즘의 실천자들이 항상 그래왔듯이 포스트휴머니즘을 주장하는 사람들은 21세기 맥락에서 새롭게 제기된 여러 쟁점, 특히 인간 수준의 수행능력을 보이지만 인간과 달리 의식적 자각 능력이 없는 인공지능의 등장이 제기한 여러 쟁점을 포용하는 방식으로 포스트휴머니즘을 비판적으로 재검토하고 있다고 볼 수 있다. 이런 관점에서 볼 때 포스트휴머니즘은 휴머니즘의 부정이라기보다는 21세기에 가장 적합한 휴머니즘의 새로운 형태인 셈이다.

15

윗글의 [가]~[라] 문단 순서를 문맥상 흐름에 맞게 배열한 것을 고르면?

① [가]-[나]-[다]-[라]
② [나]-[다]-[라]-[가]
③ [나]-[다]-[가]-[라]
④ [다]-[라]-[가]-[나]

16

윗글을 바탕으로 '포스트휴머니즘'의 문제의식으로 볼 수 없는 것을 고르면?

① 미성년자의 스마트폰 사용에 어떤 제한을 가할 것인가?
② 추천 알고리즘 형성을 위해 개인정보를 제공해도 되는 것인가?
③ 인간다움을 추구한다고 할 때, 인간성을 어떤 방향으로 확충해야 하는 것인가?
④ 사회적 수준에서 인공지능 기반 추천 알고리즘에 어떤 법적 규제를 적용할 것인가?

빠르게 진행되는 세계화와 경쟁이 치열한 환경 속에서 다국적 기업은 위기에 신속하게 대처하고 생존하기 위하여 인수·합병, 합작회사, 전략적 제휴 등의 다양한 전략적 선택을 한다. 이러한 방법들을 사용함으로써 다국적 기업은 여타 기업의 거센 도전을 극복하고 해외시장에서 새로운 기회를 획득해 왔으며 기업의 경쟁력을 지속적으로 증진시켜 왔다. 특히 상기에 언급한 여러 옵션들 중 최근 국제인수에 대한 관심이 증대됨으로써 기존 기업의 인수를 통한 해외시장 진출은 완전 자회사 설립이라는 다국적 기업의 가장 전통적이고 보편적인 시장진입 방식을 능가하고 있는 상황이며, 아울러 경쟁우위 확립을 위한 가장 매력적인 방법 중 하나로 고려되고 있다. 이렇듯 국제인수가 해외시장에 진출하고자 하는 다국적 기업에 의해 주요 전략적 옵션으로써 선호되고 있는 주요한 이유는 오랜 시간과 노력을 투자하여 해외에 공장 및 사업장을 새로이 설립해야 하는 신설 투자와는 달리, 주식을 취득함과 동시에 원하는 해외시장에 신속히 진입할 수 있는 장점 때문이라고 여겨진다. 또한 새로운 기술 및 노하우를 개발하는데 필요한 여러 비용 및 위험에 대한 부담 없이, 피인수기업이 보유한 지식 및 기술과 같은(전략적) 무형자원을 손쉽게 습득할 수 있다는 점 역시 국제인수의 주요 동기로 설명되고 있다.

전략적 목표를 달성하기 위하여 해외인수 기업은 다양한 통제 메커니즘을 사용하여 현지 피인수기업을 통제하게 된다. 이때, 다국적 기업이 보유한 선진적인 지식 및 기술은 협상력을 증가시켜 줌으로써 이를 습득하고자 하는 현지 기업을 통제하는데 큰 영향력을 가질 수 있다. 주로 다국적 기업이 현지 피인수기업의 지식(예 현지 시장 정보) 및 자원을 획득하려는 동기에서 국제인수가 많이 추구되기는 하지만 다국적 기업의 네트워크 안에서 지식 교환이 발생하면서 다국적 기업의 지식(예 기술 및 경영 노하우) 역시 현지 자회사로의 유입이 발생한다. 이에 따라 다국적 기업에 비하여 선진화된 기술에 있어 열위에 있는 현지 피인수기업도 마찬가지로 국제인수를 통하여 다국적 기업의 지식에 접근할 수 있는 기회를 얻을 수 있다. 일반적으로 큰 규모의 자회사들은 지식 창조와 관련된 자원을 더 많이 보유하고 있는 경향이 있으며, 다국적 기업 내에서 지식 및 기타 자원에 접근하는 데 있어 보다 나은 전략적 위치를 가지게 된다. 그러나 기업규모가 큰 다른 다국적 기업의 자회사들과는 달리, 인수된 현지 중소기업이 처음부터 이러한 능력을 보유하고 있기는 쉽지 않다. 따라서 다국적 기업으로부터 유입되는 지식은 현지 중소기업의 경쟁 우위를 높이는 중요한 바탕이 될 것으로 여겨진다. 하지만 자신들이 보유하고 있는 역량을 근간으로 지식의 내부 창조가 가능한 대기업 대비 중소기업은

그만큼 외부환경으로부터의 지식습득이 더욱 중요할 것이라는 일반적인 예상에도 불구하고, 실증 성과를 토대로 이루어진 학자들의 공통된 합의는 이루어지지 않고 있다. 또한 이미 강조했듯이 자체적인 연구개발 능력이 부족한 중소기업의 입장에서는 외부로부터의 지식습득이 조직의 경쟁력 증진에 현저히 중요한 기여를 할 것임에도 실제 지식습득에 긍정적인 파급력을 갖는 결정 인자에 대한 실험 결과 역시 일관된 모습을 보여 주지 못하고 있다.

17

윗글의 제목으로 가장 적절한 것을 고르면?

① 다국적 기업과 현지 대기업의 지식습득 방법의 차이
② 다국적 기업이 현지 중소기업을 통제하기 위한 다양한 통제 메커니즘
③ 다국적 기업의 국제인수에서 벗어나기 위한 현지 기업의 지식습득 방법
④ 다국적 기업의 국제인수의 이유와 그 과정에서 드러나는 현지 중소기업 지식습득의 한계

18

윗글의 내용과 일치하지 않는 것을 고르면?

① 완전 자회사를 설립하려면 제반 비용이 많이 드는데 비해 국제인수는 이러한 부담이 적다.
② 국제인수를 할 때 피인수기업의 지식은 쉽게 다국적 기업에 습득되는 반면, 그 반대는 잘 이루어지지 않는다.
③ 다국적 기업에 인수된 현지 대기업은 자신들의 보유하고 있는 역량을 근간으로 지식의 내부 창조가 가능하다.
④ 다국적 기업에 인수된 현지 중소기업의 경우 다국적 기업으로부터 얻은 지식습득이 조직의 경쟁력에 긍정적인 파급력을 준다고 보기에 아직까진 어려움이 있다.

[19~20] 다음 글을 읽고 질문에 답하시오.

구리는 전기가 잘 통한다. 물리학적으로 말하면 구리는 전기 전도율이 높다. 비금속 물질과 금속의 차이점을 한마디로 정리하면 '전기를 잘 흘린다, 혹은 흘리지 않는다'이다. 전기 전도도가 큰 금속은 대체로 열도 잘 통한다. 또한 금속은 다른 고체에 비해 변형이 잘 된다. 이런 금속의 보편적 특성 뒤엔 금속 내부를 자유롭게 움직이는 '자유 전자'가 있다. 비유하자면 금속은 일종의 마을이고, 마을을 돌아다니는 사람은 전자다. 코로나가 발생해서 모든 사람이 자기 집에만 틀어박혀 아무도 밖으로 돌아다니지 않는 경우 경제도 잘 돌아가지 않는데, 이런 불경기는 고체에 흐르는 전류와 같다. 따뜻한 봄이 오고 황사도 없어 마을 사람들이 자유롭게 돌아다니는 상황에선 경제도 활발해진다. 이는 금속에서 전류가 잘 통하는 상황과 비슷하다. 전기 전도도가 큰 물질은 전자가 다니는 길에 오르막이 없는 평평한 제주도 올레길 같은 곳이다.

에디슨 시절만 해도 구리의 전성기였지만, 기술의 발전과 함께 첨단 소재가 쏟아져 나오면서 구리는 그저 전류만 잘 흘리는 재미없는 도체로 전락했었다. 그런데 구리가 최근에 다시 주목받기 시작했다. 결정적인 이유는 구리의 단결정 만들기가 가능해졌기 때문이다. 자연에서 발견되는 금속은 다결정 상태에 있다. 다결정과 단결정의 차이를 이해하기 위해 먼저 트럭에 가득 실은 벽돌을 땅바닥에 쏟아놓은 모습을 그려보자. 벽돌이 무질서하게 어질러져 있는 것이 '다결정'이라면 벽돌 하나하나를 정성 들여 쌓아 올리면 '단결정' 상태로 바뀐다.

마을의 비유로 되돌아가보면 마을 사람들이 다니는 평지길이 끊어지지 않고 계속 연결되어 있는 마을이 단결정 마을이다. 다결정 마을은 평지길이 잠깐 나오는가 싶더니 뚝 끊어지거나 길 한가운데 엄청난 둔덕이 있어 그 옆의 평평한 샛길로 돌아가야 한다는 뜻이다. 둔덕이 그리 높지 않으면 큰 힘을 안 들이고 둔덕을 넘어갈 수 있지만, 대부분의 다결정 마을에는 이런 둔덕이나 푹 패인 길이 너무 많다. 단결정을 만든다는 것은 (   )과 같다. 벽돌은 우리 눈에 보이기 때문에 미장이의 솜씨로 차곡차곡 쌓을 수 있다. 하지만 눈에 보이지 않는 초소형 벽돌이라고 할 수 있는 구리 원자를 어떻게 차곡차곡 쌓아 단결정 구리를 만들 수 있을까? 이런 마법을 부릴 줄 아는 사람들을 재료과학자라고 한다.

구리의 단결정화 기술이 급격하게 발전한 배경에는 뜻밖에도 첨단 소재에 대한 열망이 자리 잡고 있다. 날로 반도체 소자가 초소형화되는 추세에 맞춰 사람들은 기존의 대표적인 반도체인 실리콘(Si)이나 갈륨비소(GaAs) 반도체와는 다른 구조에 관심을 가지게 되었다. 탄소 원자가 벌집 모양으로 얽힌 2차원 물질인 그래핀이 대표적인 사례다.

하지만 이런 2차원 물질이 저절로 만들어지는 건 아니다. 허공에서 신물질을 만들 수는 없으니 일단 어떤 평평한 판을 만들고 그 위에 그래핀 같은 2차원 물질을 키워야 한다. 탄소 원자 한 층짜리 그래핀을 잘 만드는 데는 구리 기판이 적임자라는 사실이 알려진 뒤 전 세계적으로 누가 구리를 얼마나 크게 단결정으로 잘 키울 수 있는지 경쟁이 펼쳐지기 시작했다. 마치 왕년의 주연급 배우가 오랜만에 다시 드라마에 조연으로 출연했는데 주연의 인기를 앞지르는 '역주행'의 모습을 보는 것 같다.

19

윗글의 빈칸에 들어갈 말로 가장 적절한 것을 고르면?

① 전자가 다른 때보다 빨리 움직일 수 있도록 전자를 끌어주는 일

② 전자가 오르막이나 내리막에서 고생하지 않고 지나갈 수 있도록 전자에게 에너지 음료를 주는 일

③ 전자가 오르막이나 내리막을 만나지 않고 쉬운 길로 돌아갈 수 있도록 힘든 길에 바리케이드를 치는 일

④ 전자가 오르막이나 내리막에서 고생하지 않고 쏜살같이 길을 달릴 수 있도록 무한히 긴 평지길을 포장하는 일

20

윗글의 내용과 일치하지 않는 것을 고르면?

① 구리는 단결정화가 가능해진 이후에서야 주목받기 시작했다.

② 신소재인 그래핀을 만들기 위해서는 구리가 반드시 필요하다.

③ 구리의 인기는 반도체 소자가 초소형화되는 추세와 함께 올라갔다.

④ 그래핀이 주목받는 이유는 반도체의 특성을 하나의 탄소 원자층 하나만으로도 구현할 수 있기 때문이다.

21

어느 회사에서 A팀 3명과 B팀 3명이 등산을 하기로 하였다. 등산로가 좁아 한 줄로 등산하고자 할 때, 다음 중 같은 팀 팀원이 연달아 등산하지 <u>않는</u> 방법의 수를 고르면?

① 24가지   ② 36가지

③ 72가지   ④ 108가지

22

한국의 신발 크기가 245mm이면 영국의 신발 크기는 UK 5.5이다. 한국의 신발 크기가 5mm씩 커질 때마다 영국의 신발 크기는 UK 0.5씩 커지고, 미국 신발 크기(US)는 UK 수치보다 1.0씩 더 크다. 이때, 크기가 280mm인 신발을 미국 신발 크기(US)로 바르게 나타낸 것을 고르면?

① US 10.0   ② US 10.5

③ US 11.0   ④ US 11.5

23

어느 회사에 신입사원들이 입사하였고, 이들을 대상으로 오리엔테이션을 진행하려고 한다. 신입사원을 a명씩 4팀으로 묶으면 6명이 남고, b명씩 5팀으로 묶으면 4명이 남는다고 한다. 전체 신입사원 수가 짝수이고 70명 미만일 때, 다음 중 신입사원 수를 고르면?(단, a>10이다.)

① 46명   ② 50명

③ 54명   ④ 64명

24

A, B, C, D, E의 다섯 명을 두 묶음으로 나누는 방법의 수를 a가지, 세 묶음으로 나누는 방법의 수를 b가지라고 할 때, 다음 중 $a+b$의 값을 고르면?(단, 한 묶음에는 적어도 한 명이 있어야 한다.)

① 35   ② 40

③ 45   ④ 50

25

다음 [표]는 어느 매체에서 20××년 4월 18일 기준 확진자 수 기준으로 상위 8개국을 정리한 자료이다. 이에 대한 설명으로 옳은 것을 [보기]에서 고르면?

[표] 확진자 수 기준 상위 8개국의 확진자 수 및 사망자 수 (단위: 명)

순위	국가	인구	확진자 수	전일 대비 확진자 증감	사망자 수	전일 대비 사망자 증감
1	미국	331,000,000	699,105	▲ 40,842	36,727	▲ 4,541
2	스페인	46,755,000	188,068	▲ 5,252	19,478	▲ 348
3	이탈리아	10,462,000	172,434	▲ 3,493	22,745	▲ 575
4	독일	83,784,000	140,886	▲ 4,317	4,326	▲ 274
5	프랑스	65,274,000	109,252	▲ 405	18,681	▲ 761
6	영국	67,886,000	108,692	▲ 5,599	14,576	▲ 847
7	중국	1,439,324,000	82,719	▲ 352	4,632	▲ 1,290
8	이란	84,000,000	79,494	▲ 1,499	4,958	▲ 89

※ (사망률)(%)= $\dfrac{(\text{사망자 수})}{(\text{확진자 수})} \times 100$

┤ 보기 ├

㉠ 4월 17일과 4월 18일 사이 확진자 수의 순위가 바뀐 경우가 있다.

㉡ 4월 18일을 기준으로 할 때, 중국은 미국보다 사망률이 높다.

㉢ 전일 대비 확진자가 세 번째로 많이 증가한 국가는 영국이다.

㉣ 전일 대비 증가한 확진자 수에 비해 전일 대비 증가한 사망자 수가 가장 많은 국가는 중국이다.

① ㉠, ㉢   ② ㉠, ㉣

③ ㉡, ㉢   ④ ㉡, ㉣

26

다음 [그래프]는 A씨, B씨, C씨가 사회생활을 하면서 경험했던 내용을 바탕으로 하여 만들어진 차별·특권적 요소에 관한 자료이다. 이 [그래프]에서 각 항목에 해당하는 칸의 개수가 곧 점수로 계산되고, 그 점수가 높을수록 세 사람이 경험한 차별·특권적 요소가 많았던 것으로 판단한다. 다음 중 자료에 대한 추론으로 옳지 <u>않은</u> 것을 고르면?

[그래프] A~C씨가 경험한 차별·특권적 요소

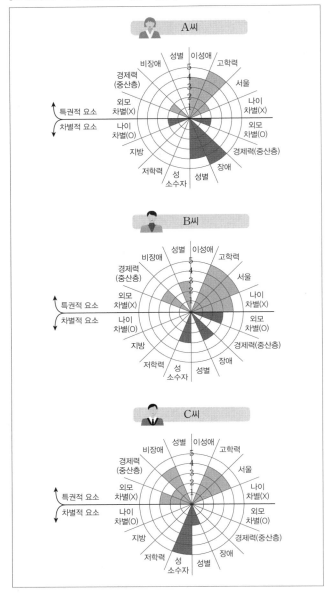

① A씨는 장애와 관련된 차별을 가장 크게 경험했다.
② C씨는 동성애자로 추론할 수 있다.
③ 세 사람 모두 고학력자로서 특권을 경험한 사례가 있다.
④ B씨와 C씨는 A씨에 비해 사는 지역으로 인한 특권을 많이 경험하였다.

[27~28] 다음 [표]는 2022년 2월 기준 전국의 최근 6개월 누적 강수량 및 평균 저수율에 관한 자료이다. 이를 바탕으로 질문에 답하시오.

[표1] 전국 최근 6개월 누적 강수량   (단위: mm, %, mm)

구분	전국	서울 경기	강원	충북	충남	전북	전남	경북	경남	제주
강수량	528.4	456.9	475.7	480.0	554.6	594.6	464.7	534.0	610.9	924.5
평년 대비	(Ⓐ)	81.4	73.7	86.9	96.3	99.2	79.0	(Ⓑ)	97.2	120.4
평년값	585.8	561.3	( )	552.4	576.0	( )	588.5	521.6	628.4	767.6

[표2] 전국 평균 저수율   (단위: mm, %, mm)

구분	전국	인천	경기	강원	충북	충남	전북	전남	경북	경남	제주
올해	82.6	83.7	88.2	(Ⓒ)	89.0	( )	86.7	70.2	86.2	77.2	( )
평년 대비	( )	100.5	103.8	101.5	113.4	112.4	(Ⓓ)	( )	121.2	( )	91.1
평년	72.8	( )	( )	82.5	78.5	82.2	72.1	64.2	71.1	71.4	59.7

27

위의 자료에 대한 설명으로 옳지 <u>않은</u> 것을 고르면?

① 누적 강수량의 평년값이 세 번째로 많은 지역은 전북이다.
② 경남 지역의 평균 저수율은 평년 대비 110% 미만이다.
③ 2022년 2월 충남 지역의 평균 저수율은 95mm 미만이다.
④ 2022년 2월 평균 저수율에 대하여 전남의 평년 대비 값은 전국보다 낮다.

28

다음 중 Ⓐ~Ⓓ에 해당하는 수치를 바르게 나타낸 것을 고르면?(단, Ⓐ~Ⓓ는 소수점 둘째 자리에서 반올림한다.)

	Ⓐ	Ⓑ	Ⓒ	Ⓓ
①	89.7	103.5	83.7	120.2
②	90.2	102.4	82.9	118.5
③	90.2	102.4	83.7	120.2
④	90.2	103.5	82.9	118.5

[표] 연도별 전국 급수인구 현황 (단위: 천 명, %)

구분	총인구	급수인구	상수도 보급률	지방·광역 상수도 급수인구	지방·광역 상수도 보급률
2011년	( )	50,638	97.9	48,938	94.6
2012년	51,881	( )	98.1	49,354	95.1
2013년	52,127	51,325	98.5	( )	95.7
2014년	52,419	51,712	98.6	50,373	96.1
2015년	52,672	52,045	98.8	50,804	96.5
2016년	( )	52,259	98.9	( )	96.4
2017년	52,950	52,468	99.1	51,247	96.8
2018년	53,073	52,653	( )	51,499	( )
2019년	53,122	52,747	( )	51,667	97.3
2020년	52,975	52,644	( )	51,646	( )

※ 1) (상수도 보급률)(%)= $\frac{(급수인구)}{(총인구)} \times 100$

2) (지방·광역상수도 보급률)(%)= $\frac{(지방·광역상수도 급수인구)}{(총인구)} \times 100$

29

위의 자료에 대한 설명으로 옳은 것을 [보기]에서 모두 고르면?(단, 인구 계산 시 백 명 단위에서 반올림한다.)

┤ 보기 ├

ⓐ 2015년 총인구는 2011년 대비 95만 명 미만 증가하였다.
ⓑ 지방·광역상수도 급수인구가 처음으로 5,000만 명을 넘은 해는 2014년이다.
ⓒ 2016년 지방·광역상수도 급수인구는 2012년 급수인구보다 4만 명 이상 많다.
ⓓ 2011년부터 2017년까지 상수도 보급률과 지방·광역상수도 보급률은 해마다 꾸준히 증가하고 있다.

① ㉠, ㉡　　　　② ㉡, ㉣
③ ㉠, ㉡, ㉢　　④ ㉡, ㉢, ㉣

30

다음 중 2017~2020년까지의 상수도 보급률과 지방·광역상수도 보급률을 옳게 나타낸 그래프를 고르면?(단, 상수도 보급률과 지방·광역상수도 보급률은 소수점 둘째 자리에서 반올림한다.)

①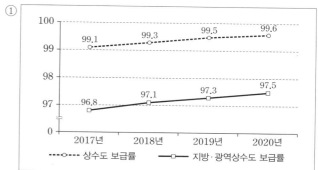

②

③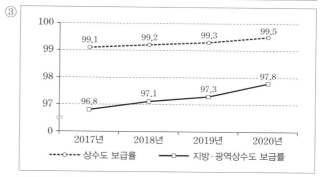

④

[31~32] 다음은 어느 공기업의 국외출장여비 규정에 관한 자료이다. 이를 바탕으로 질문에 답하시오.

[표] 출장여비 지급 기준(상한액)   (단위: 달러)

직급	지역 등급	숙박비(1박)	식비(1일)	일비(1일)
2급 이상	가, 나, 다	실비	75	100
3급	가, 나, 다	실비	60	80
4급	가	100	60	
	나	80	45	60
	다	60	35	
5급 이하	가	90	45	
	나	70	35	50
	다	50	30	

[지역 등급]

등급	지역
가 등급	도쿄, 뉴욕, 런던, LA, 모스크바, 샌프란시스코, 워싱턴, 파리, 홍콩, 싱가포르
나 등급	중국(북경), 인도, 일본, 미국, 영국, 프랑스 * 가 등급 지역 제외
다 등급	그 외 지역

[출장여비 규정]

- 출장여비는 '(숙박비)+(식비)+(일비)+(교통비)'이며, 실비를 지급하되 직급별 여비 기준에 따라 상한액까지 지급 가능하다. 단, 교통비는 상한액을 적용하지 않고 실비를 지급한다.
- 이동 시 마일리지를 사용한 경우 일비의 1.2배를 지급한다.
- 2인 이상이 동일 목적으로 동행하여 출장할 경우에도 각 직급에 해당하는 여비 기준에 따라 여비를 지급한다. 다만, 상급자와 함께 출장을 갈 경우 상급자와 식비 상한액 기준을 동일하게 적용한다.
- 2인 이상이 같은 숙소에 숙박하는 경우 직급이 더 높은 직원의 숙박비의 상한액의 1.5배를 기준으로 지급한다.(단, 중복 지급하지 않는다.)

31

다음 [표]는 A~D의 출장 현황에 관한 자료이다. 이 중 출장여비가 잘못 지급된 경우를 고르면?(단, A~D는 모두 혼자 출장을 갔다.)

[표] A~D의 출장 현황

구분	직급	출장 일정	출장지	식비 (1일)	숙박비 (1박)	총 교통비	마일리지 사용 여부
A	2급	3박 5일	뉴델리	54 달러	70 달러	700 달러	○
B	3급	2박 3일	워싱턴	60 달러	90 달러	1,000 달러	○
C	5급	3박 4일	런던	55 달러	70 달러	880 달러	×
D	4급	2박 3일	상하이	40 달러	60 달러	400 달러	×

※ 1일 식비와 1박 숙박비는 출장 기간 내내 동일함

① A: 1,780달러
② B: 1,648달러
③ C: 1,470달러
④ D: 820달러

32

다음 [표]와 같이 A와 B가 함께 블라디보스토크로 출장을 갔다. 이때, A와 B에게 지급되는 출장여비를 고르면?(단, A와 B는 같은 숙소에서 숙박하였다.)

[표] A, B의 출장 현황

구분	직급	출장 일정	출장지	식비 (1일)	숙박비 (1박)	총 교통비	마일리지 사용 여부
A	4급	2박 4일	블라디보스토크	45 달러	120 달러	800 달러	○
B	5급					750 달러	

① 2,538달러
② 2,738달러
③ 2,938달러
④ 3,138달러

[33~34] 다음은 어느 회사의 승진 기준에 관한 자료이다. 이를 바탕으로 질문에 답하시오.

[승진 기준표]

직급	임기	인사평가 점수	보직	보직기간
3급	5년	92점 이상	차장	5년
4급	4년	90점 이상	과장	4년
5급 갑	4년	88점 이상	대리	4년
5급 을	3년	85점 이상	주임	3년

[승진 조건]
• 승진을 하기 위해서는 위의 승진 기준표를 모두 만족해야 한다.
• 인사평가 점수는 실적, 근태, 동료평가 점수를 100점 만점으로 평가한 뒤 실적, 근태, 동료평가를 5 : 3 : 2의 비율로 계산한 점수의 총합으로 산정한다.

33

다음 [표]는 승진 대기자의 항목별 현황에 관한 자료이다. 이 중 승진하는 사람은 총 몇 명인지 고르면?

[표] 승진 대기자의 항목별 현황

승진 대기자	직급	임기	인사평가 점수	보직	보직기간
A	3급	5년	90점	차장	6년
B	4급	3년	92점	과장	4년
C	5급 갑	5년	90점	대리	5년
D	5급 을	3년	95점	주임	3년
E	5급 갑	2년	86점	대리	1년
F	4급	4년	88점	과장	4년
G	5급 을	2년	89점	주임	2년

① 1명   ② 2명   ③ 3명   ④ 4명

34

직급이 5급 갑이면서, 보직이 대리인 직원 중 승진 대기자는 다음 [표]와 같이 4명이다. 내부 인사 적체로 인해 이 중 승진 조건을 만족하면서 인사평가 점수가 가장 높은 한 명만 승진이 가능하다고 할 때, 승진하는 직원으로 가장 적절한 사람을 고르면?

[표] 승진 대기자의 항목별 현황

승진 대기자	직급	임기	인사평가 점수 실적	근태	동료 평가	보직	보직 기간
A	5급 갑	4년	85점	100점	95점	대리	4년
B	5급 갑	4년	84점	88점	85점	대리	4년
C	5급 갑	5년	90점	85점	100점	대리	4년
D	5급 갑	4년	95점	90점	90점	대리	3년

① A   ② B   ③ C   ④ D

[35~36] 다음은 P제품 제작 공정에 관한 자료이다. 이를 바탕으로 질문에 답하시오.

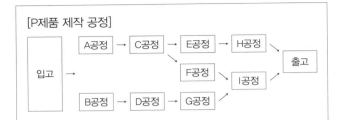

[P제품 제작 공정]

입고 → A공정 → C공정 → E공정 → H공정 → 출고
C공정 → F공정 → I공정 → 출고
입고 → B공정 → D공정 → G공정 → I공정

[표] P제품 10개 제작 시 각 과정별 소요 시간 (단위: 분)

구분	선행 공정	소요 시간
입고	–	20
A공정	원료 입고	18
B공정	원료 입고	12
C공정	A공정	16
D공정	B공정	18
E공정	C공정	20
F공정	C공정	20
G공정	D공정	22
H공정	E공정	15
I공정	F공정, G공정	13
출고	H공정, I공정	12

※ 단, P제품은 한 번 공정 시 10개 단위로 제작 가능함
※ 입고에서 출고까지를 한 번의 공정으로 함
※ 선행 공정이 있는 경우 선행 공정이 끝난 이후부터 해당 공정을 진행할 수 있으며, 선행, 후행 공정이 아닌 경우 동시에 진행함

35

P제품을 10개 제작하기 위해 소요되는 시간을 고르면?(단, 공정이 시작되면 출고까지 한 번에 진행된다.)

① 1시간 32분 ② 1시간 36분
③ 1시간 39분 ④ 1시간 41분

36

A공정, E공정, F공정을 개선하여 소요 시간이 공정별로 3분 씩 단축되었다. P제품을 10개 제작하였을 때, 공정 개선 전에 비해 개선 후 단축된 총 시간을 고르면?

① 3분 ② 4분
③ 5분 ④ 6분

37

어느 대학교에서 다음과 같은 기준에 따라 취업지원금을 지원한다. A~J가 취업지원금을 신청하였다고 할 때, 이 대학교에서 지급하는 취업지원금이 총 얼마인지 고르면?

[취업지원금 지원 규정]
○ 지원 대상
- 소득 분위가 5분위 이하이고, 현재 재학 중인 졸업예정자(졸업예정자를 제외한 재학생, 휴학생 및 졸업자는 지원 불가능)
○ 지원금액
- 1인당 기본 100만 원 지급
- 최종 면접 대상자로 선정된 경우 면접 회당 10만 원 추가 지급
- 취업 성공 시 50만 원 추가 지급

[표] A~J의 신청 내역

구분	재학 여부	소득 분위	최종 면접 횟수	취업 성공 여부
A	졸업생	4분위	1회	×
B	휴학생	5분위	0회	○
C	졸업예정자	5분위	0회	○
D	졸업예정자	1분위	2회	×
E	졸업예정자	2분위	2회	○
F	졸업예정자	차상위계층	1회	○
G	졸업예정자	3분위	3회	○
H	휴학생	2분위	2회	×
I	졸업예정자	4분위	0회	×
J	졸업예정자	6분위	2회	○

※ 단, 졸업예정자는 모두 현재 재학 중이다.

① 800만 원 ② 840만 원
③ 880만 원 ④ 920만 원

38

다음 [표]는 다섯 명의 신입사원 A~E의 역량을 평가한 결과이다. 이 자료를 바탕으로 인사부, 영업부, 개발부, 홍보부, 재무부에 신입사원을 한 명씩 배정하려고 할 때, 신입사원과 배정된 부서를 연결한 것으로 적절하지 <u>않은</u> 경우를 고르면?(단, 조건에 해당하는 사람이 여러 명인 부서의 경우 조건에 해당하는 사람이 한 명인 부서에 신입사원을 먼저 배정한 후 남은 신입사원 중 조건에 맞는 신입사원을 배정한다. 조건에 해당하는 사람이 없는 부서의 경우 타 부서에 신입사원을 배정한 후 남은 인원을 랜덤으로 배정한다.)

[표] 신입사원별 역량 평가 결과

구분	전공	문제해결능력	창의력	의사소통능력	자원관리능력
A	인문계열	★★★★★	★★★★	★★★★★	★★★★
B	공학계열	★★	★★	★★★	★★★★★
C	공학계열	★★★★	★★★★	★★★★	★★★★
D	경상계열	★★★★	★★★★★	★★	★★★
E	경상계열	★★★	★★★★	★★★★	★★★★

※ ★: 매우 나쁨, ★★: 나쁨, ★★★: 보통, ★★★★: 좋음, ★★★★★: 매우 좋음

[신입사원 배정 조건]
• 인사부: 자원관리능력이 '좋음' 이상인 사람 중에서 의사소통능력이 가장 좋은 사람을 배정한다.
• 영업부: 의사소통능력과 문제해결능력이 모두 '보통' 이상인 사람을 배정한다.
• 개발부: 전공이 공학계열인 사람 중 문제해결능력이 '좋음' 이상인 사람을 배정한다.
• 홍보부: 전공이 인문계열 또는 경상계열인 사람 중 창의력이 '좋음' 이상인 사람을 배정한다.
• 재무부: 전공이 경상계열인 사람 중 자원관리능력이 가장 좋은 사람을 배정한다.

① 인사부 – A
② 영업부 – B
③ 개발부 – C
④ 홍보부 – E

39

영업부에서는 7월 11일에 출시하는 신제품 영업방안에 대해 회의를 하려고 한다. 다음 [조건]에 따라 회의 일정을 잡으려고 할 때, 가장 적절한 일자를 고르면?

[그림] 6월 달력

일	월	화	수	목	금	토
			1 지방선거	2	3	4
5	6 현충일	7	8	9	10	11
12	13	14	15	16	17	18
19	20	21	22	23	24	25
26	27	28	29	30		

※ 단, 지방선거일과 현충일은 공휴일임

┤ 조건 ├
• 회의는 근무일에 진행하며, 토요일과 일요일, 공휴일은 휴무이다.
• 영업부에는 A부장, B차장, C과장, D과장, E대리, F대리, G대리, H사원, I사원이 있다.
• 회의는 6월 중 가장 빠른 날 진행하고, 신제품이 출시되기 3주 전까지는 진행해야 한다.
• 회의는 오전에 진행하고, 금요일에는 회의를 하지 않는다.
• 회의에 부장과 차장은 반드시 참석해야 하며 각 직급별로 적어도 한 명이 참석해야 한다.
• 회의에는 7명 이상이 참석해야 한다.
• A부장은 매주 월요일 오전마다 외근을 간다.
• B차장은 6월 7~9일에 출장을 간다.
• C과장은 매주 화요일 오전에 외근을 간다.
• D과장은 6월 2~3일에 휴가를 간다.
• E대리는 매주 목요일 오전에 외근을 간다.
• F대리는 6월 16~17일에 출장을 간다.
• G대리는 6월 13일 오후에 외근을 간다.
• 사원들은 6월 15일 오전에 교육을 듣는다.
• H사원은 6월 2~3일에 출장을 간다.
• I사원은 6월 13~14일에 출장을 간다.

① 6월 2일
② 6월 14일
③ 6월 16일
④ 6월 22일

40

어느 패스트푸드점에서 새로운 매장을 열려고 한다. 다음 자료를 바탕으로 최종 선정된 오픈 지역을 고르면?

이 패스트푸드점에서는 새 매장 후보지를 다음 [평가 기준]에 따라 평가하였다. [평가 기준]에 따른 평가 점수의 합이 가장 높은 곳에 새로운 매장을 연다.

[평가 기준]
○ 해당 지역 내 패스트푸드점 수

개수	1개 이하	2~3개	4개 이상
점수	20점	10점	5점

○ 인근 아파트 단지 수

개수	5개 이상	3~4개	1~2개	없음
점수	40점	30점	20점	0점

○ 인근 학교 수

개수	3개 이상	2개	1개	없음
점수	30점	20점	10점	0점

○ 해당 지역 내 대학교 유무

대학교	있음	없음
점수	10점	0점

○ 합산점수가 동일할 경우 우선순위는 다음과 같은 순서로 정한다.
  1) 해당 지역 내 대학교가 있는 지역
  2) 인근 아파트 단지 수가 더 많은 지역
  3) 인근 학교 수가 더 많은 지역
  4) 해당 지역 내 패스트푸드점 수가 적은 지역

○ 후보지는 총 4곳이고, 각 후보지의 세부 현황은 다음과 같다.

후보지	해당 지역 내 패스트푸드점 수	인근 아파트 단지 수	인근 학교 수	해당 지역 내 대학교
A	1개	3개	1개	있음
B	3개	4개	3개	없음
C	2개	6개	2개	없음
D	5개	2개	5개	있음

① A   ② B   ③ C   ④ D

2. 직무능력평가(경영)

01

K-water의 경영전략에 대한 이해로 적절하지 <u>않은</u> 것을 고르면?

① 전략과제 중에는 탄소중립 및 지속가능한 도시 조성 등이 포함된다.
② 전략방향 중에는 글로벌을 선도하는 물가치 넥서스 구현이 포함된다.
③ 세부과제 중에는 소통을 바탕으로 투명하게 의사결정하는 것이 포함된다.
④ 경영원칙 중에는 인간과 자연의 지속가능한 공존을 추구하는 것이 포함된다.

02

K-water의 설립에 대한 이해로 적절한 것을 고르면?

① 법령에 의해 설립된 특수법인에 해당한다.
② 기금운용 이해 관계자의 참여가 보장된 공기업이다.
③ 자체수입이 총수입 대비 50% 이상인 준정부기관이다.
④ 자산규모 2조원 이상으로 민간기업 수준의 자율성이 보장된다.

03

K-water의 사업범위 중 제3조에 속하는 것을 고르면?

① 산업단지 및 특수지역 개발
② 광역상수도사업 및 공업용수도사업 등
③ 이주단지 등의 조성 및 공유수면의 매립
④ 하수도 운영 관리 및 비점오염 저감 사업 등

04

다음 [보기]의 설명에 해당하는 요금제로 알맞은 것을 고르면?

┤ 보기 ├

사용량에 따른 월납부액이 달라지거나 단위당 요금이 달라지는 요금제이다. 대량소비에 대한 요금 부과가 저렴하다는 장점이 있지만, 소득재분배와 상충되어 형평성 측면에서 문제가 되고, 소비를 장려하여 자원이 낭비된다는 단점이 있다.

① 단일요금제
② 이부요금제
③ 체증요금제
④ 체감요금제

05

다음 빈칸에 들어갈 말로 가장 알맞은 것을 고르면?

저수지와 홍수위 사이의 (   )은 저수지의 이용할 수 있는 유효공간을 뜻하는데, 이수목적으로 사용되는 저수공간과 홍수조절 목적으로 사용되는 홍수조절용량을 합한 공간을 의미한다.

① 사수용량
② 활용용량
③ 초과용량
④ 비활용용량

한국수자원공사   25   직무능력평가(경영)

06

오염원에 대한 설명으로 옳지 <u>않은</u> 것을 고르면?

① 점오염원은 처리장 등의 시설 설계와 유지관리가 용이하다.
② 점오염원은 계절에 따른 영향을 적게 받아 연중 배출량이 일정하다.
③ 비점오염원은 대기 중의 오염물질 등으로부터 배출된다.
④ 비점오염원은 오염물질의 유출경로와 배출지점이 명확하다.

07

다음 빈칸에 들어갈 말이 알맞게 짝지어진 것을 고르면?

수도정비기본계획은 수도정비에 관한 종합적인 기본계획이다. 원칙적으로 (㉠)년마다 수립하며, 목표연도는 (㉡)년 후로 하고 4단계로 계획을 수립한다.

① ㉠: 5년, ㉡: 10년
② ㉠: 5년, ㉡: 20년
③ ㉠: 10년, ㉡: 10년
④ ㉠: 10년, ㉡: 20년

08

표준정수처리공정을 순서대로 나열한 것으로 알맞은 것을 고르면?

① 착수정 – 혼화지 – 응집지 – 침전지 – 여과지 – 정수지
② 착수정 – 응집지 – 침전지 – 혼화지 – 여과지 – 정수지
③ 착수정 – 침전지 – 혼화지 – 응집지 – 여과지 – 정수지
④ 착수정 – 혼화지 – 침전지 – 응집지 – 여과지 – 정수지

09

K-water에서 추진하고 있는 신재생에너지로 알맞은 것을 고르면?

① 연료전지
② 수소에너지
③ 바이오매스
④ 태양에너지

10

다음 인센티브에 관한 설명으로 가장 적절하지 <u>않은</u> 것을 고르면?

① 테일러(Taylor) 성과급 제도는 단순 성과급제도에 비해 동기부여 효과가 크다.
② 메리크(Merrick) 성과급 제도는 시간당 생산량에 따라 임금률이 정해진다.
③ 임프로셰어(Improshare)는 절약한 노동시간을 기준으로 개인에게 보너스가 부여된다.
④ 맨체스터 플랜(Manchester plan)은 일정한 고정급을 부여하여 근로자의 최소 생계비용을 보장하였다.

11

의사결정 과정에서 발생하는 오류에 대한 설명으로 가장 적절하지 <u>않은</u> 것을 고르면?

① 유용성 오류: 쉽게 접근할 수 있는 정보에 근거를 두고 판단을 내리는 경향.
② 대표성 오류: 과거의 사건이 현재의 비슷하지만 다른 상황에서 같은 효과를 낼 것이라고 생각.
③ 맹목성 오류: 사건의 결과가 실제로 알려진 후 결과를 정확히 예측할 수 있었다고 생각.
④ 몰입의 상승현상: 초기 정보에 지나치게 집중하여 이후에 다른 정보가 들어와도 적절하게 생각을 조정하지 못하는 현상.

12

기술과 조직구조 간 관계에 관한 설명으로 가장 적절한 것을 고르면?

① 우드워드(Woodward)에 따르면 생산에 필요한 기술이 복잡해질수록 유기적 조직구조를 가진다.
② 페로(Perrow)에 따르면 일상적 기술을 가진 조직은 공학적 기술을 가진 조직에 비해 문제의 분석가능성이 낮다.
③ 페로(Perrow)는 문제의 분석가능성과 기술의 복잡성에 따라 부서단위의 기술을 분류하였다.
④ 톰슨(Thompson)에 따르면 집합적 상호의존성을 사용하는 조직은 순차적 상호의존성을 사용하는 조직보다 의사소통의 필요성이 낮다.

13

다음 집단 의사결정에 관한 설명으로 옳은 것을 [보기]에서 고르면?

─┤ 보기 ├─

a. 앤소프(Ansoff)는 의사결정자의 조직 내 지위에 따라 의사결정 수준을 구분하였다.
b. 지명반론자법을 적용하여 집단양극화 현상을 방지할 수 있다.
c. 델파이법은 의사결정 참여자들이 서로 토론을 할 수 없는 상황에서 시행한다.
d. 태스크포스(Task Force)팀은 기능횡단팀의 성격으로 상이한 계층과 직무에서 온 사람들로 구성된다.

① a, b
② a, c
③ b, c
④ b, d

14

다음 브룸(Broom)의 기대이론을 도식화한 [그림]에 대한 설명으로 가장 적절하지 <u>않은</u> 것을 고르면?

[그림] 브룸(Broom)의 기대이론

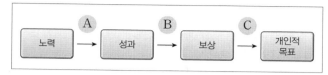

① A, B, C 중 하나라도 0의 값을 가지면 동기부여 수준은 0이 된다.
② A는 기댓값으로 객관적 확률로서 0에서 1까지의 값을 가진다.
③ B는 수단성으로 주관적 믿음으로 −1에서 1까지의 값을 가진다.
④ C는 유의성으로 이를 높이기 위해서는 종업원이 선호하는 보상 수단을 조사할 필요가 있다.

15

분배적 협상과 통합적 협상에 대한 비교로 가장 적절하지 <u>않은</u> 것을 고르면?

① 통합적 협상은 상충된 목표를 가진 이해관계자들이 빠르게 합의할 때 유용하다.
② 분배적 협상은 자원의 양이 고정되어 있다고 가정하고, 통합적 협상은 변동할 수 있다고 가정한다.
③ 매력적인 BATNA를 가질수록 분배적 협상을 성공할 확률이 증가한다.
④ 분배적 협상보다 통합적 협상에서 정보의 공유가 상대적으로 많이 이루어지는 경향이 있다.

16

다음 중 포터(Porter)의 산업구조분석에 대한 사례로 가장 적절하지 <u>않은</u> 것을 고르면?

① 반도체 수급이 늦어짐에 따라 하이브리드 자동차 제조 산업의 매력도는 낮아질 것이다.
② 소수의 베어링 부품 제조기업에 의한 독점은 풍력발전 제조업의 매력도를 낮출 것이다.
③ 발급이 어렵고 오랜 시간이 걸리는 특허제도는 제약 산업의 매력도를 높일 것이다.
④ 시멘트 회사의 공정이 표준화되면서 건설 산업의 매력도가 낮아질 것이다.

17

다음 [표]를 보고 BCG매트릭스(BCG Matrix)에서 C브랜드가 위치한 영역에 대한 설명으로 가장 적절한 것을 고르면?

구분	매출액 (원)	매출 비중 (%)	시장 내 1위 점유율(%) (자사 제외)	자사 시장 점유율(%)	시장 성장율(%)
A브랜드	500,000	50	30	40	4
B브랜드	250,000	25	44	11	8
C브랜드	120,000	12	20	25	12
D브랜드	130,000	13	15	3	13

① 경영자의 선택에 따라 극단적으로 다른 결과가 초래된다.
② 수익이 높고 안정적이면서 확대전략을 추구한다.
③ 규모의 경제를 활용하여 안정적인 현금흐름을 유지한다.
④ 출구전략을 본격적으로 모색한다.

18

다음 앤소프(Ansoff) 매트릭스의 영역 중 B에 해당하는 곳에 대한 설명으로 가장 적절하지 <u>않은</u> 것을 고르면?

[그림] 앤소프(Ansoff) 매트릭스

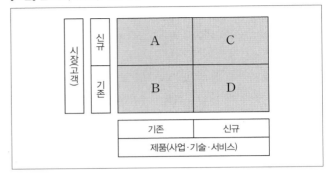

① 새로운 경쟁사가 계속해서 진입하게 되면 이 전략만으로는 어렵다.
② 샘플 증정 행사를 통해 경쟁사의 고객을 유치하고자 한다.
③ 사업의 성공률이 높으므로 기존 사업의 리스크 분산 효과가 크다.
④ 소비자의 욕구를 파악하여 충족시켜주는 것이 중요하다.

19

다음 [그림] 피셔의 분리정리에 대한 설명으로 가장 적절하지 <u>않은</u> 것을 고르면?(단, 소비는 정상재이다.)

[그림] 피셔의 분리정리

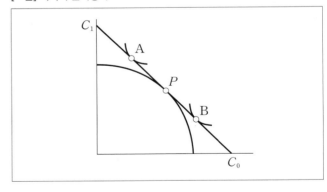

① 점 P는 최적 실물투자점이다.
② 시장이자율은 자본시장선의 절대값 기울기에서 1을 차감한 값이다.
③ A가 B에 비해 소비에 있어서 현재의 소비를 더 선호한다.
④ 기울기가 하락하면 B의 효용은 반드시 증가한다.

20

CAPM과 APT를 비교한 설명으로 가장 적절하지 <u>않은</u> 것을 고르면?

① APT는 CAPM과 달리 투자자가 위험회피적이라는 가정이 필요가 없다.

② CAPM은 단일기간을 가정하고, APT는 단일뿐만 아니라 다기간으로 확장이 가능하다.

③ APT는 CAPM과 달리 시장에 존재하는 자산 일부만으로 가치평가가 가능하다.

④ APT와 CAPM은 둘 다 자산의 기대수익률과 관련 위험요인이 선형관계임을 가정한다.

21

MM의 명제에 대한 설명으로 적절하지 <u>않은</u> 것을 고르면?

① MM(63)에 따르면 법인세절약효과로 인해 레버리지와 기업가치 사이에는 정(＋)의 관계가 있다.

② MM(58)에 따르면 자기자본가치를 먼저 구한 후 부채가치를 합쳐 기업가치를 구한다.

③ MM(63)에 따르면 법인세율이 상승해도 자기자본비용은 일정하다.

④ MM(58)에 따르면 완전자본시장하에서 자본구조의 변경은 기업가치와 무관하다.

22

A기업은 ROE가 6%, 매출액순이익률이 1%, 총자산회전율이 2.0으로 나타났다. ROE를 10%까지 끌어올리고자 할 때 A기업의 적정 부채비율은 얼마인지 고르면?(단, 매출액순이익률과 총자산회전율은 동일하다.)

① 200%

② 300%

③ 400%

④ 500%

23

한계대체율과 한계변환율에 대한 설명으로 가장 적절하지 <u>않은</u> 것을 고르면?

① 한계대체율(MRS_{XY})이 체감하면 X와 Y의 한계효용도 체감한다.

② 생산가능곡선이 오목한 이유는 한계변환율이 체증하기 때문이다.

③ 한계대체율(MRS_{XY})이 예산선의 기울기보다 클 경우 X재가 소비를 증가하여야 균형을 회복한다.

④ 한국의 한계변환율(MRT_{XY})이 미국보다 큰 경우, 양국이 무역을 개시하면 한국은 미국에 Y재를 수출한다.

24

다음 채권 중 듀레이션(Duration)이 가장 낮은 것을 고르면?

① 액면이자율 7%, 만기 3년 채권
② 액면이자율 7%, 만기 5년 채권
③ 액면이자율 15%, 만기 3년 채권
④ 만기 3년인 할인채

25

다음은 일반목적재무보고의 목적에 관한 설명이다. 이 중 가장 적절하지 <u>않은</u> 것을 고르면?

① 현재 및 잠재적 투자자 등은 일반목적재무보고서의 대상이 되는 주요 이용자이다.
② 일반목적재무보고서는 주요 이용자가 필요로 하는 모든 정보를 제공한다.
③ 보고기업의 경영진은 일반목적재무보고서에 의존할 필요는 없다.
④ 일반목적재무보고서는 주요 이용자가 보고기업의 가치를 추정하는 데 도움이 되는 정보를 준다.

26

선입선출법과 평균법의 원가 계산에 대한 설명으로 가장 적절한 것을 고르면?

① 선입선출법은 기초재공품 모두를 당기에 착수, 완성한다고 가정한다.
② 당기의 성과를 독립적으로 평가할 수 있는 방법은 평균법이다.
③ 기초재공품이 존재할 경우에는 선입선출법에 의한 완성품환산량이 더 크다.
④ 선입선출법 계산시 기초재공품원가의 전액이 완성품원가로 배부된다.

27

다음 [보기]를 읽고 A의 투자활동순현금흐름으로 가장 적절한 것을 고르면?

┤ 보기 ├

- 20×2년 7월 1일 A는 취득원가가 800,000원이고 감가상각누계액이 300,000원인 기계장치를 매각하여 현금을 받았다. 이 거래로 유형자산 처분이익 200,000원을 인식하였다.
- A의 기계장치 계정과목에는 20×2년 기초잔액이 5,000,000원이고 감가상각누계액이 2,000,000원이 계상되어 있었다. 기말에는 기계장치에 5,500,000원, 감가상각누계액으로 2,700,000원이 계상되어 있다.
- 20×2년 10월 14일 기계장치를 매입한 거래 기록은 남아있으나 재무팀 직원의 실수로 영수증을 잃어버려 정확한 액수를 모르는 상태이다. 기계장치와 관련된 거래는 모두 현금으로 이루어진다.

① 400,000원
② 700,000원
③ 1,000,000원
④ 1,300,000원

다음과 같은 자기주식 거래가 발생하였을 때 남은 순자산으로 가장 적절한 것을 고르면?

- 1/1 액면금액 1,000원인 보통주 500주를 주당 2,500원에 발행하여 설립됨
- 4/1 보통주 100주를 주당 1,400원에 재취득
- 7/1 취득한 자기주식 중 30주를 1,200원에 재발행하고, 나머지 70주는 소각

① 1,062,000원
② 1,146,000원
③ 1,230,000원
④ 1,314,000원

A기업은 20×2년 1월 1일에 기계장치 1대를 취득하였다. 동 기계장치의 내용연수는 5년, 잔존가치는 50,000원이며 정액법을 사용하여 감가상각한다. 20×4년 기말 이 기계장치의 공정가치는 350,000원, 재평가손실 30,000원, 감가상각누계액으로 240,000원이 계상되어 있다. 이에 대한 취득원가로 가장 적절한 것을 고르면?

① 450,000원
② 500,000원
③ 550,000원
④ 600,000원

수익적 지출 항목을 자본적 지출 항목으로 잘못 처리하였을 경우 당기에 나타나는 현상으로 가장 적절하지 않은 것을 고르면?

① 현금 지출시 현금이 과대계상된다.
② 자산이 과대계상된다.
③ 자본이 과대계상된다.
④ 당기순이익이 과대계상된다.

2. 직무능력평가(경제)

01

K-water의 경영전략에 대한 이해로 적절하지 <u>않은</u> 것을 고르면?

① 전략과제 중에는 탄소중립 및 지속가능한 도시 조성 등이 포함된다.
② 전략방향 중에는 글로벌을 선도하는 물가치 넥서스 구현이 포함된다.
③ 세부과제 중에는 소통을 바탕으로 투명하게 의사결정하는 것이 포함된다.
④ 경영원칙 중에는 인간과 자연의 지속가능한 공존을 추구하는 것이 포함된다.

02

K-water의 설립에 대한 이해로 적절한 것을 고르면?

① 법령에 의해 설립된 특수법인에 해당한다.
② 기금운용 이해 관계자의 참여가 보장된 공기업이다.
③ 자체수입이 총수입 대비 50% 이상인 준정부기관이다.
④ 자산규모 2조원 이상으로 민간기업 수준의 자율성이 보장된다.

03

K-water의 사업범위 중 제3조에 속하는 것을 고르면?

① 산업단지 및 특수지역 개발
② 광역상수도사업 및 공업용수도사업 등
③ 이주단지 등의 조성 및 공유수면의 매립
④ 하수도 운영 관리 및 비점오염 저감 사업 등

04

다음 [보기]의 설명에 해당하는 요금제로 알맞은 것을 고르면?

> **보기**
>
> 사용량에 따른 월납부액이 달라지거나 단위당 요금이 달라지는 요금제이다. 대량소비에 대한 요금 부과가 저렴하다는 장점이 있지만, 소득재분배와 상충되어 형평성 측면에서 문제가 되고, 소비를 장려하여 자원이 낭비된다는 단점이 있다.

① 단일요금제
② 이부요금제
③ 체증요금제
④ 체감요금제

05

다음 빈칸에 들어갈 말로 가장 알맞은 것을 고르면?

> 저수지와 홍수위 사이의 (   )은 저수지의 이용할 수 있는 유효공간을 뜻하는데, 이수목적으로 사용되는 저수공간과 홍수조절 목적으로 사용되는 홍수조절용량을 합한 공간을 의미한다.

① 사수용량
② 활용용량
③ 초과용량
④ 비활용용량

06

오염원에 대한 설명으로 옳지 <u>않은</u> 것을 고르면?

① 점오염원은 처리장 등의 시설 설계와 유지관리가 용이하다.
② 점오염원은 계절에 따른 영향을 적게 받아 연중 배출량이 일정하다.
③ 비점오염원은 대기 중의 오염물질 등으로부터 배출된다.
④ 비점오염원은 오염물질의 유출경로와 배출지점이 명확하다.

07

다음 빈칸에 들어갈 말이 알맞게 짝지어진 것을 고르면?

> 수도정비기본계획은 수도정비에 관한 종합적인 기본계획이다. 원칙적으로 (㉠)년마다 수립하며, 목표연도는 (㉡)년 후로 하고 4단계로 계획을 수립한다.

① ㉠: 5년, ㉡: 10년
② ㉠: 5년, ㉡: 20년
③ ㉠: 10년, ㉡: 10년
④ ㉠: 10년, ㉡: 20년

08

표준정수처리공정을 순서대로 나열한 것으로 알맞은 것을 고르면?

① 착수정 – 혼화지 – 응집지 – 침전지 – 여과지 – 정수지
② 착수정 – 응집지 – 침전지 – 혼화지 – 여과지 – 정수지
③ 착수정 – 침전지 – 혼화지 – 응집지 – 여과지 – 정수지
④ 착수정 – 혼화지 – 침전지 – 응집지 – 여과지 – 정수지

09

K-water에서 추진하고 있는 신재생에너지로 알맞은 것을 고르면?

① 연료전지
② 수소에너지
③ 바이오매스
④ 태양에너지

10

다음 [그림]은 국내 자동차시장의 공급곡선과 연구자에 따라 추정된 두 개의 수요곡선 A와 B를 나타내고 있다. 이에 대한 설명으로 옳은 것을 [보기]에서 고르면?(단, P는 가격, Q는 거래량, D는 수요곡선, S는 공급곡선을 의미한다.)

[그림] 국내 자동차시장의 공급곡선과 수요곡선 A와 B

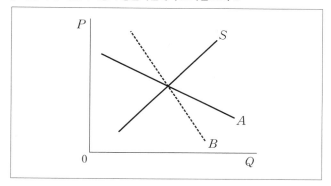

┤ 보기 ├

㉠ 자동차 생산기술이 발전하면 균형거래량은 A보다 B가 더 많이 증가한다.
㉡ 자동차 원자재가격이 상승하면 균형가격은 A보다 B가 더 많이 상승한다.
㉢ 단위당 동일한 판매세를 생산자에게 부과하는 경우 조세수입은 A보다 B가 더 많을 것이다.
㉣ 단위당 동일한 보조금을 생산자에게 지급하는 경우 판매수입은 A보다 B가 더 많을 것이다.

① ㉠, ㉡
② ㉠, ㉣
③ ㉡, ㉢
④ ㉢, ㉣

11

탄력성에 대한 설명으로 옳지 <u>않은</u> 것을 고르면?

① 가격수준과 공급량이 동일한 수준인 두 공급곡선에서 공급곡선이 완만할수록 공급의 가격탄력성은 커진다.

② 공급곡선의 수평축 절편이 양수이고 기울기도 양수인 직선의 공급곡선에서 가격수준이 상승할수록 공급의 가격탄력성은 커진다.

③ 수요곡선이 우하향의 직선인 정상재의 경우 공급이 증가하면 균형점에서 가격탄력성은 커진다.

④ 수요곡선이 우하향의 직선인 열등재의 소득감소는 동일한 가격수준에서 가격탄력성을 작게 한다.

12

컴퓨터시장의 수요함수와 공급함수가 다음과 같이 주어져 있다. 제품 한 단위당 t만큼의 조세를 소비자에게 부과했을 경우 자중손실이 60이라면 단위당 조세의 크기는 얼마인지 고르면?

• $Q^D = 300 - 3P$	• $Q^S = 50 + 2P$

① 5

② 10

③ 15

④ 20

13

무차별곡선이론에서 소비자의 선호체제와 소비자의 최적선택에 관한 설명으로 옳은 것을 [보기]에서 모두 고르면?

| 보기 |

㉠ 무차별곡선이 원점에 대해 볼록한 이유는 두 재화의 한계효용이 체감하기 때문이다.

㉡ 효용함수가 $U = \sqrt{X+Y}$이면, 무차별곡선은 직선이다.

㉢ 효용함수가 $U = \min(2X,\ 2Y)$이라면 X재와 Y재의 소비량은 동일하다.

㉣ 효용함수가 $U = 3X + 3Y$이고, X재의 가격이 Y재의 가격보다 낮다면 소비자는 X재만을 소비한다.

① ㉠, ㉡

② ㉡, ㉢

③ ㉠, ㉢, ㉣

④ ㉡, ㉢, ㉣

14

생산함수와 관련된 설명으로 옳은 것을 [보기]에서 모두 고르면?

| 보기 |

㉠ 기술적 효율성을 갖는 요소결합은 모두 생산자균형점을 의미한다.

㉡ 한계생산성 균등의 법칙이 성립되는 모든 점에서 기업의 이윤극대화가 달성된다.

㉢ 노동과 자본의 투입량을 모두 3배로 증가시켰을 때 생산량이 4배로 증가한다면 자연독점이 발생할 가능성이 있다.

㉣ 노동의 한계생산이 자본의 한계생산보다 크면 생산자균형을 달성하기 위해 노동량은 증가시키고 자본투입량은 감소시켜야 한다.

㉤ 임금이 자본임대료의 2배일 때 비용극소화를 달성하기 위해서는 자본의 한계생산이 노동의 한계생산이 2배가 되도록 노동과 자본을 고용해야 한다.

① ㉢

② ㉠, ㉡, ㉢

③ ㉡, ㉢, ㉣

④ ㉢, ㉣, ㉤

15

다음 비용곡선에 대한 설명으로 옳은 것을 고르면?

① 한계비용이 일정하면 평균비용과 한계비용은 일치한다.
② 평균비용이 한계비용보다 큰 구간에서 생산량을 감소시키면 평균비용이 감소한다.
③ 평균비용이 극대가 되는 생산량수준에서 한계비용과 평균비용은 서로 일치한다.
④ 한계비용이 증가할 때 평균비용은 감소할 수도, 증가할 수도 있다.

16

완전경쟁시장에서 모든 조건에서 동일한 기업이 200개 존재하고 각 개별기업의 생산함수가 $f=(L, K)=5L^{1/2}K^{1/2}$이다. 단기에 모든 기업의 자본투입량(K)은 36으로 고정되어 있고, 노동 1단위당 임금은 45, 자본 1단위당 임대료는 30이다. 이 경우 단기 시장공급함수로 옳은 것을 고르면?(단, L은 노동투입량, P는 시장가격, Q는 시장공급량이다.)

① $P=1,000Q$
② $P=2,000Q$
③ $P=Q/1,000$
④ $P=Q/2,000$

17

다음 중 독점시장에서 나타날 수 있는 현상에 대한 설명으로 옳은 것을 고르면?

① 독점기업이 이부가격제를 실시하면 순수독점에 비해 생산량은 많아지고 가격은 낮아진다는 장점이 있지만, 소비자잉여의 전부가 독점기업의 이윤으로 귀속되므로 비효율성이 발생한다.
② 독점기업이 2개 이상의 공장을 가동하여 생산을 할 때 이윤극대화조건은 각 공장의 한계수입과 한계비용이 일치해야 한다는 것이다.
③ 정부가 독점기업에 대해 종량세를 부과하면 독점기업의 한계비용과 평균비용이 상승하여 생산량은 감소하고 가격은 상승한다.
④ 정부가 독점기업에 대해 정액세를 부과하면 독점기업의 평균비용이 상승하여 조세의 일부를 소비자에게 전가시킨다.

18

다수의 기업들이 한 산업 내에서 동종의 상품을 다양하게 차별화하면서 공급하고 있는 시장을 독점적 경쟁시장이라고 한다. 다음 중 독점적 경쟁시장에 관한 설명으로 옳은 것을 [보기]에서 모두 고르면?

┤ 보기 ├
㉠ 각 개별기업들은 장기적으로 최적시설규모에 비해 더 많은 생산을 한다.
㉡ 시장진입과 탈퇴가 자유로운 장기에서는 각 기업들의 정상이윤은 0이 된다.
㉢ 광고 등을 통한 치열한 비가격경쟁(non-price competition)은 자원의 낭비를 가져올 수 있다.
㉣ 각 개별기업들은 단기적으로 초과이윤을 얻을 수 있다.

① ㉠, ㉡
② ㉡, ㉢
③ ㉢, ㉣
④ ㉡, ㉢, ㉣

19

경기자 A는 A_1과 A_2, 경기자 B는 B_1과 B_2라는 전략을 가지고 있다. 각 전략조합에서 첫 번째 숫자는 경기자 A, 두 번째 숫자는 경기자 B의 보수이다. 이 게임에 대한 설명 중 옳지 않은 것을 고르면?

A \ B	B_1	B_2
A_1	(10, 20)	(20, 15)
A_2	(−5, 20)	(11, 10)

① 이 게임의 내쉬균형은 1개 존재한다.
② 각 경기자 모두 우월전략을 갖고 있으므로 용의자의 딜레마게임이다.
③ 다른 경기자의 선택을 미리 아는 경우와 모르는 경우 경기자들은 동일한 선택을 한다.
④ 이 게임의 내쉬균형은 파레토 효율적이다.

20

노동(L)만을 유일한 생산요소로 생산을 하고 있는 어떤 기업이 한 단위당 1,000원인 상품을 판매하고 있다. 노동의 한 단위당 임금이 3,000원일 때 이윤극대화수준의 노동고용량은 얼마인지 고르면?

근로자 수(명)	시간당 생산량
0	0
1	8
2	14
3	18
4	20

① 1명   ② 2명
③ 3명   ④ 4명

21

다음 생산요소시장이론에 대한 설명으로 옳지 않은 것을 고르면?

① 총요소생산성이 증가하면 노동수요곡선이 우측으로 이동한다.
② 노동시장이 완전경쟁시장으로부터 수요독점화될 경우에 고용량은 감소하고 임금은 상승한다.
③ 생산물시장이 독점이고 노동시장이 완전경쟁적이면 지불된 임금은 한계생산물가치보다 작게 될 것이다.
④ 생산물시장과 노동시장이 모두 완전경쟁적이면 임금은 노동의 한계생산물가치와 일치하는 수준에서 결정된다.

22

다음 외부성과 관련된 설명으로 옳은 것을 [보기]에서 모두 고르면?

┤ 보기 ├
㉠ 생산의 외부경제가 발생하면 사회적으로 바람직한 수준보다 과소생산이 이뤄진다.
㉡ 완전경쟁시장보다 독점시장에서의 생산량은 가격기구에 의한 최적 생산량보다 미달하게 생산된다.
㉢ 소비의 외부비경제 시 사회적 한계편익이 사적 한계편익보다 한계외부비용만큼 작다.
㉣ 정부가 환경에 대한 규제를 강화하여 오염배출을 억제하는 것은 직접규제에 해당한다.

① ㉠, ㉡   ② ㉠, ㉣
③ ㉡, ㉢   ④ ㉠, ㉡, ㉢, ㉣

23

P_A를 소비자 A의 소비가격, P_B를 소비자 B의 소비가격, Q를 수요량이라고 할 때 두 소비자 A와 B의 공공재에 대한 수요함수는 각각 다음과 같다. 이 공공재의 한계비용이 100으로 일정하다고 할 때 효율적인 공공재 공급량의 수준을 고르면?

┌ 보기 ┐
- $P_A = 150 - 2Q$ - $P_B = 200 - 3Q$
└────┘

① 25
② 50
③ 100
④ 150

24

비대칭적 정보하에서 발생할 수 있는 현상에 대한 설명 중 옳지 않은 것을 고르면?

① 보험시장에서의 도덕적 해이는 자신의 행위로부터 발생한 비용을 다른 사람에게 전가시키게 된다.
② 감추어진 사후적 행동의 상황에서 자동차보험가입자는 과거와 달리 거칠게 차를 운전한다.
③ 보험회사가 단체암보험시장을 개발하여 회사직원 모두를 강제 가입시키면 도덕적 해이를 방지할 수 있다.
④ 신호발송(signalling)이란 정보를 가진 측에서 자신의 특성을 상대방에게 전달하려고 노력하는 것으로서 역선택을 방지한다.

25

다음 중 국내총생산에 포함되지 않은 항목을 [보기]에서 모두 고르면?

┌ 보기 ┐
⊙ 부동산업자의 중개수수료
ⓒ 자국에서 생산되어 다른 나라에서 구입한 중간재
ⓒ 전년도에 생산된 재고품의 판매
ⓔ 빈곤층을 위한 정부보조금 지출
└────┘

① ㉠, ㉡
② ㉡, ㉣
③ ㉢, ㉣
④ ㉡, ㉢, ㉣

26

소규모 개방경제의 생산물시장의 균형조건이 다음과 같다. 국민소득이 $Y=300$이고, 국제이자율이 $r=5$일 때 실질환율을 고르면?(단, r은 국내이자율, q는 실질환율을 의미하고, 국가 간 자본이동은 자유롭다.)

┌────────────┐
- 소비함수: $C = 30 + 0.8Y$
- 투자함수: $I = 50 - 2r$
- 정부지출: $G = 20$
- 순수출: $X_N = 10 - 2q$
└────────────┘

① 10
② 15
③ 20
④ 30

27

다음 소비이론에 관한 설명 중 옳은 것을 [보기]에서 모두 고르면?

┌─ 보기 ─
⊙ 유동성제약이 없어지면 소비가 현재소득의 변화에 대해 민감하게 반응하게 된다.
ⓒ 쿠즈네츠의 소비함수의 실증분석 결과 소득수준별 횡단면자료를 통해 측정한 소비함수는 케인즈의 절대소득가설과 일치하는 결과가 도출되었다.
ⓒ 항상소득가설에 의하면 장기적으로 평균소비성향은 일정하게 나타난다.
ⓔ 상대소득가설에 의하면 소비수준이 타인의 소비수준으로부터 영향을 받는다는 성질이 톱니효과를 발생시킨다.
ⓜ 생애주기가설에서 장기적으로 평균소비성향이 일정한 것은 자산(부)의 증가보다는 노동소득의 증가에 기인한 측면이 크다.
└─

① ㉠, ㉢ 　　　② ㉡, ㉢
③ ㉡, ㉣ 　　　④ ㉡, ㉢, ㉤

28

어느 경제에서 예금은행의 실제지급준비금(actual reserves)이 30, 지급준비대상이 되는 총예금이 500, 초과지급준비금(excess reserves)이 10일 때, 예금은행의 법정지급준비율은 얼마인지 고르면?

① 3% 　　　② 4%
③ 5% 　　　④ 6%

29

다음 중 통화량을 조정하는 정책의 효과에 대한 설명으로 옳지 않은 것을 고르면?

① 정부가 중앙은행으로부터 차입하여 조성한 자금으로 정부지출을 증가시키면 통화량이 증가한다.
② 정부가 국채를 발행하여 민간에 매각하고 그 대금으로 고속도로를 건설하면 통화량이 증가한다.
③ 법정지급준비비율을 인상하면 통화량이 감소한다.
④ 중앙은행이 공채의 일부를 매각하면 통화량이 감소한다.

30

화폐수량설과 피셔방정식(Fisher equation)이 성립하는 어느 경제가 있다. 화폐유통속도가 일정하고, 경제성장률이 3%, 명목이자율이 2%, 실질이자율이 1%인 경우 통화증가율은 얼마인지 고르면?

① 1% 　　　② 2%
③ 3% 　　　④ 4%

2. 직무능력평가(행정)

01

K-water의 경영전략에 대한 이해로 적절하지 <u>않은</u> 것을 고르면?

① 전략과제 중에는 탄소중립 및 지속가능한 도시 조성 등이 포함된다.
② 전략방향 중에는 글로벌을 선도하는 물가치 넥서스 구현이 포함된다.
③ 세부과제 중에는 소통을 바탕으로 투명하게 의사결정하는 것이 포함된다.
④ 경영원칙 중에는 인간과 자연의 지속가능한 공존을 추구하는 것이 포함된다.

02

K-water의 설립에 대한 이해로 적절한 것을 고르면?

① 법령에 의해 설립된 특수법인에 해당한다.
② 기금운용 이해 관계자의 참여가 보장된 공기업이다.
③ 자체수입이 총수입 대비 50% 이상인 준정부기관이다.
④ 자산규모 2조원 이상으로 민간기업 수준의 자율성이 보장된다.

03

K-water의 사업범위 중 제3조에 속하는 것을 고르면?

① 산업단지 및 특수지역 개발
② 광역상수도사업 및 공업용수도사업 등
③ 이주단지 등의 조성 및 공유수면의 매립
④ 하수도 운영 관리 및 비점오염 저감 사업 등

04

다음 [보기]의 설명에 해당하는 요금제로 알맞은 것을 고르면?

┤ 보기 ├

　사용량에 따른 월납부액이 달라지거나 단위당 요금이 달라지는 요금제이다. 대량소비에 대한 요금 부과가 저렴하다는 장점이 있지만, 소득재분배와 상충되어 형평성 측면에서 문제가 되고, 소비를 장려하여 자원이 낭비된다는 단점이 있다.

① 단일요금제
② 이부요금제
③ 체증요금제
④ 체감요금제

05

다음 빈칸에 들어갈 말로 가장 알맞은 것을 고르면?

　저수지와 홍수위 사이의 (　　　　)은 저수지의 이용할 수 있는 유효공간을 뜻하는데, 이수목적으로 사용되는 저수공간과 홍수조절 목적으로 사용되는 홍수조절용량을 합한 공간을 의미한다.

① 사수용량
② 활용용량
③ 초과용량
④ 비활용용량

한국수자원공사　39　직무능력평가(행정)

06

오염원에 대한 설명으로 옳지 <u>않은</u> 것을 고르면?

① 점오염원은 처리장 등의 시설 설계와 유지관리가 용이하다.
② 점오염원은 계절에 따른 영향을 적게 받아 연중 배출량이 일정하다.
③ 비점오염원은 대기 중의 오염물질 등으로부터 배출된다.
④ 비점오염원은 오염물질의 유출경로와 배출지점이 명확하다.

07

다음 빈칸에 들어갈 말이 알맞게 짝지어진 것을 고르면?

> 수도정비기본계획은 수도정비에 관한 종합적인 기본계획이다. 원칙적으로 (㉠)년마다 수립하며, 목표연도는 (㉡)년 후로 하고 4단계로 계획을 수립한다.

① ㉠: 5년, ㉡: 10년
② ㉠: 5년, ㉡: 20년
③ ㉠: 10년, ㉡: 10년
④ ㉠: 10년, ㉡: 20년

08

표준정수처리공정을 순서대로 나열한 것으로 알맞은 것을 고르면?

① 착수정 – 혼화지 – 응집지 – 침전지 – 여과지 – 정수지
② 착수정 – 응집지 – 침전지 – 혼화지 – 여과지 – 정수지
③ 착수정 – 침전지 – 혼화지 – 응집지 – 여과지 – 정수지
④ 착수정 – 혼화지 – 침전지 – 응집지 – 여과지 – 정수지

09

K-water에서 추진하고 있는 신재생에너지로 알맞은 것을 고르면?

① 연료전지
② 수소에너지
③ 바이오매스
④ 태양에너지

10

다음 중 특정직 공무원이 <u>아닌</u> 것을 고르면?

① 외무공무원
② 경찰공무원
③ 소방공무원
④ 인사혁신처장

11

과거의 자료도 고려하지만 가장 최근 자료에 가장 많은 가중치를 두고 예측하는 것을 고르면?

① 지수 평활법
② 이동 평균법
③ 회귀분석
④ 교차영향분석

12

Daft의 조직유형 중에서 수평적 조정의 필요성이 낮은 때 효과적인 유형을 고르면?

① 기능구조　　　　② 사업구조
③ 매트릭스구조　　④ 네트워크구조

13

다음 예산에 관한 설명으로 옳지 <u>않은</u> 것을 고르면?

① 법률과 달리 예산안은 정부만이 편성하여 제출할 수 있다.
② 법률에 대해서는 대통령의 거부권 행사가 가능하지만 예산은 거부권을 행사할 수 없다.
③ 본회의 중심이 아니라 상임위원회와 예산결산특별위원회를 중심으로 예산심의가 이루어진다.
④ 국회는 정부의 동의 없이 지출예산의 각항의 금액을 증가하거나 새 비목을 설치할 수 있다.

14

세항, 목 간의 상호융통으로 국회의 의결을 거치지 않고 기획재정부장관의 승인이 있으면 할 수 있는 것을 고르면?

① 배정　　　　② 재배정
③ 이용　　　　④ 전용

15

예산 단일성 원칙의 예외가 <u>아닌</u> 것을 고르면?

① 기금　　　　② 추가경정예산
③ 예비비　　　④ 특별회계

16

새로운 회계연도가 개시될 때까지 예산안이 의결되지 못한 때 국회에서 예산안이 의결될 때까지 전년도 예산에 준하여 집행할 수 있는 것을 고르면?

① 준예산　　　　② 가예산
③ 잠정예산　　　④ 본예산

17

하우스의 경로목표모형에 해당하지 <u>않는</u> 리더십의 유형을 고르면?

① 지시적 리더십　　② 지원적 리더십
③ 변혁적 리더십　　④ 성취지향적 리더십

18

다음 중 계급제에 관련된 것으로 옳은 것을 [보기]에서 고르면?

┤ 보기 ├
ⓐ 폐쇄형 충원방식
ⓑ 전문가 양성 용이
ⓒ 직업공무원제 확립
ⓓ 적재적소의 인사배치

① ㉠, ㉡
② ㉠, ㉢
③ ㉡, ㉢
④ ㉡, ㉣

19

다음 중 탄력근무제가 아닌 것을 고르면?

① 재량근무제
② 집약근무제
③ 재택근무제
④ 시차출퇴근제

20

다음 중 Scott의 조직이론 분류에서 개방·자연모형에 해당하는 이론을 고르면?

① 조직군생태이론
② 과학적 관리론
③ 인간관계론
④ 구조적 상황이론

21

다음 중 엘리트이론과 관련이 없는 것을 고르면?

① 미헬스의 과두제 철칙
② 잠재집단
③ 밀스의 지위접근법
④ 무의사결정론

22

다음 중 정책네트워크의 유형으로 가장 거리가 먼 것을 고르면?

① 하위정부(sub-government)
② 정책공동체(policy community)
③ 이음매 없는 조직(seamless organization)
④ 정책문제망(issue network)

23

로위 정책 중 강제력의 행사방법이 간접적이고 강제력의 적용대상이 개인의 행태에 해당하는 것을 고르면?

① 선거구조정
② 누진세
③ 독과점규제
④ 수출보조금

24

표준운영절차(SOP)에 관한 설명으로 옳은 것을 고르면?

① 업무처리의 연속성 유지 곤란
② 업무처리의 공평성 확보
③ 정책집행 현장의 특수성 반영 용이
④ 합리적 의사결정 제고

25

퀸과 로보그(Quinn & Rohrbaugh)의 조직효과성의 경쟁가치모형(Competing Values Model)에서 개방체제모형이 추구하는 목표를 고르면?

① 생산성, 능률성　　② 성장, 자원 확보
③ 안정성, 균형　　　④ 응집력, 사기

26

연금운영방식 중에서 재직 공무원으로부터 갹출한 수입과 정부예산으로 연금지출에 소요되는 자원을 충당하는 방식에 해당하는 것을 고르면?

① 부과방식　　　　② 적립방식
③ 기여제　　　　　④ 비기여제

27

다음 중 1883년 설치된 미국 연방인사위원회(FCSC)의 조직형태를 고르면?

① 독립합의형　　　② 독립단독형
③ 비독립합의형　　④ 비독립단독형

28

「국가재정법」상 예산편성 시 정부가 세출예산요구액을 감액하는 경우 해당 기관의 장의 의견을 구하여야 하는 독립기관이 아닌 것을 고르면?

① 국회　　　　　　② 헌법재판소
③ 국민권익위원회　④ 중앙선거관리위원회

29

문재인 정부의 정부조직 변화에 대한 설명으로 옳지 않은 것을 고르면?

① 중소기업, 벤처기업 등에 관한 사무를 관장하는 중소기업청을 중소벤처기업부로 승격·신설하였다.
② 국민안전처를 해체하고 소방청은 행정안전부, 해양경찰청은 해양수산부 산하에 두었다.
③ 국가보훈처는 장관급으로 격상하고 대통령경호실은 차관급으로 하향 조정하여 대통령경호처로 변경하였다.
④ 일관성 있는 수자원 관리를 위해 국토교통부가 물관리 일원화를 담당하게 하였으며, 한국수자원공사에 대한 관할권을 환경부에서 국토교통부로 이관하였다.

30

다음 글에 해당하는 근무성적평정 과정상의 오류를 고르면?

> • 평정자가 가장 중요시하는 하나의 평정요소에 대한 평가결과가 성격이 다른 평정요소에도 영향을 미치는 것을 말한다.
> • 평정자 A팀장이 피평정자 B팀원이 성실하다는 이유로 창의적이고 청렴하다고 평정하였다.

① 일관적 착오(systematic error)
② 유사성의 착오(stereotyping)
③ 연쇄효과(halo effect)
④ 총계적 오류(total error)

2. 직무능력평가(전기)

01

K-water의 경영전략에 대한 이해로 적절하지 <u>않은</u> 것을 고르면?

① 전략과제 중에는 탄소중립 및 지속가능한 도시 조성 등이 포함된다.
② 전략방향 중에는 글로벌을 선도하는 물가치 넥서스 구현이 포함된다.
③ 세부과제 중에는 소통을 바탕으로 투명하게 의사결정하는 것이 포함된다.
④ 경영원칙 중에는 인간과 자연의 지속가능한 공존을 추구하는 것이 포함된다.

02

K-water의 설립에 대한 이해로 적절한 것을 고르면?

① 법령에 의해 설립된 특수법인에 해당한다.
② 기금운용 이해 관계자의 참여가 보장된 공기업이다.
③ 자체수입이 총수입 대비 50% 이상인 준정부기관이다.
④ 자산규모 2조원 이상으로 민간기업 수준의 자율성이 보장된다.

03

K-water의 사업범위 중 제3조에 속하는 것을 고르면?

① 산업단지 및 특수지역 개발
② 광역상수도사업 및 공업용수도사업 등
③ 이주단지 등의 조성 및 공유수면의 매립
④ 하수도 운영 관리 및 비점오염 저감 사업 등

04

다음 [보기]의 설명에 해당하는 요금제로 알맞은 것을 고르면?

┤ 보기 ├

　사용량에 따른 월납부액이 달라지거나 단위당 요금이 달라지는 요금제이다. 대량소비에 대한 요금 부과가 저렴하다는 장점이 있지만, 소득재분배와 상충되어 형평성 측면에서 문제가 되고, 소비를 장려하여 자원이 낭비된다는 단점이 있다.

① 단일요금제
② 이부요금제
③ 체증요금제
④ 체감요금제

05

다음 빈칸에 들어갈 말로 가장 알맞은 것을 고르면?

　저수지와 홍수위 사이의 (　　　)은 저수지의 이용할 수 있는 유효공간을 뜻하는데, 이수목적으로 사용되는 저수공간과 홍수조절 목적으로 사용되는 홍수조절용량을 합한 공간을 의미한다.

① 사수용량
② 활용용량
③ 초과용량
④ 비활용용량

06

오염원에 대한 설명으로 옳지 <u>않은</u> 것을 고르면?

① 점오염원은 처리장 등의 시설 설계와 유지관리가 용이하다.
② 점오염원은 계절에 따른 영향을 적게 받아 연중 배출량이 일정하다.
③ 비점오염원은 대기 중의 오염물질 등으로부터 배출된다.
④ 비점오염원은 오염물질의 유출경로와 배출지점이 명확하다.

07

다음 빈칸에 들어갈 말이 알맞게 짝지어진 것을 고르면?

> 수도정비기본계획은 수도정비에 관한 종합적인 기본계획이다. 원칙적으로 (㉠)년마다 수립하며, 목표연도는 (㉡)년 후로 하고 4단계로 계획을 수립한다.

① ㉠: 5년, ㉡: 10년
② ㉠: 5년, ㉡: 20년
③ ㉠: 10년, ㉡: 10년
④ ㉠: 10년, ㉡: 20년

08

표준정수처리공정을 순서대로 나열한 것으로 알맞은 것을 고르면?

① 착수정 – 혼화지 – 응집지 – 침전지 – 여과지 – 정수지
② 착수정 – 응집지 – 침전지 – 혼화지 – 여과지 – 정수지
③ 착수정 – 침전지 – 혼화지 – 응집지 – 여과지 – 정수지
④ 착수정 – 혼화지 – 침전지 – 응집지 – 여과지 – 정수지

09

K-water에서 추진하고 있는 신재생에너지로 알맞은 것을 고르면?

① 연료전지
② 수소에너지
③ 바이오매스
④ 태양에너지

10

다음 중 전동기를 급제동 시에 주로 이용되는 제동방법으로 옳은 것을 고르면?

① 발전제동
② 회생제동
③ 역상제동
④ 와전류제동

11

권선형 유도전동기의 경우 2차 저항 r_2를 조정하여 슬립의 크기를 제어할 수 있다. 이때 2차 저항 r_2에 삽입하는 외부 저항 R을 나타낸 식으로 옳은 것을 고르면?(단, 1차 측 슬립 s_1, 2차 측 슬립 s_2라 한다.)

① $\dfrac{s_1}{s_2}=r_2+R$

② $\dfrac{r_2}{s_1}=\dfrac{r_2+R}{s_2}$

③ $\dfrac{r_2}{s_2}=\dfrac{r_2+R}{s_1}$

④ $\dfrac{r_2}{s_1}=\dfrac{r_2-R}{s_2}$

12

다음 중 동기식 전송방식과 거리가 <u>먼</u> 것을 고르면?

① 고속도의 전송방식에 적합하다.
② 각 문자 사이에 휴지시간이 필요하다.
③ block 앞에는 항상 SYN, 끝에는 ETX라는 동기 문자를 필요로 한다.
④ 수신 단말에는 반드시 BUFFER 기억장치가 있어야 한다.

13

데이터 전송방식 중에서 단극성 부호의 "0", "1" 펄스 중에서 "1" 펄스의 극성을 (+), (−) 교대로 반전을 해서 복극성으로 만들어 전송하는 방식을 고르면?

① 복극 RZ방식
② 복극 NRZ방식
③ 맨체스터방식
④ AMI 방식

14

PCM변조 방식에서 음성 1채널의 대역폭이 4[kHZ] 일 때, 이 대역폭의 2배로 표본화한 경우 음성 1채널 비트율과 음성 24채널을 시분할 다중화 했을 때의 비트율[kb/sec]을 고르면?

① 8[kb/sec], 64[kb/sec]
② 16[kb/sec], 64[kb/sec]
③ 64[kb/sec], 1,544[kb/sec]
④ 128[kb/sec], 2,048[kb/sec]

15

다음 중 나이퀴스트 판별법에 대한 설명으로 옳지 <u>않은</u> 것을 고르면?

① 나이퀴스트 선도는 제어계의 오차 응답에 관한 정보를 준다.
② 계의 안정을 개선하는 방법에 대한 정보를 제시해 준다.
③ 이득 여유 GM이 4~12[dB]일 때 안정상태이다.
④ 위상 여유 PM이 30°~60°일 때 안정상태이다.

16

3,000[V]의 단상 배전선 전압을 2차 측 전압(V_2)으로 승압하는 단권 변압기에서 V_2는 약 몇[V]인지 고르면?(단, 이때의 자기 용량은 9.1[kVA], 부하 용량은 100[kVA]이다.)

① 1,800[V]
② 2,500[V]
③ 3,300[V]
④ 4,300[V]

17

단상 반파 정류 회로에서 교류 측 공급 전압이 $200\sqrt{2}sinwt$ [V], 직류측 부하 저항이 10[Ω]일 때 직류 측 전압과 전류를 고르면?

① $E_d=90[V]$, $I_d=9[A]$
② $E_d=100[V]$, $I_d=10[A]$
③ $E_d=150[V]$, $I_d=15[A]$
④ $E_d=200[V]$, $I_d=20[A]$

18

태양광 발전에서 중요 핵심 부품인 IPX4급 이상의 인버터의 선정 시 옳지 <u>않은</u> 것을 고르면?

① 구동손실율이 적을 것
② 저 전압에 반응할 것
③ 외부형의 경우 방수등급(IPX)이 높을 것
④ 최대출력추종(MPPT) 숫자가 작을 것

19

다음은 계통접지 방식에 따른 접지계통에 대한 설명 중 TN-C-S 방식에 대한 내용으로 옳은 것을 고르면?

① 계통 전체에 대해 별도의 중성선 또는 PE 도체를 사용한다. 배전계통에서 PE 도체를 추가로 접지할 수 있다.
② 계통의 일부분에서 PEN 도체를 사용하거나, 중성선과 별도의 PE 도체를 사용하는 방식이 있다. 배전계통에서 PEN 도체와 PE 도체를 추가로 접지할 수 있다.
③ 전원의 한 점을 직접 접지하고 설비의 노출도전부는 전원의 접지전극과 전기적으로 독립적인 접지극에 접속시킨다. 배전계통에서 PE 도체를 추가로 접지할 수 있다.
④ 충전부 전체를 대지로부터 절연시키거나, 한 점을 임피던스를 통해 대지에 접속시킨다. 전기설비의 노출도전부를 단독 또는 일괄적으로 계통의 PE 도체에 접속시킨다. 배전계통에서 추가접지가 가능하다.

20

주택의 전기저장장치의 축전지에 접속하는 부하 측 옥내배선에 전로에 지락이 생겼을 때 자동적으로 전로를 차단하는 장치를 시설한 경우 옥내전로의 대지전압은 직류 몇 [V]까지 적용할 수 있는지 고르면?

① 300
② 400
③ 500
④ 600

21

주상 변압기의 고압 측에 몇 개의 탭을 만드는 이유로 옳은 것을 고르면?

① 변압기의 철손을 조정하기 위하여
② 수전점의 전압을 조정하기 위하여
③ 변압기의 역률을 조정하기 위하여
④ 예비단자용으로 사용하기 위하여

22

Z변환은 이산치 시스템을 해석하는 데 이용이 된다. 이때 3차인 이산치 시스템의 특성 방정식 근이 −0.9, −0.7, −0.3, +0.1, +0.7로 주어져 있다. 이 시스템의 안정도를 고르면?

① 이 시스템은 불안정한 시스템이다.
② 이 시스템은 임계 안정한 시스템이다.
③ 이 시스템은 안정한 시스템이다.
④ 상황에 시스템의 안정도가 변한다.

23

$\dfrac{E_o(s)}{E_i(s)} = \dfrac{3}{s^2+5s-1}$의 전달 함수를 미분 방정식으로 나타낼 때 옳은 것을 고르면?(단, $\mathcal{L}^{-1}[Eo(s)]=e_o(t)$, $\mathcal{L}^{-1}[E_i(s)]=e_i(t)$이다.)

① $\dfrac{d^2}{dt^2}e_o(t)+3\dfrac{d}{dt}e_o(t)+\int e_o(t)dt=5e_i(t)$

② $\dfrac{d^2}{dt^2}e_i(t)+3\dfrac{d}{dt}e_i(t)+e_i(t)=5e_o(t)$

③ $\dfrac{d^2}{dt^2}e_i(t)-5\dfrac{d}{dt}e_i(t)+\int e_i(t)dt=3e_o(t)$

④ $\dfrac{d^2}{dt^2}e_o(t)+5\dfrac{d}{dt}e_o(t)-e_o(t)=3e_i(t)$

24

어떤 변압기의 단락 시험에서 %저항 강하 4[%]와 %리액턴스 강하 3[%]를 얻었다. 부하 역률이 60[%] 늦은 경우의 전압변동률 [%]을 고르면?

① −3.6

② 3.6

③ −4.8

④ 4.8

25

온도가 t[℃] 상승시의 이도(D)를 나타낸 식으로 옳은 것을 고르면?(단, D_1: 온도변화 전 이도, S: 경간, α: 온도계수)

① $\sqrt{D_1 - \dfrac{3}{8}\alpha t^2 S}$

② $\sqrt{D_1{}^2 - \dfrac{3}{8}\alpha t S^2}$

③ $\sqrt{D_1 + \dfrac{3}{8}\alpha t^2 S}$

④ $\sqrt{D_1{}^2 + \dfrac{3}{8}\alpha t S^2}$

26

3상 동기 발전기의 단자를 3상 단락하고 계자 전류 120[A]를 흘린 경우 3상 단락 전류는 140[A]이었다. 계자 전류를 360[A]로 증가했을 때 3상 단락 전류 [A]를 고르면?

① 200

② 330

③ 380

④ 420

27

다음 한류형 전력퓨즈에 대한 특징 중 옳지 <u>않은</u> 것을 고르면?

① 차단 용량이 크다.

② 소형 경량이다.

③ 재투입이 가능하다.

④ 차단 시 소음이 거의 없다.

28

모든 조건이 일정할 때 3상 4선식의 총소요 전선량은 단상 3선식의 몇 배인지 고르면?

① $\dfrac{3}{8}$

② $\dfrac{3}{4}$

③ $\dfrac{1}{3}$

④ $\dfrac{8}{9}$

29

단상 변압기의 2차 정격 전류가 300[A], 정격 전압의 2차 단락 전류 7,500[A]일 때, %임피던스 강하는 몇 [%]인지 고르면?(단, 변압기에서 전원 측의 임피던스는 무시한다.)

① 2

② 4

③ 6

④ 8

30

다음 페루프 제어계에 대한 설명 중 옳지 <u>않은</u> 것을 고르면?

① 출력 신호를 다시 검출하여 부궤환시켜 입력과 비교한 후 제어 요소에서 오차를 보정한다. 그후 출력으로 내보내는 제어계이다.

② 구조는 간단하지만 오차가 큰 단점이 있다.

③ 사용 목적상 정확도가 요구되고 동작 속도가 빠른 곳에 적용하는 제어 방식이다.

④ 폐루프 제어계에서는 입력과 출력 신호를 비교하여 오차를 검출하는 비교부가 필수적인 요소이다.

2. 직무능력평가(기계)

01

K-water의 경영전략에 대한 이해로 적절하지 <u>않은</u> 것을 고르면?

① 전략과제 중에는 탄소중립 및 지속가능한 도시 조성 등이 포함된다.
② 전략방향 중에는 글로벌을 선도하는 물가치 넥서스 구현이 포함된다.
③ 세부과제 중에는 소통을 바탕으로 투명하게 의사결정하는 것이 포함된다.
④ 경영원칙 중에는 인간과 자연의 지속가능한 공존을 추구하는 것이 포함된다.

02

K-water의 설립에 대한 이해로 적절한 것을 고르면?

① 법령에 의해 설립된 특수법인에 해당한다.
② 기금운용 이해 관계자의 참여가 보장된 공기업이다.
③ 자체수입이 총수입 대비 50% 이상인 준정부기관이다.
④ 자산규모 2조원 이상으로 민간기업 수준의 자율성이 보장된다.

03

K-water의 사업범위 중 제3조에 속하는 것을 고르면?

① 산업단지 및 특수지역 개발
② 광역상수도사업 및 공업용수도사업 등
③ 이주단지 등의 조성 및 공유수면의 매립
④ 하수도 운영 관리 및 비점오염 저감 사업 등

04

다음 [보기]의 설명에 해당하는 요금제로 알맞은 것을 고르면?

| 보기 |

　사용량에 따른 월납부액이 달라지거나 단위당 요금이 달라지는 요금제이다. 대량소비에 대한 요금 부과가 저렴하다는 장점이 있지만, 소득재분배와 상충되어 형평성 측면에서 문제가 되고, 소비를 장려하여 자원이 낭비된다는 단점이 있다.

① 단일요금제
② 이부요금제
③ 체증요금제
④ 체감요금제

05

다음 빈칸에 들어갈 말로 가장 알맞은 것을 고르면?

　저수지와 홍수위 사이의 (　　　)은 저수지의 이용할 수 있는 유효공간을 뜻하는데, 이수목적으로 사용되는 저수공간과 홍수조절 목적으로 사용되는 홍수조절용량을 합한 공간을 의미한다.

① 사수용량
② 활용용량
③ 초과용량
④ 비활용용량

06

오염원에 대한 설명으로 옳지 않은 것을 고르면?

① 점오염원은 처리장 등의 시설 설계와 유지관리가 용이하다.
② 점오염원은 계절에 따른 영향을 적게 받아 연중 배출량이 일정하다.
③ 비점오염원은 대기 중의 오염물질 등으로부터 배출된다.
④ 비점오염원은 오염물질의 유출경로와 배출지점이 명확하다.

07

다음 빈칸에 들어갈 말이 알맞게 짝지어진 것을 고르면?

수도정비기본계획은 수도정비에 관한 종합적인 기본계획이다. 원칙적으로 (　㉠　)년마다 수립하며, 목표연도는 (　㉡　)년 후로 하고 4단계로 계획을 수립한다.

① ㉠: 5년, ㉡: 10년
② ㉠: 5년, ㉡: 20년
③ ㉠: 10년, ㉡: 10년
④ ㉠: 10년, ㉡: 20년

08

표준정수처리공정을 순서대로 나열한 것으로 알맞은 것을 고르면?

① 착수정 – 혼화지 – 응집지 – 침전지 – 여과지 – 정수지
② 착수정 – 응집지 – 침전지 – 혼화지 – 여과지 – 정수지
③ 착수정 – 침전지 – 혼화지 – 응집지 – 여과지 – 정수지
④ 착수정 – 혼화지 – 침전지 – 응집지 – 여과지 – 정수지

09

K-water에서 추진하고 있는 신재생에너지로 알맞은 것을 고르면?

① 연료전지
② 수소에너지
③ 바이오매스
④ 태양에너지

10

효율이 2/3이고, 온도가 알려지지 않은 저온의 열원과 900[K]의 고온의 열원 사이에서 작동하는 카르노 열기관이 있다. 저온 열원의 온도는 변하지 않고, 고온 열원의 온도만 600[K]로 변경된다면 이 열기관의 효율[%]을 고르면?

① 30 　　　　　　② 35
③ 40 　　　　　　④ 50

11

기어의 종류별 특징에 대한 설명으로 옳지 않은 것을 고르면?

① 모듈은 피치원 지름을 잇수로 나눈 값이다.
② 원주피치(circular pitch)는 이의 크기에 비례한다.
③ 웜과 웜휠은 큰 감속비를 얻을 수 있으며, 항상 역회전이 가능하다.
④ 지름피치(diametral pitch)는 기어의 잇수를 피치원의 인치지름으로 나눈 값이다.

12

펌프(pump)에 대한 설명으로 옳지 <u>않은</u> 것을 고르면?

① 축류 펌프는 유량이 많은 저양정에 사용하기가 적합하다.

② 벌류트 펌프(volute pump)는 날개차의 외주에 맴돌이형 실을 갖고 있는 펌프로 회전 펌프의 일종이다.

③ 왕복펌프는 회전수에 제한을 받지 않아 고양정에 적합하다.

④ 송출량 및 송출압력이 주기적으로 변화하는 현상을 서징현상이라 한다.

13

다음 그림과 같은 원판이 일정한 각속도 ω를 가지고 시계방향으로 정지해 있는 평판 위를 미끄럼 없이 구르고 있다. A점과 B점의 속도벡터의 방향과 크기에 대한 설명으로 옳은 것을 고르면?

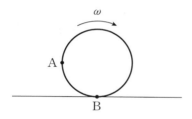

① A점: 방향 →, 속도 $V_A = \sqrt{2}V$
  B점: 방향 →, 속도 $V_B = 0$

② A점: 방향 ↗, 속도 $V_A = V$
  B점: 방향 없음, 속도 $V_B = \sqrt{3}V$

③ A점: 방향 없음, 속도 $V_A = V$
  B점: 방향 →, 속도 $V_B = 0$

④ A점: 방향 ↗, 속도 $V_A = \sqrt{2}V$
  B점: 방향 없음, 속도 $V_B = 0$

14

다음 그림과 같은 단순보에 균일분포하중(ω)과 모멘트(M)가 작용할 때, A점의 반력을 고르면?

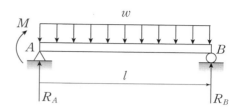

① $\dfrac{\omega l}{2} - \dfrac{M}{l}$

② $\dfrac{\omega l}{2} - 3M$

③ $\dfrac{\omega l}{2} + M$

④ $\dfrac{\omega l}{2} + \dfrac{M}{l}$

15

기계요소에 사용되는 재료에 대한 설명으로 옳은 것을 고르면?

① 인장력을 받는 연성 재료의 진응력은 공칭응력보다 크다.

② 연강의 공칭 응력 − 변형률 선도에서의 최대응력은 항복강도이다.

③ 표면 압축잔류응력을 발생시키기 위하여 코킹 처리를 한다.

④ 연성 재료의 항복응력 이상으로 하중을 가하면 탄성 변형이 발생한다.

16

각종 용접법에 대한 설명으로 옳지 <u>않은</u> 것을 고르면?

① MIC용접(GMAW)은 소모성인 금속 전극으로 아크를 발생시키고, 녹은 전극은 용가재가 된다.
② TIC용접(GTAW)은 비소모성인 텅스텐 전극으로 아크를 발생시키고, 용가재를 별도로 공급하는 용접법이다.
③ 일렉트로 슬래그 용접(ESW)은 격리된 용융 슬래그에 의해서 와이어와 모재를 저항열로 용융시켜 용접하는 공법이며 산화철 분말과 알루미늄 분말의 반응열을 이용하는 용접법은 테르밋 용접법이다.
④ 테르밋 용접은 노즐을 통해 용접부에 미리 도포된 용제 (flux)속에서, 용접봉과 모재 사이에 아크를 발생시키는 용접법이다.

17

금속의 결정구조에 대한 설명으로 옳지 <u>않은</u> 것을 고르면?

① 전기전도율의 크기를 나열하면 Ag > Cu > Au > Al 순이다.
② 체심입방격자의 단위 격자당 원자는 2개이다.
③ 비커스 경도(HV) 시험에서 경도는 적용한 하중을 압입 자국의 단면적으로 나눈 값이다.
④ 인장강도는 인장시험에서 재료가 파단하기까지의 최대 하중을 시험편의 평행부와 원래의 단면적으로 나눈 값이다.

18

다음은 오토사이클의 T−S 선도를 나타낸 것이다. 열효율의 표현으로 옳은 것을 고르면?

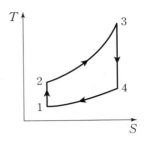

① $1 - \dfrac{T_4 - T_1}{T_3 - T_2}$

② $1 - \dfrac{T_2 - T_1}{T_3 - T_4}$

③ $1 - \dfrac{T_1}{T_2}$

④ $1 - \dfrac{T_1}{T_3}$

19

마찰이 없는 관속 유동에서의 베르누이(Bernoulli) 방정식에 대한 설명으로 옳은 것을 [보기]에서 모두 고르면?

┤ 보기 ├

㉠ 온도수두, 압력수두, 속도수두로 구성된다.
㉡ 유속과 압력은 반비례의 관계를 가진다.
㉢ 가열부 또는 냉각부 등 온도변화가 큰 압축성 유체에도 적용할 수 있다.
㉣ 베르누이 방정식은 점성력이 존재하는 경우도 적용할 수 있다.
㉤ 유체의 흐름은 어느 단면에서나 총에너지는 항상 일정하다.

① ㉠, ㉡

② ㉡, ㉤

③ ㉠, ㉡, ㉢

④ ㉡, ㉢, ㉣

20

관(pipe)에 흐르는 유체의 유량은 1.5[m³/s], 평균속도가 8[m/s]일 때 관(pipe)의 안지름[mm]으로 맞는 것을 고르면?(단, $\pi=3$으로 계산한다.)

① 200 ② 300
③ 500 ④ 1,000

21

플라이휠(flywheel)에 대한 설명으로 옳지 <u>않은</u> 것을 고르면?

① 구동토크가 많이 발생하면 운동에너지를 흡수하여 각속도 증가량을 둔화시킨다.
② 보통 내연기관, 왕복펌프, 공기압축기 등에서 사용된다.
③ 동일 4행정기관에서는 직렬 기통 수가 많아질수록 에너지 변동계수도 커지므로 설계 시 이를 고려하여야 한다.
④ 축적된 운동에너지를 프레스, 전단기 등의 작업에너지로 사용할 수 있으며, 그 출력은 극관성모멘트의 크기와 비례한다.

22

어떤 승용차가 반경 50[m]의 원형으로 된 도로를 30[m/s]의 속도로 달리고 있을 때, 반경방향으로 작용하는 가속도[m/s²]로 가장 옳은 것을 고르면?

① 9 ② 18
③ 24 ④ 36

23

다음 유압제어밸브 중 압력제어밸브에 해당되는 것으로 [보기]에서 고르면?

┌ 보기 ┐
⊙ 릴리프밸브
ⓛ 시퀀스(순차동작)밸브
ⓒ 언로딩밸브
ⓔ 교축(스로틀)밸브
ⓜ 포핏밸브
ⓗ 체크(역지)밸브
└─────────┘

① ⊙, ⓛ, ⓒ ② ⊙, ⓒ, ⓜ
③ ⓛ, ⓒ, ⓔ ④ ⓛ, ⓔ, ⓗ

24

가솔린기관과 디젤기관에 대한 설명 중 옳지 <u>않은</u> 것을 고르면?

① 하사점(BDC): 실린더 체적이 최대가 되는 점
② 행정체적(Stroke Volume, V_S): 피스톤이 상사점과 하사점의 사이를 왕복할 때의 가스의 체적
③ 체적비(Compression ratio)(ε): 실린더체적과 통극체적(간극체적)의 비
④ 디젤기관 연료의 착화성을 나타내는 것은 세탄가이다.

25

비파괴검사에 대한 설명으로 옳지 <u>않은</u> 것을 고르면?

① 음향충격검사는 압전식 센서를 이용하여 음향 신호의 검출하는 방법으로, 구조물의 지속적인 안전 감시에 매우 효과적이다.
② 초음파검사법은 X선을 이용하여 부품의 내부 결함을 검사하는 방법이다.
③ 와전류 탐상법은 전자기유도 원리를 응용한 검사법이다.
④ 열탐상법은 표면의 온도 분포가 다르다는 성질을 이용하여 내부 결함이 있을 경우 검사하는 방법이다.

26

철강재료에 대한 설명으로 옳지 <u>않은</u> 것을 고르면?

① 불변강은 온도에 따른 변화가 없는 강이다.
② 아공석강은 탄소함유량이 높을수록 경도와 강도가 증가한다.
③ 스테인리스강은 크롬과 니켈을 첨가하여 내식성을 향상시킨 강이다.
④ 고속도강은 탄소공구강을 담금질하여 강도와 경도를 현저히 향상시킨 공구강이다.

27

ϕ60G7의 구멍이 헐거운 끼워맞춤용으로 위 공차만으로 표기되고 있다. G구멍의 아래 치수(허용)차는 6[μm]이고, IT7급에 해당하는 치수 공차는 46[μm]이다. 이 구멍의 치수를 공차방식으로 표시하였을 때 가장 옳은 것을 고르면?

① $60\,^{+0.046}_{+0.006}$
② $60\,^{+0.035}_{+0.006}$
③ $60\,^{+0.045}_{+0.005}$
④ $60\,^{+0.035}_{-0.005}$

28

지름과 길이가 각각 20[mm], 50[mm]인 봉에 1,200[N]의 인장하중을 주었더니 횡방향 압축변형률(ε_d)이 0.006이 되었다. 이때 이 봉의 세로탄성계수 E[MPa]를 고르면?(단, 포아송비(ν)=0.3, π=3이고, 봉의 변형은 비례한도 내에 있다.)

① 150
② 200
③ 250
④ 300

29

실린더가 6개인 4사이클 기관에서 행정 40[mm]이고, 실린더 지름이 30[mm]라고 하면, 이때의 총배기량을 고르면?(단, 단위는 [cc]로 한다.)

① 54π
② 62π
③ 75π
④ 90π

30

다음 각 사이클에 대한 설명으로 옳지 <u>않은</u> 것을 고르면?

① 가스터빈 엔진의 가장 기본이 되는 열역학적 사이클은 브레이튼 사이클(Brayton cycle)이다.
② 가스터빈은 연소에 필요한 공기와 연료 가스의 혼합성이 좋아서 완전 연소에 가까운 연소가 이뤄지기 때문에 일산화탄소나 탄화수소의 배출량이 적다.
③ 랭킨 사이클의 효율은 초온과 초압이 높을수록, 배압이 낮을수록 증가된다.
④ 증기원동기의 증기동력 사이클과 가장 가까운 사이클은 사바테 사이클이다.

한국수자원공사
실전모의고사

한국수자원공사
실전모의고사

| 1회 |

영역	문항 수	시간	비고
문제해결능력			
의사소통능력	40문항	40분	객관식 사지선다형
수리능력			
자원관리능력			

모바일 OMR
자동채점&성적분석 무료

정답만 입력하면 채점에서 성적분석까지 한번에!

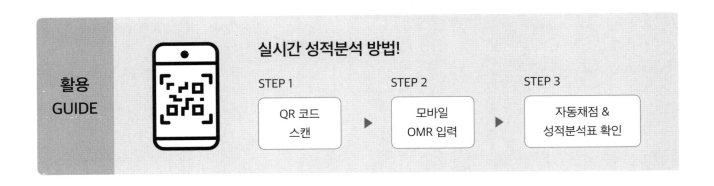

활용 GUIDE

실시간 성적분석 방법!

STEP 1	STEP 2	STEP 3
QR 코드 스캔	모바일 OMR 입력	자동채점 & 성적분석표 확인

STEP 1

교재 내 QR 코드 스캔

NCS 직업기초능력평가 1회
모바일 OMR 바로가기

eduwill.kr/nIMV

- 위 QR 코드를 모바일로 스캔 후 에듀윌 회원 로그인
- QR 코드 하단의 바로가기 주소로도 접속 가능

STEP 2

모바일 OMR 입력

- 회차 확인 후 '응시하기' 클릭
- 모바일 OMR에 답안 입력
- 문제풀이 시간까지 측정 가능

STEP 3

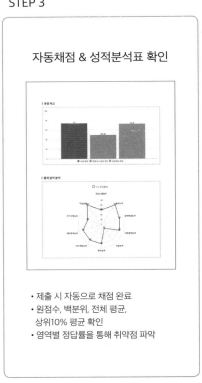

자동채점 & 성적분석표 확인

- 제출 시 자동으로 채점 완료
- 원점수, 백분위, 전체 평균, 상위10% 평균 확인
- 영역별 정답률을 통해 취약점 파악

※ 본 회차의 모바일 OMR 채점 서비스는 2024년 1월 31일까지 유효합니다.

NCS 직업기초능력평가

정답과 해설 P.30

01

다음 명제와 그에 따른 결론을 참고할 때, 빈칸에 들어갈 명제로 적절한 것을 고르면?

전제1	김 씨는 사과를 먹지 않으면 치즈를 먹을 수 있다.
전제2	김 씨가 치즈를 먹으면 고기를 먹을 수 없다.
전제3	( )
결론	김 씨는 사과를 먹을 수 있다.

① 김 씨는 치즈를 먹기로 했다.
② 김 씨는 고기를 먹기로 했다.
③ 김 씨는 치즈와 고기를 동시에 먹기로 했다.
④ 김 씨는 치즈와 사과를 동시에 먹지 않기로 했다.

02

다음 [공고]는 어느 회사의 채용공고 일부를 나타낸 것이다. 이를 바탕으로 항상 참인 명제를 [보기]에서 고르면?

┤ 공고 ├
- 모든 지원자는 적성검사를 치러야 합니다.
- 모든 신입사원 지원자는 자기소개서를 제출해야 합니다.
- 모든 경력사원 지원자는 이력서를 제출해야 합니다.
- 어떤 신입사원 지원자는 면접을 치릅니다.

┤ 보기 ├
㉠ 자기소개서를 제출하는 사람은 신입사원 지원자다.
㉡ 적성검사를 치르는 모든 사람은 면접도 치러야 한다.
㉢ 면접을 치르는 사람 중 자기소개서를 제출하는 사람이 있다.
㉣ 적성검사를 치르지 않은 사람은 신입사원 지원자가 아니다.

① ㉠, ㉡　② ㉠, ㉢　③ ㉡, ㉣　④ ㉢, ㉣

03

한국수자원공사에서 A~H까지 8명의 직원이 원탁에 둘러앉아 회의하고 있다. 직원의 직급과 인원수는 부장 1명, 차장 1명, 과장 2명, 대리 3명, 사원 1명이고, 직원의 배치가 다음 [조건]과 같을 때, 부장의 왼쪽에 앉은 사람과 차장의 오른쪽에 앉은 사람을 차례대로 나열한 것을 고르면?

┤ 조건 ├
- 과장들끼리는 이웃하여 앉아 있다.
- D는 차장이고, E의 오른쪽에 앉아 있다.
- G는 자신과 직급이 같은 사람과 이웃하여 앉아 있다.
- 사원은 A와 마주 보고 있고, F의 오른쪽에 앉아 있다.
- B의 왼쪽에는 과장이 앉고, 오른쪽에는 대리가 앉아 있다.
- 차장은 부장과 마주 보고 있고, 2명의 대리 사이에 앉아 있다.
- C는 과장과 마주 보고 있고, 그의 양옆에는 직급이 같은 사람이 앉아 있다.

① A 대리, H 대리　② F 과장, E 대리
③ G 과장, H 대리　④ E 대리, C 사원

04

A~G의 7명이 기숙사 1~7층의 각각 다른 층에 거주하고 있다. 다음 [보기]를 바탕으로 거주하는 층수를 정확하게 알 수 있는 인원수를 고르면?

┤ 보기 ├
- D는 A보다 높은 층에 거주한다.
- B는 C보다, C는 E보다 높은 층에 거주한다.
- A는 E보다, E는 G보다 높은 층에 거주한다.
- F는 B보다 높은 층에 거주한다.
- A는 4층에 거주한다.

① 4명　② 5명　③ 6명　④ 7명

[05~06] 다음은 아라뱃길 사용에 관한 자료 중 일부이다. 이를 바탕으로 질문에 답하시오.

[아라뱃길 사용 신청 서류 및 제출기한]

2. 공연법 시행령 제9조 제3항에 따른 1천 명 이상의 관람이 예상되는 공연을 하려는 경우

신청서류	제출여부 (제출필수 ○, 필요 시 제출△)	제출기한 (사용기간 개시 ○○일 전)
가-1. 아라뱃길 사용신청서	○	15일 전
가-2. 항만(마리나)부지 사용신청서(항만부지 등에 해당하는 구역의 사용을 희망할 경우에만 작성)	○	15일 전
나. 행사개요	○	15일 전
다. 행사장 설치 및 운영 계획	○	10일 전
라. 재해대처계획(안전 및 질서유지 계획)	○	10일 전
- 관할 지자체의 재해대처계획 신고수리 증빙자료	○	4일 전
- 경찰, 소방, 해양안전, 의료기관 및 지자체 협력 계획	△	4일 전
- 보험가입증서	○	4일 전
마. 기타 유관기관, 입주사 사전협의 결과 및 조치 계획	△	4일 전
바. 행사 후 원상복구 계획	○	10일 전
사. 아라뱃길 사용조건 이행동의서	○	4일 전

※ 공연법 시행령 제9조(재해대처계획의 신고 등)
  ① 법 제11조 제1항에 따른 재해대처계획에는 다음 각 호의 사항이 모두 포함되어야 한다.
    1. 공연장 시설 등을 관리하는 자의 임무 및 관리 조직에 관한 사항
    2. 비상시에 하여야 할 조치 및 연락처에 관한 사항
    3. 화재예방 및 인명피해 방지조치에 관한 사항
  ③ 공연장 외의 시설이나 장소에서 1천 명 이상의 관람이 예상되는 공연을 하려는 자는 법 제11조 제3항에 따라 해당 시설이나 장소 운영자와 공동으로 공연 개시 7일 전까지 제1항 각 호의 사항과 안전관리인력의 확보·배치계획 및 공연계획서가 포함된 재해대처계획을 관할 특별자치시장·특별자치도지사·시장·군수 또는 구청장에게 신고하여야 하며, 신고한 사항을 변경하려는 경우에는 해당 공연 3일 전까지 변경신고를 하여야 한다.

* 사용기간에는 행사준비(행사시설 설치 등)를 위해 장소를 사용하는 기간, 행사 종료 후 원상회복을 위한 철거, 청소하는 기간도 포함된다.
* 기제출한 서류의 보완 또는 행사계획 변경 등으로 인한 서류의 변경이 필요할 경우 상기의 모든 신청서류는 사용기간 개시 3일 전까지 제출하여야 하며, 기한 내 제출되지 않을 경우 장소 사용을 취소할 수 있다.

[아라뱃길 사용 예치금 납부 및 정산에 관한 사항]

1. 예치금의 종류 및 금액

청소 이행 예치금		훼손시설 복구 예치금	
이용인원 (행사참여인원)	예치금액	사용 면적	예치 금액
100명 이하	100,000원	사용면적 1m²당 1,000원	
500명 이하	200,000원		
1,000명 이하	300,000원		
3,000명 이하	400,000원		
5,000명 이하	500,000원		
10,000명 이하	600,000원		
10,000명 초과	600,000원＋ 초과 1인당 40원		

※ 청소 이행 예치금: 사용장소 및 사용장소 인근 화장실의 쓰레기 수거비용 예치
※ 훼손시설 복구 예치금: 아라뱃길 사용과 관련하여 설치한 시설의 철거비용 및 훼손시설 복구비용 예치

2. 예치금 납부 기한
  사용기간 개시일 3일 전까지 사용자는 관리자가 지정한 계좌로 청소 이행 예치금과 훼손시설 복구 예치금을 납부해야 함

05

위의 자료에 대한 설명으로 옳은 것을 고르면?

① 사용기간 개시 4일 전까지 필요한 모든 서류가 제출되지 않으면 장소 사용이 취소된다.
② 항만부지를 사용하지 않는 경우 필수적으로 제출해야 하는 서류는 7가지이다.
③ 아라뱃길에서 2천 명의 관람이 예상되는 공연을 하기 위해서는 공연 개시 7일 전까지 재해대처계획을 신고해야 한다.
④ 사용기간은 행사를 하는 기간만 포함한다.

06

A협회에서는 140,859m² 면적의 아라뱃길 부지를 사용하여 최대 18,000명이 참석할 것으로 예상되는 공연을 진행할 예정이다. A협회에서 납부해야 할 예치금은 총 얼마인지 고르면?

① 141,459,000원   ② 141,579,000원
③ 141,779,000원   ④ 150,059,000원

[07~08] 다음은 공익사업을 위한 토지 등의 취득 및 보상에 관한 법률에 따른 보상의 절차와 축산업 및 영농손실보상에 관한 자료이다. 이를 바탕으로 질문에 답하시오.

공익사업 시행으로 인한 토지소유자나 관계인이 입은 손실은 당해 사업의 사업시행자가 보상한다. 『공익사업을 위한 토지 등의 취득 및 보상에 관한 법률』에 따른 보상의 절차는 다음과 같다.

○ 보상절차
  1. 사업 인정(공공사업 고시)
  2. 실태조사(조서작성)~보상계약
    토지조서 및 물건조서 작성 → 보상계획 공고 및 열람(이의가 있는 경우에는 열람기간 내(14일) 서면으로 이의신청) → 감정평가법인 선정 및 감정평가 → 보상액 산정 → 손실보상 협의 및 계약 체결
  3. 협의 성립 시 소유권 이전 및 보상금 지급(보상계약~보상비 지급 약 1~2주일 소요) → 보상절차 종결
  4. 협의 불성립 시 수용재결 신청~수용재결
    협의가 불성립된 경우 사업시행자는 사업인정고시가 된 날부터 1년 이내에 관할 토지수용위원회에 재결 신청
  5. 수용재결 승복 시 수용 보상금 지급 및 공탁 → 수용절차 종결
  6. 수용재결 불복 시 이의신청
    수용재결에 대해 이의가 있는 경우 재결서 정본을 받은 날로부터 30일 이내에 중앙토지수용위원회에 이의신청서를 제출하거나 이의신청과 관계없이 수용재결서를 받은 날로부터 60일 이내에 관할 법원에 행정소송을 제기할 수 있음
    ※ 협의보상 및 재결소요기간은 사업구역 면적, 보상 건수 등에 따라 다소 연장될 수 있으며, 수용 또는 이의재결을 통한 재평가를 받을 경우, 반드시 보상금이 증액되는 것은 아님

○ 축산업 및 영농손실보상
  • 축산업 보상
    ― 가축별 기준 마리 수 이상의 가축을 기르는 경우
      닭 200마리, 토끼 150마리, 오리 150마리, 돼지 20마리, 소 5마리, 사슴 15마리, 염소·양 20마리, 꿀벌 20군
    ― 상기 가축별 기준 마리 수 미만의 가축 경우로서 가축별 기준 마리 수에 대한 실제 사육 마리 수의 비율의 합계가 1 이상인 경우
      ※ 축산업 보상에 해당되지 않는 가축은 이전비로 평가하여 보상

  • 영농손실보상
    ― 보상액: 사업편입 농지 면적(m^2)×도별 연간 농가평균 단위경작면적당 농작물 총수입×2년분으로 산정한 금액

07

위의 자료에 대한 설명으로 옳은 것을 고르면?

① 협의가 불성립된 경우 사업시행자는 보상액이 산정된 날로부터 1년 이내에 관할 토지수용위원회에 재결을 신청한다.
② 수용재결에 불복한 경우 60일 이내에 이의신청을 해야만 행정소송을 제기할 수 있다.
③ 이의재결을 통해 재평가받는 경우 반드시 보상금이 증액되지 않는다.
④ 토끼 30마리와 사슴 12마리를 사육하는 경우 보상을 받을 수 있다.

08

다음 중 A씨가 받을 수 있는 영농손실보상액을 고르면?

A씨 소유 전체 농지 면적	A씨 소유 전체 면적 중 사업편입 농지 비율
5,000m²	30%
도별 연간 농가 경작면적	도별 연간 농작물 총수입
100,000만 m²	81,000,000만 원

① 1,215,000원
② 2,430,000원
③ 4,050,000원
④ 4,860,000원

[09~10] 다음은 2017년 중앙부처 및 지방자치단체의 사회복지·보건 분야 지출 비중에 관한 보고서의 일부를 발췌한 자료이다. 이를 바탕으로 질문에 답하시오.

2017년 중앙부처의 총지출은 전년 대비 3.7% 증가한 400.5조 원으로 사상 처음 400조 원을 상회하였다. 이 중 사회복지·보건 분야 지출은 전년 대비 6.1조 원 증가한 129.5조 원으로 국가 총지출의 32.3%를 차지하고 있다.

분야별 재원 배분 현황을 보면, 사회복지·보건에 이어 지방재정교부금이 포함된 일반, 지방행정(15.8%)과 지방교육재정교부금이 포함된 교육(14.3%) 및 국방(10.1%) 분야들이 높은 비중을 차지하고 있다. 2010년 이후 재원 배분 추이를 보면, 사회복지·보건, 교육, 문화·체육·관광 등 사회개발 분야들이 높은 비중을 차지하고 있다. 특히 2017년 사회복지·보건, 교육, 문화·체육·관광 등 사회개발 분야 지출 비중은 2010년 대비 각각 4.6%p, 1.3%p, 0.4%p 상승한 반면, SOC, 산업·중소기업·에너지, 농림·수산식품 분야의 지출 비중은 각각 3.1%p, 1.2%p, 1%p 하락하였다.

사회복지·보건 분야 지출 규모는 2010년 81.2조 원에서 2017년 129.5조 원으로 1.6배 확대되었고, 이 기간 동안 분야 지출의 연평균 증가율은 국가 총지출의 증가율보다 1.5배 빠른 6.9%에 이른다. 2017년 사회복지·보건 분야 정책 영역별 지출 추이를 보면, 재정 규모에 있어서는 공적연금이 44조 9,930억 원으로 전체 사회복지·보건 분야 지출 중 가장 큰 비중을 차지하고 있다(34.7%). 노인·청소년 부문과 보육·가족·여성 부문의 지출 비중은 각각 7.6%와 4.6%로 주택(16.4%)과 노동(14.1%) 부문에 비해 지출 규모에 있어서는 크지 않지만, 2010년 이래 연평균 각각 15.1%와 14%씩 증가하여 가장 빠른 지출 증가율을 보이고 있다.

2017년 지방자치단체의 사회복지·보건 분야 지출은 전년 대비 3.1조 원 증가한 52.6조 원으로 지방자치단체 총지출 193.2조 원의 27.2%를 차지한다. 부문별로는 2017년 현재 기초연금이 포함된 노인·청소년 부문이 전체 사회복지·보건 분야 지출의 28.4%로 가장 큰 비중을 차지한다. 다음으로 보육·가족·여성(24.3%), 기초생활보장(21.8%), 취약계층지원(12.7%) 순이다. 전년에 비해 취약계층 지원 부문의 지출 비중은 0.1%p 소폭 상승하였으나, 노인·청소년, 보육·가족·여성 및 기초생활보장 부문의 지출 비중은 각각 0.3%p, 0.2%p, 0.7%p 하락하였다.

09

위의 자료에 대한 설명으로 옳은 것을 [보기]에서 모두 고르면?

┤ 보기 ├
ㄱ. 2017년 지방교육재정교부금은 약 57.27조 원이다.
ㄴ. 2010년 중앙부처의 교육의 지출 규모는 약 38조 원이다.
ㄷ. 2017년 중앙부처의 노인·청소년 부문의 지출 규모는 44조 9,930억 원이다.
ㄹ. 2017년 중앙부처의 총지출은 지방자치단체 총지출의 2배 이상이다.

① ㄱ, ㄷ
② ㄱ, ㄹ
③ ㄴ, ㄷ
④ ㄴ, ㄹ

10

2017년 중앙부처의 총지출 대비 사회복지·보건 분야 지출 비중은 전년 대비 몇 % 증가하였는지 고르면?(단, 지출 비용은 천억 원 미만 단위에서 반올림하고, 비중은 소수점 둘째 자리에서 반올림한다.)

① 0.4%
② 0.6%
③ 0.9%
④ 1.2%

민의 수질에 대한 신뢰도 향상을 위해 최선을 다하겠다"고 밝혔다.

한국수자원공사, (㉠)
• 한국수자원공사, 한국전자통신연구원과 녹조 모니터링 및 예측 분야 협력 업무협약 체결 • 드론 장착 초분광 센서 및 딥러닝 기반 녹조 예측기술 개발과 활용에 양 기관 상호협력 다짐

□ 한국수자원공사는 1월 27일, 대전시 대덕구 본사에서 한국전자통신연구원과 녹조 모니터링 및 예측 분야 협력체계 구축을 위한 업무협약을 체결했다.

　○ 이번 협약은 양 기관이 2018년부터 '낙동강 녹조제어 통합플랫폼 개발 및 구축 과제' 등을 공동 수행한 경험을 바탕으로, 수자원 및 환경 분야 4차 산업혁명기술 기반 융합기술 개발에 지속적인 협력관계를 마련하고자 추진됐다.

□ 협약 주요 내용은 ▲무인선박 기반 이동형 녹조 모니터링, ▲직독식 용존 총인 센서, ▲드론 탑재 초분광 센서 기반 광역 녹조 모니터링, ▲딥러닝(기계학습) 기반 녹조 발생 예측 등 녹조 모니터링과 예측 분야 기술개발 및 각 기술의 현장적용에 협력하는 것이다.

　○ 사물인터넷(IoT) 기술을 활용한 무인선박 녹조 모니터링 기술은 녹조 관련 데이터 수집 등을 원격으로 할 수 있으며, 직독식 용존 총인 센서 기술은 녹조 발생원인 물질인 '인' 성분을 실험실이 아닌 현장에서 즉석으로 측정할 수 있다.

　○ 또한 초분광센서* 카메라를 드론에 탑재하여 녹조 관측에 활용하면 물을 직접 검사하는 기존의 방식보다 더 넓은 영역을 짧은 시간에 관측할 수 있으며, 이 밖에도 인공지능(AI)이 사고하는 방식인 '딥러닝(기계학습)' 방식으로는 녹조 발생을 사전에 예측하여 선제적으로 대응할 수 있다.

　　* 초분광(超分光, Hyperspectral)센서는 일반 카메라와 달리 가시광선 영역(400~700nm)과 근적외선 영역(700~1,000nm) 파장대를 수백 개의 분광밴드로 세분화해 관측하므로 조류가 빛에 반영하여 내놓는 특징적인 복사파장을 감지.

□ 이번 협약 체결에 따라 한국수자원공사는 녹조 모니터링 기술, 녹조 분포에 대한 면 단위 시각화 및 수질센서 기술 등에 대한 현장 적용을 실시한다. 한국전자통신연구원은 녹조 분야 기술개발 결과 공유를 통해 기술력 향상에 협력할 계획이다.

□ 박○○ 한국수자원공사 사장은 "녹조 관리의 기술 향상을 위해서는 정보통신기술이 적용된 기술개발이 필수"라 강조하며, "이번 협약으로 기후변화시대 국민의 눈높이를 충족하는 디지털 물환경 관리 실현과 국

11

윗글의 빈칸 ㉠에 들어갈 보도자료의 제목으로 가장 적절한 것을 고르면?

① 발생 현장 직접 방문하여 녹조 발생 현황 및 대응상황 등 점검한다
② 수재해 대응 및 수자원 관리를 위한 위성개발 본격 추진한다
③ 4차 산업혁명 기술로 더 빠르고 정확하게 수질 및 녹조 관리한다
④ 전사 녹조대책 전담반 운영하여 물관리 전 과정 녹조관리 체계 구축한다

12

윗글의 내용과 일치하지 않는 것을 고르면?

① 초분광센서 카메라가 탑재된 드론의 활용으로 기존보다 더 넓은 지역을 더 짧은 시간 안에 관측할 수 있게 되었다.
② 무인선박 기반 이동형 녹조 모니터링 기술로 녹조 발생 원인 물질을 현장에서 바로 측정할 수 있다.
③ 녹조 모니터링 기술과 수질센서 기술의 현장 적용은 한국수자원공사에서 담당하는 업무에 해당한다.
④ 녹조 모니터링 및 예측 분야 협력체계는 이전 과제의 수행 경험을 바탕으로 추진된다.

수자원에 관한 법률체계는 수자원의 효율적이고 지속 가능한 관리를 가능하게 해주는 법체계로서 물 수요자와 공급자의 권리와 의무를 규정하며, 정부나 이해당사자들의 역할, 물배분 원칙과 절차, 물이용 그룹의 법적 지위, 수자원의 지속가능성 보장 등을 규정한다. 이는 수자원의 소유체계, 이용체계, 보전 및 관리 체계, 배분 및 공급체계 등으로 구분할 수 있다. 수자원의 소유체계와 관련된 법령으로는 「헌법」 제120조, 「민법」 제212조 및 상린관계 규정, 「하천법」 제4조, 「지하수법」 제3조, 「공유수면관리 및 매립에 관한 법률」 제4조 등을 들 수 있고, 본 규정들에 따르면 수자원은 국가나 지방자치단체가 이에 대한 관리권을 가지고 있는 공공재산, 즉 공물로 보는 것이 타당할 것이다.

수리권은 물을 이용할 수 있는 법률상 힘을 부여하는 권리로 수리권은 「민법」상의 수리권(공유하천용수권, 관행수리권), 「하천법」 및 「지하수법」상의 허가수리권, 「댐건설 및 주변지역지원 등에 관한 법률」 또는 「농어촌정비법」 등의 특별한 권리설정행위에 기한 수리권 등으로 나뉜다. 수자원의 이용·관리를 위한 비용부담 형태를 보면 하천수, 지하수, 공유수면별로 수량 및 수질관리를 목적으로 한 요금 및 부담금 등이 개별 법령에 규정되어 있다. 환경정책기본법 제7조의2에서는 법령의 개정으로 수익자부담의 원칙을 추가한 바 있다. 입법자가 수익자부담의 원칙을 적용하여 부담금이라는 제도를 채택한다면 그 과정에서 반드시 헌법재판소에서 설시한 '집단의 동일성, 객관적 근접성, 집단적 책임성, 집단적 효용성'이라는 네 가지 요건이 충족되어야 할 것이다.

취수부담금에는 광의와 협의의 두 가지 의미가 있다. 광의의 취수부담금은 취수행위 이후 물순환과정에서 발생하는 모든 비용에 대하여 최종 물 소비자가 부담하는 부담금을 말하고 이는 현행 하천수사용료와 댐용수요금 및 물이용부담금 등을 모두 통합하는 방안이 된다. 협의의 취수부담금은 현재 취수와 관련하여 부과되는 모든 부과금을 어느 정도 인정하는 것을 전제로 치수 행위에 대하여 부과하는 부담금을 말하고, 이는 기준부담금에서 반영하지 못하고 있는 비용, 즉 자본비용, 유지관리비용, 기회비용, 경제적 외부성 비용 등을 충당하기 위해 부과하는 부담금을 말한다.

이때 광의의 취수부담금을 전면적으로 도입하는 경우 지금까지 부과되어 왔던 물이용부담금, 댐용수요금, 농업기반시설사용료 등을 폐지하고 취수부담금제로 일원화하여야 한다. 그러나 이는 물관리기능의 분리문제, 농업용수에 대한 수리권체계의 문제, 댐사용권의 취소 등 어려운 문제를 가지고 있다. 따라서 현재 취수와 관련된 모든 부과금을 없애고 취수부담금제로 일원화하는 광의의 취수부담금제를 도입하는 것은 현실적으로 불가능한 것으로 보인다. 그렇다면 만약 취수부담금제도를 도입하고자 할 경우, 현재 취수와 관련하여 부과되는 모든 부과금을 어느 정도 인정하는 것을 전제로 기준 부담금에서 반영하지 못하고 있는 비용 등을 충당하기 위해 부과하는 협의 취수부담금제를 도입하는 것이 합리적인 대안으로 보인다.

13

윗글의 내용을 대표하는 핵심 단어 세 개를 선정할 때, 가장 적절하지 <u>않은</u> 것을 고르면?

① 농어촌 수자원 관리
② 수익자부담의 원칙
③ 취수부담금제
④ 수자원의 관리 주체

14

윗글을 읽고 이해한 내용으로 옳지 <u>않은</u> 것을 고르면?

① 광의의 취수부담금 전면 도입 시 기존의 취수 관련 부담금들은 모두 폐지해야 한다.
② 수자원을 이용할 수 있는 법률상의 권리는 그 형태에 따라 개별 법령으로 규정된다.
③ 관련 법률체계에 따라 수자원은 국가나 지방자치단체가 관리해야 하는 공공재산으로 볼 수 있다.
④ 협의의 취수부담금에는 기회비용이나 자본비용과 같은 기준부담금은 포함되지 않는다.

[15~16] 다음 글을 읽고 질문에 답하시오.

언어의 변화는 어휘 수준에서만, 더구나 문법의 다른 층위와 단절된 어휘 수준에서만 일어나는 것이 아니다. 현대 한국어에서 가장 주목할 만한 변화는 음운 수준에서 진행되고 있다.

우선, 서울말을 포함한 대부분의 한국어 방언에서 단모음 'ㅚ'는 거의 사라져 버린 듯하다. 나이 든 세대든 젊은 세대든 한국인들은 'ㅚ'를 이중 모음 'ㅞ'로 발음한다. '괴멸'과 '궤멸'은 시각적으로만 구별될 뿐, 청각적으로는 구별되지 않는다. 단모음 'ㅚ'를 아직 간직하고 있는 서남 방언에서도 적지않은 새 세대 화자들이 이 소리를 [ㅞ]로 발음하는 모습을 간혹 볼 수 있다. 그래서 단모음 'ㅚ'가 한국어에서 쫓겨날 날이 머지않아 보인다. 또 환경에 따라 단모음으로 실현되기도 하던 'ㅟ'도 젊은 세대로 올수록 환경에 상관없이 이중 모음으로 발음되는 것 같다. 나이 든 세대가 단모음이라 여기며 내는 'ㅟ' 소리도 찬찬히 들어 보면 또 다른 이중 모음이기 일쑤다.

다음으로 대부분의 한국어 방언에서 'ㅔ' 소리와 'ㅐ' 소리는 합쳐지는 추세에 있다. 서울말을 쓰는 중년 이상 화자들만이 이 두 소리를 구별해서 내는 것 같다. (㉠) 나이 든 세대가 쓰는 한국어에서조차 'ㅐ'와 'ㅔ' 소리의 거리가 아주 멀지는 않았던 사정이, 이 두 소리의 중화를 부추긴 것 같기도 하다. 한국어 규범상 'ㅐ'와 'ㅔ' 사이의 거리는 예컨대 영어 단어 apple의 첫 모음과 any의 첫 모음 사이의 거리보다 가깝다.

단모음 'ㅚ'가 이중 모음 'ㅞ'에 합쳐지고 두 단모음 'ㅐ'와 'ㅔ'가 중화하고 있다는 것은 'ㅚ'와 'ㅙ'가 구별되지 않는다는 뜻이기도 하다. (㉡)

표준 발음법에서 이중 모음으로 발음한다고 규정하고 있는 'ㅢ'도 '의존'에서처럼 단어의 첫 음소로 쓰인 경우 말고는 대체로 단모음 'ㅣ'로 발음된다. 이에 따라 표준 발음법도 이러한 현실을 반영해 단서를 붙이고 있다. (㉢)

사라져 가는 모음은 이 외에 또 있다. 모음 'ㅓ'는 짧게 발음될 때와 길게 발음될 때 그 소릿값이 각각 달랐다. 짧게 발음될 때는 [ㅓ]지만, 길게 발음될 때는 음성학자들이 '슈와(schwa)'라고 부르는 'ㅡ'와 'ㅓ' 중간소리로 실현되는 것이 예사였다. (㉣)

15

윗글의 주제로 가장 적절한 것을 고르면?

① 국어 발음 파괴의 문제점
② 세대 간 국어 사용의 갈등
③ 현대 한국어 모음 체계의 변화
④ 시간에 따른 언어 변화의 까닭

16

윗글의 ㉠~㉣에 들어갈 구체적인 예로 옳지 않은 것을 고르면?

① ㉠: '제재'의 첫 번째 모음과 두 번째 모음을 같은 소리로 발음하며, '때'와 '떼', '개'와 '게', '배다'와 '베다', '매다'와 '메다'도 발음상으로는 크게 구별되지 않는다.
② ㉡: '왜적'과 '외적'도 소리로는 구분되지 않는다. 역사 시간에 '왜적의 침입'을 거론했을 때, 그 적이 일본에서 건너왔다는 것인지 아니면 막연히 나라 바깥에서 왔다는 것인지 알기 어렵다.
③ ㉢: '띄어쓰기'는 [띠어쓰기]로 '희망'은 [히망]으로, '틔어'는 [티어]로 '무늬'는 [무니]로 발음된다.
④ ㉣: '먹이다'를 [메기다]로, '어미'를 [에미]로 발음하는 현상은 'ㅓ' 모음의 소릿값을 길게 실현하여 이어지는 발음을 쉽게 하려는 것이다.

17

다음 자료를 이해한 내용으로 옳은 것을 고르면?

□ 환경부 산하 한국수자원공사는 지자체 및 중소기업·소상공인 등을 대상으로 댐용수와 광역상수도 요금을 추가로 감면한다.
 • 이번 감면은 지난해와 올해 2월에 이어 추가로 진행되는 것으로 감면 대상 및 기간, 신청 방법 등은 지난번과 같다.
   ※ 한국수자원공사는 지난해 특별재난지역을 비롯한 전국 74개 지자체와 1,040개 중소기업(소상공인 포함)을 대상으로 57억 원을 감면한 바 있음
 • 한국수자원공사에서 공급하는 댐용수 또는 광역상수도를 직접 공급받는 전국 131개 지자체와 중소기업 및 소상공인 1,100여 곳을 대상으로 하며, 1개월분 사용 요금을 감면해 준다.
□ 지자체의 경우, 지자체가 먼저 지역 내 중소기업(소상공인 포함)* 등에 수도요금을 감면하고, 한국수자원공사에 올해 9월까지 요금 감면을 신청하면 된다. 신청서 접수 후 한국수자원공사는 해당 지자체의 감면 규모를 산정하고, 다음 달 요금고지서에 감면액을 차감하여 고지한다.
 *「중소기업기본법」에 정한 매출액 및 자산 총액이 특정 규모 이하인 기업
 • 감면 기간은 지자체가 지역 내 중소기업(소상공인 포함) 등에 수도요금을 감면한 기간 중 1개월분이며, 올해 2월부터 신청 접수 중인 감면분을 포함하면 최대 2개월분에 대해 감면이 진행된다.
 • 실질적인 감면 금액은 각 지자체의 상수도 감면 물량과 연계되며, 댐용수와 광역상수도 사용 비율을 반영하여 사용 요금의 50%가 감면될 예정이다.
   ※ (감면 금액) 지자체가 중소기업(소상공인 포함) 등 대상으로 요금을 감면한 기간 중 1개월분에 대해 공사에 감면을 신청하면 지자체의 감면 물량 등과 연계하여 산정
   ※ (감면 예시) ○○시가 중소기업 등 대상으로 1개월간 일반용·대중탕용·산업용 요금 감면 시 → 광역상수도 감면액: 583천 톤(m^3, 감면 물량)×100%(광역상수도 사용 비율)×81.85원(사용요금 단가(원수)의 50%)=47백만 원
□ 중소기업(소상공인 포함)의 경우에는 한국수자원공사가 공급하는 댐용수 또는 광역상수도를 직접 공급받는 기업 1,100여 곳이 해당되며, 올해 4월 사용량이 1,000톤(m^3) 미만인 기업들이 감면을 받는다. 해당 기업은 별도의 신청 절차 없이 4월 사용요금의 70%를 감면받는다.

 • 한국수자원공사는 이번 추가 감면을 포함하여, 감면을 통해 최대 약 190억 원의 지방 재정 보조 효과 등이 있을 것으로 예상했다.
□ 한국수자원공사 사장은 "이번 감면이 소상공인 등에게 실질적인 도움이 될 수 있기를 바란다"라며, "국민과 함께 하는 공기업으로서 사회적 책임을 다하겠다"라고 밝혔다.

① 감면 대상 중소기업은 4월분에 한해 한국수자원공사에 직접 감면 신청을 해야 한다.
② 지자체는 요금 감면 규모를 자체적으로 산정하여 지역 내 중소기업의 수도요금을 감면한다.
③ 감면 금액은 댐용수 또는 광역상수도 사용 비율에 따라 다르게 산정될 수 있다.
④ 중소기업 대상 댐용수 및 광역상수도 요금 감면이 처음으로 진행될 예정이다.

18

다음 글을 읽고 '미래형 스마트 정수장'에 대한 내용으로 적절하지 <u>않은</u> 것을 고르면?

미래형 스마트 정수장은 그간 사람이 분석·판단해서 운영하는 정수장을 빅데이터 기반의 인공지능 기술을 활용해서 최적 에너지관리, 스마트 안전관리, 설비 예지보전, 정수장 자율설비운영 등을 하는 것을 의미한다. 여기서 최적 에너지관리란 펌프모터 고도설비 등 에너지 소비가 많은 설비에 대해 각종 센서와 인공지능 기술을 활용한 실시간 전력량의 감시분석제어를 통해 에너지 사용을 최적화하는 시스템을 의미한다. 예를 들어 펌프모터는 지역, 계절, 시간대별 용수수요 및 설비운영 패턴 등을 통해 수요예측모델을 생성하고 지능형 알고리즘을 활용하여 24시간 펌프별 최적 운영을 제어함으로써 저(低)에너지형 공급시스템을 구축할 수 있다. 이러한 기술을 통해 현재 사람의 분석과 판단에 따라 운영되는 펌프모터의 가동효율을 표준화하고 시스템화함으로써 수도사업장 전력비의 80% 이상을 차지하는 펌프모터 전력비를 절감할 수 있다. 또 근무자에 의해 발생하는 휴먼에러 또한 제로(Zero)화함으로써 수도관로 운영 안정성을 극대화할 수 있다.

또한 현재 정수장 안전관리체계는 CCTV, 경광등, 경보알람 등 시설물관리 중심의 경보체계로 되어 있어 염소가스실, 밀폐 공간 등 위험장소 내 근로자에 대한 안전관리는 전무한 상태이다. 따라서 점검정비용 스마트폰, 위치확인 및 동작감지 센서 등 최신 ICT 기술을 활용하여 근로자의 위험상황을 실시간으로 파악하고, 위험에 처한 근로자에 대해서 신속한 구조가 가능하도록 하는 것이 스마트 안전관리시스템이다. 특히 근로자 안전관리시스템(e-Call)은 고위험장소의 작업자에게 안전수칙을 안내하고, 일정시간 이상 위험구역 내 체류 시 또는 움직임 미감지 시 사고 발생으로 인지하여 안전관리 담당자에게 자동으로 경보를 발송하여 신속한 초동조치를 위한 골든타임 확보가 가능하도록 한다.

예지보전 플랫폼은 펌프모터, 수배전반 등 중요설비 대상으로 센서(IoT)와 인공지능 기술을 활용하여 설비 상태를 실시간 감시 분석하고 이상 징후를 자율 진단하여 적기에 유지보수 시기를 결정하는 시스템이다. 스마트센서에서 수집된 유량, 압력, 온도, 진동, 소음 등 설비의 상태를 나타내는 빅데이터를 실시간으로 수집 전송 후, 인공지능 종합예측진단 엔진으로 결함부위, 고장종류, 고장 발생시기 등 설비고장을 사전 예측하고 설비보수 방식 및 프로세스를 제공함으로써 예측정비가 가능하게 한다. 이러한 예측정비는 기존의 주기적인 점검정비를 설비상태 및 예측기반에 의한 점검으로 변화시킴으로써 효율적

인 설비 유지가 가능해지도록 하며, 유지관리 인력 및 자재의 효율적 관리로 가능하게 된다.

마지막으로 현재의 정수장 운영은 그간 축적된 운영관리 빅데이터 활용은 전무한 상태이므로 오로지 근무자의 역량과 경험을 기반으로 운영여건 분석을 통해 의사결정이 이뤄지고 있어 휴먼에러와 급격한 수질변동에 대한 대응력이 떨어진다. 그러나 빅데이터와 인공지능 플랫폼을 기반으로 운영되는 정수장 자율운영시스템은 정수 생산량, 약품 주입율 등 주요 운영 인자들을 자동적으로 결정한다. 또한 자율 정수처리공정을 통해 약품비, 전력비, 위기대응 비용 등 생산원가 절감효과도 기대된다.

① 센서에서 자동으로 정보를 수집하여 설비 결함을 실시간으로 진단한다.
② 근무자의 실수로 수도관로에 발생하는 문제를 줄임으로써 운영 안정성을 높였다.
③ 위험구역 내 일정시간 이상 근무자의 움직임이 파악되지 않으면 담당자에게 자동으로 경보가 발송된다.
④ 기존의 정수장 운영관리에 사용되던 빅데이터를 보다 발전시킨 자율운영시스템을 도입하였다.

19

다음 글을 읽고 의견을 제시한 한국수자원공사 신입사원 중 잘못 이해한 사람을 고르면?

인간에게 물은 생존과 직결된 문제다. 설립 후 지금까지 대한민국의 수자원관리사업과 수도시설을 운영·관리하는 K-water가 수질분석시스템을 처음 도입한 것은 1995년부터다. 이듬해 수돗물의 신뢰도를 높이고 최고 품질의 서비스를 제공하기 위해 공인 '먹는 물 수질검사소'를 설치하기 시작해 1998년까지 K-water는 수도권·전북·경남·경북·대전·충북·전남 7개소에 순차적으로 수질검사소의 시스템을 갖추어 나갔다. 그리고 2002년에 수질분석 전문기관인 수돗물분석연구센터를 개소했다. 2004년 3월에는 별도의 독립 기구로 현재의 수질안전처인 수돗물분석연구센터를 신축하고 140종, 243대의 고도 분석 장비를 이용해 수돗물에서 검출될 수 있는 새로운 유해 물질에 대한 분석법을 정립함으로써 수질분석 표준절차 수립 등 수돗물 안전성에 대한 지속적인 감시체계를 확립해 나갔다. 이후 K-water는 뛰어난 수질관리 능력을 인정받아 국제공인시험기관(KOLAS, 2003), 국제숙련도시험운영기관 및 지하수 중 노로바이러스 조사기관(2009), 국가참조표준수질데이터센터(2014) 등 수질 관련 공인 검사기관으로 지정·운영되면서 그 기술과 역량을 인정받은 바 있다.

현재 K-water의 수질관리 능력과 기술은 국내를 넘어 세계적으로도 인정받고 있다. 2018년에는 유네스코(UNESCO)가 세계 각국의 수돗물 신뢰성과 음용률을 높이기 위해 추진한 수돗물국제인증제도의 유일한 기술 자문사로 선정되었으며, 그간 K-water의 수도시설 운영관리 노하우와 기술력을 집약해 수돗물 공급체계와 안전성에 대한 국제 평가 틀을 구축했다. 2021년부터는 식품위생 수준의 먹는 물 관리 강화를 위해 정수장을 대상으로 식품안전경영시스템(ISO 22000) 인증을 추진한 결과, 지난 3월 화성정수장이 인증을 획득했고 성남정수장 연내 추가 인증 등 단계적으로 인증을 획득할 예정이다.

한편, K-water는 수질오염 사고에 대한 신속한 초동 대응 및 선제적 수질안전 리스크 관리를 위해 이동 수질분석시스템인 '수질 119'를 개발했으며, 이를 활용해 유관 기관 간 합동 모의 훈련을 실시하고 찾아가는 수질안전 서비스를 제공하고 있다. 현재 대한민국의 먹는 물은 세계 그 어느 곳보다 까다롭게 관리되고 있다. 국내에서는 특·광역시별 법정 항목을 포함해 자체 검사 항목을 선정·관리하고 있으며, 국제적으로는 관리 목표, 최대 허용 목표 농도 등을 다양한 기준으로 관리하고 있다. WHO가 90개 항목, 캐나다가 108개 항목을 검사하는 데 비해 K-water가 300개 항목을 검사하는 것은 시사하는 바가 크다.

① 홍 사원: K-water는 수돗물의 신뢰성을 높이기 위한 국제적 인증제도 구축 시 자문을 제공하기도 했구나.

② 안 사원: 수돗물에 포함된 유해 물질의 분석은 현재 국가참조표준수질데이터센터에서 담당하고 있구나.

③ 최 사원: K-water에서 개발한 이동 수질분석시스템을 통해 유관 기관에서 합동 모의 훈련을 실시하기도 하는구나.

④ 정 사원: K-water는 1995년에 수질분석시스템을 처음으로 도입하여 1996년부터는 수질검사소를 설치하기 시작하였구나.

20

다음은 환경부가 공지한 입찰 재공고문의 일부이다. '긴급입찰 사유'를 참고할 때 '개요'에 포함될 내용으로 적절하지 않은 내용을 고르면?

긴급입찰사유서

□ 개요

○

○

○

○

□ 긴급입찰 사유

○ 「2022년 우리 강 자연성 회복 정책 홍보」 사업은 사업추진에 일정 기간(4개월)이 소요되며 4대강 SNS 채널 운영(3월~), 지역민 참여 행사 추진(4월~), 심포지엄 개최(5월) 등 홍보가 필요한 일정이 예정되어 있으나, 제한경쟁입찰로 공고 기간이 장기화(40일)되어 사업 시기가 늦어질 경우, 추진 기간이 촉박한 상황임
   ― 긴급입찰 제도를 활용한 법정 입찰공고 기간 단축
○ 따라서 최대한 사업이 조기에 착수되어 우리 강 자연성 회복 정책 홍보를 강화하는 한편, 예산의 조기집행(국가계약법 시행령 제35조 제4항1의2)을 위해 입찰공고 기간 단축 등 계약 체결을 긴급히 추진할 필요가 있음

① 용역기간: 계약일로부터 4개월
② 용역명: 2022년 우리 강 자연성 회복 정책 홍보
③ 입찰방법: 일반경쟁, 협상에 의한 계약
④ 주요 용역내용: 지역주민과 상생하는 지역 상생형 홍보 추진

21

다음은 일정한 규칙에 의해 정다각형을 수로 나타낸 것이다. 이를 바탕으로 정육각형이 나타내는 수와 정십각형이 나타내는 수의 합을 고르면?

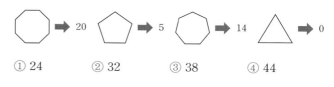

① 24　　　② 32　　　③ 38　　　④ 44

22

A공기업의 신입사원을 뽑는 직무능력평가 시험에서 응시자 전체의 평균은 68점이었다. 응시자의 20%가 직무능력평가 시험에 합격하였고, 합격자의 평균은 최저 합격 점수보다 12점이 높고, 불합격자의 평균은 최저 합격 점수보다 9점이 낮았다. 이때 최저 합격 점수를 고르면?

① 72.2점　　　　　　② 72.8점
③ 73.2점　　　　　　④ 73.6점

23

물 산업 플랫폼 센터의 박 대리는 물 산업 홍보용 포스터를 제작하려고 한다. 인쇄소의 포스터 제작단가는 기본 80장에 120,000원이고, 1장을 초과할 때마다 1,000원이 추가된다고 한다. 포스터 1장당 평균 가격이 1,200원 이하가 되기 위해서 최소로 인쇄해야 하는 포스터 장수를 고르면?

① 120장　　　② 160장　　　③ 200장　　　④ 220장

24

상자에는 1부터 9까지 적혀 있는 공이 들어 있고, 총 2개의 공을 1개씩 차례대로 뽑고, 뽑은 공은 다시 상자에 넣지 않는다. 처음에 뽑은 공의 숫자를 십의 자리 수, 두 번째에 뽑은 공의 숫자를 일의 자리 수로 각각 쓰려고 한다. 공을 뽑아 만든 숫자가 53 이상이 될 확률을 고르면?

① $\dfrac{1}{3}$ ② $\dfrac{5}{12}$ ③ $\dfrac{17}{36}$ ④ $\dfrac{19}{36}$

25

위의 자료에 대한 설명으로 옳은 것을 고르면?

① 전국의 유수율보다 낮은 유수율을 보이는 지자체는 모두 8곳이다.
② 누수율이 10% 이하인 7개 지자체는 유수율 상위 7개 지자체와 동일하다.
③ 급수보급률이 100%인 지자체는 모두 90% 이상의 유수율을 나타낸다.
④ 평균단가가 생산원가보다 높은 지자체는 울산광역시가 유일하다.

26

위의 자료를 바탕으로 한 추론으로 적절하지 않은 것을 고르면?

① 지자체별 수도요금 및 생산원가의 차이가 심각하다.
② 급수보급률과 누수율의 차이가 유수율을 의미한다.
③ 유수율과 누수율은 직접적인 상관관계가 있다.
④ 현실화율은 생산원가 대비 평균단가의 비중을 의미한다.

[25~26] 다음 [표]는 특정 시점의 지자체별 상수도 통계에 관한 자료이다. 이를 바탕으로 질문에 답하시오.

[표] 지자체별 상수도 통계 (단위: %, L, 원/m³)

구분	급수보급률	1인 1일 급수량	유수율	누수율	평균단가	생산원가	현실화율
전국	98.8	335.2	84.3	10.9	683.4	881.7	77.5
서울	100.0	300.7	95.1	2.4	572.5	639.0	89.6
광주	99.9	319.1	85.9	10.1	570.5	634.0	90.0
대전	100.0	307.7	92.3	4.6	525.5	539.0	97.5
울산	99.4	287.7	89.9	6.9	865.8	857.0	101.0
경기	98.6	314.9	89.1	6.4	661.0	780.9	84.6
경남	99.5	335.5	73.6	19.9	831.2	1,090.3	76.2
경북	98.0	443.3	69.0	24.3	741.7	1,252.3	59.2
강원	95.4	361.0	70.5	20.0	845.0	1,499.7	56.3
부산	100.0	281.2	91.7	4.4	718.2	908.0	79.1
대구	100.0	308.5	91.2	5.4	641.4	683.0	93.9
인천	100.0	332.7	89.1	6.4	673.5	656.8	102.5
세종	95.4	315.3	80.1	19.9	740.3	1,161.9	63.7
충남	93.1	394.0	79.9	15.2	769.9	1,181.3	65.2
충북	97.9	434.8	83.8	11.8	707.5	971.4	72.8
전남	95.4	356.7	68.5	27.0	824.9	1,321.4	62.4
전북	99.2	389.0	68.5	23.2	916.6	1,216.2	75.4
제주	100.0	652.3	44.5	41.7	772.6	926.0	83.4

[27~28] 다음 [표]는 다문화 신혼부부의 남녀 출신 국적별 현황에 관한 자료이다. 이를 바탕으로 질문에 답하시오.

[표1] 2017~2018년 다문화 신혼부부의 남녀 출신 국적별 현황(남편)

(단위: 명, %)

구분		2017년	2018년
건수		94,962(100.0)	88,929(100.0)
한국		72,514(76.4)	66,815(75.1)
외국		22,448(23.6)	22,114(24.9)
전체		100.0	100.0
	중국	44.2	43.6
	미국	16.9	16.8
	베트남	5.0	6.9
	일본	7.5	6.5
	캐나다	4.8	4.6
	대만	2.3	2.3
	영국	2.1	2.2
	파키스탄	2.2	1.9
	호주	1.9	1.7
	프랑스	1.1	1.3
	뉴질랜드	1.1	1.1
	기타	11.0	11.3

[표2] 2017~2018년 다문화 신혼부부의 남녀 출신 국적별 현황(아내)

(단위: 명, %)

구분		2017년	2018년
건수		94,962(100.0)	88,929(100.0)
한국		13,789(14.5)	13,144(14.8)
외국		81,173(85.5)	75,785(85.2)
전체		100.0	100.0
	중국	39.2	38.4
	베트남	32.3	32.6
	필리핀	8.4	7.0
	일본	3.9	4.0
	캄보디아	3.7	3.4
	미국	2.3	2.6
	태국	1.8	2.3
	우즈벡	1.3	1.4
	대만	1.0	1.2
	몽골	1.0	1.1
	캐나다	0.7	0.8
	기타	4.5	4.4

27

위의 자료에 대한 설명으로 옳은 것을 [보기]에서 모두 고르면?

┤ 보기 ├

㉠ 2018년 남녀 모두 외국인 배우자와 결혼한 한국인의 수는 전년보다 감소하였다.
㉡ 2018년 다문화 신혼부부 전체 수는 전년 대비 7% 이상 감소하였다.
㉢ 베트남의 경우 출신 국적의 비중이 2018년에 전년 대비 남녀 모두 증가하였다.
㉣ 다문화 신혼부부 중 중국인과 미국인 남편, 중국인과 베트남인 아내의 비중의 합은 각각 2017년과 2018년 두 시기 모두 50% 이상의 비중을 차지한다.

① ㉠, ㉡   ② ㉡, ㉣
③ ㉠, ㉢, ㉣   ④ ㉡, ㉢, ㉣

28

다음 중 일본인이 남편인 경우의 다문화 신혼부부의 수가 비교 시기 동안 변동된 수치는 얼마인지 고르면?(단, 인원수는 소수점 이하 절사하여 정수로 표시한다.)

① 246명   ② 235명
③ 230명   ④ 223명

[29~30] 다음 [표]는 0~19세의 연령별 제2군 법정 전염병 발생 현황에 관한 자료이다. 이를 바탕으로 질문에 답하시오.

[표1] 2018년 연령별 제2군 법정 전염병 발생 현황 (단위: 건)

구분	0~4세	5~9세	10~14세	15~19세
디프테리아	0	0	0	0
백일해	166	370	210	20
파상풍	0	0	1	1
홍역	4	0	0	3
유행성이하선염	4,414	8,905	2,687	749
풍진	0	0	0	0
폴리오	0	0	0	0
B형간염(급성)	2	0	1	5
일본뇌염	1	0	0	0
수두	23,335	50,178	16,370	2,007
b형헤모필루스 인플루엔자	1	0	0	0
폐렴구균	40	5	9	3

[표2] 2019년 연령별 제2군 법정 전염병 발생 현황 (단위: 건)

구분	0~4세	5~9세	10~14세	15~19세
디프테리아	0	0	0	0
백일해	77	125	83	23
파상풍	0	0	0	0
홍역	48	0	4	8
유행성이하선염	3,599	7,251	2,281	551
풍진	0	0	0	0
폴리오	0	0	0	0
B형간염(급성)	1	0	0	7
일본뇌염	0	0	0	0
수두	17,145	43,267	15,802	2,123
b형헤모필루스 인플루엔자	0	0	0	0
폐렴구균	31	10	4	2

29

위의 자료에 대한 설명으로 옳은 것을 고르면?

① 필수 예방접종 대상인 제2군 법정 전염병은 두 해 모두 발생 건수가 0건이다.

② 2018~2019년에 0~4세의 유행성이하선염 발생 건수가 0~4세의 제2군 법정 전염병 전체 발생 건수에서 차지하는 비중은 두 해 모두 15% 이상이다.

③ 2018년과 2019년 모두 0~19세의 발생 건수의 합이 10건 이상인 제2군 법정 전염병은 15~19세에서 가장 적게 발생하였다.

④ 2019년 0~19세의 전체 법정 전염병 발생 건수 중 제2군 법정 전염병 발생 비율은 전년 대비 증가하였다.

30

다음 중 2019년 0~19세 수두 발생 건수의 전년 대비 증감율을 A%라 하고, 2019년 0~19세 수두 발생 건수 중 5~9세 수두 발생 비중을 B%라고 하였을 때, |A|+|B|로 알맞은 값을 고르면?(단, A와 B는 소수점 둘째 자리에서 반올림한다.)

① 61.8   ② 64.4
③ 69.9   ④ 71.9

31

다음 [그래프]는 신혼부부의 소득별 출산 자녀 수를 조사한 자료이다. 이에 대한 설명으로 옳은 것을 고르면?

[그래프] 신혼부부의 소득별 출산 자녀 수 (단위: %)

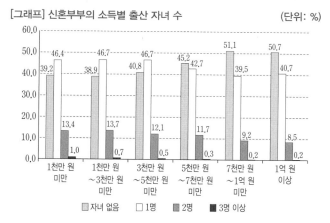

① 소득이 5천만 원 이상인 신혼부부 중 자녀의 수가 1명인 부부는 41.0%이다.
② 소득이 가장 적은 집단에서 자녀가 없는 비율도 가장 작다.
③ 자녀가 2명인 집단의 비율이 높을수록 자녀가 2명 이상인 집단의 비율이 높다.
④ 자녀가 있는 신혼부부 중 자녀가 1명인 신혼부부는 모든 집단에서 75% 이상이다.

32

다음 [표]는 심한 불치병에 걸릴 경우 자살을 고려할지 여부를 조사한 결과이다. 이에 대한 설명으로 옳지 <u>않은</u> 것을 고르면?(단, 잘 모르겠음이라고 응답한 사람은 긍정, 부정에 모두 포함하지 않는다.)

[표] 심한 불치병에 걸릴 경우에 대한 자살 고려 여부 (단위: %)

구분		전혀 고려하지 않음	고려하지 않음	잘 모르겠음	고려함	매우 고려함
성별	남자	9.4	25.8	31.0	28.6	5.2
	여자	9.3	32.3	28.7	26.0	3.7
연령	19~29세	9.1	29.1	28.2	26.6	7.0
	30~39세	10.3	24.4	35.5	25.2	4.6
	40~49세	9.3	27.2	33.9	27.2	2.3
	50~59세	8.2	30.4	27.6	30.2	3.7
	60~75세	9.7	33.9	24.1	27.2	5.1
최종 학력	중졸 이하	8.7	31.7	25.3	29.4	4.8
	고졸	8.9	30.2	28.8	27.1	5.0
	대졸	9.8	27.2	32.1	27.0	3.9
합계		9.3	29.0	29.9	27.3	4.5

① 불치병에 걸릴 경우 자살을 고려할지에 대해 긍정적으로 대답한 사람과 부정적으로 대답한 사람의 비율 차가 가장 적은 집단은 남자이다.
② 불치병에 걸릴 경우 자살을 고려할지에 대해 잘 모르겠다고 응답한 인원의 비율이 여섯 번째로 높은 집단이 자살에 부정적으로 응답한 인원의 비율이 가장 높다.
③ 모든 집단에서 불치병에 걸릴 경우 자살을 고려할지에 대해, 긍정적으로 대답한 사람의 수는 부정적으로 대답한 사람의 수보다 적다.
④ 불치병에 걸릴 경우 자살을 고려할지에 대해 잘 모르겠다고 응답한 인원의 비율이 가장 높은 집단이 전혀 고려하지 않는다고 응답한 인원의 비율도 가장 높다.

[33~34] 의류회사 상품기획부에 근무하는 M은 신제품 출시를 앞두고 상품 제작을 위한 협력 업체를 결정한 후, 제품의 원가를 책정하려 한다. 다음 자료를 바탕으로 질문에 답하시오.

상품 주문서

- 제작상품: 가방
- 제품원단(제품 1개 제작 시 필요한 사이즈): 외피—가죽(3평)/내피—스웨이드(2평)
- 제작수량: 500개
- 출고 일정: 20××년 2월 10일

[표1] 원단별 내구성 및 단가

원단 종류		내구성	단가(원/1평)
외피	플럽 가죽	중	15,000
	슈렁큰 가죽	상	17,000
	베지터블 가죽	중	18,000
	램스킨 가죽	상	17,500
내피	천연 스웨이드	중	4,000
	인조 스웨이드	중	3,000
	합성 스웨이드	상	3,000

※ 가죽 1평=가로30cm×세로30cm

[표2] 협력 업체별 현황 비교

공장	가	나	다	라
공임비 (원/개)	23,000	20,000	25,000	20,000
일일 최대제작수량(개)	50	45	60	55
휴무일	매월 1·3주째 일요일	매주 토요일	매주 토·일요일	매월 2·4주째 토·일요일

33

M은 다음 [조건]에 따라 제품의 원단을 최종 결정하려고 한다. 다음 중 M이 선택한 원단으로 바르게 짝지어진 것을 고르면?

— 조건 —
- 제품 한 개당 제작 원가가 저렴한 원단을 우선으로 선택한다.
- 제품 제작 시 각 원단의 제작 원가가 7,000원 이상 차이 나지 않을 때에는 내구성이 강한 원단을 선택한다.

① 플럽 가죽 – 천연 스웨이드
② 플럽 가죽 – 합성 스웨이드
③ 슈렁큰 가죽 – 합성 스웨이드
④ 램스킨 가죽 – 합성 스웨이드

34

다음 [그림]을 참고하여 2월 중으로 가장 빨리 제품을 제작하기 위해 M이 선택할 협력 업체는 어느 공장인지 고르면?(단, 제작 주문일은 2월 3일이고, 제작은 주문 다음날부터 시작된다.)

[그림] 2월 달력

2월						
일	월	화	수	목	금	토
			1	2	3 제작 주문	4
5	6	7	8	9	10	11
12	13	14	15	16	17	18
19	20	21	22	23	24	25
26	27	28				

① 가 공장
② 나 공장
③ 다 공장
④ 라 공장

35

다음 [그래프]는 연도별 쌀 재배면적과 생산량을 조사한 결과이다. 이에 대한 설명으로 옳은 것을 [보기]에서 고르면?

[그래프] 연도별 쌀 재배면적과 생산량

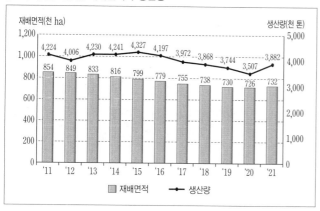

┤ 보기 ├

㉠ 조사기간 동안 쌀 재배면적은 지속적으로 감소하였다.
㉡ 재배면적당 생산량이 가장 높은 해는 2015년이다.
㉢ 2011~2014년의 재배면적 평균은 2018~2021년의 재배면적 평균보다 110천 ha 이상 크다.
㉣ 2012~2021년 중 전년 대비 생산량이 감소한 해는 증가한 해보다 많다.

① ㉠, ㉡
② ㉠, ㉢
③ ㉡, ㉣
④ ㉢, ㉣

[36~37] 운송회사에 근무 중인 M은 배송할 화물의 운송 계획을 세우고 있다. 다음 [그림]과 [표]를 바탕으로 질문에 답하시오.

[그림] 철도 노선도

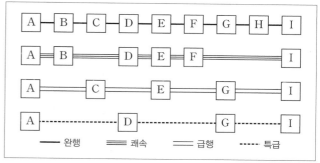

※ 전체 노선 길이는 720km이며, 완행 열차 기준으로 한 역 사이의 거리는 동일함
※ 모든 노선은 시점역과 종점역을 제외하고 역에 들를 때마다 10분씩 정차함

[표] 노선 정보

구분	평균 속력 (km/h)	연료	1리터(L)당 연료가격(원)	연비(km/L)
완행	90	무연탄	800	2
쾌속	120	벙커C유	1,000	4
급행	180	중유	1,600	6
특급	360	가솔린	2,400	5

※ 연비는 해당 연료 1L당 열차가 달릴 수 있는 거리를 나타냄

36

A역에서 화물을 실어 I역까지 배송할 때, 가장 빨리 도착하는 노선과 가장 늦게 도착하는 노선의 배송 시간의 차를 고르면?

① 2시간 30분 ② 4시간 40분
③ 5시간 20분 ④ 6시간 50분

37

8시간 내에 가장 저렴한 비용을 들여 A역에서 화물을 싣고 출발해 I역에 화물을 배송한 뒤 다시 I역에서 화물을 실어 G역까지 배송해야 할 때, M이 선택해야 할 최적의 노선을 고르면?(단, 배송 시간 외에 드는 시간은 고려하지 않는다.)

① 완행 ② 쾌속
③ 급행 ④ 특급

38

다음 [표]는 청소년의 음주율과 흡연율을 조사한 결과이다. 이에 대한 설명으로 옳지 <u>않은</u> 것을 고르면?

[표] 청소년의 음주율과 흡연율   (단위: %)

구분		2018년			2019년			2020년		
		전체	남학생	여학생	전체	남학생	여학생	전체	남학생	여학생
음주율	전체	16.9	18.7	14.9	15.0	16.9	13.0	10.7	12.1	9.1
	중학생	8.5	9.5	7.4	7.6	8.0	7.1	5.4	5.8	5.0
	고등학생	24.2	26.6	21.5	21.8	25.0	18.4	15.9	18.3	13.2
흡연율	전체	6.7	9.4	3.7	6.7	9.3	3.8	4.4	6.0	2.7
	중학생	3.0	3.9	2.1	3.2	4.0	2.3	1.7	1.9	1.5
	고등학생	9.8	14.1	5.1	9.9	14.2	5.2	7.1	10.1	3.8

① 2018년 남학생의 수는 여학생보다 많다.

② 2019년 전년 대비 고등학생 음주율이 감소한 것보다 2020년 전년 대비 고등학생의 흡연율이 더 크게 감소하였다.

③ 2019년 여자 고등학생의 수는 여자 중학생의 수보다 적다.

④ 남학생, 여학생 모두 매년 고등학생의 음주율, 흡연율이 중학생보다 높다.

[39~40] 김 씨는 옷가게를 차리기 위해 적합한 장소를 찾고 있다. 다음 [표]는 김 씨가 아홉 군데의 복합 쇼핑몰에 대해 조사한 자료이다. 이를 바탕으로 질문에 답하시오.

[표] 장소별 조사내역

쇼핑몰	휴무일	월세	일평균 방문자 수	역세권 여부	대학 인근 여부
A	매주 화요일	150만 원	1,500명	×	○
B	2, 4번째 화요일	240만 원	2,800명	○	○
C	매주 목요일	140만 원	1,800명	○	○
D	연중무휴	300만 원	3,200명	○	○
E	연중무휴	250만 원	2,700명	○	○
F	2, 4번째 수요일	180만 원	2,000명	○	×
G	1, 3, 5번째 월요일	150만 원	1,800명	○	○
H	매주 월요일	160만 원	2,100명	×	○
I	연중무휴	320만 원	3,500명	○	×

39

김 씨는 1일이 월요일이고, 일수가 30일인 달을 기준으로 월평균 방문자 수/월세의 값이 가장 큰 쇼핑몰에 입점하려고 한다. 이때 김 씨가 입점하게 될 쇼핑몰을 고르면?

① B   ② C   ③ H   ④ I

40

김 씨는 월세로 최대 250만 원을 지불할 예정이고, 역세권이면서 대학이 인근에 위치한 쇼핑몰에 입점하려고 한다. 해당하는 쇼핑몰 중 1일이 월요일이고, 일수가 30일인 달을 기준으로 월평균 방문자 수가 가장 많은 쇼핑몰에 입점한다고 할 때, 김 씨가 입점하게 될 쇼핑몰을 고르면?

① B   ② C   ③ D   ④ E

한국수자원공사
실전모의고사

| 2회 |

영역	문항 수	시간	비고
문제해결능력			
의사소통능력	40문항	40분	객관식 사지선다형
수리능력			
자원관리능력			

모바일 OMR
자동채점&성적분석 무료

정답만 입력하면 채점에서 성적분석까지 한번에!

활용 GUIDE	**실시간 성적분석 방법!**		
	STEP 1 QR 코드 스캔	STEP 2 모바일 OMR 입력	STEP 3 자동채점 & 성적분석표 확인

STEP 1

교재 내 QR 코드 스캔

NCS 직업기초능력평가 2회
모바일 OMR 바로가기

eduwill.kr/oIMV

- 위 QR 코드를 모바일로 스캔 후
  에듀윌 회원 로그인
- QR 코드 하단의 바로가기 주소로도
  접속 가능

STEP 2

모바일 OMR 입력

- 회차 확인 후 '응시하기' 클릭
- 모바일 OMR에 답안 입력
- 문제풀이 시간까지 측정 가능

STEP 3

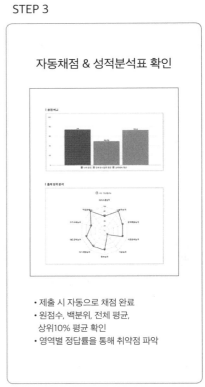

자동채점 & 성적분석표 확인

- 제출 시 자동으로 채점 완료
- 원점수, 백분위, 전체 평균,
  상위10% 평균 확인
- 영역별 정답률을 통해 취약점 파악

※ 본 회차의 모바일 OMR 채점 서비스는 2024년 1월 31일까지 유효합니다.

01

다음 명제의 결론이 반드시 참이 되게 할 때, 빈칸에 들어갈 명제로 적절한 것을 고르면?

전제1	어떤 사과는 단맛이 나지 않는다.
전제2	( )
결론	따라서 어떤 과일은 단맛이 나지 않는다.

① 어떤 사과는 과일이다.
② 사과는 과일이 아니다.
③ 모든 사과는 과일이다.
④ 어떤 사과는 과일이 아니다.

02

다음 [보기]의 명제가 모두 참이라고 할 때, 반드시 참인 명제를 고르면?

┤ 보기 ├

• 갑 매장이 신발을 판매하지 않았다면 을 매장이 의류를 판매하지 않았다.
• 갑과 을 매장 중 한 매장이라도 식품을 판매하였다면 갑 매장은 가전제품을 판매했을 것이다.
• 갑 매장이 신발을 판매하였다면 갑 매장은 가전제품을 판매하지 않았을 것이다.

① 갑 매장이 가전제품을 판매하였다면 을 매장은 의류를 판매하였다.
② 갑과 을 매장 모두 식품을 판매하였다면 갑 매장은 신발을 판매하였다.
③ 을 매장이 의류를 판매했다면 갑 매장은 가전제품을 판매하였을 것이다.
④ 을 매장이 의류를 판매했다면 갑과 을 매장 모두 식품을 판매하지 않았다.

03

한국수자원공사 입사 동기이자 동갑내기인 8명의 친구가 순서대로 구내식당에 모였다. 다음 [보기]의 내용을 바탕으로 할 때, 항상 옳지 않은 것을 고르면?

┤ 보기 ├

• 일락이는 짝수 번째로 도착하지 않았다.
• 경석이는 세 번째로 도착했다.
• 상빈이는 진섭이 바로 다음으로 도착했다.
• 규태는 홀수 번째로 도착했다.
• 충형이가 재원이보다 먼저 왔다.
• 진영이가 도착하고 세 명의 친구가 온 후에 상빈이가 왔다.

① 경석이는 재원이보다 먼저 왔다.
② 진섭이는 충형이보다 늦게 왔다.
③ 가장 먼저 온 사람은 일락이다.
④ 진섭이와 규태는 연속으로 도착했다.

04

한국수자원공사의 어느 연구소에 근무하는 직원 5명 중 한 사람이 화분을 깨뜨렸다. 연구소장이 화분을 깬 사람이 누군지 묻자 직원들은 [보기]의 내용과 같이 대답하였다. 이들 5명 중 진실을 말한 직원은 1명뿐이고, 나머지 4명의 발언은 모두 거짓일 때, 진실을 말한 직원과 화분을 깬 직원을 바르게 나열한 것을 고르면?

┤ 보기 ├

• 정 사원: 제가 화분을 깼습니다.
• 박 대리: 저는 화분을 깨지 않았습니다.
• 김 과장: 화분을 깬 사람은 이 과장입니다.
• 이 과장: 화분을 깬 사람은 최 주임입니다.
• 최 주임: 이 과장이 거짓을 말하고 있습니다.

	진실을 말한 직원	화분을 깬 직원
①	이 과장	최 주임
②	박 대리	정 사원
③	최 주임	박 대리
④	최 주임	정 사원

[05~06] 다음 [표]는 수자원 개발의 장기종합계획에 관한 자료이다. 이를 바탕으로 질문에 답하시오.

[표] 수자원 개발의 장기종합계획

구분	계획 기간	기조 및 기본 목표
1차	'66~'75	**다목적댐 개발** • 농업용수의 안정적 공급을 위해 농업용 저수지 개발 • 증가하는 전력 수요에 대비하여 다목적의 수력발전댐 개발 • 4대강 유역 조사 실시
2차	'81~'01	**댐 개발 및 치수 사업** • 안정적 물 공급을 위한 다목적댐, 용수 전용 댐 및 하굿둑 건설 • 재해 경감, 국민 생활 안정을 위한 하천 정비 사업 추진 가속화 • 정부의 탈석유 정책에 부응하여 수력에너지를 증대
3차	'91~'11	**수자원 개발 및 관리** • 전국적 물 공급의 안정화 추진 • 홍수재해 방지 및 쾌적한 수변 환경 조성 • 수자원 관리의 합리화 및 조사·연구의 활성화
3-1차	'97~'11	**환경친화적 수자원 개발 및 관리** • 전차 계획과 동일
4차	'01~'20	**건전한 물 활용과 안전하고 친근한 물 환경 조성** • 건전하고 안정된 물 이용 • 홍수에 강한 사회기반 형성 • 자연과 조화된 하천 환경 형성
4-1차	'06~'20	**사람과 자연이 바라는 지속 가능한 물 관리** • 국민과 자연에 깨끗하고 충분한 물 공급 • 홍수에 대한 사회적 대응력 강화 • 자연과 인간이 어울려 사는 하천 환경 복원 • 수자원 정보 고도화 및 기술 선진화
4-2차	'11~'20	**2020 녹색 국토를 위한 물 강국 실현** • 사람과 자연에 맑고 충분한 물 공급 • 기후변화에 안전한 국토기반 구축 • 생명이 살아 있는 물 환경 조성 • 물 관련 기술의 선진화 • 수자원 미래과제 선제 대응

05

위의 자료에 대한 설명으로 옳은 것을 고르면?

① 2000년대 이후 대규모 댐 개발은 거의 이루어지지 않았다.
② 홍수에 대비하는 기조가 본격적으로 세워진 시기는 4차 이후이다.
③ 2차 때에는 석유에너지를 완전히 대체하기 위해 수력에너지를 활용하고자 하였다.
④ 수자원 개발 장기종합계획은 n차가 끝나면, $(n+1)$차가 시행되는 과정을 통해 진행되었다.

06

다음 [보기]는 수자원 개발 장기종합계획에 따른 어느 시기의 주요 수자원 정책을 나타낸 자료이다. 이를 바탕으로 해당 정책이 진행된 수자원 개발 장기종합계획을 고르면?

┤ 보기 ├
• 다목적댐 도입
  – 식량 자급자족을 위한 수리·간척사업, 공업화 원동력인 전력 자원 확보를 위한 수력발전댐 건설
• 유역 조사 시행
  – 한강 등 4대강 유역을 중심으로 외국의 기술 지원하에 유역 조사 사업 시행

① 1차   ② 2차
③ 3차   ④ 4차

07

다음은 K-water에서 진행하는 물드림캠프에 관한 안내문이다. 이에 대한 설명으로 옳은 것을 고르면?

1. 물드림캠프 개요
- 교육대상: 전국 초등학생 및 중학생
- 교육기간: 4월~10월 목요일
- 교육인원: 30명 내외/1회
- 교육시간: 2h~3h 소요
- 교육장소: K-water 사업장 또는 학교
- 교육비용: 무료(강사료, 실험 물품비 지원)
  ※ 차량 임대료, 보험료 등은 지원 해당사항 없음

2. 물드림캠프 교육내용
- 교육 프로그램 Ⅰ(K-water 사업장 견학형)

시간	교육내용
~10:00	물드림캠프 사업장 도착
10:00~10:50	물드림캠프 소개 및 물이론 교육
10:50~11:30	물과학 체험 교실
11:30~12:00	정수장 견학
12:00~	이동, 학교 도착

- 교육 프로그램 Ⅱ(학교 방문형)

시간	교육내용
10:00~10:50	물드림캠프 소개 및 물이론 교육
10:50~11:30	물과학 체험 교실
11:30~11:45	마무리

3. 물드림캠프 신청안내
- 신청기한: 교육희망일 2주 전까지 교육신청(선착순)
- 신청방법: '진로체험 꿈길'에서 신청
- 인솔교사: 교육신청 시 학생 인솔교사 1명 배정 필요
  ※ 학교·학급·동아리 등 단체 단위로 신청

① K-water 사업장에서 교육받는 경우 강사료와 실험 물품비를 지불해야 한다.
② 학교 방문형 교육 프로그램은 인솔교사를 배정하지 않아도 된다.
③ 5월 3일 월요일에 신청하는 경우 5월 17일에 K-water 견학이 가능하다.
④ K-water 사업장 견학형은 학교 방문형보다 교육시간이 길다.

08

E공사에 접수된 민원 건들은 민원실에서 해당 부서로 1차 배정되며, 해당 부서에서 검토 후 타 부서에서 처리해야 할 것으로 판단된 건들은 다시 타 부서로 2차 배정된다. 다음 [표]는 민원 건 배정 현황에 관한 자료이다. 이에 대한 설명으로 옳은 것을 [보기]에서 고르면?

[표] 민원 건 배정 현황 (단위: 건)

2차 배정 / 1차 배정	홍보팀	경영기획팀	마케팅팀	업무지원팀
홍보팀	10	15	22	8
경영기획팀	12	8	12	5
마케팅팀	5	10	8	14
업무지원팀	18	6	9	10

┤ 보기 ├
㉠ 1차 배정이 적절하지 않았던 민원 건수는 홍보팀이 가장 많다.
㉡ 2차 배정을 통해 1차 배정보다 민원 건수가 더 많아진 부서는 1개이다.
㉢ 1차와 2차 배정 시의 민원 건수가 많은 부서 순위는 동일하다.
㉣ 1차 배정된 민원 건이 올바른 부서로 배정된 비율이 가장 낮은 부서는 홍보팀이다.

① ㉠, ㉢
② ㉠, ㉣
③ ㉡, ㉢
④ ㉡, ㉣

[09~10] 다음은 실시간수질지수 산정방법에 관한 자료이다. 이를 바탕으로 질문에 답하시오.

○ 실시간수질지수 산정방법
- 실시간수질지수는 국가수질자동측정망에서 측정된 최근 12시간의 수질자료를 이용하여 매시간 산정
- 기존에 측정되고 있던 수질 항목 자료들을 종합적인 수질정보를 제공하는 하나의 지수로 변환
- 매시간 동안 측정된 수질자료와 각 항목에 대한 기준값들을 비교하여 지수 산정
- 산정된 실시간수질지수값은 기준값을 측정주기 동안 1회 이상 위반하는 수질자료의 개수와 위반횟수, 위반정도로 측정
- 실시간수질지수 산정식 $= 100 - \sqrt{\dfrac{F_1^{\,2} + F_2^{\,2} + F_3^{\,2}}{3}}$
- $F_1 =$ 기준치를 위반하는 수질 항목의 개수를 전체 측정되고 있는 수질자료 개수로 나누어 산정한 백분율
- $F_2 =$ 수질 항목별로 측정주기 동안 기준치를 위반한 항목들의 총위반횟수를 총측정횟수로 나누어 산정한 백분율
- $F_3 =$ 수질지표별로 기준치를 위반한 정도를 백분율화한 factor의 합으로 계산

○ 수질 항목 및 지수설정범위

수질 항목	지수설정범위
수온	10년 월평균$-10℃$ 수온$\leq$수온$\leq$ 10년 월평균$+10℃$ 수온
pH	$6.5 \leq pH \leq 9.0$
DO	$0.8 \times DO$ 현재 온도에서 포화농도$\leq DO \leq$ $1.3 \times DO$ 현재 온도에서 포화농도
EC	$200\mu s/cm$ 이하
TOC	3.0mg/L 이하
TN	3.0mg/L 이하
TP	0.1mg/L 이하
탁도	10 NTU 이하

○ 실시간수질지수 평가

등급	지수범위	내용
우수	80 이상 100 이하	오염물질이 거의 없는 청정 수질의 상태로 항시 친수활동이 적합함.
양호	60 이상 80 미만	비교적 양호한 수질을 유지하고 있어 친수활동에 적합함.
보통	40 이상 60 미만	대체로 양호한 수질이나 때때로 오염물질이 유입되어 친수활동에 영향을 미칠 수 있음.
주의	20 이상 40 미만	빈번한 오염물질의 유입으로 수질이 오염되어 친수활동에 주의가 필요함.
불량	20 미만	수질오염도가 높은 상태로 친수활동에 부적합함.

09

위의 자료에 대한 설명으로 옳은 것을 고르면?

① 측정주기 동안 매회 pH만 기준치를 위반하였을 때 F_1과 F_2의 값은 동일하다.
② 지수설정범위를 얼마나 벗어나는지는 실시간수질지수 산정에 영향을 주지 않는다.
③ 수질 항목은 12시간마다 한 번씩 측정한다.
④ F_1, F_2, F_3의 최댓값은 각각 1이다.

10

다음 [표]는 측정주기 동안 각 수질 항목의 위반횟수에 관한 자료이다. 이를 바탕으로 실시간수질지수 등급을 고르면?
(단, $F_3 = 32\%$이다.)

[표] 각 수질 항목의 위반횟수

수질 항목	위반횟수
수온	5회
pH	2회
DO	0회
EC	1회
TOC	7회
TN	0회
TP	6회
탁도	3회

① 주의   ② 보통
③ 양호   ④ 우수

[11~12] 다음 글을 읽고 질문에 답하시오.

'증강 현실'은 인간과 컴퓨터의 상호 작용 및 의사 전달에 이용할 수 있는 새로운 패러다임을 제공하는 기술 분야이다. 증강 현실을 구현하기 위해서는 디스플레이 장치가 필요한데, 이 장치는 착용형 장치 기반과 휴대형 장치 기반으로 나누어진다. 착용형 장치 기반은 현실 세계와 가상 세계를 혼합하여 보여 주는 특수한 디스플레이 장치를 직접 착용하여 증강 현실을 볼 수 있는 기술을 의미한다. 이 기술은 실용적이고 사용자가 정보에 쉽고 빠르게 접근할 수 있다는 장점이 있다. 이 기술의 대표적인 장치로 HMD가 있는데, HMD는 다시 ㉠광학 기반 HMD와 ㉡비디오 기반 HMD로 나누어진다.

광학 기반 HMD는 실제 세계 영상을 편집 없이 바로 사용자에게 투영한다. 여기에 컴퓨터에 의해서 생성된 가상 세계 영상이 광학적인 원리에 의해 합성된다. 광학 기반 HMD는 컴퓨터 시스템에 전달된 머리의 위치, 방향 정보를 이용해 부가 정보를 생성하고, 반투과성 HMD에 부가 정보가 실제 환경 영상과 결합되어 표현된다. 실제 세계 영상에 대해 어떤 편집을 행하지 않고 가상 영상만을 생성하고 투영하므로, 실제 세계 영상이 HMD로 전달되면서 생길 수 있는 지연 현상이 없다는 장점이 있다. 반면 만들어진 가상 영상이 실제 세계 영상에 투영되는 데 있어 사용자가 3차원 가상 객체의 공간 정보를 확인하는 것이 어렵다는 단점이 있다.

비디오 기반 HMD는 광학 기반 HMD와 달리 카메라를 이용한다. 비디오 기반 HMD는 카메라를 통하여 실제 세계 영상을 얻고 컴퓨터에서 대상의 정보와 결합한 가상 영상으로 만든 후, HMD를 통해 표시된다. 이 방식은 3차원 가상 객체의 공간 정보 확인이 가능하다는 장점이 있다. 하지만 이 방식은 헬멧처럼 생긴 특수한 장치를 착용해야 한다는 점에서 실생활에서 사용하기 어렵다는 단점이 있다. 또한 사용자의 움직임이 빠르면 사용자 움직임에 대한 혼합 영상의 변화를 쫓아가지 못하는 지연 현상이 발생할 가능성이 있다.

11

윗글의 핵심 내용으로 가장 적절한 것을 고르면?

① 증강 현실과 가상 현실의 차이점
② 증강 현실 디스플레이 장치의 유형과 장단점
③ 증강 현실을 구현하는 디스플레이 기술의 원리
④ 착용형 장치 기반과 휴대형 장치 기반의 장단점

12

윗글의 밑줄 친 ㉠, ㉡에 대한 설명으로 적절하지 않은 것을 고르면?

① ㉠에는 해당 대상의 정보만 표시될 뿐, 실제 세계의 모습은 담기지 않는다.
② ㉠은 사용자의 머리 위치와 방향 정보를 이용해 만들어진 정보가 표시된다.
③ ㉡은 특수한 장비를 착용해야 하므로 일상생활에 적용하기에는 무리가 있다.
④ ㉡은 사용자가 3차원 가상 객체의 공간 정보를 확인하는 데에 어려움이 없다.

물환경은 수질과 수생태계를 모두 포함하는 개념이다. 우리나라 수질과 수생태 현황은 대체로 양호하거나 보통 수준을 유지하고 있다. 그러나 우리나라 물환경 분야는 그간 본류 위주의 점오염원 관리가 중심이었으며, 수질ㆍ수생태 관리에 미흡했다. 여기에 우리나라 하천은 국가하천, 지방하천, 소하천으로 나누고, 하천에 따라 관리하는 주체가 달라 사각지대가 발생하기도 했다. 예를 들어 국가하천이나 지방하천에 예산이 집중된 반면 대부분 상류에 위치한 소하천은 보존 상태나 관리주체가 다양하고 지역 구분이 모호해 종합적이고 체계적인 관리에 어려움이 있었다.

이에 하천의 근원적인 오염원 저감, 수질 개선을 위해 상하류를 포함한 통합 유역관리가 필요한 상황이었다. K-water는 유역 단위의 하천관리 일원화를 계기로 기후변화에 대비하고 지속적이며 안정적인 수질ㆍ수생태 관리와 국민이 맑고 건강한 물환경을 (A)영위할 수 있도록 노력하고 있다. 이를 위해 수질ㆍ수량 통합 조사를 실시하고, 수질조사 데이터 통합 운영 관리를 통한 유역 물환경을 조성하고 있다. 또 댐 최상류부터 하류까지 유역 전반을 아우르고 유역별 특성에 맞는 통합적 물환경 개선 대책을 수립ㆍ실행하며 기후변화에 대응하고 있다. 이외에도 하천의 자정작용을 최대한 활용한 수질 정화로 하천 수질 회복에도 관심을 기울이고 있다.

K-water는 댐 홍수터 내 수변생태벨트를 조성하며 수생태 복원과 친환경 지역 활성화를 추진하고 있다. 댐 홍수터는 집중 호우로 수위가 높아지는 경우 물을 저장하기 위한 토지이나 평상시에는 무단경작과 쓰레기 투기 등으로 인해 수질ㆍ수생태계 보전에 어려움이 있었다. 이에 2020년 K-water는 충청북도 옥천군 이백리와 지오리 두 곳에 대청댐 홍수터 수변생태벨트 시범사업 조성 및 운영으로 댐 홍수터의 수질과 수생태 개선, 생태관광 자원화 등 국민이 체감하는 물관리 성과를 도출했다.

또한 올해는 대청댐 통합형 수변생태벨트를 추진한다. 대청댐 신상지구 홍수터 수변생태벨트 시범사업 추진, 대청댐 홍수터와 상수원관리지역의 친환경 관리 및 활용, 대청댐 유역의 수질ㆍ수생태 보전, 복원을 위한 지원 및 협력 등이다. 또 지속가능한 수변생태벨트 구축 및 사후관리 시 지역참여형 일자리 창출 방안 등도 마련한다. 이를 위해 2020년에 실시한 금강수계 환경기초조사를 바탕으로 대상지 12개소를 선정했다. 이 가운데 K-water는 대청댐 상류에 위치한 대전광역시 동구 신상지구 홍수터 수변생태벨트를 역무대행한다. 이 사업은 환경부가 최초로 수계기금을 활용해 댐 홍수터를 자연형 수변완충지대로 복원하고, 기존의 수변구역과 연계하는 통합형 수변생태벨트 조성의 첫 사업으로 꼽는다. 금강 유역 이외에

도 영산강 유역 율어지구 수변생태벨트 사업과 한강 유역의 경안천 수변생태벨트 사업도 추진하며 수질과 수생태 개선에 기여할 것으로 기대를 모으고 있다.

13

윗글의 밑줄 친 (A)와 바꾸어 쓸 수 있는 단어로 가장 적절한 것을 고르면?

① 공유(共有)
② 전위(轉位)
③ 향유(享有)
④ 조달(調達)

14

윗글을 이해한 내용으로 옳지 않은 것을 고르면?

① K-water는 2020년부터 모든 댐 홍수터의 쓰레기 무단 투기를 집중 감시하고 있다.
② 그동안 우리나라의 수질 및 수생태의 오염은 본류 위주로 관리되었다.
③ 지속가능한 수변생태벨트 구축 대상지는 환경기초조사 결과를 바탕으로 선정되었다.
④ K-water는 댐 최상류와 하류에 모두 적용할 수 있는 물환경 개선 대책을 수립하였다.

[15~16] 다음 글을 읽고 질문에 답하시오.

물레방아는 떨어지는 물의 힘으로 바퀴를 돌려 곡식을 빻고 찧는 기구다. 이렇게 물의 에너지를 다른 에너지로 변환해 일을 처리하는 기구나 기계를 ㉠약칭해 '수차'라고 한다. 인류는 아주 오래전부터 수차를 이용해 왔다. 고대 메소포타미아에서 농지 관개를 위해 수차를 발명했다는 기록이 남아 있는데, 수차로 전기를 생산하는 수력발전은 어찌 보면 가장 오래된 발전방식인 셈이다.

수력발전은 물의 위치에너지와 운동에너지를 이용한다. 높은 곳에 있는 물은 큰 위치에너지를 가지고 있어 물을 아래로 떨어뜨리면 높이 차이만큼에 해당하는 위치에너지가 운동에너지로 ㉡전환된다. 물이 쏟아지면서 수차에 운동에너지를 전달하면 발전기의 회전자에 연결된 수차가 회전해 전기를 생산한다. 현재도 수력은 전력망을 구축하는 국가가 가장 먼저 고려하는 발전 방식이다. 강이 마르지 않는 한 어느 에너지원보다도 안정적으로 사용할 수 있기 때문이다. 대규모 토목공사만 감당할 수 있으면 저렴한 운영비용으로 꾸준하게 전기를 생산할 수 있다. 안정성은 대단히 중요한 특징으로, 어떤 상황에서도 전기를 만들어낼 수 있다는 뜻이기 때문에 우리나라를 포함한 대부분의 국가에서 수력발전은 유사시 전력을 복구할 때 '방아쇠' 역할을 한다. 전국의 전력망이 파괴된 상황에서 권역별로 두 곳씩 지정된 수력발전소가 전기를 다시 만들어내기 시작하면, 이 전기를 이용해 다른 발전소가 차례차례 가동하면서 발전시스템을 가동함으로써 전력을 복구할 수 있는 것이다.

수력발전이 중요한 이유는 또 있다. 수력발전은 전력을 생산하는 시간이 5분 이내로 짧아서 전력 수요량 변화에 가장 민첩하게 대응할 수 있다. 이러한 민첩성 덕분에 전력 수요가 최고조에 달한 시간대에 전력을 공급하기 적합하며, 수차가 돌아가는 속도가 일정하고 발전 전력의 주파수가 균일해서 전력 품질을 유지하는 기능도 한다. 우리나라의 경우 의암댐, 팔당댐 등 유입량에 비해 물을 ㉢적수하는 양이 적어서 저수지의 조절 능력이 없는 발전소를 제외하면 국내의 모든 수력발전소가 하루 4~5시간 정도 수요량이 높을 때만 운전하는 첨두운전을 하고 있다.

수력발전은 발전단가의 장기 안정성을 보장하는 역할도 한다. 수력발전은 부지매입이나 건설과 같은 초기 투자비가 많이 필요해 발전원가의 대부분을 차지한다. 그러나 연료비가 거의 들지 않기에 타 전원과 비교했을 때 발전단가가 싸고 장기적으로 봤을 때 안정적이다. 또한 수력을 이용하여 발전을 하고 있는 시간에는 수력에서 생산된 전력량만큼 수력보다 비싼 화력발전소가 가동되지 않기에 전력 가격을 ㉣저하하는 요인이 되기도 한다. 무엇보다 유가 폭등과 같은 연료비 변동에 별반 영향을 받지 않기에 화력발전에 비해 전력 요금 안정화에 기여하는 바가 높다고 할 수 있다.

수력발전은 그 구조가 간단하므로 발전효율에 크게 신경 쓰지 않는다면 개인이 작은 수력발전 장치를 직접 만들어 설치할 수도 있다. 이러한 소규모 수력발전은 소수력발전, 소규모 수력발전이라고도 하며, 최근 설치 건수가 증가 추세다. 규모나 출력이 특히 작은 수력발전을 특별히 마이크로수력이라고 하며 전력수요가 매우 적은 곳에서 꼭 필요한 양만큼의 전기를 얻는 데 주로 활용된다. 소수력발전은 전력 생산 외에 농업용 저수지, 농업용 보, 하수처리장, 정수장, 다목적댐의 용수로 등에도 적용할 수 있는 점을 감안할 때 국내의 개발 잠재량은 풍부하며 청정자원으로서 가치가 크다. 향후 소수력발전이 보다 발전하게 되면 분산전원으로서의 역할이 커질 것으로 기대된다.

15

윗글의 밑줄 친 ㉠~㉣ 중 잘못 사용된 단어를 고르면?

① ㉠
② ㉡
③ ㉢
④ ㉣

16

윗글의 내용과 일치하는 것을 고르면?

① 수력발전은 원자력발전보다 생산 전력의 품질이 일정하게 유지되는 특징이 있다.
② 소규모 수력발전은 과거에 많이 설치되었지만 최근에는 거의 사용하지 않는 추세이다.
③ 수력발전은 초기의 건설비용보다 건설 이후의 운영비용이 많이 드는 에너지원이다.
④ 저수지 조절 능력이 있는 국내의 수력발전소는 대부분 하루 중 특정 시간대에 가동한다.

[17~18] 다음 글을 읽고 질문에 답하시오.

사람들은 동일한 현상을 보더라도 개인마다 그것을 다르게 식별한다. 똑같이 먹는 것을 가지고도 어떤 사람은 단순히 씹고 삼키는 것이라고 생각하는 반면, 다른 사람은 그것을 영양분 섭취의 의미로 받아들인다. 즉 전자는 구체적인 행위나 표면적인 현상으로 해석하는 경향이 있고, 후자의 경우는 추상적인 의미나 핵심적인 목표로 그 현상을 식별하고 있는 것이다. 사람마다 다르게 나타난 이러한 다른 식별 수준을 해석 수준이라 하는데, 각자가 느끼는 현상이나 대상에 대한 거리감에 따라 이러한 해석 수준이 달라지고 그에 따라 행동 반응과 선택이 달라진다는 것을 규명하는 이론을 해석 수준 이론이라 한다.

추상적인 의미 또는 속성을 중심으로 해석하는 것은 상대적으로 상위 수준의 해석에 해당하는 반면, 구체적인 행위 또는 속성을 중심으로 해석하는 것은 상대적으로 하위 수준의 해석에 해당한다. 상위 수준의 해석은 본질적이고 핵심적일 뿐 아니라 일관적인 반면, 하위 수준의 해석은 부차적이고 표면적이며 일관적이지 않다.

상위 수준의 해석과 하위 수준의 해석의 특성을 구별하는 판단 기준은 중심성과 종속성이다. 중심성은 어떠한 사건이나 대상에서 가장 핵심적인 역할을 하는 속성이 어떤 것인가가 주된 기준으로, 이는 상대적으로 상위 수준의 특성이 된다. 예컨대 핵융합에 대해 알고 싶어서 강의를 듣고자 할 때, 가장 중요한 것은 그 강의가 다루는 주제이고, 강의 장소나 시간은 부수적인 특성이라 할 수 있다. 여기서 강의 주제는 상대적으로 상위 수준의 속성에 해당한다.

이에 반해 종속성은 하위 수준의 특성에 해당하는데, 상대적으로 덜 중요한 특성은 보다 중요한 특성에 종속될 수밖에 없으며, 이렇게 덜 중요한 특성이 이슈로 부각되기 위해서는 보다 중요한 특성이 전제될 때에만 가능하다. 예를 들어 강의 장소가 변경되는 것이 의미를 가지려면 이보다 중요한 의미를 갖는 '강의 주제가 동일하다'라는 상황의 전제가 필요하다. 즉 강의 장소는 강의 주제라는 특성에 의미적으로 종속될 수밖에 없는 것으로, 하위 수준의 속성에 해당한다.

해석 수준 이론에서는 현상이나 대상에 대한 시간적 거리도 중요하게 고려될 수 있다. 동일한 대상임에도 불구하고 시간적 거리가 멀어질수록 사람들은 바람직함과 중심적·핵심적 속성에 초점을 맞추어 선택하고, 시간적 거리가 가까워질수록 실행 가능성과 주변적·비본질적 속성에 더욱 가중치를 두고 선택한다. 이러한 결과는 시간적 거리가 멀수록 상위 수준 해석에 근접하게 되고 시간적 거리가 가까울수록 하위 수준 해석에 근접하게 된다는 것을 보여 준다.

17

윗글의 주제로 가장 적절한 것을 고르면?

① 해석 수준 이론의 최근 경향
② 해석 수준 이론의 개념과 특징
③ 해석 수준 이론의 태동과 발전 과정
④ 상위 수준의 해석과 하위 수준의 해석 비교

18

윗글의 전개 방식에 대한 설명으로 적절한 것을 [보기]에서 고르면?

┤ 보기 ├
㉠ 구체적인 예시를 들어 독자의 이해를 돕고 있다.
㉡ 특정 개념을 정의하여 대상이 지닌 의미를 규정하고 있다.
㉢ 특정 개념이 지닌 의미의 변천 과정을 역사적으로 설명하고 있다.
㉣ 차이점을 위주로 주요 화제를 다른 이론과 비교하며 중심 화제의 특성을 밝히고 있다.
㉤ 두 개념이 지니고 있는 장단점을 비교한 후 새로운 개념을 제시하고 있다.

① ㉠, ㉡
② ㉠, ㉢
③ ㉠, ㉣
④ ㉠, ㉤

[지문 A]

(사회자) K-water에서 실험실을 벗어나 현장으로 직접 찾아가는 수질분석 시스템을 제공한다고 하는데요. 오늘은 이 '이동수질분석 시스템'과 관련한 이야기를 K-water의 P연구원님과 나눠보겠습니다.

〈질문1〉 이동수질분석 시스템이란 무엇이며, 어떤 특징이 있나요?

〈질문2〉 이동수질분석 시스템이 개발된 배경은 무엇인가요?

〈질문3〉 이동수질분석 시스템에 적용된 기술 및 장비에는 어떤 것이 있나요? 추가적으로 적용 검토 중인 기술이 있다고 들었는데 이 부분도 궁금합니다.

〈질문4〉 마지막으로 이동수질분석 시스템은 어떻게 운영될 계획인가요?

[지문 B]

(가) 앞서 언급한 위기 대응적 차원뿐만 아니라 이동수질분석 시스템으로 지자체, 군부대, 도서 및 산간 지역 등 평소 물복지가 취약한 지역에 대한 수질 검사, 유역 현장의 수질 안전 모니터링 역시 효과적으로 운영함으로써 국민이 체감할 수 있는 물복지 실현에도 힘쓸 예정입니다. 또 실제 운영을 통해 활용성 및 적용성 등을 검토해 유역별로 시스템을 확대할 계획입니다. 국민 물복지를 실현하는 데 수질 안전관리는 가장 중요한 가치입니다. K-water가 국민 건강과 삶의 질 제고를 위해 안전한 물공급을 최우선 과제로 둔 만큼 이동수질분석 시스템의 눈부신 발전과 안정적 운영을 기대해 주시길 바랍니다.

(나) 대표적인 분석 기술에는 아메바, 탄저균 등 미생물 분석 키트가 있습니다. 또 적수, 이물질 검출 등 수돗물 공급 과정 중 사고와 민원 발생 빈도가 높은 수질 문제를 파악할 수 있는 맞춤형 분석 장비를 우선 도입해 국민의 생활 안정과 불안감 해소에 중점을 두고 지난해부터 안정화를 위한 시범 운영 중에 있습니다. 현재 이동수질분석 시스템은 8개 장비를 이용해 유기화합물, 중금속, 미생물 등 총 160여 개 항목의 분석이 가능합니다. 이 밖에도 드론 및 소형 선박을 이용한 무인 채수시스템 적용을 검토하고 있으며, 향후 새로운 수질 문제 파악을 위한 추가 분석 장비 도입 및 관련 기술 개발을 지속할 예정입니다.

(다) 이동수질분석 시스템은 이물질 검출, 화학물질 감지 등 항목별로 맞춤형 수질분석을 할 수 있는 장비를 탑재한 차량으로, 현장에서 채수부터 분석·검토까지 실시간 대응이 가능한 시스템을 말합니다. 화재가 발생하면 소방차가 출동해 불을 진화하고, 강력

사건이 발생하면 과학수사대가 파견되어 현장에서 증거를 채취하듯 수질분석도 현장을 중심으로 발 빠른 대응에 나서는 것이 가장 큰 특징이라고 할 수 있습니다. 이는 수질 민원 또는 수질 관련 사고 발생 시 문제 지역의 물을 채수해 실험실로 옮긴 뒤 정밀 분석해오던 기존 대응 방식을 개선한 것으로, 문제 해결을 위한 골든타임을 확보하고 국민의 피해를 최소화하기 위한 것이라고 할 수 있습니다.

(라) 수돗물을 공급하는 데 수질 안전관리는 국민 건강과 삶의 질에 직결되는 문제인 만큼 중요한 사안으로 꼽힙니다. 하지만 물 공급 과정에서 예기치 못한 다양한 수질 문제가 발생할 수 있는 것이 현실이죠. 이에 K-water는 취수원부터 가정 내 수도꼭지까지 물 공급 전반에 발생할 수 있는 다양한 수질 관련 문제를 신속하게 대응하기 위한 방안을 마련하고자 노력해 왔는데요. 그 일환인 이동수질분석 시스템은 구축을 위해 2016년부터 이동 차량에 탑재할 분석 기술을 연구·개발해 왔습니다.

19

다음 중 [지문 A]와 [지문 B]의 질의응답이 가장 자연스럽게 전개된 것을 고르면?

① 〈질문1〉 → (가) → 〈질문2〉 → (다) → 〈질문3〉 → (나) → 〈질문4〉 → (라)

② 〈질문1〉 → (나) → 〈질문2〉 → (가) → 〈질문3〉 → (라) → 〈질문4〉 → (다)

③ 〈질문1〉 → (다) → 〈질문2〉 → (나) → 〈질문3〉 → (라) → 〈질문4〉 → (가)

④ 〈질문1〉 → (다) → 〈질문2〉 → (라) → 〈질문3〉 → (나) → 〈질문4〉 → (가)

20

위의 [지문 A]와 [지문 B]를 바탕으로 이해한 내용으로 옳지 않은 것을 고르면?

① 이동수질분석 시스템은 K-water의 수질 안전관리를 위한 하나의 방안으로 고안되었다.

② 이동수질분석 시스템은 현재 자동차와 소형 선박에 적용되어 시범 운영 중에 있다.

③ 향후 이동수질분석 시스템은 지속적인 운영 및 검토 후 유역별로 확대될 예정이다.

④ 이동수질분석 시스템에서는 기존에 문제 지역의 물을 실험실로 옮기던 과정이 생략된다.

21

다음 중 $\dfrac{2019^3 - 1}{2019^2 + 2019 + 1} - \dfrac{999^3 + 1}{998 \times 999 + 1}$ 의 값을 고르면?

① 1018   ② 2018   ③ 2019   ④ 2020

22

다음 삼각형 각 변의 숫자는 어떤 규칙을 가지고 나열되며, 각 삼각형의 가운데 숫자는 세 변의 숫자들의 연산에 의해 결정된다. 이때, 다섯 번째에 제시될 삼각형의 가운데 숫자로 옳은 것을 고르면?

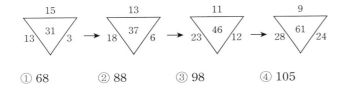

① 68   ② 88   ③ 98   ④ 105

23

물탱크에 세 개의 수도꼭지 A, B, C를 열어 물을 채우려고 한다. 세 개를 모두 열어 물을 채우면 1시간이 걸리고, A와 C를 열어 채우면 1시간 30분이 걸리며, B와 C를 열어 채우면 2시간이 걸린다. 이때, A와 B를 열어 물을 채우는 데 걸리는 시간을 고르면?

① 1시간 12분   ② 1시간 15분

③ 1시간 20분   ④ 1시간 25분

24

수도관 A만 사용하여 4시간 동안 채우고, 그 후에 수도관 B만 사용하여 6시간 동안 채우면 가득 차는 물탱크가 있다. 이 물탱크에 수도관 A만 사용하여 2시간 동안 채우고, 나머지를 수도관 B만 9시간을 사용하였더니 가득 찼다. 이 물탱크를 수도관 B만 사용하여 가득 채울 때, 몇 시간이 걸리는지 고르면?

① 10시간   ② 11시간

③ 12시간   ④ 13시간

[25~26] 다음 [표]는 2016~2018년 수역별 물류 이동 현황에 관한 자료이다. 이를 바탕으로 질문에 답하시오.

[표1] 2016~2018년 수역별 물동량 (단위: 천 톤)

구분		2016년		2017년		2018년	
		수입	수출	수입	수출	수입	수출
합계		108,191	27,777	113,847	26,596	122,784	29,850
국가 관리	소계	82,712	27,776	86,565	26,596	96,831	29,850
	A수역	32,740	6,320	38,176	5,417	46,024	7,094
	B수역	48,690	21,432	47,832	21,146	50,185	22,715
	C수역	1,282	24	557	33	622	41
지방 관리	소계	25,479	1	27,282	0	25,953	0
	D수역	12,519	1	13,449	0	12,943	0
	E수역	12,960	0	13,833	0	13,010	0

[표2] 2018년 수역별 물동량 및 5년 단위 증가율 (단위: 천 톤, %)

구분	2018년	대비 증가율	
		10년 전 → 2018년	5년 전 → 2018년
합계	152,634	135	62
A수역	53,118	743	425
B수역	72,900	77	13
C수역	663	−41	−45
D수역	12,943	28	8
E수역	13,010	39	5

25

위의 자료에 대한 설명으로 옳지 <u>않은</u> 것을 고르면?

① 5개 수역 모두에서 2013년 물동량은 2008년보다 증가하였다.

② 2016~2018년 동안 국가가 관리하는 수역과 지방이 관리하는 수역의 수출입을 합한 물동량의 증감 추이는 동일하다.

③ 2016~2018년 5개 수역의 전체 수출 물동량은 감소 후 증가하였다.

④ 2016년 대비 2018년 수입 물동량의 증가율은 C수역이 가장 작다.

26

위의 자료를 바탕으로 각 수역의 연도별 물동량 수치가 옳지 <u>않은</u> 것을 고르면?(단, 단위는 천 톤이고, 물동량은 천 톤 단위 미만에서 반올림한다.)

	구분	2018년	2013년	2008년
①	A수역	53,118	12,498	7,149
②	B수역	72,900	64,513	41,186
③	D수역	12,943	11,984	10,112
④	E수역	13,010	12,390	9,360

27

다음 [표]는 K협회의 2014~2019년 연구용역 현황에 관한 자료이다. 이에 대한 설명으로 옳지 않은 것을 고르면?

[표] 2014~2019년 연구용역 현황 (단위: 명)

구분	2014년	2015년	2016년	2017년	2018년	2019년	합계
윤리관련	–	–	–	–	–	1	1
보수관련	–	3	1	–	–	–	4
교육관련	–	1	–	–	–	1	2
전산관련	–	–	1	–	( )	7	14
평가업무관련	1	2	3	3	4	5	( )
평가제도관련	1	1	1	1	–	1	5
평가방법관련	1	8	2	( )	1	2	16
공시제도관련	–	–	1	–	–	–	1
법관련	2	–	3	–	1	–	6
기타	–	–	–	2	–	2	4
합계	( )	( )	12	8	12	( )	71

① 2014~2019년 중에서 연구용역 수가 가장 많았던 해는 2019년이다.

② 2018년 전산관련 연구용역 수는 2017년 평가방법관련 연구용역 수의 3배이다.

③ 조사 기간 내 평가업무관련 총 연구용역 수는 2014년 연구용역 수의 4배 이하이다.

④ 조사 기간 내 보수관련 연구용역이 전체 연구용역에서 차지하는 비중은 법관련 연구용역이 전체 연구용역에서 차지하는 비중의 70% 이상이다.

28

다음 [표]는 구인·구직 시계열과 2021년 워크넷 지역별 구인·구직 및 취업에 관한 자료이다. 이에 대한 설명으로 옳은 것을 고르면?(단, (구인배수)=(신규구인인원)÷(신규구직건수)이다.)

[표1] 구인·구직 시계열 (단위: 명, 건)

구분	신규구인인원	신규구직건수	취업건수	구인배수
2008년	1,249,837	2,361,669	635,849	0.53
2009년	1,456,516	3,256,415	864,755	0.45
2010년	2,173,391	3,390,254	947,097	0.64
2011년	2,154,163	3,284,664	957,288	0.66
2012년	2,307,710	3,381,325	1,195,422	0.68
2013년	2,551,322	3,912,110	1,515,739	0.65
2014년	2,509,740	4,144,371	1,740,735	0.61
2015년	2,620,695	4,405,024	1,937,107	0.59
2016년	2,794,405	4,513,114	2,060,660	0.62
2017년	2,852,664	4,803,017	2,152,661	0.59
2018년	2,436,823	4,009,506	1,832,804	0.61
2019년	2,128,728	4,058,258	1,609,642	0.52
2020년	2,045,112	4,551,020	1,556,597	( )
2021년	2,829,040	5,138,533	1,802,365	0.55

[표2] 2021년 워크넷 지역별 구인·구직 및 취업 　(단위: 명, 건, %)

구분	신규구인인원 (증가율)	신규구직건수 (증가율)	취업건수 (증가율)	구인배수
2021년 1월	190,556 (11.2)	605,342 (39.3)	140,642 (7.6)	0.31
2021년 2월	182,250 (6.3)	367,467 (8.8)	131,756 (−1.1)	0.50
2021년 3월	243,610 (68.1)	487,469 (27.6)	190,724 (41.9)	0.50
2021년 4월	232,139 (90.0)	426,178 (18.2)	168,765 (42.6)	0.54
2021년 5월	219,584 (52.9)	389,822 (13.2)	149,119 (36.2)	0.56
2021년 6월	250,408 (43.1)	410,123 (11.4)	156,942 (31.9)	0.61
2021년 7월	236,079 (29.4)	442,446 (7.9)	167,204 (27.6)	0.53
2021년 8월	253,078 (41.1)	410,438 (19.6)	142,347 (−4.0)	0.62
2021년 9월	225,647 (31.9)	384,728 (6.5)	149,195 (1.8)	0.59
2021년 10월	244,078 (33.8)	386,058 (−0.1)	145,584 (12.5)	0.63
2021년 11월	271,255 (35.9)	398,916 (14.3)	140,766 (4.0)	0.68
2021년 12월	280,356 (38.6)	429,546 (−9.3)	119,321 (−1.4)	0.65

※ 증가율은 전년 동월 대비 증가율을 의미함

① 2009~2013년 동안 신규구인인원, 신규구직건수, 취업건수는 각각 전년 대비 증가하였다.
② 조사 기간 동안 구인배수가 0.5 이하인 해는 한 번뿐이다.
③ 2021년 월별 신규구직건수 중 2021년 월평균 신규구직건수보다 많은 달은 총 4개이다.
④ 2022년 8월 취업건수의 전년 동월 대비 증가율이 2021년 8월과 동일하다면 2022년 8월 취업건수는 2021년 11월 취업건수보다 많다.

29

다음 [표]는 연도별 바이오산업 투자 현황에 관한 자료이다. 이에 대한 설명으로 옳지 않은 것을 [보기]에서 모두 고르면?

[표] 연도별 바이오산업 투자 현황 　(단위: 개, 백만 원)

구분	2016년	2017년	2018년	2019년	2020년
기업 수	980	984	993	1,003	1,027
응답기업 수	909	916	901	961	988
기업 총 연구 개발비	5,015,227	5,143,459	5,655,387	6,992,398	5,350,656
기업 총 시설 투자비	979,588	1,152,249	979,614	1,002,064	869,219
기업 총 투자비	5,994,815	6,295,708	6,635,001	7,994,462	6,219,875
바이오 총 연구 개발비	1,411,799	1,497,274	1,697,419	1,839,677	2,018,500
바이오 총 시설 투자비	637,618	718,949	702,427	753,277	669,382
바이오 총 투자비	2,049,417	2,216,223	2,399,846	2,592,954	2,687,882

┤ 보기 ├

㉠ 매해 응답기업 수는 기업 수의 90% 이상이다.
㉡ 응답기업 수가 전년보다 감소한 해에 응답기업 수당 기업 총 투자비가 가장 크다.
㉢ 매해 바이오 시설투자비 총액은 항상 바이오 투자비 총액의 30% 이상이다.
㉣ 매해 기업 투자비 총액 대비 바이오 투자비 총액의 비중은 증가하였다.

① ㉠, ㉡　　　　　　② ㉡, ㉢
③ ㉡, ㉣　　　　　　④ ㉡, ㉢, ㉣

30

다음 [그래프]는 연도별 휴게음식점의 창업 및 폐업 현황에 관한 자료이다. 이에 대한 설명으로 옳은 것을 [보기]에서 고르면?

[그래프] 연도별 휴게음식점의 창업 및 폐업 현황 (단위: 개소)

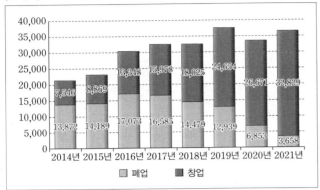

┤ 보기 ├

㉠ 2018년 폐업한 휴게음식점 수의 전년 대비 감소율은 10% 이상이다.

㉡ 2014~2021년 동안 창업한 휴게음식점 수는 매년 전년 대비 10% 이상 증가하였다.

㉢ 2015년 전년 대비 창업한 휴게음식점 증가율은 2015년 전년 대비 폐업한 휴게음식점 증가율보다 크다.

㉣ 창업한 휴게음식점 수가 2015년 창업한 휴게음식점 수의 2배 이상인 해의 폐업한 휴게음식점 수는 2015년 폐업한 휴게음식점 수보다 적다.

① ㉠, ㉢
② ㉠, ㉣
③ ㉡, ㉢
④ ㉢, ㉣

31

가 역 근처에 거주하는 상훈이는 네 개의 카페 A~D에 채용되었다. 상훈이는 지하철로 이동하였을 때 시간이 가장 적게 소요되는 카페에서 아르바이트를 하려고 한다. 이때, [조건]을 바탕으로 상훈이가 거주하는 지역의 지하철역에서 아르바이트하는 카페가 있는 지하철역까지 지하철로 이동하였을 때 소요되는 시간을 고르면?

[그림] 지하철 노선도

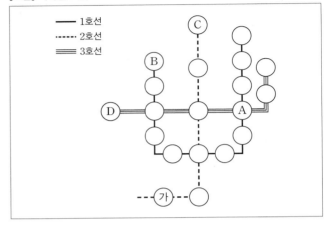

┤ 조건 ├

• 일반 역에서는 1분간 정차하고, 환승역에서는 2분간 정차한다.

• 승차한 역과 하차한 역에서는 정차 시간을 고려하지 않고, 다른 노선으로 환승하는 경우에 역에서 하차한 뒤 바로 이동하며, 환승하는 데 소요되는 시간은 고려하지 않는다.

• 1호선은 한 역에서 다음 역까지 가는 데 2분이 소요된다.

• 2호선은 한 역에서 다음 역까지 가는 데 2분 30초가 소요된다.

• 3호선은 한 역에서 다음 역까지 가는 데 3분이 소요된다.

① 13.5분
② 14.5분
③ 15.5분
④ 16분

[32~33] 인접해 있는 A~D 네 개 마을은 행정구역이 다름에 따라 수도요금도 다르다. 각 마을은 용수 부족 현상이 발생한 어느 시점에 다음의 [표]와 같이 서로 물을 공급해 주었다. 이를 바탕으로 질문에 답하시오.

[표1] 상호 물 공급 현황 (단위: m³)

수요 공급	A마을	B마을	C마을	D마을
A마을	—	15	18	12
B마을	17	—	10	10
C마을	14	12	—	14
D마을	13	18	10	—

[표2] 마을별 수도요금 (단위: 원/m³)

A마을	B마을	C마을	D마을
650	660	670	660

32

C마을이 각 마을로 공급해 준 물의 금액과 C마을이 각 마을에서 공급받은 물의 금액의 차이는 얼마인지 고르면?(단, 물의 금액은 공급지의 요금을 기준으로 한다.)

① 1,750원
② 1,900원
③ 1,950원
④ 2,000원

33

A마을과 D마을은 상호 연결된 수도관이 노후되어 공급한 물의 양방향 누수율이 5%이다. 이때, 각 마을에서 공급한 물의 공급지 기준 금액이 큰 순서대로 바르게 나열한 것을 고르면?(단, 물의 공급 금액은 누수율을 감안한 실공급량을 기준으로 산정한다.)

① A마을 – C마을 – D마을 – B마을
② C마을 – A마을 – D마을 – B마을
③ A마을 – C마을 – B마을 – D마을
④ A마을 – D마을 – C마을 – B마을

34

다음 [그래프]는 국가 온실가스 총배출량 및 증가율에 관한 자료이다. 이에 대한 설명으로 옳은 것을 [보기]에서 고르면?

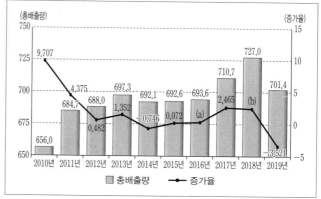

[그래프] 국가 온실가스 총배출량 및 증가율 (단위: 백만 톤CO₂eq., %)

※ 증가율은 전년 대비 증가율을 의미하며, 소수점 넷째 자리에서 반올림한 값임

┤ 보기 ├

㉠ 2009년의 국가 온실가스 총배출량은 600백만 톤 CO₂eq. 이상이다.
㉡ 2010~2019년 국가 온실가스 총배출량의 평균은 약 694.3백만 톤CO₂eq.이다.
㉢ (a)에 들어갈 알맞은 숫자는 0.244이다.
㉣ (b)에 들어갈 알맞은 숫자는 2.294이다.

① ㉠, ㉡
② ㉠, ㉢
③ ㉡, ㉢
④ ㉡, ㉣

35

S회사가 개발비를 줄이기 위해 진행하고 있는 개발비 저감 아이디어 공모전과 [상황]을 바탕으로 A, B, C의 공모전 상금 총합이 얼마인지 고르면?

개발비 저감 아이디어 공모전

S회사 기획팀 주관으로 개발비를 줄이기 위한 개발비 저감 아이디어 공모전을 시행합니다. 개발 과정에서 발생하는 예산을 줄일 수 있는 아이디어라면 모두 응모가 가능합니다. 단, 예산 저감 시 품질도 저하된다면 공모전 당선작 선정 시 제외됩니다.

1) 공모전 지원 가능 대상
   • 올해(2022. 04. 01.~2022. 12. 31.) 적용할 수 있는 개발비 저감 아이디어
   • S회사 전 임직원 대상
2) 성과금 지급 대상
   • 당선작 선정 시, 하기 기준에 따라 상금 지급
   • 계열사 전파 시, 상금에 30%를 가산하여 지급

구분	재료비 저감	공정비 저감	인건비 저감	수입 증대
지급액	절약액 10%	절약액 15%	절약액 20%	증대액 10%

┤ 상황 ├

A가 제출한 공모전 아이디어를 통해 2022년에 재료비 2천만 원, 인건비 4천만 원을 저감하였다. 또한 B가 제출한 공모전 아이디어를 통해 공정비 3천만 원을 저감하였고 수입을 5천만 원 증대하였다. 이는 계열사로 전파되어 계열사에도 도입될 예정이다. 그리고 C가 제출한 공모전 아이디어를 통해 재료비 3천만 원을 저감하였고 수입을 2천만 원 증대하였다. 하지만 C가 제출한 아이디어는 약 5%의 품질 저하를 동반한다.

---

① 1,500만 원
② 1,735만 원
③ 2,235만 원
④ 2,735만 원

36

Y고등학교는 교내 장학금 수여 대상자를 선정하고자 한다. 다음 [평가 기준]에 따라 점수를 부여하고 최종 점수가 가장 높은 순으로 100만 원, 70만 원, 50만 원, 30만 원을 수여하고자 할 때, 장학금 금액과 받게 되는 학생이 바르게 연결된 것을 고르면?

[평가 기준]

• 성적

구분	상위 10% 이내	상위 30% 이내	상위 50% 이내	상위 50% 초과
점수	10	8	6	4

• 최근 1년간 교내, 교외 수상 이력

구분	3건 이상	2건	1건	수상 없음
교외	6	4	2	0
교내	3	2	1	0

• 가정 형편

구분	하위 10% 이하	하위 30% 이하	하위 50% 이하	하위 50% 초과
점수	15	13	11	9

• 기타 고려사항
1) 징계 이력이 있을 경우, 장학금 수여 대상에서 제외
2) 담임 교사 추천을 받은 학생은 가산점 5점 부여
3) 성적, 수상 이력, 가정 형편, 가산점을 모두 더하여 최종 점수를 계산

구분	성적	수상 (교내)	수상 (교외)	가정 형편	징계 이력	교사 추천
A	상위 38%	6	1	하위 17%	○	
B	상위 44%	0	5	하위 49%		○
C	상위 57%	4	3	하위 82%		
D	상위 69%	2	1	하위 6%		
E	상위 12%	1	0	하위 33%		○

① 100만 원: B
② 70만 원: A
③ 50만 원: C
④ 30만 원: D

[37~39] 갑은 차를 타고 A에서 출발하여 A~I지점에 모두 방문하려고 한다. 각 지점은 한 번씩만 방문하고, 갔던 길은 다시 되돌아가지 않는다. 마지막으로 G지점을 방문하고, G지점을 방문하기 직전에 I지점을 방문한다고 할 때, 이를 바탕으로 질문에 답하시오.

[그림] 각 지점 간 연결망 지도

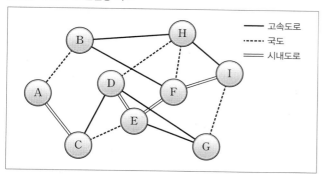

고속도로
국도
시내도로

[표1] 각 지점 간 거리 (단위: km)

구분	B	C	D	E	F	G	H	I
A	15	18						
B					35		30	
C			16	14				
D				10		32	20	
E					8	16		
F							9	10
G								20
H								12

[표2] 도로별 평균속도 (단위: km/h)

구분	평균속도
고속도로	100
국도	80
시내도로	50

[표3] 도로별 연비 (단위: km/L)

구분	연비
고속도로	15
국도	12
시내도로	10

※ 연비는 연료 1L당 자동차가 갈 수 있는 거리를 뜻함

37

갑이 가장 거리가 먼 경로로 이동하였다고 할 때, 총이동거리를 고르면?

① 149km
② 153km
③ 155km
④ 157km

38

갑은 B에 가장 먼저 방문하였다. 소요시간이 가장 많이 걸리는 경로와 소요시간이 가장 적게 걸리는 경로의 소요시간의 차이를 고르면?(단, 각 소요시간의 초 단위는 절사한다.)

① 1분
② 2분
③ 3분
④ 4분

39

차량으로 이동 시 소요비용은 '(유류비)+(고속도로 이용비)'이다. 갑은 C에 가장 먼저 방문하였고, 가장 최소의 비용이 소요되는 경로로 이동하였다고 할 때, 소요비용을 고르면?(단, 갑의 차량은 휘발유 차량이고, 휘발유는 1L당 1,500원이다. 휘발유는 0.1L 단위로 이동에 필요한 만큼만 주유 가능하다. 고속도로 이용 시 1km당 50원의 요금이 부과된다.)

① 21,700원
② 21,900원
③ 22,100원
④ 22,300원

40

다음은 K회사의 대리 진급 기준과 대상자에 대한 정보이다. 이를 바탕으로 진급자가 누구인지 옳게 짝지어진 것을 고르면?

[평가 기준]

• 지필 평가

구분	A	B	C	D
점수	10	8	6	4

• 발표

구분	A	B	C	D
점수	10	7	4	1

• 최근 3년 실적

구분	A	B	C	D
점수	6	4	2	0
프로젝트	6개 이상	5개	4개	3개 이하
논문	10개 이상	8~9개	6~7개	5개 이하
특허	4개 이상	3개	2개	1개 이하

• 기타 고려사항
1) 팀장 이상의 추천서가 있을 경우 가산점 3점, 상무 이상의 추천서가 있을 경우 가산점 5점 부여
2) 진급 대상자 중 각각의 점수를 모두 더한 최종 점수 상위 3명이 대리로 진급

[표] 진급 대상자별 정보

구분	지필 평가	발표	최근 3년 프로젝트	최근 3년 논문	최근 3년 특허	추천서
김 사원	A	D	4개	12개	2개	팀장
이 사원	B	A	2개	8개	2개	상무
박 사원	A	B	5개	5개	3개	팀장
최 사원	D	A	5개	14개	1개	—
장 사원	C	C	4개	6개	5개	상무
유 사원	C	B	7개	9개	0개	—

① 이 사원, 박 사원, 장 사원
② 김 사원, 박 사원, 유 사원
③ 김 사원, 최 사원, 장 사원
④ 이 사원, 최 사원, 유 사원

한국수자원공사
실전모의고사

| 3회 |

영역	문항 수	시간	비고
문제해결능력			
의사소통능력			
수리능력	40문항	40분	객관식 사지선다형
자원관리능력			

모바일 OMR
자동채점&성적분석 무료

정답만 입력하면 채점에서 성적분석까지 한번에!

활용 GUIDE

실시간 성적분석 방법!

STEP 1
QR 코드 스캔

STEP 2
모바일 OMR 입력

STEP 3
자동채점 & 성적분석표 확인

STEP 1

교재 내 QR 코드 스캔

NCS 직업기초능력평가 3회
모바일 OMR 바로가기

eduwill.kr/PIMV

- 위 QR 코드를 모바일로 스캔 후 에듀윌 회원 로그인
- QR 코드 하단의 바로가기 주소로도 접속 가능

STEP 2

모바일 OMR 입력

- 회차 확인 후 '응시하기' 클릭
- 모바일 OMR에 답안 입력
- 문제풀이 시간까지 측정 가능

STEP 3

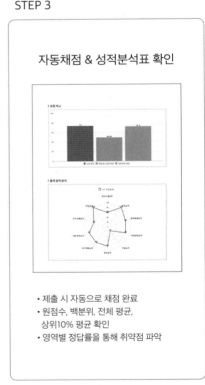

자동채점 & 성적분석표 확인

- 제출 시 자동으로 채점 완료
- 원점수, 백분위, 전체 평균, 상위10% 평균 확인
- 영역별 정답률을 통해 취약점 파악

※ 본 회차의 모바일 OMR 채점 서비스는 2024년 1월 31일까지 유효합니다.

NCS 직업기초능력평가

정답과 해설 P.46

01

성연, 지용, 인규, 규식, 경훈 5명의 학생이 방과 후 수업을 이수하려고 한다. 다음 [표]와 [보기]를 바탕으로 고려할 때, 경훈이의 수강료를 고르면?

[표] 방과 후 수업별 강의료

풍물반	컴퓨터반	영어회화반	서예반	탁구반
5만 원	3만 원	7만 원	4만 원	6만 원

┤ 보기 ├
- 성연이와 지용이는 컴퓨터반, 인규는 서예반을 반드시 신청해야 한다.
- 규식이와 경훈이는 탁구반을 신청할 수 없다.
- 풍물반과 탁구반은 함께 신청할 수 없다.
- 경훈이는 성연, 인규와 함께 수업을 듣지 않는다.
- 과목별 최대 수강 인원은 2명이다.
- 5명의 학생은 각자 방과 후 수업을 2개씩 이수해야 한다.

① 10만 원　　　　② 11만 원
③ 12만 원　　　　④ 13만 원

02

희준, 칠현, 우혁, 승호, 재원 5명은 카페에 가서 각각 다른 음료를 마시려고 한다. 다음 [보기]의 내용을 바탕으로 항상 옳지 않은 것을 고르면?

┤ 보기 ├
- 희준이는 아메리카노와 카페라떼를 마시지 않았다.
- 칠현이는 카푸치노와 아메리카노를 마시지 않았다.
- 우혁이는 카페라떼와 녹차라떼 중 한 음료를 마셨다.
- 에스프레소는 승호나 재원이 중 한 사람이 마셨다.

① 승호는 카페라떼를 마셨다.
② 희준이는 카푸치노를 마셨다.
③ 우혁이는 아메리카노를 마시지 않았다.
④ 칠현이는 카페라떼와 녹차라떼 중 한 음료를 마셨다.

03

네 남매인 A~D는 심부름으로 각각 다른 가게를 다녀왔다. 다음 [보기]의 내용 중 하나는 거짓이고, 나머지는 모두 참일 때, 항상 옳은 것을 고르면?

┤ 보기 ├
- A는 과일가게 또는 채소가게에 다녀왔다.
- B는 채소가게 또는 생선가게에 다녀오지 않았다.
- C는 정육점이나 과일가게에 다녀왔다.
- D는 정육점에 다녀왔다.

① A는 채소가게에 다녀왔다.
② B는 과일가게에 다녀왔다.
③ C는 과일가게에 다녀왔다.
④ D는 정육점에 다녀왔다.

04

영업부, 마케팅부, 기획부 직원 6명이 회의를 하고 있다. 원활한 회의 진행을 위해 각 직원들이 1명씩 돌아가면서 의견을 제시하기로 하였다. 다음 발언 조건을 바탕으로 [보기]에 대한 판단으로 옳은 것을 고르면?(단, 부서별 과장 1명과 대리 1명이 회의에 참석하였다.)

- 과장은 같은 부서의 대리보다 먼저 발언을 한다.
- 마케팅부는 연달아 발언을 한다.
- 영업부 과장은 가장 먼저 발언을 한다.
- 기획부 대리는 영업부 대리보다 빨리, 마케팅부 대리보다 늦게 발언을 한다.
- 기획부는 서로 연달아 발언하지 않는다.

┤ 보기 ├
- A: 대리보다 늦게 발언하는 과장은 없다.
- B: 마케팅부 과장은 기획부 과장보다 늦게 발언을 한다.

① A만 옳다.
② B만 옳다.
③ A와 B 모두 옳다.
④ A와 B 모두 옳지 않다.

자활사업이란 국민기초생활 수급자, 차상위자 등 일을 할 수 있는 근로빈곤층의 자립자활을 지원하기 위하여 근로 기회의 제공, 취업 알선, 자산형성지원 등 다양한 자활지원 프로그램을 제공하는 사업이다. 20××년 12월을 기준으로 전체 자활사업 대상자 수는 1,551,707명으로 집계되었다. 이 중 국민기초생활보장수급자가 1,539,622명으로 비중이 가장 높으며, 차상위계층은 12,085명인 것으로 나타났다. 근로능력이 없는 국민기초생활보장 수급자가 자활사업 대상자로 선정된 수는 1,022,001명인 반면, 근로능력자는 517,621명으로 낮은 수치를 보이고 있다.

20××년 1월부터 12월까지 자활사업 대상자 수를 살펴보면, 연중 유사한 추세를 보였으나 4~5월에는 다소 증가하고, 11~1월에는 급격히 감소하는 경향이 나타났다. 20××년 12월 기준으로 자활사업 대상자 수를 성별로 비교해보면, 여성(55%)의 비율이 남성(45%)에 비해 다소 높았으며, 연령별로는 65세 이상(27%)이 가장 높았고, 그다음으로는 18세 미만(24%), 50~64세(23%), 40~49세(12%), 18~29세(11%), 30~39세(4%) 순으로 나타났다. 시·도별로는 지역 인구수가 많은 서울(256,257명)과 경기(250,843명)에 대상자 수가 많았으며, 광역시에서는 부산(144,656명), 대구(102,405명), 인천(96,352명) 순으로 많았다. 그 외 시·도에서는 경남(99,295명), 경북(98,831명), 전북(95,571명), 전남(79,097명) 순이었다.

자활사업 참여자 수는 20××년 12월 48,208명으로 집계되었고, 이 중 자활근로가 25,387명으로 타 사업보다 월등히 높았다. 자활근로의 뒤를 이어 취업성공패키지 사업(11,396명), Gate Way 사업(2,133명) 순으로 나타났다. 또한 연령별 자활사업 참여자 수는 50~64세가 23,252명으로 가장 높았고, 뒤이어 40~49세는 12,198명으로 집계되었다. 18~29세(7,226명)는 30~39세(4,222명)보다 참여자 수가 더 많았고, 65세 이상은 1,267명에 그쳤다. 참여자 중 18세 미만은 43명이 있었다. 시·도별로는 서울이 11,061명으로 가장 많았고, 광역시에서는 부산(5,777명), 광주(3,348명), 대구(3,097명) 순으로 높았다. 경기 지역은 5,416명이 참여하였고, 그 외 시·도에서는 전북(3,234명), 경북(2,676명), 전남(2,194명), 경남(2,032명) 순으로 참여자가 많았다.

05

윗글에 대한 설명으로 옳은 것을 고르면?

① 차상위계층의 대부분은 근로능력자이다.
② 전체 30대 중 약 4%가 자활사업 대상자이다.
③ 자활사업 참여자 수는 경상 지역이 전라 지역보다 많다.
④ 전체 자활사업 대상자 대비 서울 지역의 자활사업 대상자 비율은 약 16.5%이다.

06

다음 중 경북 지역에 거주하는 박 씨가 20××년 12월 기준으로 자활사업 대상자일 경우, 거주 지역의 자활사업 참여자일 확률을 고르면?(단, 소수점 셋째 자리에서 반올림한다.)

① 0.17%   ② 2.71%
③ 3.62%   ④ 5.55%

다음은 C공기업의 청렴 마일리지에 관한 안내사항이다. 마일리지 1점당 3,000원으로 전환이 가능하다고 할 때, 아래 [표]를 바탕으로 A씨가 받는 상금은 얼마인지 고르면?

○ 운영목적
  • 반부패 청렴활동 실천 직원에 대한 인센티브 제공을 통한 적극적 청렴활동 유도

○ 운영개요
  • 주요 임무와 관련한 활동을 평가하여 마일리지 부과
  • 마일리지 획득 시 직무보조비 성격의 상금 지급

○ 평가항목

항목	평가기준	마일리지
자율 청렴·윤리 교육(워크숍)	교육 건수	각 3점
부서장 주관 근무기강 자율점검	점검 건수	각 5점
부서 내 청렴·윤리 관련 활동 언론보도 실적	언론매체 기고, 보도	각 5점
	사내매체 기고, 보도	각 2점
클린신고 접수·처리	처리 건수	각 2점
청렴 및 행동강령 관련 권익위 등 대외기관 포상 실적	–	각 5점
행동강령 위반 등 비위행위에 대한 내부공익신고 *신고자 신분보호 우선원칙에 따라 본인의 의사에 따라 해당 부서가 확인된 사안에 대해서만 적용	신고 건수	각 10점

[표] A씨의 마일리지 획득 내역

항목	건수
자율 청렴·윤리 교육(워크숍)	자율 청렴 교육 1건 윤리 교육 1건
부서장 주관 근무기강 자율점검	2건
부서 내 청렴·윤리관련 활동 언론보도 실적	사내매체 기고 3건
클린신고 접수·처리	0건
청렴 및 행동강령 관련 권익위 등 대외기관 포상 실적	1건
행동강령 위반 등 비위행위에 대한 내부 공익신고	0건

① 81,000원
② 90,000원
③ 99,000원
④ 108,000원

다음은 우량계와 수위계의 교정에 관한 자료이다. 이에 대한 설명으로 옳지 않은 것을 고르면?

○ 우량계 교정
  일정 용기에 빗물을 받아 강수량을 측정하는 기구인 우량계에 강우펌프를 이용한 인공 강우를 발생시켜 인공 강우량을 측정하고, 이를 전자식 지시저울을 통해 측정된 양과 비교하여 교정을 진행합니다.
  • 우량계 교정시스템
    – 측정범위: 강우량 0.1mm~2.0mm
    – 강우강도: 20mm/h~200mm/h
    – 측정방식: 질량측정방식
    – 교정측정능력(CMC): 0.8%
    – 교정대상: 전도형 우량계

○ 수위계 교정
  수위계에서 측정된 수심과 기준기인 레이저거리측정기(LDM)를 통해 측정된 수심을 비교하여 교정을 진행합니다.
  • 수위계 교정시스템
    – 측정범위: 0.5m~15m
    – 측정방식: 비교측정방식(기준기: LDM)
    – 교정측정능력(CMC): 3.0mm
    – 교정대상: 레이다식, 초음파식, 부자식우량계 표준장비(장비명, 측정범위, 분해능)

○ 신청절차
  • 고정표준실(실내) 교정 신청절차
    상담 → 신청서 접수 → 우량계(수위계) 제출 → 우량계(수위계) 교정 → 성적서 통보 → 수수료 납부
  • 현장 교정 신청절차
    상담 → 검사의뢰 공문 송부 → 우량계(수위계) 교정 → 성적서 통보 → 수수료 납부

○ 수수료

구분	현장 교정	실내 교정
우량계	249,630원	171,820원
수위계	546,850원	455,710원

① 우량계 교정은 일정 용기에 빗물을 받아 전자식 지시저울을 통해 비교측정방식으로 측정된 수심과 비교하여 교정을 진행한다.
② 수위계 교정은 레이저거리측정기에서 측정된 수심을 기준으로 교정을 진행한다.
③ 현장 교정 시 우량계(수위계) 제출 과정이 필요 없다.
④ 현장 교정과 실내 교정 수수료의 차는 우량계보다 수위계가 더 크다.

[09~10] 다음은 우리나라 수도의 종류 및 요금에 관한 자료이다. 이를 바탕으로 질문에 답하시오.

○ 광역상수도란?

K－water가 관리하는 다목적댐과 용수전용댐에서 취수한 물을 사용 용도(원수, 정수, 침전수)에 적합하도록 처리한 후, 지방자치단체 또는 산업 활동을 하는 기업체 고객에게 제공하는 수도를 말합니다.

• 광역상수도 수돗물 종류

원수	자연 상태의 수돗물로서 지방자치단체 또는 기업체에 공급되는 수돗물
정수	K－water가 운영하는 정수시설에서 원수를 음용에 적합하도록 처리하여 지방자치단체 등에 공급되는 수돗물
침전수	원수를 침전하여 산업활동 등에 공급되는 수돗물

○ 댐용수란?

K－water가 관리 중인 수자원시설 중 댐 및 하굿둑에서 공급하여 지방자치단체 또는 기업체 등의 고객이 생공용수로 활용할 수 있도록 제공하는 물을 말합니다. 댐용수는 댐에 저장된 상태에 있는 물 뿐만 아니라 댐에서 방류되어 댐 하류 하천에 흐르는 상태에 있는 물도 포함됩니다.

○ 지방상수도란?

지방자치단체가 관할 지역주민, 인근 지방자치단체 또는 그 주민에게 원수나 정수를 공급하는 일반수도를 말합니다. K－water는 '04년 논산을 시작으로 재정과 경영 여건이 열악하여 어려움을 겪고 있는 일부 지역의 상수도 운영 관리를 수탁받아 운영 중에 있습니다.

○ 광역상수도, 지방상수도, 댐용수 고객

• 광역상수도: K－water는 113개 지방자치단체(특·광역시, 시·군)와 수돗물을 산업활동에 사용하는 1,800여 개 기업체 등을 고객으로 하여 광역상수도 수돗물을 공급하고 있습니다.

• 지방상수도: K－water는 23개 지방자치단체의 지방상수도를 수탁 운영하고 있습니다. 위탁 지역은 아래의 표와 같습니다.

※ K－water 지방상수도 공급(위수탁) 지역

경기	충청	전라	경상
동두천, 양주, 파주, 광주	논산, 서산, 금산, 천안(공업), 단양	정읍, 나주, 함평, 완도, 진도, 장흥	예천, 고령, 봉화, 청송, 사천, 거제, 고성, 통영

• 댐용수: K－water는 48개 지방자치단체(특·광역시, 시·군)와 84개 기업체 등을 고객으로 하여 댐용수를 공급하고 있습니다.

○ 광역상수도

• 수돗물 요금단가는 수도법 제38조에 따라 환경부장관이 승인한 단가입니다. K－water 수돗물요금은 지역 사회와 국토의 균형발전을 위하여 전국적으로 동일요금을 적용하고 있으며, 수처리공정의 진행 정도에 따라 아래의 표와 같이 수종을 구분하여 요금을 적용하고 있습니다.

구분	합계	기본요금	사용요금
원수	233.7원/m³	70.0원/m³	163.7원/m³
정수	432.8원/m³	130.0원/m³	302.8원/m³
침전수	328.0원/m³	98.0원/m³	230.0원/m³

• 수도법 제38조(공급규정)

① 일반수도사업자는 대통령령이 정하는 바에 따라 수돗물의 요금, 급수설비에 관한 공사의 비용부담, 그 밖에 수돗물의 공급 조건에 관한 규정을 정하여 수돗물의 공급을 시작하기 전까지 인가관청의 승인을 받아야 하고, 승인을 받은 사항을 변경하려는 경우에도 또한 같다. 다만, 수도사업자가 지방자치단체이면 그 지방자치단체의 조례로 정한다.

② 제1항 본문에 따른 일반수도사업자 및 인가관청은 수돗물의 공급 조건에 관한 규정을 정하거나 승인할 때에 그 수도의 설치에 든 비용을 전액 수돗물의 요금으로 회수할 수 있도록 하여야 한다.

○ 댐용수

댐용수 요금단가는 한국수자원공사법 제16조에 따라 환경부장관이 승인한 단가입니다. K－water의 댐용수요금은 지역 사회 및 국토의 균형발전을 위하여 전국적으로 동일하게 52.7원/m³의 요금을 적용하고 있습니다.

• 한국수자원공사법 제16조(요금 등의 징수)

① 공사는 수자원개발시설이나 수도시설에 의하여 공급되는 물·수자원개발시설이나 그 수면을 사용하는 자로부터 해당 시설의 건설 및 운영·관리에 필요한 비용을 고려하여 사용자가 사용하는 물의 양 또는 시설이나 그 수면의 사용 정도에 따라 요금 또는 사용료를 징수할 수 있다.

② 공사는 제1항에 따른 요금 또는 사용료의 산출방법·징수절차 등에 관한 규정을 정하여 환경부장관의 승인을 미리 받아야 한다. 다만, 해당 요금 또는 사용료의 산출방법·징수절차 등에 관하여 다른 법률에 따라 관계 행정기관의 장의 승인을 받은 경우에는 그러하지 아니하다.

09

위의 자료에 대한 설명으로 옳지 <u>않은</u> 것을 고르면?

① 광역상수도는 사용량에 따라 요금이 달라질 수 있다.
② 광역상수도와 댐용수 모두 요금단가의 승인자가 동일하다.
③ 개인이 광역상수도 사용을 위해 직접 계약하여 사용할 수 있다.
④ 법률에 따라 댐용수 요금의 징수절차를 미리 승인받지 않는 경우도 있다.

10

다음 [표]는 광역상수도에 대하여 1년 이내의 단기계약을 맺은 경우 수도요금을 계산하는 방법에 관한 자료이다. 이에 대한 설명으로 옳은 것을 고르면?(단, 수도요금의 원 단위 미만은 절사한다.)

[표] 단기계약에 따른 수도요금 계산 방법

구분		내용
계약 기간		1년 이내, 계약량 변경(6회/년) 가능
요금		(기본요금)+(사용요금)
계산 방법	기본 요금	(월간 계약량)×(기본요금 단가) ※ 단, 월간 사용량이 월간 계약량의 120%를 초과하는 경우, 기본요금은 (월간 계약량의 120%)×(기본요금 단가)로 계산한다.
	사용 요금	(월간 사용량)×(사용요금 단가) ※ 단, 월간 계약량의 120%를 초과하여 사용한 경우, (월간 계약량의 120% 초과 사용량)×(사용요금 단가)를 가산한다.

① 원수를 사용하였고, 월간 계약량은 100m³, 월간 사용량은 95m³인 경우 수도요금은 22,551원이다.
② 정수를 사용하였고, 월간 계약량은 120m³, 월간 사용량은 130m³인 경우 수도요금은 54,964원이다.
③ 침전수를 사용하였고, 월간 계약량은 80m³, 월간 사용량은 200m³인 경우 수도요금은 77,760원이다.
④ 원수를 사용하였고, 월간 계약량은 100m³, 월간 사용량은 125m³인 경우 수도요금은 29,681원이다.

[11~12] 다음 글을 읽고 질문에 답하시오.

최근 금융시장에서 벌어진 사건 중에 하나는 탄소배출권 가격의 급락이다. 전 세계 탄소배출권은 유럽에서 제일 많이 거래되는데, 유럽의 탄소배출권 선물 가격이 톤당 82유로에서 69유로로 16%나 급락했다.

탄소배출권 가격이 왜 떨어졌는지 이해하려면 탄소배출권 가격이 언제 오르고 언제 내리는지를 알아야 한다. 탄소배출권은 탄소를 정해진 양 이상 배출하는 기업에게 강제로 구매하도록 하는 일종의 '유료 탄소 종량제 봉투' 같은 것이다. 탄소를 배출할 일이 많아지면 가격이 오르고 반대로 탄소를 배출할 일이 줄어들면 가격이 내린다. 일반적으로는 경기가 좋아지면 전 세계 공장들이 많이 돌아가기 때문에 탄소를 배출할 일이 많아지고 그래서 탄소배출권 가격도 오른다. 반대로 ㉠경기가 나빠지거나 공장 가동률이 떨어질 상황이 오면 탄소배출권 가격은 내린다.

㉡풍력이나 태양광 같은 친환경 설비가 늘어나고 투자가 늘어나면 탄소를 배출할 일이 줄어들기 때문에 탄소배출권 가격이 내린다. 풍력 태양광뿐 아니라 원자력의 발전의 비중이 늘어나도 같은 결과이다. 원자력 발전도 탄소를 매우 적게 배출하기 때문이다. 반면 가스 가격이 올라가면 일반적으로 탄소배출권 가격이 오른다. 비싸진 가스 대신 석탄 같은 전통 화석연료를 선택하게 되면서 탄소 배출이 늘어나기 때문에 탄소배출권도 더 많이 사용해야 하기 때문이다. 그런데 이 경우 ㉢석탄 가격이 가스 가격보다 더 많이 오르면 그때는 탄소배출권 가격이 오히려 내린다. 비싸진 석탄 대신 차라리 그냥 가스를 연료로 사용하는 게 낫기 때문이다. 그리고 ㉣가스 가격이 비싸지면 가스 사용도 줄어든다. 역시 탄소 배출량도 줄어들어서 탄소배출권 가격이 내린다.

㉤탄소배출권 가격이 너무 비싸지면 탄소배출권을 구입하는 대신 차라리 벌금을 내고 말자는 판단이 생기기 때문에 탄소배출권 가격이 내린다. 이는 탄소배출권 가격은 그 자체로 가격조절기능이 있다는 것을 의미한다.

11

윗글의 제목으로 가장 적절한 것을 고르면?

① 탄소배출권의 개념과 특징
② 탄소배출권이 환경에 미치는 영향
③ 탄소배출권 가격이 오르내리는 이유
④ 유럽의 탄소배출권 가격이 내린 이유

12

윗글의 ㉠~㉣ 중 [보기]의 빈칸에 들어갈 내용으로 바르게 짝지어진 것을 고르면?

┌─── 보기 ───
│   최근에 유럽에서 탄소배출권 가격이 내린 이유는
│ (   ) 때문이다.
│ 우크라이나 사태로 경기 침체 우려가 커진 것, 그리고 원
│ 자재 가격이 가파르게 올랐기 때문이다.
└────────

① ㉠, ㉡   ② ㉠, ㉢
③ ㉡, ㉢   ④ ㉢, ㉣

[13~14] 다음 글을 읽고 질문에 답하시오.

┌────────────────────────
[지문 A]

(J기자) 정책인터뷰, 오늘은 우리가 마시는 수돗물의 안전성에 대해 알아보겠습니다. 지금 이 자리에 환경부 물이용기획과 L사무관님 나와 있습니다.

〈질문1〉 많은 분이 생물이나 정수기를 사용하는데요. 우리가 직접적으로 수돗물을 마시는 국민들은 얼마나 되죠?

〈질문2〉 우리집 수돗물 안심 확인제라는 제도가 있더라고요. 이게 어떤 제도인지 설명해 주세요.

〈질문3〉 신청하게 되면 어떤 항목을 검사하게 되나요?

〈질문4〉 그럼 만약 기준치를 초과할 경우, 이때는 어떻게 하나요?

〈질문5〉 이 수돗물의 신뢰성 향상에서 방금 말씀하셨다시피 노후 수도관 교체 부분이 가장 중요한 부분인 것 같아요. 현황은 어떻고, 앞으로의 계획은 어떨까요?

[지문 B]

(가) 검사 결과 기준을 초과한 경우 검사 항목 수를 늘려서 2차 검사를 실시하고 수질 악화 원인을 분석하게 됩니다. 수질 악화 원인을 분석한 결과 건물 안의 수도 시설에 문제가 있을 경우에는 해당 건물의 관리자에게 알려 개선될 수 있도록 조치하고, 개선 완료 후에 재검사를 실시합니다. 원인 분석 결과 건물 밖의 수도 시설에 문제가 있을 경우에는 해당 지역의 사업자인 지방자치단체에서 개선할 수 있도록 조치합니다.

(나) 2021년 수돗물을 먹는 실태조사 결과에 따르면 우리 국민 중 3명 중 1명인 36%가 물을 마실 때 수돗물을 그대로 먹거나 끓여서 먹는 것으로 조사되었습니다. 인식을 개선하기 위해서도 국민들이 어떻게 생각하는지 먼저 알아볼 필요가 있어서 앞서 말씀드린 수돗물 먹는 실태조사 결과에 해당 항목을 추가했었는데요. 그 결과에 따르면 국민 분들이 가장 원하는 수도 정책으로는 노후 수도관 교체를 1순위로 뽑았습니다. 그래서 저희가 지자체와 협력해 노후 상수관망 정비 사업도 추진하고 있고 또 수도관에 흐르는 수돗물의 수질을 믿고 마실 수 있도록 스마트 관망 관리 사업이라고 해서 두 가지 사업을 중점적으로 추진하고 있습니다.

(다) 수돗물 안심 확인제는 수돗물 수질이 궁금한 국민이라면 누구나 전화나 인터넷으로 신청을 하시면 각 지역의 담당 공무원이 가정으로 방문해서 무료로 수질 검사를 실시해 주는 제도입니다. 수돗물 안심 확
└────────────────────────

인제는 환경부 물사랑 누리집을 통해 인터넷으로 신청하거나 지자체 수도사업소에 전화로 신청이 가능합니다.

(라) 6가지 항목을 검사하며 6가지 항목은 탁도, pH, 잔류염소, 철, 구리, 아연입니다. 정수장에서 깨끗하게 처리된 수돗물이 가정의 수도꼭지까지 공급되는 과정에서 배관이나 물탱크에 의해 영향을 받을 수 있어 가장 중요하게 생각할 필요가 있는 항목입니다. 이 중 탁도나 잔류염소는 수돗물의 안전성을 확인할 수 있는 검사 항목이고 철, 구리, 아연은 배관의 노후 상태를 판단할 수 있는 검사 항목입니다.

(마) 환경부는 국민분들이 생각하시는 것처럼 노후 수도관 정비에 대해 필요성을 인식하고, 지난 2017년부터 지자체와 함께 노후 상수관망 정비 사업을 추진하고 있습니다. 이 노후 상수관망 정비 사업은 약 2조 원의 예산을 투입해서 전국 112개 지자체를 대상으로 상수관망 약 3,332km를 정비하는 사업입니다.

13

다음 중 [지문 A]와 [지문 B]의 질의응답이 가장 자연스럽게 전개된 것을 고르면?

① 〈질문1〉 → (나) → 〈질문2〉 → (다) → 〈질문3〉 → (라) → 〈질문4〉 → (가) → 〈질문5〉 → (마)

② 〈질문1〉 → (나) → 〈질문2〉 → (마) → 〈질문3〉 → (다) → 〈질문4〉 → (라) → 〈질문5〉 → (가)

③ 〈질문1〉 → (다) → 〈질문2〉 → (라) → 〈질문3〉 → (가) → 〈질문4〉 → (마) → 〈질문5〉 → (나)

④ 〈질문1〉 → (라) → 〈질문2〉 → (다) → 〈질문3〉 → (가) → 〈질문4〉 → (나) → 〈질문5〉 → (마)

14

위의 [지문 A]와 [지문 B]를 바탕으로 이해한 내용 중 옳은 것을 고르면?

① 잔류염소는 수돗물 안심 확인제도 이용 시 2차 검사에만 포함되는 항목이다.

② 건물 밖의 수도 시설에 문제가 발견된 경우 환경부가 직접 이를 개선 조치한다.

③ 우리나라는 수돗물을 직접 음용수로 사용하는 사람이 그렇지 않은 사람보다 많다.

④ 수돗물 안심 확인제는 모든 국민이 인터넷이나 유선전화를 통해 신청할 수 있다.

[15~16] 다음 글을 읽고 질문에 답하시오.

바이러스는 증식, 유전, 적응 등의 생명현상을 나타내지만, 세포 기관이나 독립적인 효소가 없어 자체적인 물질대사가 불가능하다. 따라서 숙주 세포의 효소를 이용하여 증식하고 물질대사를 해야 하기 때문에 생존을 위해서는 반드시 숙주를 필요로 한다. 사회적 거리두기를 통해 바이러스 감염을 방지할 수 있는 이유는 바이러스가 사람(숙주) 대 사람(또 다른 숙주)으로 바로 전파되지 못하고, 중간에 사물로 옮겨간 상태에서는 일정 기간이 지나면 사멸하기 때문이다. 바이러스는 숙주의 종류에 따라서 식물 바이러스, 동물 바이러스 및 세균 바이러스로 나뉘기도 하지만, 보통 유전자 종류에 따라 DNA 계통 바이러스 및 RNA 계통 바이러스로 분류된다. 특히, 핵산 가닥이 겹가닥인지 외가닥인지에 따라 다양하게 나뉜다. 이번 신종 코로나 바이러스와 같은 RNA 계통 바이러스는 돌연변이 발생률이 매우 높으며, 따라서 백신 개발에 어려운 측면이 있다.

바이러스는 유전물질인 DNA 또는 RNA와 그것을 둘러싸고 있는 단백질 껍질로 구성된 매우 간단한 구조로 되어 있다. 단백질 껍질인 캡시드는 구슬 모양의 캡소머라고 하는 단백질들이 모여 이루어지며, 단백질 껍질 이외에 지질로 이루어진 외피를 가지기도 한다. 특히, 이번 코로나 바이러스를 포함한 일부 바이러스들은 막 바깥쪽 표면에 스파이크단백질이라고 하는 돌기 형태의 구조가 촘촘히 붙어 있으며, 이것들이 숙주 세포와의 강한 결합을 유도하여 숙주 세포 속으로 빠르게 침투하도록 지지해 주는 역할을 한다. 그 밖에 바이러스 복제에 필요한 몇몇 단백질을 가지고 있으며, 이들이 각 단계별 약물 타겟으로써 활용될 수 있다.

바이러스가 숙주 세포 안으로 들어와 살아남는 과정을 살펴보면, 우선 숙주의 세포막에 존재하는 특정 단백질을 인식하고 흡착하여 숙주 세포와의 강력한 결합을 유도한다. 바이러스와 숙주 세포가 융합을 일으켜 바이러스 껍질이 벗겨진 후 유전물질이 숙주 세포 안으로 침입하고, 숙주 세포의 리보좀, 효소 등을 마치 자신의 것인 양 사용하여 유전물질을 복제하고 단백질 껍질을 합성한다. 바이러스의 단백질 분해효소를 통해 완성된 자손 바이러스는 다시 숙주 세포막과 융합하여 출아 과정을 거쳐 숙주 세포 밖으로 방출된다. 항바이러스제는 체내에 침입한 바이러스의 작용을 약화 또는 소멸시키기 위해 사용하는 약물을 말하며, 위와 같은 바이러스의 생활사, 즉 바이러스 복제 과정을 단계별로 막는 것이 대표적인 개발 전략이다.

바이러스 침투를 직접적으로 막는 첫 번째 방법은 바이러스가 숙주 세포 안으로 들어가지 못하도록 흡착을 방해하는 것이다. 대표적인 약물로는 말라리아 치료제인 클로로퀸, 호흡기세포융합바이러스를 예방하는 항체 주사인

시나지스 등이 있다. 바이러스를 막는 또 다른 방법은 숙주 세포 안으로 들어온 바이러스의 유전물질 복제를 방해하는 것이다. 요즘 코로나19의 치료제로 가능성이 점쳐지고 있는 렘데시비르나 갈리데시비르 등은 코로나 바이러스의 RNA 중합효소에 달라붙어 복제를 막는 기전을 이용한다. 바이러스가 복제를 끝낸 후 증식의 마지막 단계에서 숙주 세포로부터 방출되는 과정이 필요한데, 이러한 바이러스 방출 저해 기전을 이용한 약물이 바로 인플루엔자 치료제 타미플루이다.

15

윗글의 내용과 일치하지 않는 것을 고르면?

① 신종 코로나 바이러스의 백신 개발이 어려운 이유는 이 바이러스가 RNA 계통 바이러스이기 때문이다.
② 신종 코로나 바이러스는 캡시드 대신에 스파이크단백질이 촘촘히 붙어 있으며 이 스파이크단백질이 숙주 세포와 강한 결합을 유도한다.
③ 바이러스가 숙주 세포에 침입하기 위해서는 우선 자신의 껍질을 벗어야 한다.
④ 바이러스는 숙주 세포에 침입한 후 자손 바이러스를 숙주 세포 밖으로 내보낸다.

16

윗글을 읽고 바이러스의 침투를 막는 법에 대한 반응으로 적절하지 않은 것을 고르면?

① 항바이러스제로 인한 바이러스의 제거 전략은 바이러스의 유발인자를 저해하는 것이군.
② 말라리야 바이러스 약을 먹으면 말라리야 바이러스가 세포에 흡착하지 못하겠군.
③ 코로나 바이러스는 숙주 세포 안으로 들어와 자신의 유전물질을 복제하는군.
④ 타미플루는 바이러스가 숙주 밖으로 방출될 때 중요한 역할을 하는 효소를 저해하는 원리이겠군.

[17~18] 다음 글을 읽고 질문에 답하시오.

[가] 자폐증의 진단에 대해 논의하기 전에, 먼저 일반적인 진단의 장면을 살펴볼 필요가 있다. 진단이란 의사가 환자가 나타내는 이상 상태를 판단하여 질환명을 결정하는 과정으로, 의사는 환자의 증세나 원인을 정확하게 파악하기 위해 다양한 수단과 방법을 동원한다. 환자에게 병의 증상이나 경과, 가족력 등을 묻기도 하고, 환자를 직접 관찰하거나 각종 검사 도구를 활용하기도 한다. 감기와 같은 비교적 가벼운 질환이 의심되는 경우라면 의사는 환자로부터 증세를 듣고 청진 등의 간단한 검진에 기초하여 병명을 정하고 처방을 내릴 것이다. 하지만 암과 같은 질환이라면, 문진이나 단순한 관찰뿐 아니라 혈액검사나 유전자검사, 또는 각종 영상 기기를 활용한 검사가 필요해질 것이다. 현대 의학의 진단 과정에서 정상인 몸과 병리적 몸을 구분하는 데 활용될 수 있는 생물학적 지표, 즉 생체표지자는 점점 더 중요하게 참조되는데, 예컨대 특정 암과 연관된 유전자 변이나 암 조직으로 인해 생성되는 특정한 물질이 체내에 있음을 보여주는 종양표지자는 암을 확진할 수 있게 해준다.

[나] 자폐증은 발달장애의 한 종류로, 사회적 상호작용과 의사소통에서의 장애와 더불어 제한된 관심사와 반복적인 행동 양상을 특징적인 증상으로 갖는다. 자폐증의 주요 증상은 연령대에 따라 달리 나타날 수 있지만, 사회적 관계를 맺거나 사회적 상황을 파악하는 데 어려움을 겪는다는 점은 지속된다. 어릴 때는 다른 사람과 눈을 맞추지 못하거나 이름을 불러도 응답하지 않는 모습이 나타나고, 좀 더 커서는 또래와 잘 어울리지 못하고 다른 사람의 말을 이해하거나 대화하는 데 문제가 생긴다. 사회적 관계를 맺거나 의사소통을 하는 데 어려움이 생기면 이로 인해 연쇄적으로 언어나 인지 등의 발달이 지연되거나 왜곡되고, 결국 전반적인 영역에 걸쳐 발달이 저하된다. 이처럼 사회적 상호작용과 의사소통에서의 어려움이 자폐증의 중심적인 문제이기 때문에, 자폐증은 흔히 '사회성' 발달의 문제로 일컬어진다. 따라서 자폐증을 진단하는 과정에서 한 개인의 (비)사회성의 정도는 중요한 ⊙척도가 된다. 그렇다면 이러한 (비)사회성은 어떻게 진단할 수 있을까?

[다] 자폐증 진단의 또 다른 특징은 자폐증이 감기나 암과 같은 질병이 아니라 '장애'라는 점에서 기인한다. 자폐증을 비롯한 발달장애나 여타 신체장애와 정신장애의 진단 과정에서 중요하게 평가되는 것은 증상의 유무를 넘어 그로 인해 사회적 기능에 심각한 문제가 초래되고 있는지 여부이다. 진단 전문가는 개인

에게서 관찰되는 징후나 증상이 평균적인 사람들과는 다른 발달의 경로나 상태를 보이는지 확인할 뿐 아니라, 그러한 일탈로 인해 가정이나 학교, 직장 등의 사회적 상황에서 정상적인 생활을 할 수 없는지, 즉 장애가 있는지를 주의 깊게 평가한다.

[라] 그런데 자폐증과 같은 발달장애를 진단한다는 것은 앞서 설명한 질병의 진단과는 구분되는 특징들이 있다. 첫째로, 자폐증을 '생물학적' 차원에서 식별해주는 지표는 아직 없다. 유전학과 신경과학 분야에서 자폐증과 연관된 유전자나 신경화학 물질, 뇌 발달의 패턴 등이 활발히 연구되고 있으며, 자폐증의 다양한 증상들과 연관된다고 추정되는 수백 개의 유전자가 밝혀졌다. 하지만 '자폐증 유전자'나 '자폐증을 지닌 사람의 뇌 영상'과 같이, 자폐증을 판별하는 데 활용될 수 있는 생물학적 지표는 마련되어 있지 않다. 따라서 자폐증 진단은 표면적인 증상, 즉 행동 양상에 대한 관찰과 평가에 기초하여 이루어지며, 현재 자폐증은 주로 정신의학 전문가의 임상적 평가를 통해서 진단된다. 이렇게 자폐증 진단은 경험 많은 전문가에 의한 임상적 평가에 크게 의존하며, 어떤 도구도 주의 깊은 임상적 평가를 대체하지 못한다고 강조된다.

17

윗글의 문단 [가]~[라]의 순서를 문맥상 흐름에 맞게 배열한 것을 고르면?

① [가]－[나]－[다]－[라]
② [나]－[가]－[라]－[다]
③ [나]－[라]－[다]－[가]
④ [다]－[나]－[가]－[라]

18

윗글의 ㉠ 대신 쓸 수 있는 단어로 적절하지 않은 것을 고르면?

① 잣대
② 기준
③ 규격
④ 지표

[19~20] 다음 글을 읽고 질문에 답하시오.

㉠맹자는 인간의 욕망이 혼란한 현실 문제의 근본 원인이라고 보았다. 욕망이 과도해지면 사람들 사이에서 대립과 투쟁이 생기기 때문이다. 맹자는 인간이 본래 선한 본성을 갖고 태어나지만, 살면서 욕망이 생겨나게 되고, 그 욕망에서 벗어날 수 없다고 하였다. 그래서 그는 욕망은 경계해야 하지만 그 자체를 없앨 수는 없기에, 욕망을 제어하여 선한 본성을 확충하는 것이 필요하다고 보았다. 그가 욕망을 제어하기 위해 강조한 것이 '과욕(寡慾)'과 '호연지기(浩然之氣)'이다. 과욕은 욕망을 절제하라는 의미로, 마음의 수양을 통해 욕망을 줄여야 한다는 것이다. 호연지기란 지극히 크고 굳센 도덕적 기상으로, 의로운 일을 꾸준히 실천해야만 ⓐ기를 수 있다는 것이다.

맹자보다 후대의 인물인 ㉡순자는 욕망의 불가피성을 인정하면서, 그것이 인간의 본성에서 우러나오는 것이라고 하였다. 인간은 태생적으로 이기적이고 질투와 시기가 심하며 눈과 귀의 욕망에 사로잡혀 있을 뿐만 아니라 만족할 줄도 모른다는 것이다. 또한 개인에게 내재된 도덕적 판단 능력만으로는 욕망을 완전히 제어하기 힘들다고 보았다. 더군다나 이기적 욕망을 그대로 두면 한정된 재화를 두고 인간들끼리 서로 다투어 세상을 어지럽게 되므로, 왕이 '예(禮)'를 정하여 백성들의 욕망을 조절해야 한다고 생각하였다. 예는 악한 인간성을 교화하고 개조하는 방법이며, 사회를 바로잡기 위한 규범이라 할 수 있다. 그래서 순자는 사람들이 개인적으로 노력하는 동시에 나라에서 교육과 학문을 통해 예를 세워 인위적으로 선(善)이 발현되도록 노력해야 한다고 주장하였다.

이들과는 달리 ㉢한비자는 권력과 재물, 부귀영화를 바라는 인간의 욕망을 부정적으로 바라보지 않았다. 그는 욕망을 추구하는 이기적인 본성이 이익 추구를 위한 동기 부여의 원천이 되고, 부국강병과 부귀영화를 이루는 수단이 된다고 보았다. 그는 세상을 사람들이 이익을 위해 경쟁하는 약육강식의 장으로 여겼기에, 군신 관계를 포함한 모든 인간관계가 충효와 같은 도덕적 관념이 아니라 단순히 이익에 의해 맺어져 있다고 보았다. 따라서 그는 사람들이 자발적으로 선을 행할 것을 기대하기보다는 법을 엄격히 적용하는 것이 필요하다고 강조하였다. 그는 백성들에게 노력하면 부자가 되고, 업적을 쌓으면 벼슬에 올라가 출세를 하며, 잘못을 저지르면 벌을 받고, 공로를 세우면 상을 받도록 해서 특혜와 불로소득을 감히 생각하지 못하도록 하는 것이 올바른 정치라고 주장하였다.

19

윗글의 ㉠~㉢에 대한 설명으로 적절한 것을 고르면?

① ㉠은 ㉡의 주장보다 한 단계 더 나아간 금욕주의라 할 수 있다.
② ㉢은 ㉠, ㉡과 다르게 자본주의적 성향을 띠고 있었다.
③ ㉡과 ㉢은 인간의 본성이 이기적이라는 것에 공통점을 가지고 있다.
④ ㉠, ㉡, ㉢ 모두 인간의 욕망을 부정적으로 보았다.

20

윗글의 ⓐ와 같은 의미로 쓰인 것을 고르면?

① 그녀는 아이도 잘 기르고 살림도 잘했다.
② 병을 기르면 치료하기가 점점 어렵게 된다.
③ 그들은 단결 정신을 기르고 강인한 체력을 연마하였다.
④ 아침에 일찍 일어나는 버릇을 기르는 것이 좋다.

21

A지점에서 B지점까지 45m 간격으로 나무가 세워져 있고 A, B 두 지점을 포함하여 나무는 모두 53개가 있다. 식목일을 맞이하여 60m 간격으로 나무를 다시 심기로 하였을 때, A, B 두 지점을 제외하고 두 지점 사이에 있는 나무 중에서 이동시킬 필요가 없는 나무는 모두 몇 그루인지 고르면?

① 10그루
② 11그루
③ 12그루
④ 13그루

22

길이가 5m인 트럭이 터널에 진입하는 순간의 속력은 80km/h였고 이 트럭이 길이가 1,300m인 터널을 완전히 통과할 때까지 1분이 걸렸다고 할 때, 이 트럭이 터널에 진입하는 순간부터 완전히 통과할 때까지의 평균 속력은 터널에 진입하는 순간의 속력보다 몇 km/h 느린지 고르면?

① 1km/h
② 1.2km/h
③ 1.7km/h
④ 2km/h

23

다음 [표]는 연도별·유형별 해양쓰레기의 양과 무게에 관한 자료이다. 이에 대한 설명으로 옳지 <u>않은</u> 것을 [보기]에서 모두 고르면?

[표] 연도별·유형별 해양쓰레기의 양과 무게 (단위: 개, kg)

구분	2018년 양	2018년 무게	2019년 양	2019년 무게	2020년 양	2020년 무게	2021년 양	2021년 무게
플라스틱	25,971	2,585	24,639	1,699	26,867	1,015	53,839	1,197
종이	507	24	418	11	311	17	267	5
목재	1,104	1,140	770	614	726	557	831	658
금속	1,365	180	1,048	101	1,067	74	631	76
천연 섬유	159	26	267	38	325	58	219	30
유리	1,486	102	2,488	78	1,862	200	1,317	36
고무	199	86	221	51	244	105	137	59
외국 기인	550	190	326	87	362	106	1,342	454
기타 재질	476	64	543	20	449	77	903	73
합계	31,817	4,397	30,720	2,699	32,213	2,209	59,486	2,588

⊣ 보기 ⊢

⊙ 전체 해양쓰레기 중 2018년 플라스틱 쓰레기가 차지하는 양은 전체 해양쓰레기의 약 81.6%였으나 2021년에는 약 90.5%로 2018년 대비 플라스틱 쓰레기의 양이 약 8.9% 증가하였다. 반면 ⓒ 해양쓰레기 중 플라스틱 쓰레기가 차지하는 무게는 2018년 약 58.8%에서 2021년 약 46.3%로 2018년 대비 해양쓰레기 중 플라스틱 쓰레기가 차지하는 무게의 비중은 감소하였다. ⓒ 2018년부터 2020년까지 전체 해양쓰레기 양과 무게가 모두 꾸준히 감소하였으나 2021년에는 전체 해양쓰레기의 양과 무게 모두 증가하였고, 특히 플라스틱 쓰레기의 양이 큰 폭으로 증가하였다. ⓔ 2021년 해양쓰레기를 차지하는 쓰레기의 무게는 플라스틱, 목재, 외국 기인 순이었고, 전체 해양쓰레기 중 목재 쓰레기가 차지한 무게의 비중과 외국 기인한 쓰레기가 차지한 무게의 비중의 차는 약 8.9%이다.

① ㄱ, ㄴ
② ㄴ, ㄷ
③ ㄷ, ㄹ
④ ㄱ, ㄷ, ㄹ

[24~25] 다음 자료를 바탕으로 질문에 답하시오.

[표1] 최근 4년간 서울시의 양변기 누수량 (단위: 천 톤)

구분	합계	2016년	2017년	2018년	2019년
누수량	7,042	1,755	1,696	1,933	1,658

[표2] 최근 4년간 서울시 수돗물 누수 원인별 건수 (단위: 건)

구분	배관 노후	양변기 고장	배관 동파	물탱크 고장	기타	합계
2016년	26,143	22,141	2,548	382	1,013	52,227
2017년	25,456	20,108	569	392	727	47,252
2018년	42,060	22,974	3,319	499	690	69,542
2019년	30,141	20,933	633	446	1,101	53,254

24

위의 자료를 바탕으로 양변기 고장 건당 평균 누수량이 80톤 이상인 시기의 연도는 몇 개인지 고르면?(단, 건당 평균 누수량은 소수점 둘째 자리에서 반올림한다.)

① 1개
② 2개
③ 3개
④ 4개

25

위의 자료에 대한 설명으로 옳지 <u>않은</u> 것을 고르면?

① 기타를 제외하고 누수 원인 중 누수 건수의 전년 대비 증감 추이가 동일하지 않은 것은 물탱크 고장뿐이다.
② 배관 노후는 매년 전체 건수의 50% 이상을 차지하는 가장 큰 누수 원인이다.
③ 연도별 양변기 고장 건당 평균 누수량은 2017년 이후 전년 대비 계속해서 감소하고 있다.
④ 누수 원인 중 물탱크 고장은 매년 1~1.3%의 가장 적은 비중을 보인다.

26

다음 [표]는 K공장에서 제품 A, B를 각각 10개씩 생산하는 데 필요한 원료와 전력량이다. 생산 시 원료는 40kg까지, 전력량은 60kWh까지 사용할 수 있다. 제품 A, B를 1개씩 만들어 팔 때의 이익은 각각 5만 원, 4만 원이다. 이 공장에서 제품 A, B를 생산하여 팔 때 얻을 수 있는 최대이익은 얼마인지 고르면?(단, 제품 A, B는 완제품만 판매하며 1개씩 생산 가능하다.)

[표] 제품 A, B 각 10개 생산 시 필요한 원료와 전력량 (단위: kg, kWh)

제품	원료	전력량
A	10	20
B	20	10

① 148만 원   ② 150만 원

③ 154만 원   ④ 159만 원

[27~28] 다음 [표]는 2019년 사고유형별 고속도로 교통사고 현황에 관한 자료이다. 이를 바탕으로 질문에 답하시오.

[표] 2019년 사고유형별 고속도로 교통사고 현황 (단위: %)

구분		사고	사망	부상		
				중상	경상	부상 신고
차 대 사람	횡단 중	0.28	0.97	0.23	0.09	0.10
	차도통행 중	0.12	0.97	0.11	0.01	0.00
	길가장자리 구역 통행 중	0.05	0.00	0.06	0.01	0.00
	보도통행 중	0.05	0.00	0.06	0.00	0.10
	기타	1.68	5.83	2.02	0.53	0.51
차 대 차	충돌	26.07	6.31	18.10	23.13	17.25
	추돌	42.65	51.94	53.45	51.49	44.73
	기타	25.48	17.96	21.33	23.21	34.10
차량 단독	전도/전복	0.57	3.88	1.24	0.19	0.20
	충돌	1.56	8.74	2.21	0.93	1.71
	추락	0.05	0.97	0.00	0.00	0.10
	기타 이탈	0.00	0.00	0.00	0.00	0.00
	기타	1.44	2.43	1.19	0.41	1.20
합계		100.00	100.00	100.00	100.00	100.00

27

위의 자료에 대한 설명으로 옳은 것을 고르면?

① 횡단 중 차 대 사람 고속도로 교통사고 발생 시 중경상인 부상자보다 사망자가 많이 발생하였다.

② 차량 단독 고속도로 교통사고 발생 전체 건수의 절반 이상이 충돌사고이다.

③ 차 대 차 고속도로 교통사고 발생 건당 사망자 수는 차량 단독 고속도로 교통사고 발생 건당 사망자 수보다 적다.

④ 고속도로 교통사고 전체 부상자의 95% 이상이 차 대 차 추돌사고로 인해 발생하였다.

28

다음 [표]는 2019년 사고유형별 고속도로 교통사고의 사고 건수 및 사상자 수에 관한 자료이다. 이를 바탕으로 [그래프]를 작성하였을 때 옳지 <u>않은</u> 것을 고르면?(단, 건수와 명수는 소수점 첫째 자리에서 반올림한다.)

[표] 2019년 사고유형별 고속도로 교통사고의 사고 건수 및 사상자 수

사고(건)	사망(명)	부상		
		중상(명)	경상(명)	부상신고(명)
4,223	206	1,768	6,756	997

① 차량 단독 전도/전복 고속도로 교통사고로 인한 사상자 수

(단위: 명)

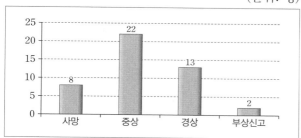

② 차 대 사람 고속도로 교통사고 유형별 발생 건수

(단위: 건)

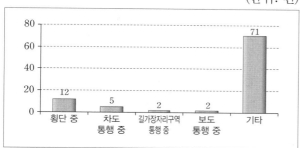

③ 고속도로 교통사고 사고유형별 사망자 수 발생 비율

(단위: %)

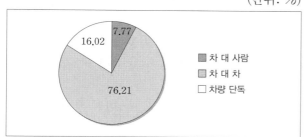

④ 차 대 차 고속도로 교통사고 유형별 경상자 수 (단위: 명)

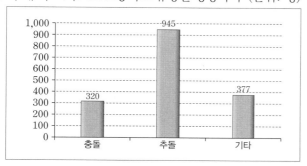

29

다음 [그래프]는 아동 인구와 총인구 중 아동 인구 구성비를 연도별로 조사한 결과이다. 이에 대한 설명으로 옳지 <u>않은</u> 것을 [보기]에서 고르면?

[그래프] 아동 인구 구성비   (단위: 명, %)

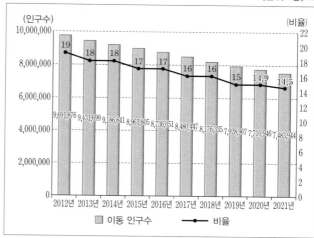

┤ 보기 ├

㉠ 2013~2021년 동안 전년 대비 총인구가 증가한 해가 감소한 해보다 많다.

㉡ 2013~2021년 동안 전년 대비 아동 인구가 가장 큰 비율로 감소한 해에 총인구도 가장 큰 비율로 감소하였다.

㉢ 2012~2021년 동안 평균 아동 인구의 수는 850만 명 이하이다.

㉣ 2013~2021년 동안 전년 대비 아동 인구가 가장 작은 비율로 감소한 해에 총인구는 전년 대비 증가하였다.

① ㉠, ㉡   ② ㉠, ㉢

③ ㉡, ㉣   ④ ㉢, ㉣

[30~31] 다음 [표]는 OECD 국가 여성 국회의원 및 총 국회의원 현황에 관한 자료이다. 이를 바탕으로 질문에 답하시오.

[표] OECD 국가 여성 국회의원 및 총 국회의원 현황 (단위: 명)

국가		2019년	2020년	2021년	총 국회의원 수
아시아	한국	51	51	57	300
	이스라엘	35	28	32	120
	일본	47	46	46	717
	터키	104	102	104	548
북아메리카	캐나다	90	98	100	413
	멕시코	241	241	241	628
	미국	102	101	118	535
남아메리카	칠레	35	35	35	158
	콜롬비아	32	31	32	280
	코스타리카	26	26	26	57
유럽	오스트리아	68	72	73	244
	벨기에	57	61	63	210
	체코	45	45	46	281
	덴마크	67	71	71	179
	에스토니아	29	29	28	101
	핀란드	83	92	92	200
	프랑스	229	228	228	925
	독일	219	221	223	667
	그리스	56	62	65	300
	헝가리	25	24	25	199
	아이슬란드	24	24	25	63
	아일랜드	35	33	36	226
	이탈리아	225	225	225	952
	라트비아	31	30	29	100
	리히텐슈타인	3	3	3	25
	리투아니아	30	34	39	141
	룩셈부르크	15	18	19	60
	네덜란드	47	50	50	225
	노르웨이	69	70	75	169
	폴란드	134	132	130	560
	포르투갈	82	92	92	230
	슬로바키아	30	31	34	150
	슬로베니아	22	25	24	130
	스페인	144	154	154	616
	스웨덴	165	164	164	349
	스위스	65	83	84	246
	영국	208	220	220	1,441
오세아니아	오스트레일리아	45	46	47	226
	뉴질랜드	48	49	58	120

※ 총 국회의원 수는 2015년에 조사한 것이며, 이후 매년 동일하다.

30

위의 자료에 대한 설명으로 옳은 것을 [보기]에서 모두 고르면?

┤ 보기 ├

㉠ 3년 연속 여성 국회의원 수가 증가한 나라는 13개국이다.
㉡ 2021년 여성 국회의원 수가 전체 국회의원 수의 10% 미만인 나라는 일본이 유일하다.
㉢ 2019년 대비 2021년 여성 국회의원 증가율은 한국보다 미국이 높다.
㉣ 2021년 북아메리카 여성 국회의원 수 비율은 남아메리카 여성 국회의원 수 비율보다 높다.

① ㉠, ㉢
② ㉡, ㉣
③ ㉠, ㉡, ㉢
④ ㉡, ㉢, ㉣

31

2021년 OECD 국가의 전체 국회의원 중 여성 국회의원의 평균 비율이 25%라고 할 때, OECD 국가의 2021년 여성 국회의원에 대한 설명으로 옳지 않은 것을 고르면?(단, 국가별 여성 국회의원 비율은 소수점 첫째 자리에서 반올림한다.)

① 한국의 전체 국회의원 중 여성 국회의원 비율이 OECD 평균 비율 이상이려면 여성 국회의원 수는 18명 이상 증가하여야 한다.
② 그리스의 전체 국회의원 중 여성 국회의원 비율이 OECD 평균 비율 이상이려면 여성 국회의원 수는 10명 이상 증가하여야 한다.
③ 스페인의 전체 국회의원 중 여성 국회의원 비율은 OECD 평균 비율과 같다.
④ 이스라엘의 전체 국회의원 중 여성 국회의원 비율은 OECD 평균 비율보다 4%p 높다.

32

김 대리는 열차를 이용하여 A역에서 G역까지 5톤 화물을 2개 운송하려고 한다. 오전 8시 12분에 A역에 도착한 김 대리가 다음 안내를 바탕으로 가장 빨리 운송할 수 있는 열차를 이용하여 운송하였을 때의 화물운임비(㉠)와 가장 저렴하게 운송할 수 있는 열차를 이용하여 운송하였을 때의 도착 시간(㉡)으로 바르게 짝지어진 것을 고르면?

[그림] 열차별 정차역

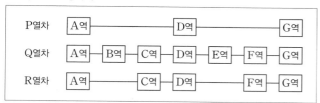

[열차 운행 안내]

- 모든 열차는 A~G역을 모두 지나쳐야 하고, 정차하는 역에서는 10분간 정차한다.
- A역부터 G역까지의 거리는 300km로 모든 열차가 동일하다.
- 화물운임은 (거리)(km)×(톤수)×(운임률)이다.
- 열차별 속력과 운임률, 열차 운행 시간은 다음과 같다.

구분	속력	운임률	열차 운행 시간
P열차	300km/h	50원	오전 9시 10분부터 오후 10시까지 매 30분 간격으로 A역에서 출발
Q열차	120km/h	42원	오전 7시부터 오후 11시까지 매 20분 간격으로 A역에서 출발
R열차	240km/h	45원	오전 8시부터 오후 9시까지 매 25분 간격으로 A역에서 출발

	㉠	㉡
①	67,500원	오전 10시 50분
②	135,000원	오전 10시 50분
③	135,000원	오전 11시 40분
④	150,000원	오전 11시 40분

[33~34] 다음 [표]는 연도별 국가지정문화재 현황을 조사한 자료이다. 이를 바탕으로 질문에 답하시오.

[표] 연도별 국가지정문화재 현황 (단위: 건)

구분	2017년	2018년	2019년	2020년	2021년
합계	3,940	3,999	4,063	4,132	(d)
국보	331	336	342	348	350
보물	2,107	2,146	2,188	(c)	2,293
사적	(a)	505	513	519	521
명승	110	112	113	115	127
천연기념물	457	(b)	461	463	470
국가무형문화재	138	142	146	149	153
국가민속문화재	297	299	300	303	306

33

위의 자료에서 빈칸에 들어갈 숫자가 바르게 연결되지 않은 것을 고르면?

① (a): 500
② (b): 459
③ (c): 2,235
④ (d): 4,210

34

위의 자료에 대한 설명으로 옳지 않은 것을 [보기]에서 고르면?

┤ 보기 ├

㉠ 조사 기간 동안 국가지정문화재 중 보물의 비율은 지속적으로 증가하고 있다.
㉡ 조사 기간 동안 천연기념물은 지속적으로 짝수 개씩 증가하고 있다.
㉢ 명승과 국보를 더한 값과 국가무형문화재와 국가민속문화재를 더한 값의 차이는 점점 커지고 있다.
㉣ 모든 종류의 문화재는 전년 대비 2개 이상씩 증가한다.

① ㉠, ㉡
② ㉠, ㉢
③ ㉡, ㉣
④ ㉢, ㉣

[35~36] 다음 [그래프]는 연도별 1차 에너지 소비량 현황에 관한 자료이다. 이를 바탕으로 질문에 답하시오.

[그래프] 연도별 1차 에너지 소비량 현황 (단위: 백만 TOE)

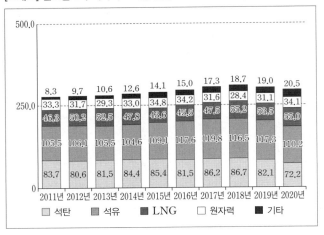

35

2012~2020년 동안 전체 에너지 중 석탄의 비율이 전년 대비 감소한 해의 개수를 고르면?

① 3개　　　　　　　　② 4개
③ 5개　　　　　　　　④ 6개

36

위의 자료에 대한 설명으로 옳은 것을 고르면?

① 원자력 소비량이 전년 대비 가장 큰 비율로 떨어진 해에 나머지 에너지 소비량은 모두 전년 대비 증가하였다.
② 전체 에너지 중 석탄과 석유의 소비량 합은 항상 63%보다 크다.
③ LNG 소비량이 전년 대비 감소한 해에 원자력 소비량은 모두 전년 대비 증가하였다.
④ 전체 에너지 소비량 중 LNG와 원자력의 소비량이 차지하는 비율의 차이가 가장 작은 해에 석탄의 소비량은 조사 기간 중 가장 많다.

37

다음 [그래프]는 연도별 보호소년, 위탁소년 현황에 관한 자료이다. 이에 대한 설명으로 옳지 <u>않은</u> 것을 고르면?

[그래프] 연도별 보호소년, 위탁소년 현황 (단위: 명)

① 조사 기간 동안 전년 대비 신수용인원이 15% 이상 감소한 해는 2개이다.
② 조사 기간 동안 전년 대비 1일 평균수용인원이 가장 큰 비율로 감소한 해에 신수용인원은 두 번째로 큰 비율로 감소하였다.
③ 조사 기간 동안 전년 대비 신수용인원이 증가한 해는 전년 대비 1일 평균수용인원이 증가한 해보다 많다.
④ 조사 기간 동안 1일 평균수용인원이 신수용인원의 20% 이상인 해는 4개이다.

[38~39] 다음은 S대학교 공과대학원의 우수 논문 시상 공모에 관한 내용이다. 이를 바탕으로 질문에 답하시오.

[S대학교 공과대학원 우수 논문 시상 공모]

1) 선정 대상: 우수 논문 4건을 선정하여 해당 논문의 1저자에게 300만 원을 지급(단, 논문 선정 시 과정별로 다음과 같이 제한하여 1저자의 수를 선정)
   - 석사 과정: 1명
   - 박사 과정: 1명
   - 석박통합 과정: 1명

2) 선정 과정
   - 논문 제출 시 평가 교수 검토하여 당선자의 2배수 선정
   - 선정된 인원에 한하여 논문 발표 진행

3) 기타
   - 1명의 학생은 1개의 논문만 제출 가능
   - 제출 서류: 재학증명서(국문), 논문 사본 1부(국문/영문 가능), 논문 발표 자료
   - 서류 통과와 무관하게 접수 시, 논문 발표 자료 제출 필요

4) 평가 기준
   - 1차: 창의성, 일관성, 명료성, 완성도, 기여도에 대해 각각 10점 만점으로 점수 부여
   - 2차: 1차 점수는 고려하지 않으며, 발표에 대해 동일 기준으로 재평가 진행
   - 1차 평가 가산점 대상: 전기공학 분야(2점), 자동차 공학 분야(3점), 컴퓨터공학 분야(1점), 기계공학 분야(2점), 생명공학 분야(1점), 화학공학 분야(3점), 전자공학 분야(3점), 1저자 포함 총 저자수 3인 이하(3점), S대학교 단독 연구(1점)

38

다음 [표]는 우수 논문 시상 공모에 서류를 제출한 12명의 학생 점수 내역이다. 이를 바탕으로 2차 평가 인원에 선정되지 **않은** 사람으로 바르게 짝지어진 것을 고르면?

[표] 서류 제출 12명의 학생 점수 내역

구분	과정	분야	창의성	일관성	명료성	완성도	기여도	저자수	단독여부
A	석사	화학	9	6	8	7	7	8명	○
B	통합	토목	7	10	8	6	6	6명	
C	통합	자동차	10	6	9	6	7	5명	
D	석사	전자	8	8	4	10	5	4명	
E	박사	기계	5	7	7	4	10	3명	
F	통합	전기	9	5	9	8	8	5명	
G	석사	자동차	10	8	5	6	7	7명	○
H	통합	재료	4	4	10	10	5	2명	
I	석사	컴퓨터	10	9	7	9	10	4명	
J	박사	산업	9	9	10	9	9	6명	○
K	통합	기계	6	5	8	5	9	3명	○
L	박사	환경	6	4	6	4	4	5명	

① A, F, G
② B, E, I
③ C, J, L
④ D, H ,K

39

위의 자료에 대한 설명으로 옳지 **않은** 것을 고르면?

① 모든 가산점이 없어질 경우에도 2차 평가 대상에 선발되는 인원은 동일하다.
② 토목 공학 분야에 3점의 가산점이 생기더라도 B의 1차 평가 당락은 바뀌지 않는다.
③ 과정에 관계없이 최고점자와 최저점자의 점수 차이는 20점 이하이다.
④ 기여도가 평가 항목에서 제외되더라도 2차 평가 대상에 선발되는 인원은 동일하다.

40

우성이, 정재, 상우는 [그림]의 A~C 중 서로 다른 곳에 거주하고, 가~다 중 서로 다른 직장에 근무하며, 세 명 모두 지하철을 이용하여 출퇴근을 한다. 다음의 지하철 노선도와 [조건]을 바탕으로 할 때, 우성이가 거주하는 곳과 직장의 위치로 바르게 짝지어진 것을 고르면?(단, 최단시간이 소요되는 경로를 고려한다.)

[그림] 지하철 노선도

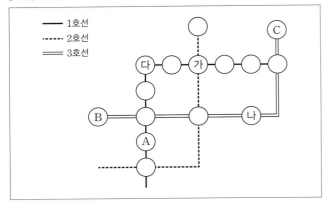

┤ 조건 ├

- 각 역에서는 1분간 정차하고, 환승역에서는 2분간 정차한다.
- 승차한 역과 하차한 역에서는 정차 시간을 고려하지 않고, 다른 노선으로 환승하는 경우에 역에서 하차한 뒤 바로 이동하며, 환승하는 데 소요되는 시간은 고려하지 않는다.
- 1호선은 한 역에서 다음 역까지 가는 데 2분이 소요된다.
- 2호선은 한 역에서 다음 역까지 가는 데 2분 30초가 소요된다.
- 3호선은 한 역에서 다음 역까지 가는 데 3분이 소요된다.
- 정재는 출근을 위해 적어도 네 개 이상의 역을 지나쳐야 한다.
- 우성이는 환승을 하지 않고 출근이 가능하다.
- 상우는 C에 거주하지 않고, 출근하는 데 13분이 소요된다.

	거주지	직장
①	A	가
②	A	다
③	B	나
④	C	나

한국수자원공사
실전모의고사

| 직무능력평가 |
경영 · 경제 · 행정 · 전기 · 기계

※ 2023년 상반기 필기전형부터 직무능력평가 구성이 다음과 같이 변동되어 출제됩니다.

기존	변경
해당 직렬 전공분야 + 타 전공분야 (30문항)	해당 직렬 전공분야 + K-water 수행사업 (40문항)

경영

01

다음 보도자료에서 홍수기 대책으로 언급되지 <u>않은</u> 것을 고르면?

보 도 자 료		
보도일시	6월 13일(일) 12시부터 보도하여 주시기 바랍니다.	
담당 부서	한국수자원공사 수자원운영처	김○○ 부장 / 이○○ 차장 042−629−0000
배포일시	2021. 6. 13.	

□ 한국수자원공사는 6월 10일 대전시 본사에서 '홍수기 대비 전사 합동 점검 회의'를 개최하여, 홍수기를 앞두고 그간 준비한 개선대책과 댐 운영계획 등 전반에 대해 종합적으로 점검했다.

□ 이날 회의에는 본사와 4개 유역본부(한강, 낙동강, 금강, 영·섬), 20개 다목적댐 지사 등이 전부 참여하여, 「풍수해대응 혁신종합대책」과 연계하여 추진해 온 대책을 점검하고, 홍수기 대비 댐 운영계획을 논의하였다. 올해 홍수기에 적용되는 주요 대책들은 크게 세 가지이다.

□ 환경부·기상청·홍수통제소·한국수자원공사가 참여하는 「정책협의회」를 기반으로, 올해 홍수기부터는 기상청에서 제공하는 댐 유역 맞춤형 강우예보를 홍수분석에 활용한다.

• 주요 댐 하류 하천에 대해 홍수통제소 CCTV와 한국수자원공사가 자체 신설한 CCTV를 연계하여 영상감시체계를 강화한다.

• 행정안전부에서 운영하는 긴급재난문자(CBS) 시스템을 댐의 수문방류 통보 수단에 추가하여 댐 하류의 안전확보 체계도 강화된다.

□ 다목적댐 수문방류가 예상될 경우 댐 하류지역에서 사전에 대비할 수 있도록, 방류계획을 24시간 전에 지자체 및 지역주민 등에게 알려주는 수문방류 예고제가 시행된다.

※ (기존) 3시간 전 통보 → (개선) 24시간 전 예고＋3시간 전 통보

• 댐 수문방류 필요 등 긴급 상황이 발생할 경우, 전사적 의사결정체계인 '댐 홍수조절위원회'를 가동하여 합리적 의사결정을 지원할 예정이다.

□ 지자체, 지역주민, 관계기관이 참여하는 '댐 홍수관리 소통 회의'를 통해 지역과 소통하는 댐 운영체계를 가동한다.

• 20개 다목적댐 지역주민이 참여하는 소통 회의는 지난 4월 1차 회의를 완료하였으며(4. 13.~4. 23.), 6월 18일까지 모의훈련을 병행한 2차 회의를 진행한다.

• 댐별 '댐 홍수관리 소통 회의'를 통하여 댐 운영현황과 전망 및 향후 운영계획을 지역과 적극 소통하고, 지자체 및 지역주민이 함께 참여하여 조사한 댐 운영 제약사항 관리 및 개선방안도 지속 논의할 예정이다.

□ 또한 이번 회의에서는 한국수자원공사에서 관리 중인 20개 다목적댐의 운영현황과 홍수기 운영계획에 대해서도 함께 논의되었다.

• 6월 10일 기준 전국 다목적댐은 계획홍수위까지 홍수조절에 활용할 수 있는 용량을 약 56.6억 톤 확보하고 있으며, 이는 작년 동일시점(51.5억 톤) 대비 110% 수준이다.

  − 계획홍수위: 홍수조절을 위해 유입홍수를 저장할 수 있는 최고수위

  − 56.6억 톤: 다목적댐 유역에 내리는 비의 70%가 댐 저수지에 유입된다고 가정할 경우, 약 355mm의 비를 방류 없이 저류할 수 있는 용량

• 올해 홍수기에는 확보된 홍수조절 가능용량을 활용하여, 댐 직하류 하천의 홍수소통능력(계획홍수량) 내에서 수문방류를 시행할 수 있도록 최대한 노력하여 홍수기 댐 운영을 시행할 계획이다.

  ※ 댐 설계를 초과하는 이상홍수 발생 시에는 댐 안전을 고려하여 방류량 조정

① 지역소통 강화대책
② 첨단 장비를 통한 원격 점검대책
③ 관계기관 협업대책
④ 댐 운영 개선대책

02

다음은 정부에서 추진하고 있는 환경친화적 댐 개발 및 관리 현황에 대한 글이다. 이를 바탕으로 [보기]의 ㉠, ㉡이 각각 포함되는 단계로 바르게 짝지어진 것을 고르면?

┤ 보기 ├
㉠ 계획의 적정성, 입지의 타당성을 환경적 측면에서 평가 및 각종 친환경계획 수립
㉡ 건설로 인한 환경영향의 저감을 위해 공정·공구별 환경관리 계획 수립 및 시행

	㉠	㉡
①	조사·계획단계	유지관리단계
②	정책입안단계	설계·시공단계
③	정책입안단계	조사·계획단계
④	조사·계획단계	설계·시공단계

21세기 환경의 시대를 맞아 국민의 환경보전의식이 증대되고 삶의 질이 우선시됨에 따라 수자원부문에서는 자연환경 및 지역사회와 조화되는 수자원 개발 및 관리가 요구되고 있다. 환경적으로 건전하고 지속가능한 수자원 개발 및 관리를 위하여 추진하고 있는 환경친화적인 댐 건설은 정책입안, 조사·계획, 설계·시공 및 유지관리단계 등 댐 건설의 전 과정에서 자원 활용의 극대화, 주변 생태계의 유지와 복원, 주변 자연의 특성과 대상지역의 사회적·문화적·역사적 특수성을 고려한 개발과 보전의 조화 등을 실현하는 데 기본방향을 두고 있다.

우선 댐 정책입안단계부터 전략환경영향평가를 통해 댐 개발의 기본방침에서부터 친환경 개발 및 지속가능성을 검토한다. 정부에서는 주요한 개발정책 수립 시 환경성을 사전에 고려하기 위한 전략환경영향평가 제도를 시행하고 있는데, 환경영향평가법의 개정으로 정책입안의 각 단계별로 환경성을 평가하고 전문가가 참여하는 환경영향평가협의회 운영 및 주민의견 수렴, 관계기관 협의 등의 절차로 환경성평가제도의 실효성을 한층 향상시켰다. 또한 정부(국토부)에서 댐 사업 절차개선을 발표하면서 타당성조사 이전에 개별댐에 대한 사전검토를 대폭강화하고 댐 건설에 대한 지역의 의견 수렴 등 민주적인 갈등조정 프로세스를 마련하여, 앞으로 댐 건설로 인한 사회적 갈등이 최소화될 전망이다.

조사·계획 시에는 충분한 현지조사를 통해 댐 건설로 인해 발생할 수 있는 자연·인문환경의 변화, 지역사회의 경제·사회적 변화 등을 예측하여 환경피해를 미연에 방지하도록 계획을 수립하며, 설계·시공단계에서는 주변환경과 지역사회에 미치는 영향을 최소화하고 지역사회로부터 환영받는 시설이 될 수 있도록 세심한 배려를 기울이고 있다.

아울러 댐 건설로 인하여 훼손될 수 있는 자연환경을 보전하기 위해 해당 지역 자연생태계 및 지역특성을 고려한 환경보존과 생태복원사업을 시행하고 있으며, 댐 건설 후 유지관리단계에서 완성된 시설물과 주변 생태계와 조화될 수 있도록 사후환경영향조사를 지속적으로 실시하고 있다.

03

다음 글은 우리나라의 수력발전 댐과 관련한 연구 자료의 일부이다. 이를 통해 강조하고자 하는 바를 요약한 내용으로 가장 적절한 것을 고르면?

최근 세계경제포럼, UN, World Bank 등 국제사회에서는 기후변화에 따른 물 위기를 지속적으로 경고하고 있으며, 물 관리에 실패하면 경제도 위험할 수 있음을 강조하고 있다. 이에 따라 지난해 4월에 개최된 세계물포럼에서 국제기구인 세계물위원회(WWC)와 프랑스전력(EDF)은 물 문제 해결을 위해 수력발전 댐의 다목적 활용을 제안한 바 있으며, OECD 주요 국가에서도 물 효율화를 위해 수력발전 댐(34% → 20%)보다 다목적 댐 건설(66% → 80%)의 비중을 높이고 있는 추세이다.

OECD 국가 중 물 관리 여건이 가장 열악한 우리나라는 최근 기후변화로 인해 극한 가뭄 및 홍수 발생이 더욱 빈번해지고 있다. 2011년 수도권에 발생한 100년 만의 폭우, 2012년 100년 만의 가뭄, 2015년 충남 8개 시·군의 제한급수 등이 발생했으며, 이는 과거와 달라진 강우 패턴과 지역적 편차 등으로 물 관리의 어려움이 증대되고 중요성은 높아졌음을 시사하고 있다.

우리나라는 댐 건설목적에 따라 댐 관리가 다원화되어 있다. K-water는 다목적 댐, 한국수력원자력㈜는 수력발전 댐을 관리하는 등 동일 수계 내 댐 관리 체계가 달라 가뭄 및 홍수 등에 대비한 효율적인 물 관리에 한계를 가지고 있다. 우리나라의 수력발전 댐은 1960년대 산업화 초기에 중요한 전력공급원이었으나 현재는 국가 발전량의 0.2%에 불과할 정도로 그 중요성 및 역할이 감소되었다. 또한 전력예비율 목표(22%)가 미국, EU 등 선진국(15%)보다 매우 높은 수준이며, 전력예비율이 23.9%를 기록하여 이미 목표를 초과 달성하는 등 매우 안정적인 전력공급 환경이 조성되어 있다. 이에 기후변화에 대응한 국가 재난예방 및 물 관리 효율화 증진을 위해 다목적 댐과 수력발전 댐을 통합하는 댐 관리 체계를 구축하여 한정된 수자원을 합리적으로 이용하고 있다.

수력발전 댐 통합관리에 따른 연계운영 시 수력발전 댐(청평댐, 의암댐, 춘천댐)의 홍수기 제한수위를 낮추어 홍수조절용량 추가 확보(2.4억 m³)가 가능하고 이를 통해 한강의 홍수량이 저감될 수 있다. 또한 실시간 댐 간(다목적 댐-수력발전 댐) 연계운영을 통한 댐 방류체계 개선으로 물 낭비 최소화 및 상류댐 용수비축으로 연간 5.4~8.8억 m³의 수자원을 수질개선 및 가뭄대응 등 다용도로 활용할 수 있다.

① 다목적 댐-수력발전 댐 통합운영을 통한 효율적인 관리 체계 구축
② 환경친화적 수자원 개발을 위한 환경영향평가 체계 마련
③ 미래가치 극대화를 위한 댐 이용 활성화 방안 제시
④ 댐·보 상류지역 생태습지 조성 및 관리를 위한 개선 방안

04

다음 수자원공사의 사업 내역을 설명하는 글의 [가]~[라] 문단을 읽고, [보기]의 주제1~4에 맞는 문단으로 바르게 짝 지어진 것을 고르면?

[가] K-water는 직장 내 괴롭힘 청정구역을 구축하기 위해 피해자를 최우선으로 하고 있습니다. 상담 및 조사에 전문성과 공정성을 확보하고 2차 피해 예방을 위해 노력하고 있습니다. 괴롭힘 조치 및 예방에 대해 명시하도록 취업규칙을 개정하고 권익보호 포털을 개설하여 신고 및 처리에 대한 절차를 마련하였습니다. 권익보호 포털은 시간과 장소를 불문한 권익보호 상담이 가능하며, 비위행위 신고 체계를 구축하여 사건 진행 및 통계 데이터를 실시간으로 제공하고 있습니다.

[나] 전문가과정 및 석·박사 위탁교육을 통해 핵심 분야의 인재 육성 및 융합관점의 학습과제를 발굴하고 집중 심화교육을 실시하여 분야 간 이해를 돕고 있습니다. 인재 활용도 제고를 위해 전문 인재 DB를 구축하고 해당 분야의 보직 배치 등 인재육성과 인사관리를 연계하고 있으며, 단기교육을 통한 다양성 확보 및 장기 위탁교육을 실시하는 등 단기-장기 교육 간의 연계를 강화하고 있습니다.

[다] K-water는 일자리 창출 및 지원으로 공공기관의 사회적 책임을 적극 이행하고 있습니다. 경제적 여건이 열악하고 고령화 문제가 심각한 댐 주변지역의 지역 소득원 발굴을 통한 주민고용 창출, K-water 나눔복지재단 운영으로 지역민 일자리 창출과 복지 증진을 돕고 있습니다. 또한 매년 우수 사회적 경제 기업을 선정하여 최대 3천만 원의 성장자금 지원 및 판매기법·기술개발 등의 사업화 지원으로 기업 경쟁력 강화를 통한 일자리 창출을 도모하고 있습니다.

[라] 물기업들의 어려움을 해소하고 경쟁력 강화를 돕기 위해 50년 이상 축적한 물관리 노하우, 유·무형 자산, 글로벌 네트워크를 중소·벤처기업에 모두 개방하여 창업지원, 혁신기술 개발, 판로개척, 해외진출에 이르는 전 과정을 지원하고 있습니다. 2019년에는 2018년보다 2배 증가한 중소·벤처기업 393개사를 지원함으로써 기업매출 확대 및 일자리 1,889개를 창출하였습니다.

┤ 보기 ├
• 주제1: 물 산업 혁신 일자리
• 주제2: 사회적 가치 창출 및 지역경제 활성화 지원
• 주제3: 미래 대비 융합 중심의 창의형 인재 육성
• 주제4: 구성원이 보호받는 존중 일터 구축

	주제1	주제2	주제3	주제4
①	[나]	[가]	[라]	[다]
②	[나]	[다]	[라]	[가]
③	[라]	[나]	[가]	[다]
④	[라]	[다]	[나]	[가]

05

다음 규정을 읽고 공문서에 대한 설명으로 옳지 <u>않은</u> 것을 고르면?

제2장 공문서 관리 등 행정업무의 처리
제1절 공문서의 작성 및 처리
제4조(공문서의 종류) 공문서(이하 "문서"라 한다)의 종류는 다음 각 호의 구분에 따른다.

1. 법규문서: 헌법·법률·대통령령·총리령·부령·조례·규칙 등에 관한 문서
2. 지시문서: 훈령·지시·예규·일일명령 등 행정기관이 그 하급기관이나 소속 공무원에 대하여 일정한 사항을 지시하는 문서
3. 공고문서: 고시·공고 등 행정기관이 일정한 사항을 일반에게 알리는 문서
4. 비치문서: 행정기관이 일정한 사항을 기록하여 행정기관 내부에 비치하면서 업무에 활용하는 대장, 카드 등의 문서
5. 민원문서: 민원인이 행정기관에 허가, 인가, 그 밖의 처분 등 특정한 행위를 요구하는 문서와 그에 대한 처리문서
6. 일반문서: 제1호부터 제5호까지의 문서에 속하지 아니하는 모든 문서

제6조(문서의 성립 및 효력 발생) ① 문서는 결재권자가 해당 문서에 서명(전자이미지서명, 전자문자서명 및 행정전자서명을 포함한다. 이하 같다)의 방식으로 결재함으로써 성립한다.

② 문서는 수신자에게 도달(전자문서의 경우는 수신자가 관리하거나 지정한 전자적 시스템 등에 입력되는 것을 말한다)됨으로써 효력을 발생한다.

③ 제2항에도 불구하고 공고문서는 그 문서에서 효력발생 시기를 구체적으로 밝히고 있지 않으면 그 고시 또는 공고 등이 있는 날부터 5일이 경과한 때에 효력이 발생한다.

제7조(문서 작성의 일반원칙) ① 문서는 「국어기본법」 제3조 제3호에 따른 어문규범에 맞게 한글로 작성하되, 뜻을 정확하게 전달하기 위하여 필요한 경우에는 괄호 안에 한자나 그 밖의 외국어를 함께 적을 수 있으며, 특별한 사유가 없으면 가로로 쓴다.

② 문서의 내용은 간결하고 명확하게 표현하고 일반화되지 않은 약어와 전문용어 등의 사용을 피하여 이해하기 쉽게 작성하여야 한다.

③ 문서에는 음성정보나 영상정보 등이 수록되거나 연계된 바코드 등을 표기할 수 있다.

④ 문서에 쓰는 숫자는 특별한 사유가 없으면 아라비아 숫자를 쓴다.

⑤ 문서에 쓰는 날짜는 숫자로 표기하되, 연·월·일의 글자는 생략하고 그 자리에 온점을 찍어 표시하며, 시·분은 24시각제에 따라 숫자로 표기하되, 시·분의 글자는 생략하고 그 사이에 쌍점을 찍어 구분한다. 다만, 특별한 사유가 있으면 다른 방법으로 표시할 수 있다.

⑥ 문서 작성에 사용하는 용지는 특별한 사유가 없으면 가로 210밀리미터, 세로 297밀리미터의 직사각형 용지로 한다.

⑦ 제1항부터 제6항까지에서 규정한 사항 외에 문서 작성에 필요한 사항은 행정안전부령으로 정한다.

제10조(문서의 결재) ① 문서는 해당 행정기관의 장의 결재를 받아야 한다. 다만, 보조기관 또는 보좌기관의 명의로 발신하는 문서는 그 보조기관 또는 보좌기관의 결재를 받아야 한다.

② 행정기관의 장은 업무의 내용에 따라 보조기관 또는 보좌기관이나 해당 업무를 담당하는 공무원으로 하여금 위임전결하게 할 수 있으며, 그 위임전결 사항은 해당 기관의 장이 훈령이나 지방자치단체의 규칙으로 정한다.

③ 제1항이나 제2항에 따라 결재할 수 있는 사람이 휴가, 출장, 그 밖의 사유로 결재할 수 없을 때에는 그 직무를 대리하는 사람이 대결하고 내용이 중요한 문서는 사후에 보고하여야 한다.

---

① 공기관의 사내 윤리강령과 행동지침 등이 적혀 사내에 비치된 문서는 지시문서이면서 비치문서로 볼 수 있다.
② 공기관 간의 업무 협조와 관련된 내용을 주고받은 공식 문서는 일반문서로 분류할 수 있다.
③ 공문서의 효력은 최종 결재권자의 서명이 이루어진 시점부터 즉시 발생한다.
④ 민원인의 민원 내용이 적힌 문서와 이에 대한 처리 내역이 적힌 문서는 모두 민원문서에 해당한다.

다음은 한국수자원공사의 미션과 비전을 요약, 설명하는 글이다. 밑줄 친 5대 추진 전략을 세부 추진 과제 (A)~(D)에 맞게 순서대로 나열한 것을 고르면?

> K-water는 '세계 최고의 물 종합 플랫폼 기업'이라는 비전을 새롭게 선포하여 세상에 행복을 水놓는 'World Top K-water'로 도약할 것을 다짐하고 있습니다. 물관리 혁신을 위해 新 가치체계를 구현하고 핵심가치, 경영방침을 새롭게 수립하여 급변하는 경영환경에 대응하고 있습니다. 또한 새로운 시대에 걸맞은 물관리 혁신을 위해 7대 전략과제를 제시하고 국민 삶의 품격 향상을 위한 맞춤형 사회적 가치 실현 추진체계(국민 삶의 기본 안전, 경제 활력 제고, 건강하고 깨끗한 환경, 클린 책임경영, 국민 체감형 서비스의 5대 추진 전략)를 구축하여 포용적 국민 물복지 사회로 나아가고 있습니다.

[표] 사회적 가치 실현 세부 추진 과제

전략방향	목표('24)	중점 과제
국민 삶의 기본 안전	• 재난관리평가 "우수" • 건설현장재해율 0.45	− 안전한 건설현장과 안심 일터 조성 − 취약계층 사회안전망 강화 − 국민 일상을 지키는 재해 예방체계 − 중단없는 깨끗하고 안전한 물 공급
(A)	• 글로벌 수질 달성률 100% • 온실가스 감축 1,405천tCO$_2$eq	− 상류 유역 물환경 개선 − 친환경 대체 수자원 개발 − 수변생태벨트 구축 − 물 특화 도시 조성
(B)	• 일자리 창출 9.3만 개(~'24) • 혁신성장 투자 6.5조 원	− 사회적 경제 활성화 − 개방형 혁신 R&D − 물산업 오픈 플랫폼 − 환경 비즈니스 빅데이터 생태계
(C)	• 국민아이디어 사업화 50건('20) • 고객만족도 A등급	− 국민 중심 서비스 − 취약계층 물인권 강화 − 지역경제 활성화 − 국민 경영 참여 확대
(D)	• 청렴도 평가 1등급 • 신뢰경영지수 85점('22)	− 청렴문화 확산과 내부견제 강화 − 불공정 거래 관행 해소 − 인권보호 및 노동권 존중

	(A)	(B)	(C)	(D)
①	클린 책임 경영	건강하고 깨끗한 환경	경제 활력 제고	국민 체감형 서비스
②	클린 책임 경영	국민 체감형 서비스	건강하고 깨끗한 환경	경제 활력 제고
③	건강하고 깨끗한 환경	경제 활력 제고	클린 책임 경영	국민 체감형 서비스
④	건강하고 깨끗한 환경	경제 활력 제고	국민 체감형 서비스	클린 책임 경영

07

다음 스마트워터 그리드(SWG)에 관한 글을 읽고, 빈칸에 들어갈 말로 가장 적절한 것을 고르면?

최근에는 기후변화에 의한 강우의 편중성 증가와 가용 수자원의 부족 문제가 심각해지고 있으며, 인구증가와 도시화로 인한 물 수요 증가는 현재의 물 관리 시스템이 감당할 수 있는 범위를 넘어서고 있다. 이러한 물 공급과 수요의 불균형은 수자원의 양적인 부족에만 의한 것이 아니라, 기존 물 관리 시스템의 비효율성에도 상당한 원인이 있다. 물의 생산과 이송 과정에서 누수 등에 의해 상당한 양의 물이 손실되는 현상이 나타나고 있으며, 물의 생산과 공급에 과다한 에너지가 사용되는 경우도 빈번하게 발생하고 있다. 이러한 한계점을 극복하기 위해 다양한 연구가 시도되고 있으며, 전통적인 수자원 관리기술과 ICT 기술을 융합한 스마트워터 그리드가 선진국들을 중심으로 추진되고 있다.

물 관리 분야에서도 ICT 기술을 활용하여 수자원 관리 및 재난 대비의 효율성을 높인다는 취지이다. 센서를 강이나 댐과 같은 취수장과 정수장, 가정의 수도관에 설치하고 이를 네트워크화하여 물의 생산 및 사용량을 계측하고 분석하게 된다. 이러한 정보를 기반으로 ICT 기술과 분석기법을 적용하여 필요한 조치를 자동으로 취할 수 있다면 보다 스마트한 물 관리가 가능해진다. 스마트워터 그리드는 정보의 수집에 의한 데이터의 확보 및 이를 활용한 지식 기반 시스템의 운영을 기본으로 하고 있다. 이러한 방식은 기존의 물 관리 시스템과는 다른 (   ) (이)라는 장점을 가지고 있다.

① 양방향 정보수집
② 친환경 수질관리
③ 탄소 저감 에너지 활용
④ 주민참여형 관리 방식

08

다음 [표]는 한국수자원공사에서 수행하고 있는 통합물관리체계 과정이다. 이를 바탕으로 '글로벌 물안전관리기법(WSP)'과 '수직형 정수처리 및 분산형 용수공급시스템'이 적용되는 단계로 가장 적절한 것을 고르면?

[표] 통합물관리체계

단계	과정
1	물정보 조사·관리·분석
2	물관리 예측 및 운영
3	수자원시설 유지 및 안전관리
4	유역·하천·저수지 수질관리
5	취수원 수질관리
6	정수처리 시스템 최적화
7	지능형 관망 운영
8	맞춤형 공업용수
9	하수처리 운영 효율화

① 수자원시설 유지 및 안전관리
② 취수원 수질관리
③ 정수처리 시스템 최적화
④ 하수처리 운영 효율화

09

다음 글을 읽고 '스마트 물관리 개념도'의 (A)~(D)단계 중 지능형 검침인프라가 작동하는 단계로 적절한 것을 고르면?

지능형 검침인프라(AMI)는 기존의 제한적 원격 검침(AMR)과는 달리 다양한 네트워크 수단을 통하여 검침기와 양방향 통신 기반을 구축하고 에너지 사용 정보를 측정·수집·분석하는 체계이다. 소비자에게 실시간으로 에너지 사용량 정보가 제공되어 소비자 스스로 또는 자동화된 기기 제어를 통해 에너지 사용을 제어함으로써 가정 및 기업의 에너지 비용을 절감한다. 또한 전기 등을 공급하는 유틸리티 회사들 역시 검침 및 유지 관리 비용의 절감은 물론, 요구 응답과 에너지 부하 제어를 통해 피크 때의 최대 출력을 줄임으로써 에너지 생산 비용 또는 추가적인 인프라 확장을 방지하는 효과를 기대할 수 있다.

[그림] 스마트 물관리 개념도

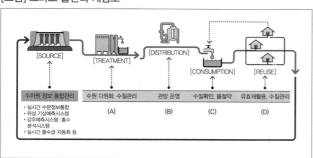

① (A)   ② (B)   ③ (C)   ④ (D)

10

다음 지하수저류지 설치사업 보상계획 관련 공고문을 읽고 설치사업의 목적으로 가장 적절한 것을 고르면?

'갑' 지역 지하수저류지 설치사업 보상계획 열람 공고

환경부 고시로 실시계획 승인 고시된 「'갑' 지역 지하수저류지 설치사업」에 편입되는 토지 등에 대하여, 「공익사업을 위한 토지 등의 취득 및 보상에 관한 법률」 제15조에 의거 다음과 같이 보상계획을 공고하오니 토지 및 물건소유자 또는 이해관계인(권리자)께서는 토지조서 및 물건조서 내용을 열람하시고 이의가 있으실 경우 열람기간 내에 서면으로 이의신청하여 주시기 바랍니다.

1. 사업개요
   • 사업명: '갑' 지역 지하수저류지 설치사업
   • 사업시행자: 한국수자원공사
     − 주소: 대전광역시 대덕구 신탄진로 200(연축동 산6−2)
   • 사업위치: 전라남도 영광군 해당 지역 일원
     − 습한 기후와 좁은 유역면적에 따라 저고도 지상 차수벽 설치
   • 시설용량: 용수공급계획량 100m³/일, 취수시설용량 200m³/일
   • 사업기간: 2021. 04.~2023. 04.(24개월)
2. 토지 및 지장물 세목조서: 붙임 참조
3. 보상내역 열람 및 이의신청
   가. 열람(이의신청)기간: 2021. 06. 26.~2021. 07. 15. (20일간)
   나. 열람장소: 한국수자원공사 금·영·섬권역 부문 3층 경영처
      ※ 해당 지자체(전라남도 영광군 ○○면사무소) 및 K−water 인터넷 홈페이지에서도 열람 가능
   다. 열람방법: 열람기간 중 토지 등 소유자 또는 이해관계인 본인이 신분증을 지참하여 본인 여부 확인 후 열람 장소에서 열람합니다.
   라. 이의신청: 열람 내용에 이의가 있을 경우 열람 장소에 비치된 이의신청서에 내용을 기재하여 신청기간 내 서면(직접 또는 우편)으로 제출해야 하며, 기간 내에 이의신청이 없는 경우에는 이의가 없는 것으로 간주합니다.
4. 보상시기 및 절차
   가. 보상시기: 2021년 08월 이후 개별통지 예정
   나. 보상방법: 「공익사업을 위한 토지 등의 취득 및 보상에 관한 법률」에 의거 감정평가법인의 평가금액을 산술평균하여 보상가격 결정

① 국가의 안정적 수원확보를 통한 해당 지역의 균형발전 도모
② 해당 지역 용수공급의 일원화에 의한 물 안보 확립
③ 해당 지역 주민에 대한 적절한 토지 보상을 통해 분배균형 실현
④ 해당 지역의 농업을 활용한 관광지 활성화를 위한 기반 조성

11

리더십(leadership)에 대한 이론 중 가장 적절하지 <u>않은</u> 것을 고르면?

① 하우스(House)의 이론에 따르면 지시적 리더십은 외적 통제위치를 가진 부하직원에게 긍정적이다.
② 피들러(Fiedler)의 이론에 따르면 호의적인 상황으로 바뀔 경우 리더가 관계지향적에서 과업지향적으로 바뀌어야 한다고 주장했다.
③ 서번트 리더십(servant leadership)을 통해 리더의 자기희생을 통해 구성원의 적극적 행동을 유발한다.
④ 변혁적 리더는 구성원에게 영감을 불어 넣어주고, 더 높은 수준의 욕구를 활성화시킨다.

12

민쯔버그(Mintzberg)의 이론에서 조직구조의 형태와 주요 부문을 연결시킨 것으로 가장 적절하지 <u>않은</u> 것을 고르면?

① 단순조직 – 전략부문
② 기계적 관료제 – 기술전문가부문
③ 전문적 관료제 – 중간라인부문
④ 애드호크래시 – 지원스탭부문

13

다음 글에서 설명하는 숍(shop) 제도로 가장 적절한 것을 고르면?

> 조합원이든 비조합원이든 모든 종원원은 단체교섭의 당사자인 노동조합에 조합비를 납부할 것을 요구하는 제도

① 오픈 숍(open shop)
② 클로즈드 숍(closed shop)
③ 유니온 숍(union shop)
④ 에이전시 숍(agency shop)

14

전사적 수준의 전략에 대한 내용으로 가장 적절하지 <u>않은</u> 것을 고르면?

① 불확실한 환경이 지속될수록 기업은 수직적 통합을 선택할 가능성이 높다.
② 산업 내 경쟁을 줄이기 위해 수평적 통합을 선택할 수 있다.
③ 특정 시장, 특정 소비자 집단 등을 노리고 집중화 전략을 선택할 수 있다.
④ 비관련형 다각화를 통해 기존 사업의 위험을 분산시키고자 한다.

15

BCG 매트릭스와 GE 매트릭스를 비교한 내용으로 가장 적절한 것을 고르면?

① BCG 매트릭스에서 원의 크기는 사업단위의 매출액을 의미하고, GE 매트릭스에서는 진출한 시장에서의 점유율을 의미한다.

② BCG 매트릭스의 가로축은 상대적 시장점유율이고, GE 매트릭스의 가로축은 산업의 장기매력도이다.

③ BCG 매트릭스에서 바람직한 자금의 이동은 Cash Cow → Star이다.

④ GE 매트릭스에서는 투자수익률(ROI)를 중시한다.

16

주가분석에 대한 설명으로 가장 적절하지 <u>않은</u> 것을 고르면?

① 기본적 분석은 약형효율적 시장이론에 의해, 기술적 분석은 준강형효율적 시장이론에 의해 부정된다.

② 약형효율적 시장이론에서는 주가가 랜덤워크(random walk) 모형에 따른다.

③ 강형효율적 시장이론은 기업의 내부정보조차 모두 주가에 반영되어 있다고 본다.

④ 준강형 효율성 가설을 검증하는 방법으로 사건연구(event study)를 활용할 수 있다.

17

옵션의 콤비네이션전략 중 콜옵션보다 풋옵션을 더 매입하는 스트립 매입을 나타낸 그래프로 가장 적절한 것을 고르면?

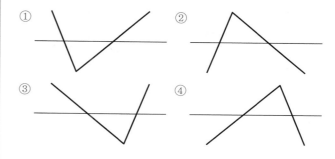

18

유형자산의 감가상각에 대한 설명으로 가장 적절하지 <u>않은</u> 것을 고르면?

① 감가상각은 자산이 사용가능한 때부터 시작한다.

② 제조설비의 감가상각액은 재고자산의 제조원가를 구성할 수 있다.

③ 유형자산이 가동되지 않거나 유휴상태가 되면 감가상각을 중단할 수 있다.

④ 자산의 잔존가치가 장부금액보다 작은 금액으로 감소되면 감가상각액은 0이 된다.

19

㈜슬기의 20×1년 현금 매출 및 신용매출은 각각 180,000원과 800,000원이고, 20×1년 기초와 기말의 매출채권 잔액은 160,000원과 200,000원이다. ㈜슬기의 20×1년 영업비용은 250,000원이고, 20×1년 미지급비용 기말잔액은 기초에 비해 70,000원 증가하였다. 20×1년 ㈜슬기의 영업활동 현금흐름으로 가장 적절한 것을 고르면?

① 620,000원 ② 760,000원
③ 800,000원 ④ ₩900,000원

20

기업의 다각화에 대한 설명으로 옳지 않은 것을 고르면?

① 기존 사업을 유지하면서 다른 사업을 병행함으로써 범위를 확대한다.
② 위험분산을 통해 안정성을 확보한다.
③ 기술적으로 동종업계의 다른 상품을 판매하는 것은 사행적 다각화이다.
④ 판매업을 추가하여 전후방 통합하는 것은 수직적 다각화이다.

21

다음 거래 중 순자산이 증가하는 거래로 옳은 것을 고르면?

① 신문에 광고를 내고 현금으로 지급하였다.
② 현금을 출자하여 영업을 개시하였다.
③ 영업을 위해 은행으로부터 현금을 차입받았다.
④ 물건 구입 시 미지급했던 금액을 갚기 위해 사채를 발행하였다.

22

다음 중 투자안의 평가방법에 대한 설명으로 옳지 않은 것을 고르면?

① 회수기간법은 회수 이후의 현금흐름을 고려하지 않으므로 높은 수익률의 장기투자를 기각할 수 있다.
② 내부수익률법은 시장이자율에 대한 정보 없이 기업의 현금흐름만으로도 평가할 수 있는 장점이 있다.
③ 수익성지수법에서 수익성지수가 0보다 크다면 그 투자안을 채택할 수 있다.
④ 순현재가치법은 NPV를 극대화한다는 점에서 기업가치 극대화 목표와 일치한다.

23

어느 기업의 자본구조는 액면가 5,000원, 시장가격이 10,000원인 보통주 30,000주와 액면가 1억 원, 액면 이자율 12%, 시장가격 1억 원인 회사채로 구성되어 있다. 자기자본비용은 16%라 할 때, 가중평균자본비용을 고르면?(단, 법인세율은 20%이다.)

① 14.4% ② 14.8%
③ 15.2% ④ 15.6%

24

극도의 불확실한 상황에서 문제, 해결책, 선택기회, 참여자가 뒤섞여 있다가 우연히 만났을 때 의사결정이 이루어지고 문제가 해결되는 모형을 의미하는 것을 고르면?

① 명목집단법
② 델파이법
③ 쓰레기통 모형
④ 브레인스토밍

25

다음 행동재무학에서 분석한 투자자의 비합리적인 태도에 대한 내용 중 개념과 설명이 옳지 <u>않은</u> 것을 고르면?

① 예측오류: 최근의 경험에 높은 가중치를 주어 극단적인 예측을 한다.
② 심리회계: 대중적인 정보를 신뢰하고 개별적 정보를 무시한다.
③ 반사효과: 동일한 금액에 대해 이득을 손실로 바꾸면 정반대로 선택하는 현상이다.
④ 고립효과: 공통적인 부분을 무시하고 차이나는 부분에만 초점을 두어 의사결정한다.

26

다음은 기말 대손충당금에 관한 자료이다. 포괄손익계산서에 계상될 대손상각비로 옳은 것을 고르면?

- 대손충당금 기초잔액은 1,000원이다.
- 당기에 매출한 2,000원의 외상매출금이 회수불가능하다고 판명되었다.
- 당기 말 외상매출금 잔액은 40,000원이며, 회수가능금액은 35,000원이다.

① 3,000원 　　　　　② 4,000원
③ 5,000원 　　　　　④ 6,000원

27

다음 손익계산서를 보고 이 기업의 영업현금흐름(OCF)으로 옳은 것을 고르면?

[표] 손익계산서 (단위: 억 원)

매출액	5,000
매출원가	3,500
감가상각비	200
영업이익	1,300
이자비용	260
법인세비용차감전순이익	1,040
법인세(세율 20%)	208
세후순이익	832

① 1,040 　　　　　② 1,240
③ 1,440 　　　　　④ 1,640

28

다음 중 가격차별화의 성립 조건으로 옳지 <u>않은</u> 것을 고르면?

① 재판매 금지
② 시장 분리
③ 생산자 시장지배력
④ 소비자 시장지배력

29

다음 중 MMF에 대한 설명으로 옳은 것을 고르면?

① 종금사가 고객자금을 운용하여 얻은 수익을 배당하는 단기저축상품으로 단기운용에 적합한 실적배당형이다.
② 투신사가 고객자금을 운영해 얻은 수익을 배당하는 신탁상품으로 단기자금 운용에 유리하다.
③ 국공채를 재매입 조건으로 판매하는 단기성 고수익 상품으로 단기 여유자금 운용에 유리하다.
④ 시중은행에서 발행하는 무기명 할인식 선이자 형태의 양도 가능 증서이다.

30

역직승진에 대한 설명으로 옳은 것을 고르면?

① 능력에 따라 승진한다.
② 인적 요건을 갖추면 승진한다.
③ 조직의 관리체계를 위한 라인상의 이동이 있다.
④ 승진 대상에 비해 직위가 부족할 때 직위체계를 늘린다.

31

국내 주식회사의 특징으로 옳지 <u>않은</u> 것을 고르면?

① 주주총회에서의 의결권은 1주 1의결권이 원칙이다.
② 주주들은 자본에 대한 출자의무와 함께 회사의 채무에 대해 직접 책임을 진다.
③ 자본금 10억 원 이상 주식회사의 이사 임기는 3년을 초과하지 못한다.
④ 감사는 이사의 업무에 대한 감사권과 함께 이사로부터 보고받을 권한을 가지고 있다.

32

지식경영에 대한 설명으로 옳지 <u>않은</u> 것을 고르면?

① 쌍방향 경영방식이다.
② 성공하기 위해선 알맞은 기업문화가 필요하다.
③ 경쟁우위 확보와 무형자산에 대한 재인식을 목적으로 한다.
④ 지식경영 프레임워크를 성공적으로 수행하기 위해서는 문화, 전략, 프로세스, 정보기술과 같은 네 가지의 구성요소가 필요하다.

33

M&A에 대한 설명으로 옳은 것을 고르면?

① M&A 이후 숨어 있는 문제가 표면으로 드러난다.
② 인수기업의 경영방침을 피인수기업에 도입하기가 쉽다.
③ 단기에 인재 확보가 불가하다.
④ 인수의 경우 피인수기업이 법률적 존속이 불가능하다는 점에서 합병과 다르다.

34

유사한 업무를 묶어서 업무의 효율성을 높이지만, 부문별 조정과 총괄경영자의 양성을 어렵게 하는 부문화는 무엇인지 고르면?

① 기능별 부문화
② 지역별 부문화
③ 제품별 부문화
④ 매트릭스 부문화

35

직무설계의 방법으로 업무의 권한과 책임을 늘려서 보람과 도전성을 높이는 방법으로 적절한 것을 고르면?

① 직무확대
② 직무충실화
③ 직무전문화
④ 직무교차

36

부하들이 스스로를 리드할 수 있는 역량과 기술을 기를 수 있도록 도와주는 것을 강조하는 리더십으로 옳은 것을 고르면?

① 변혁적 리더십
② 거래적 리더십
③ 슈퍼 리더십
④ 서번트 리더십

37

근로자의 직무수행능력평가에 있어서 필요한 정보를 파악하기 위해 근로자별 능력 평가표를 활용하는 경력개발제도로 적절한 것을 고르면?

① 자기신고제도
② 직무순환제도
③ 직능자격제도
④ 기능목록제도

38

다음 [보기]를 바탕으로 계산할 때, 매출총이익을 고르면?

┤ 보기 ├
- 올해 처음 운영한 회사로 당기 중 직접재료매입액은 200,000원, 기말원재료 50,000원, 직접노무원가 300,000원, 제조간접원가 100,000원으로 보고되었다.
- 기말재공품은 20,000원, 기말제품은 30,000원으로 보고되었다.
- 당기 매출액은 1,500,000원이다.

① 800,000원
② 900,000원
③ 1,000,000원
④ 1,100,000원

39

비용을 분류하는 방식에 따라 성격별 혹은 기능별 포괄손익계산서로 나눌 수 있다. 다음 항목 중 두 방식에 공통적으로 나타나지 <u>않는</u> 것을 고르면?

① 매출원가
② 이자비용
③ 법인세비용
④ 매출액

40

효율적 시장 이론에 관한 설명으로 옳지 <u>않은</u> 것을 고르면?

① 효율적 시장이란 이용가능한 정보가 신속, 정확하게 가격에 반영되는 시장을 의미한다.
② 약형 효율적 시장에서 과거 주가의 패턴에 대한 분석을 통해 초과수익을 얻을 수 없다.
③ 매해 초 EPS가 낮은 기업에 투자하여 수익을 얻는다면 준강형 효율적 시장에 위배된다.
④ 약형 효율적 시장에서 3개월 연속 상승한 주식의 가격은 앞으로 떨어질 것이라 예측할 수 있다.

경제

01

다음 보도자료에서 홍수기 대책으로 언급되지 <u>않은</u> 것을 고르면?

보 도 자 료		
보도일시	6월 13일(일) 12시부터 보도하여 주시기 바랍니다.	
담당 부서	한국수자원공사 수자원운영처	김○○ 부장 / 이○○ 차장 042－629－0000
배포일시	2021. 6. 13.	

□ 한국수자원공사는 6월 10일 대전시 본사에서 '홍수기 대비 전사 합동 점검 회의'를 개최하여, 홍수기를 앞두고 그간 준비한 개선대책과 댐 운영계획 등 전반에 대해 종합적으로 점검했다.

□ 이날 회의에는 본사와 4개 유역본부(한강, 낙동강, 금강, 영·섬), 20개 다목적댐 지사 등이 전부 참여하여, 「풍수해대응 혁신종합대책」과 연계하여 추진해 온 대책을 점검하고, 홍수기 대비 댐 운영계획을 논의하였다. 올해 홍수기에 적용되는 주요 대책들은 크게 세 가지이다.

□ 환경부·기상청·홍수통제소·한국수자원공사가 참여하는 「정책협의회」를 기반으로, 올해 홍수기부터는 기상청에서 제공하는 댐 유역 맞춤형 강우예보를 홍수분석에 활용한다.
  • 주요 댐 하류 하천에 대해 홍수통제소 CCTV와 한국수자원공사가 자체 신설한 CCTV를 연계하여 영상감시체계를 강화한다.
  • 행정안전부에서 운영하는 긴급재난문자(CBS) 시스템을 댐의 수문방류 통보 수단에 추가하여 댐 하류의 안전확보 체계도 강화된다.

□ 다목적댐 수문방류가 예상될 경우 댐 하류지역에서 사전에 대비할 수 있도록, 방류계획을 24시간 전에 지자체 및 지역주민 등에게 알려주는 수문방류 예고제가 시행된다.
  ※ (기존) 3시간 전 통보 → (개선) 24시간 전 예고＋3시간 전 통보
  • 댐 수문방류 필요 등 긴급 상황이 발생할 경우, 전사적 의사결정체계인 '댐 홍수조절위원회'를 가동하여 합리적 의사결정을 지원할 예정이다.

□ 지자체, 지역주민, 관계기관이 참여하는 '댐 홍수관리 소통 회의'를 통해 지역과 소통하는 댐 운영체계를 가동한다.
  • 20개 다목적댐 지역주민이 참여하는 소통 회의는 지난 4월 1차 회의를 완료하였으며(4. 13.~4. 23.), 6월 18일까지 모의훈련을 병행한 2차 회의를 진행한다.
  • 댐별 '댐 홍수관리 소통 회의'를 통하여 댐 운영현황과 전망 및 향후 운영계획을 지역과 적극 소통하고, 지자체 및 지역주민이 함께 참여하여 조사한 댐 운영 제약사항 관리 및 개선방안도 지속 논의할 예정이다.

□ 또한 이번 회의에서는 한국수자원공사에서 관리 중인 20개 다목적댐의 운영현황과 홍수기 운영계획에 대해서도 함께 논의되었다.
  • 6월 10일 기준 전국 다목적댐은 계획홍수위까지 홍수조절에 활용할 수 있는 용량을 약 56.6억 톤 확보하고 있으며, 이는 작년 동일시점(51.5억 톤) 대비 110% 수준이다.
    − 계획홍수위: 홍수조절을 위해 유입홍수를 저장할 수 있는 최고수위
    − 56.6억 톤: 다목적댐 유역에 내리는 비의 70%가 댐 저수지에 유입된다고 가정할 경우, 약 355mm의 비를 방류 없이 저류할 수 있는 용량
  • 올해 홍수기에는 확보된 홍수조절 가능용량을 활용하여, 댐 직하류 하천의 홍수소통능력(계획홍수량) 내에서 수문방류를 시행할 수 있도록 최대한 노력하여 홍수기 댐 운영을 시행할 계획이다.
    ※ 댐 설계를 초과하는 이상홍수 발생 시에는 댐 안전을 고려하여 방류량 조정

① 지역소통 강화대책
② 첨단 장비를 통한 원격 점검대책
③ 관계기관 협업대책
④ 댐 운영 개선대책

한국수자원공사 **132** 직무능력평가 [경제]

02

다음은 정부에서 추진하고 있는 환경친화적 댐 개발 및 관리 현황에 대한 글이다. 이를 바탕으로 [보기]의 ㉠, ㉡이 각각 포함되는 단계로 바르게 짝지어진 것을 고르면?

21세기 환경의 시대를 맞아 국민의 환경보전의식이 증대되고 삶의 질이 우선시됨에 따라 수자원부문에서는 자연환경 및 지역사회와 조화되는 수자원 개발 및 관리가 요구되고 있다. 환경적으로 건전하고 지속가능한 수자원 개발 및 관리를 위하여 추진하고 있는 환경친화적인 댐 건설은 정책입안, 조사·계획, 설계·시공 및 유지관리단계 등 댐 건설의 전 과정에서 자원 활용의 극대화, 주변 생태계의 유지와 복원, 주변 자연의 특성과 대상지역의 사회적·문화적·역사적 특수성을 고려한 개발과 보전의 조화 등을 실현하는 데 기본방향을 두고 있다.

우선 댐 정책입안단계부터 전략환경영향평가를 통해 댐 개발의 기본방침에서부터 친환경 개발 및 지속가능성을 검토한다. 정부에서는 주요한 개발정책 수립 시 환경성을 사전에 고려하기 위한 전략환경영향평가 제도를 시행하고 있는데, 환경영향평가법의 개정으로 정책입안의 각 단계별로 환경성을 평가하고 전문가가 참여하는 환경영향평가협의회 운영 및 주민의견 수렴, 관계기관 협의 등의 절차로 환경성평가제도의 실효성을 한층 향상시켰다. 또한 정부(국토부)에서 댐 사업 절차개선을 발표하면서 타당성조사 이전에 개별댐에 대한 사전검토를 대폭강화하고 댐 건설에 대한 지역의 의견 수렴 등 민주적인 갈등조정 프로세스를 마련하여, 앞으로 댐 건설로 인한 사회적 갈등이 최소화될 전망이다.

조사·계획 시에는 충분한 현지조사를 통해 댐 건설로 인해 발생할 수 있는 자연·인문환경의 변화, 지역사회의 경제·사회적 변화 등을 예측하여 환경피해를 미연에 방지하도록 계획을 수립하며, 설계·시공단계에서는 주변 환경과 지역사회에 미치는 영향을 최소화하고 지역사회로부터 환영받는 시설이 될 수 있도록 세심한 배려를 기울이고 있다.

아울러 댐 건설로 인하여 훼손될 수 있는 자연환경을 보전하기 위해 해당 지역 자연생태계 및 지역특성을 고려한 환경보존과 생태복원사업을 시행하고 있으며, 댐 건설 후 유지관리단계에서 완성된 시설물과 주변 생태계와 조화될 수 있도록 사후환경영향조사를 지속적으로 실시하고 있다.

보기

㉠ 계획의 적정성, 입지의 타당성을 환경적 측면에서 평가 및 각종 친환경계획 수립
㉡ 건설로 인한 환경영향의 저감을 위해 공정·공구별 환경관리 계획 수립 및 시행

	㉠	㉡
①	조사·계획단계	유지관리단계
②	정책입안단계	설계·시공단계
③	정책입안단계	조사·계획단계
④	조사·계획단계	설계·시공단계

03

다음 글은 우리나라의 수력발전 댐과 관련한 연구 자료의 일부이다. 이를 통해 강조하고자 하는 바를 요약한 내용으로 가장 적절한 것을 고르면?

최근 세계경제포럼, UN, World Bank 등 국제사회에서는 기후변화에 따른 물 위기를 지속적으로 경고하고 있으며, 물 관리에 실패하면 경제도 위험할 수 있음을 강조하고 있다. 이에 따라 지난해 4월에 개최된 세계물포럼에서 국제기구인 세계물위원회(WWC)와 프랑스전력(EDF)은 물 문제 해결을 위해 수력발전 댐의 다목적 활용을 제안한 바 있으며, OECD 주요 국가에서도 물 효율화를 위해 수력발전 댐(34% → 20%)보다 다목적 댐 건설(66% → 80%)의 비중을 높이고 있는 추세이다.

OECD 국가 중 물 관리 여건이 가장 열악한 우리나라는 최근 기후변화로 인해 극한 가뭄 및 홍수 발생이 더욱 빈번해지고 있다. 2011년 수도권에 발생한 100년 만의 폭우, 2012년 100년 만의 가뭄, 2015년 충남 8개 시·군의 제한급수 등이 발생했으며, 이는 과거와 달라진 강우패턴과 지역적 편차 등으로 물 관리의 어려움이 증대되고 중요성은 높아졌음을 시사하고 있다.

우리나라는 댐 건설목적에 따라 댐 관리가 다원화되어 있다. K-water는 다목적 댐, 한국수력원자력㈜는 수력발전 댐을 관리하는 등 동일 수계 내 댐 관리 체계가 달라 가뭄 및 홍수 등에 대비한 효율적인 물 관리에 한계를 가지고 있다. 우리나라의 수력발전 댐은 1960년대 산업화 초기에 중요한 전력공급원이었으나 현재는 국가 발전량의 0.2%에 불과할 정도로 그 중요성 및 역할이 감소되었다. 또한 전력예비율 목표(22%)가 미국, EU 등 선진국(15%)보다 매우 높은 수준이며, 전력예비율이 23.9%를 기록하여 이미 목표를 초과 달성하는 등 매우 안정적인 전력공급 환경이 조성되어 있다. 이에 기후변화에 대응한 국가 재난예방 및 물 관리 효율화 증진을 위해 다목적 댐과 수력발전 댐을 통합하는 댐 관리 체계를 구축하여 한정된 수자원을 합리적으로 이용하고 있다.

수력발전 댐 통합관리에 따른 연계운영 시 수력발전 댐(청평댐, 의암댐, 춘천댐)의 홍수기 제한수위를 낮추어 홍수조절용량 추가 확보(2.4억 m³)가 가능하고 이를 통해 한강의 홍수량이 저감될 수 있다. 또한 실시간 댐 간(다목적 댐-수력발전 댐) 연계운영을 통한 댐 방류체계 개선으로 물 낭비 최소화 및 상류댐 용수비축으로 연간 5.4~8.8억 m³의 수자원을 수질개선 및 가뭄대응 등 다용도로 활용할 수 있다.

① 다목적 댐-수력발전 댐 통합운영을 통한 효율적인 관리 체계 구축
② 환경친화적 수자원 개발을 위한 환경영향평가 체계 마련
③ 미래가치 극대화를 위한 댐 이용 활성화 방안 제시
④ 댐·보 상류지역 생태습지 조성 및 관리를 위한 개선 방안

04

다음 수자원공사의 사업 내역을 설명하는 글의 [가]~[라] 문단을 읽고, [보기]의 주제1~4에 맞는 문단으로 바르게 짝지어진 것을 고르면?

[가] K-water는 직장 내 괴롭힘 청정구역을 구축하기 위해 피해자를 최우선으로 하고 있습니다. 상담 및 조사에 전문성과 공정성을 확보하고 2차 피해 예방을 위해 노력하고 있습니다. 괴롭힘 조치 및 예방에 대해 명시하도록 취업규칙을 개정하고 권익보호 포털을 개설하여 신고 및 처리에 대한 절차를 마련하였습니다. 권익보호 포털은 시간과 장소를 불문한 권익보호 상담이 가능하며, 비위행위 신고 체계를 구축하여 사건 진행 및 통계 데이터를 실시간으로 제공하고 있습니다.

[나] 전문가과정 및 석·박사 위탁교육을 통해 핵심 분야의 인재 육성 및 융합관점의 학습과제를 발굴하고 집중 심화교육을 실시하여 분야 간 이해를 돕고 있습니다. 인재 활용도 제고를 위해 전문 인재 DB를 구축하고 해당 분야의 보직 배치 등 인재육성과 인사관리를 연계하고 있으며, 단기교육을 통한 다양성 확보 및 장기 위탁교육을 실시하는 등 단기-장기 교육 간의 연계를 강화하고 있습니다.

[다] K-water는 일자리 창출 및 지원으로 공공기관의 사회적 책임을 적극 이행하고 있습니다. 경제적 여건이 열악하고 고령화 문제가 심각한 댐 주변지역의 지역 소득원 발굴을 통한 주민고용 창출, K-water 나눔복지재단 운영으로 지역민 일자리 창출과 복지 증진을 돕고 있습니다. 또한 매년 우수 사회적 경제 기업을 선정하여 최대 3천만 원의 성장자금 지원 및 판매기법·기술개발 등의 사업화 지원으로 기업 경쟁력 강화를 통한 일자리 창출을 도모하고 있습니다.

[라] 물기업들의 어려움을 해소하고 경쟁력 강화를 돕기 위해 50년 이상 축적한 물관리 노하우, 유·무형 자산, 글로벌 네트워크를 중소·벤처기업에 모두 개방하여 창업지원, 혁신기술 개발, 판로개척, 해외진출에 이르는 전 과정을 지원하고 있습니다. 2019년에는 2018년보다 2배 증가한 중소·벤처기업 393개사를 지원함으로써 기업매출 확대 및 일자리 1,889개를 창출하였습니다.

─┤ 보기 ├─
- 주제1: 물 산업 혁신 일자리
- 주제2: 사회적 가치 창출 및 지역경제 활성화 지원
- 주제3: 미래 대비 융합 중심의 창의형 인재 육성
- 주제4: 구성원이 보호받는 존중 일터 구축

	주제1	주제2	주제3	주제4
①	[나]	[가]	[라]	[다]
②	[나]	[다]	[라]	[가]
③	[라]	[나]	[가]	[다]
④	[라]	[다]	[나]	[가]

05

다음 규정을 읽고 공문서에 대한 설명으로 옳지 <u>않은</u> 것을 고르면?

제2장 공문서 관리 등 행정업무의 처리

제1절 공문서의 작성 및 처리

제4조(공문서의 종류) 공문서(이하 "문서"라 한다)의 종류는 다음 각 호의 구분에 따른다.

1. 법규문서: 헌법·법률·대통령령·총리령·부령·조례·규칙 등에 관한 문서

2. 지시문서: 훈령·지시·예규·일일명령 등 행정기관이 그 하급기관이나 소속 공무원에 대하여 일정한 사항을 지시하는 문서

3. 공고문서: 고시·공고 등 행정기관이 일정한 사항을 일반에게 알리는 문서

4. 비치문서: 행정기관이 일정한 사항을 기록하여 행정기관 내부에 비치하면서 업무에 활용하는 대장, 카드 등의 문서

5. 민원문서: 민원인이 행정기관에 허가, 인가, 그 밖의 처분 등 특정한 행위를 요구하는 문서와 그에 대한 처리문서

6. 일반문서: 제1호부터 제5호까지의 문서에 속하지 아니하는 모든 문서

제6조(문서의 성립 및 효력 발생) ① 문서는 결재권자가 해당 문서에 서명(전자이미지서명, 전자문자서명 및 행정전자서명을 포함한다. 이하 같다)의 방식으로 결재함으로써 성립한다.

② 문서는 수신자에게 도달(전자문서의 경우는 수신자가 관리하거나 지정한 전자적 시스템 등에 입력되는 것을 말한다)됨으로써 효력을 발생한다.

③ 제2항에도 불구하고 공고문서는 그 문서에서 효력발생 시기를 구체적으로 밝히고 있지 않으면 그 고시 또는 공고 등이 있은 날부터 5일이 경과한 때에 효력이 발생한다.

제7조(문서 작성의 일반원칙) ① 문서는 「국어기본법」 제3조 제3호에 따른 어문규범에 맞게 한글로 작성하되, 뜻을 정확하게 전달하기 위하여 필요한 경우에는 괄호 안에 한자나 그 밖의 외국어를 함께 적을 수 있으며, 특별한 사유가 없으면 가로로 쓴다.

② 문서의 내용은 간결하고 명확하게 표현하고 일반화되지 않은 약어와 전문용어 등의 사용을 피하여 이해하기 쉽게 작성하여야 한다.

③ 문서에는 음성정보나 영상정보 등이 수록되거나 연계된 바코드 등을 표기할 수 있다.

④ 문서에 쓰는 숫자는 특별한 사유가 없으면 아라비아 숫자를 쓴다.

⑤ 문서에 쓰는 날짜는 숫자로 표기하되, 연·월·일의 글자는 생략하고 그 자리에 온점을 찍어 표시하며, 시·분은 24시각제에 따라 숫자로 표기하되, 시·분의 글자는 생략하고 그 사이에 쌍점을 찍어 구분한다. 다만, 특별한 사유가 있으면 다른 방법으로 표시할 수 있다.

⑥ 문서 작성에 사용하는 용지는 특별한 사유가 없으면 가로 210밀리미터, 세로 297밀리미터의 직사각형 용지로 한다.

⑦ 제1항부터 제6항까지에서 규정한 사항 외에 문서 작성에 필요한 사항은 행정안전부령으로 정한다.

제10조(문서의 결재) ① 문서는 해당 행정기관의 장의 결재를 받아야 한다. 다만, 보조기관 또는 보좌기관의 명의로 발신하는 문서는 그 보조기관 또는 보좌기관의 결재를 받아야 한다.

② 행정기관의 장은 업무의 내용에 따라 보조기관 또는 보좌기관이나 해당 업무를 담당하는 공무원으로 하여금 위임전결하게 할 수 있으며, 그 위임전결 사항은 해당 기관의 장이 훈령이나 지방자치단체의 규칙으로 정한다.

③ 제1항이나 제2항에 따라 결재할 수 있는 사람이 휴가, 출장, 그 밖의 사유로 결재할 수 없을 때에는 그 직무를 대리하는 사람이 대결하고 내용이 중요한 문서는 사후에 보고하여야 한다.

---

① 공기관의 사내 윤리강령과 행동지침 등이 적혀 사내에 비치된 문서는 지시문서이면서 비치문서로 볼 수 있다.

② 공기관 간의 업무 협조와 관련된 내용을 주고받은 공식 문서는 일반문서로 분류할 수 있다.

③ 공문서의 효력은 최종 결재권자의 서명이 이루어진 시점부터 즉시 발생한다.

④ 민원인의 민원 내용이 적힌 문서와 이에 대한 처리 내역이 적힌 문서는 모두 민원문서에 해당한다.

06

다음은 한국수자원공사의 미션과 비전을 요약, 설명하는 글이다. 밑줄 친 5대 추진 전략을 세부 추진 과제 (A)~(D)에 맞게 순서대로 나열한 것을 고르면?

> K-water는 '세계 최고의 물 종합 플랫폼 기업'이라는 비전을 새롭게 선포하여 세상에 행복을 水놓는 'World Top K-water'로 도약할 것을 다짐하고 있습니다. 물관리 혁신을 위해 新 가치체계를 구현하고 핵심가치, 경영방침을 새롭게 수립하여 급변하는 경영환경에 대응하고 있습니다. 또한 새로운 시대에 걸맞은 물관리 혁신을 위해 7대 전략과제를 제시하고 국민 삶의 품격 향상을 위한 맞춤형 사회적 가치 실현 추진체계(국민 삶의 기본 안전, 경제 활력 제고, 건강하고 깨끗한 환경, 클린 책임경영, 국민 체감형 서비스의 5대 추진 전략)를 구축하여 포용적 국민 물복지 사회로 나아가고 있습니다.

[표] 사회적 가치 실현 세부 추진 과제

전략방향	목표('24)	중점 과제
국민 삶의 기본 안전	• 재난관리평가 "우수" • 건설현장재해율 0.45	− 안전한 건설현장과 안심 일터 조성 − 취약계층 사회안전망 강화 − 국민 일상을 지키는 재해 예방체계 − 중단없는 깨끗하고 안전한 물 공급
(A)	• 글로벌 수질 달성률 100% • 온실가스 감축 1,405천tCO₂eq	− 상류 유역 물환경 개선 − 친환경 대체 수자원 개발 − 수변생태벨트 구축 − 물 특화 도시 조성
(B)	• 일자리 창출 9.3만 개(~'24) • 혁신성장 투자 6.5조 원	− 사회적 경제 활성화 − 개방형 혁신 R&D − 물산업 오픈 플랫폼 − 환경 비즈니스 빅데이터 생태계
(C)	• 국민아이디어 사업화 50건('20) • 고객만족도 A등급	− 국민 중심 서비스 − 취약계층 물인권 강화 − 지역경제 활성화 − 국민 경영 참여 확대
(D)	• 청렴도 평가 1등급 • 신뢰경영지수 85점('22)	− 청렴문화 확산과 내부견제 강화 − 불공정 거래 관행 해소 − 인권보호 및 노동권 존중

	(A)	(B)	(C)	(D)
①	클린 책임 경영	건강하고 깨끗한 환경	경제 활력 제고	국민 체감형 서비스
②	클린 책임 경영	국민 체감형 서비스	건강하고 깨끗한 환경	경제 활력 제고
③	건강하고 깨끗한 환경	경제 활력 제고	클린 책임 경영	국민 체감형 서비스
④	건강하고 깨끗한 환경	경제 활력 제고	국민 체감형 서비스	클린 책임 경영

07

다음 스마트워터 그리드(SWG)에 관한 글을 읽고, 빈칸에 들어갈 말로 가장 적절한 것을 고르면?

최근에는 기후변화에 의한 강우의 편중성 증가와 가용 수자원의 부족 문제가 심각해지고 있으며, 인구증가와 도시화로 인한 물 수요 증가는 현재의 물 관리 시스템이 감당할 수 있는 범위를 넘어서고 있다. 이러한 물 공급과 수요의 불균형은 수자원의 양적인 부족에만 의한 것이 아니라, 기존 물 관리 시스템의 비효율성에도 상당한 원인이 있다. 물의 생산과 이송 과정에서 누수 등에 의해 상당한 양의 물이 손실되는 현상이 나타나고 있으며, 물의 생산과 공급에 과다한 에너지가 사용되는 경우도 빈번하게 발생하고 있다. 이러한 한계점을 극복하기 위해 다양한 연구가 시도되고 있으며, 전통적인 수자원 관리기술과 ICT 기술을 융합한 스마트워터 그리드가 선진국들을 중심으로 추진되고 있다.

물 관리 분야에서도 ICT 기술을 활용하여 수자원 관리 및 재난 대비의 효율성을 높인다는 취지이다. 센서를 강이나 댐과 같은 취수장과 정수장, 가정의 수도관에 설치하고 이를 네트워크화하여 물의 생산 및 사용량을 계측하고 분석하게 된다. 이러한 정보를 기반으로 ICT 기술과 분석기법을 적용하여 필요한 조치를 자동으로 취할 수 있다면 보다 스마트한 물 관리가 가능해진다. 스마트워터 그리드는 정보의 수집에 의한 데이터의 확보 및 이를 활용한 지식 기반 시스템의 운영을 기본으로 하고 있다. 이러한 방식은 기존의 물 관리 시스템과는 다른 (   ) (이)라는 장점을 가지고 있다.

① 양방향 정보수집
② 친환경 수질관리
③ 탄소 저감 에너지 활용
④ 주민참여형 관리 방식

08

다음 [표]는 한국수자원공사에서 수행하고 있는 통합물관리체계 과정이다. 이를 바탕으로 '글로벌 물안전관리기법(WSP)'과 '수직형 정수처리 및 분산형 용수공급시스템'이 적용되는 단계로 가장 적절한 것을 고르면?

[표] 통합물관리체계

단계	과정
1	물정보 조사·관리·분석
2	물관리 예측 및 운영
3	수자원시설 유지 및 안전관리
4	유역·하천·저수지 수질관리
5	취수원 수질관리
6	정수처리 시스템 최적화
7	지능형 관망 운영
8	맞춤형 공업용수
9	하수처리 운영 효율화

① 수자원시설 유지 및 안전관리
② 취수원 수질관리
③ 정수처리 시스템 최적화
④ 하수처리 운영 효율화

09

다음 글을 읽고 '스마트 물관리 개념도'의 (A)~(D)단계 중 지능형 검침인프라가 작동하는 단계로 적절한 것을 고르면?

> 지능형 검침인프라(AMI)는 기존의 제한적 원격 검침(AMR)과는 달리 다양한 네트워크 수단을 통하여 검침기와 양방향 통신 기반을 구축하고 에너지 사용 정보를 측정·수집·분석하는 체계이다. 소비자에게 실시간으로 에너지 사용량 정보가 제공되어 소비자 스스로 또는 자동화된 기기 제어를 통해 에너지 사용을 제어함으로써 가정 및 기업의 에너지 비용을 절감한다. 또한 전기 등을 공급하는 유틸리티 회사들 역시 검침 및 유지 관리 비용의 절감은 물론, 요구 응답과 에너지 부하 제어를 통해 피크 때의 최대 출력을 줄임으로써 에너지 생산 비용 또는 추가적인 인프라 확장을 방지하는 효과를 기대할 수 있다.

[그림] 스마트 물관리 개념도

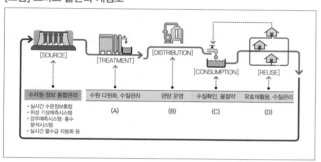

① (A)　　　② (B)　　　③ (C)　　　④ (D)

10

다음 지하수저류지 설치사업 보상계획 관련 공고문을 읽고 설치사업의 목적으로 가장 적절한 것을 고르면?

> **'갑' 지역 지하수저류지 설치사업 보상계획 열람 공고**
>
> 　환경부 고시로 실시계획 승인 고시된 「'갑' 지역 지하수저류지 설치사업」에 편입되는 토지 등에 대하여, 「공익사업을 위한 토지 등의 취득 및 보상에 관한 법률」 제15조에 의거 다음과 같이 보상계획을 공고하오니 토지 및 물건소유자 또는 이해관계인(권리자)께서는 토지조서 및 물건조서 내용을 열람하시고 이의가 있으실 경우 열람기간 내에 서면으로 이의신청하여 주시기 바랍니다.

1. 사업개요
   - 사업명: '갑' 지역 지하수저류지 설치사업
   - 사업시행자: 한국수자원공사
     − 주소: 대전광역시 대덕구 신탄진로 200(연축동 산6−2)
   - 사업위치: 전라남도 영광군 해당 지역 일원
     − 습한 기후와 좁은 유역면적에 따라 저고도 지상 차수벽 설치
   - 시설용량: 용수공급계획량 100m³/일, 취수시설용량 200m³/일
   - 사업기간: 2021. 04.~2023. 04.(24개월)
2. 토지 및 지장물 세목조서: 붙임 참조
3. 보상내역 열람 및 이의신청
   가. 열람(이의신청)기간: 2021. 06. 26.~2021. 07. 15.(20일간)
   나. 열람장소: 한국수자원공사 금·영·섬권역 부문 3층 경영처
   　　※ 해당 지자체(전라남도 영광군 ○○면사무소) 및 K−water 인터넷 홈페이지에서도 열람 가능
   다. 열람방법: 열람기간 중 토지 등 소유자 또는 이해관계인 본인이 신분증을 지참하여 본인 여부 확인 후 열람 장소에서 열람합니다.
   라. 이의신청: 열람 내용에 이의가 있을 경우 열람 장소에 비치된 이의신청서에 내용을 기재하여 신청기간 내 서면(직접 또는 우편)으로 제출해야 하며, 기간 내에 이의신청이 없는 경우에는 이의가 없는 것으로 간주합니다.
4. 보상시기 및 절차
   가. 보상시기: 2021년 08월 이후 개별통지 예정
   나. 보상방법: 「공익사업을 위한 토지 등의 취득 및 보상에 관한 법률」에 의거 감정평가법인의 평가금액을 산술평균하여 보상가격 결정

① 국가의 안정적 수원확보를 통한 해당 지역의 균형발전 도모
② 해당 지역 용수공급의 일원화에 의한 물 안보 확립
③ 해당 지역 주민에 대한 적절한 토지 보상을 통해 분배균형 실현
④ 해당 지역의 농업을 활용한 관광지 활성화를 위한 기반 조성

11

다음 중 정부의 확대재정정책이 유발하는 구축효과에 대한 설명으로 옳은 것을 [보기]에서 고르면?

┤ 보기 ├

ㄱ. 화폐공급이 감소하면 이자율이 상승하고 그로 인해 민간부문의 투자가 감소하는 현상이 구축효과이다.
ㄴ. 투자수요의 이자율탄력성이 작을수록 구축효과는 작아진다.
ㄷ. 유동성함정구간에서 구축효과는 100%이다.
ㄹ. 재정정책의 지출재원을 중앙은행에 의존하는 경우 재정정책의 구축효과를 축소시킬 수 있다.
ㅁ. 극심한 불황기로 인해 실업률이 매우 높거나 잉여생산능력의 경제에서는 구축효과가 거의 나타나지 않는다.

① ㄱ, ㄴ, ㄷ   ② ㄱ, ㄹ, ㅁ
③ ㄴ, ㄷ, ㄹ   ④ ㄴ, ㄹ, ㅁ

12

다음 중 총수요곡선이 우하향하는 이유로 옳은 것을 [보기]에서 모두 고르면?

┤ 보기 ├

ㄱ. 물가수준이 하락하면 실질화폐공급이 증가하여 이자율이 하락하고 투자가 증가한다.
ㄴ. 물가수준이 하락하면 자국통화의 가치가 하락하여 순수출이 증가한다.
ㄷ. 물가수준이 하락할 때 수출가격이 수입가격에 비해 상대적으로 하락하여 순수출이 증가한다.
ㄹ. 물가수준이 상승하면 가계의 실질자산가치가 상승하여 소비가 감소한다.
ㅁ. 물가수준이 상승하면 이자율이 상승하여 할부로 구매하는 내구재 소비가 감소한다.

① ㄱ, ㄷ   ② ㄱ, ㄴ, ㅁ
③ ㄴ, ㄹ, ㅁ   ④ ㄱ, ㄴ, ㄷ, ㅁ

13

어떤 경제의 생산가능인구는 200명, 취업자 수는 70명, 실업률은 30%이다. 이 경제의 경제활동참가율을 고르면?

① 30%   ② 40%
③ 50%   ④ 70%

14

다음 중 인플레이션과 관련된 설명으로 옳은 것을 [보기]에서 모두 고르면?

┤ 보기 ├

ㄱ. 인플레이션율이 명목이자율에 즉각 반영된다면 인플레이션율이 높을수록 실질이자율이 낮아진다.
ㄴ. 인플레이션이 발생하였을 때 현금을 비롯한 금융자산을 보유하고 있는 사람은 인플레이션조세(inflation tax)를 내는 효과가 발생한다.
ㄷ. 합리적 기대가설에 의하면 예상 인플레이션율이 증가할 경우 인플레이션이 심화된다.
ㄹ. 예상치 못한 디플레이션(deflation)이 발생하면 기업들의 명목부채에 대한 실질상환부담을 증가시킨다.
ㅁ. 먼델-토빈효과에 따르면 기대인플레이션율이 상승하면 명목이자율이 하락한다.

① ㄹ, ㅁ   ② ㄱ, ㄴ, ㄷ
③ ㄴ, ㄷ, ㄹ   ④ ㄱ, ㄴ, ㄷ, ㄹ

15

어떤 국민경제의 필립스곡선식이 다음과 같을 때, 이 경제에서 전기의 실제 인플레이션율(π_{t-1})이 기대 인플레이션율(π_t^e)과 항상 같고, $t-1$기의 실업률이 자연실업률과 동일했다면 자연실업률의 크기를 고르면?(단, u_N은 자연실업률이다.)

$$\pi_t - \pi_{t-1} = 12 - 4u_N$$

① 2%
② 3%
③ 4%
④ 5%

16

연평균 저축률은 30%이고, 자본의 고정자본소모율은 10%로 일정한 어느 국민경제에서 인구가 매년 5%씩 증가하고 있다. 솔로우(Solow)모형에 따른 이 경제의 장기균형의 변화에 대한 설명으로 옳은 것을 고르면?

① 인구증가율이 상승하면 1인당 산출량의 증가율이 하락한다.
② 고정자본소모율이 높아지면 1인당 자본량의 증가율이 하락한다.
③ 기술이 매년 진보하는 상황에서 이 국가의 1인당 자본량은 증가한다.
④ 국민경제의 기술수준이 매년 3%씩 진보한다면 전체 자본량은 매년 3%씩 증가한다.

17

교역조건(terms of trade)에 대한 설명으로 옳지 않은 것을 고르면?

① 수입품에 대한 선호가 증가하면 교역조건이 악화된다.
② 수출제품가격이 수입제품가격보다 느리게 상승하면 교역조건이 악화된다.
③ 교역조건은 환율의 변동으로부터 많은 영향을 받는다.
④ 수요와 공급이 가격에 대해 비탄력적 재화인 경우 기술진보로 대량생산이 발생하면 교역조건이 개선된다.

18

다음 중 자국 화폐가치의 상승 요인으로 적절하지 않은 것을 고르면?

① 무역상대국의 경기호황으로 우리나라 수출품에 대한 수요가 증가하는 경우
② 국가신용도 하락에 따라 자국에서 외국으로 자본이 유출되는 경우
③ 외국과 비교하여 상대적으로 자국의 인플레이션율이 낮은 경우
④ 개방된 자본시장 하에서 자국의 이자율이 상승하는 경우

19

국가 간 자본이동이 자유로운 개방경제에서 고정환율제도를 채택하고 있다. 컴퓨터 국제시장이 개방되면서 국내 소비자들의 외국산 컴퓨터의 선호도가 높아지게 된 경우 IS-LM-BP 모형에 근거하여 국내통화량과 국민소득의 변화방향으로 바르게 짝지어진 것을 고르면?

	국내통화량	국민소득
①	감소	감소
②	불변	감소
③	불변	불변
④	감소	불변

20

수요의 가격탄력성에 대한 설명으로 옳은 것을 고르면?(단, 수요곡선은 우하향한다.)

① 수요의 가격탄력성이 작아질수록, 물품세 부과로 인한 경제적 순손실은 커진다.
② 재화가 기펜재라면 수요의 소득탄력성은 양(+)의 값을 갖는다.
③ 우하향하는 직선 형태의 수요곡선상에서 수요량이 많아질수록, 수요의 가격탄력성은 작아진다.
④ 좋은 대체재가 많을수록, 수요의 가격탄력성은 작아진다.

21

조세의 귀착과 초과부담에 대한 설명으로 옳지 <u>않은</u> 것을 고르면?

① 완전보완재 관계인 두 재화에 조세를 부과할 때, 초과부담은 0이다.
② 다른 조건이 일정할 때, 시간이 흐를수록 공급곡선의 탄력성이 커지면 상대적으로 소비자에게 조세가 더 많이 귀착된다.
③ 공급이 완전비탄력적이면 조세는 100% 생산자부담이며 초과부담은 0이다.
④ 두 상품 X와 Y가 완전대체재인 경우, 상품 X에 조세가 부과되면 이 조세는 모두 상품 X의 수요자에게 귀착된다.

22

다음의 상황이 동시에 발생하였을 때, 시장균형의 이동 방향으로 적절한 것을 고르면?

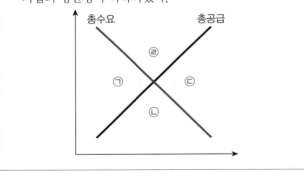

- 코로나19 영향으로 경기가 위축되면서 소비자들의 지출이 감소하였다.
- 코로나19로 주 5일 근무에서 주 3일 근무로 바뀌면서 기업의 생산성이 하락하였다.

① ㉠   ② ㉡   ③ ㉢   ④ ㉣

23

A국가의 생산가능인구가 1,600만 명이고 실업자가 100만 명이며, 경제활동참가율이 75%일 때 실업률을 고르면?(단, 소수점 셋째 자리에서 반올림하여 계산한다.)

① 6.25%   ② 8.33%
③ 9.10%   ④ 18.75%

24

완전경쟁시장에서 조업하는 동질적인 기업들은 $Q^d = 50 - P$의 시장수요함수를 가지며, $Q^S = 5P - 10$인 시장공급함수를 가진다. 개별 기업들의 평균비용곡선이 $AC(Q) = Q + \dfrac{16}{Q} + 2$일 때, 이윤극대화를 위한 개별기업의 생산량을 고르면?(단, $Q > 0$이다.)

① 1   ② 2   ③ 3   ④ 4

25

유동성함정 상태에서 통화량을 증가시키는 경우 발생할 수 있는 현상으로 옳은 것을 고르면?(단, 폐쇄경제를 가정한다.)

① 이자율은 변하지 않는다.
② 주식 가격이 상승한다.
③ 부동산 가격이 상승한다.
④ 물가는 하락한다.

26

효용을 극대화하는 소비자 A는 X재와 Y재, 두 재화만 소비한다. 다른 조건이 일정하고 X재의 가격만 하락하였을 경우, A의 X재에 대한 수요량이 변하지 않았다. 이에 대한 설명으로 옳지 <u>않은</u> 것을 고르면?

① X재는 열등재이다.
② Y재는 정상재이다.
③ 두 재화는 완전보완재이다.
④ X재의 소득효과와 대체효과가 서로 상쇄된다.

27

다음 그래프는 수요곡선이 D에서 D'로 이동한 것을 나타낸 것이다. 이러한 이동의 요인을 [보기]에서 모두 고르면?(단, 다른 조건은 일정하다.)

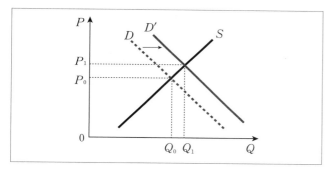

┤ 보기 ├
㉠ 인구의 증가
㉡ 보완재의 가격 하락
㉢ 대체재의 가격 하락
㉣ 기호 및 선호의 증가
㉤ 소득 수준의 향상(정상재인 경우)

① ㉠
② ㉠, ㉢
③ ㉡, ㉢, ㉤
④ ㉠, ㉡, ㉣, ㉤

28

다음 그림은 A국과 B국의 전년 대비 경제 변화를 나타낸 것이다. 두 국가의 경제 변화의 원인으로 바르게 짝지어진 것을 고르면?(단, 두 국가는 산유국이 아니다.)

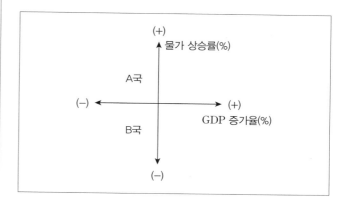

	A국	B국
①	원자재 가격 상승	소비와 투자의 감소
②	원자재 가격 하락	소비와 투자의 증가
③	기술 진보	순수출 감소
④	기술 진보	순수출 증가

29

다음은 피구효과에 대한 설명이다. ㉠~㉣에 들어갈 내용으로 바르게 짝지어진 것을 고르면?

> 물가수준이 하락하면 실질화폐잔고가 (㉠)하고 이로 인해 (㉡)곡선이 (㉢)으로 이동하면서 경기의 (㉣)(으)로 이어진다.

	㉠	㉡	㉢	㉣
①	증가	IS	오른쪽	회복
②	증가	LM	왼쪽	회복
③	감소	IS	왼쪽	침체
④	감소	LM	오른쪽	침체

30

다음 그림은 생애 주기 곡선을 나타낸 것이다. 이에 대한 설명으로 옳지 <u>않은</u> 것을 고르면?

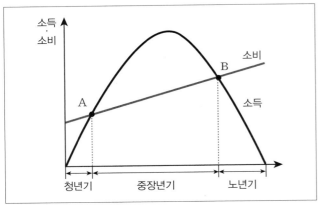

※ (소득)=(소비)+(저축)
※ (평균 소비 성향)=(소비)/(소득)

① A점의 평균 소비 성향은 0이다.
② 누적 소비액은 A점보다 B점에서 크게 나타난다.
③ A점과 B점의 평균 저축 성향은 모두 영(0)으로 나타난다.
④ 청년기와 노년기에는 부(−)의 저축, 중장년기에는 정(＋)의 저축이 나타난다.

31

다음 자료에 대한 분석으로 옳지 <u>않은</u> 것을 고르면?(단, 노동투입량은 정수 단위로만 가능하다.)

> 다음 표는 어느 기업의 노동투입량에 따른 하루 생산량의 변화를 나타낸 것이다. 생산량 1단위당 판매가격은 1만 원으로 일정하다. 생산비용 중에서 건물 임차료는 하루 3만 원이고, 노동자 1명의 일당은 10만 원이다. 단, 생산된 제품은 모두 판매되며, 최대 고용가능인력은 5명이다.
>
> | 노동투입량(명) | 1 | 2 | 3 | 4 | 5 |
> | --- | --- | --- | --- | --- | --- |
> | 하루 생산량(개) | 9 | 21 | 35 | 46 | 55 |

① 21개를 생산할 경우 이윤은 0보다 작다.
② 이 기업의 하루 최대 이윤은 3만 원이다.
③ 노동자를 5명 투입할 때 총비용이 가장 크다.
④ 임차료가 하락하면 이윤극대화 하루 생산량은 증가한다.

32

인플레이션율, 명목이자율, 실질이자율의 관계에 대한 설명으로 옳은 것을 고르면?

① 명목이자율은 항상 실질이자율보다 크다.
② 명목이자율과 실질이자율은 부(−)의 관계에 있다.
③ 인플레이션율이 낮아질수록 명목이자율은 높아진다.
④ 인플레이션율이 0이면 실질이자율과 명목이자율은 동일하다.

33

총수요곡선을 우측으로 이동시키는 요인을 [보기]에서 고르면?

┤ 보기 ├
㉠ 주택담보대출의 이자율 인하
㉡ 종합소득세율 인상
㉢ 기업에 대한 투자세액공제 확대
㉣ 부동산 하락으로 가계의 실질자산가치 감소
㉤ 해외경기 호조로 순수출 증대

① ㉠, ㉡, ㉣
② ㉠, ㉢, ㉤
③ ㉡, ㉢, ㉣
④ ㉡, ㉣, ㉤

34

정부가 소비자 보호를 위해 시장에 가격상한제를 적용하고 있다. 이런 상황에서 쌀농사에 유리한 기후로 인해 쌀 공급이 소폭 증가했을 때 예상되는 현상으로 옳은 것을 고르면?(단, 시장 균형가격은 과거나 지금이나 가격상한선보다 높다.)

① 규제로 인한 사회적 후생손실이 감소한다.
② 시장에서의 거래 가격이 하락한다.
③ 생산자 잉여가 감소한다.
④ 시장균형가격과 가격상한의 차이가 커진다.

35

시장실패의 원인과 대책에 대한 설명으로 옳지 <u>않은</u> 것을 고르면?

① 소비의 외부비경제가 발생하면 사회적 편익보다 사적 편익이 크다.
② 생산의 외부경제가 발생하면 사회적 비용보다 사적 비용이 크다.
③ 전기나 수도와 같이 규모의 경제가 있는 산업을 공기업으로 전환하는 이유는 공공재의 특성 때문이다.
④ 시장실패의 원인으로는 공공재, 외부효과, 독과점, 관료제의 비능률 등이 있다.

36

다음 (가)~(라)에 대한 설명으로 옳은 것을 고르면?

> • 경제 문제가 발생하는 원인: (가)
> • 경제의 세 가지 기본 문제: (나), (다), (라)
> • (다)는 생산요소의 조합을 선택하는 문제이고, (라)의 해결을 위해서는 형평성도 함께 고려해야 한다.

① (가)는 자원의 절대적인 수량이 부족한 상태를 의미한다.
② (나)는 생산요소의 제공에 대한 대가를 결정하는 문제이다.
③ (다)의 사례로 생산비 절감을 위한 설비 자동화를 들 수 있다.
④ (라)는 생산물의 종류와 수량을 결정하는 문제이다.

37

시장 수요 함수는 $Q^D = 150 - 5P$이고, 공급 함수는 $Q^S = 20P$이다. 이에 대한 설명으로 옳지 <u>않은</u> 것을 고르면?(단, Q^D는 수요량, Q^S는 공급량, P는 가격이다.)

① $P = 20$일 때 초과공급이 발생한다.
② $P = 4$일 때 초과수요가 발생한다.
③ $P = 60$일 때 소비는 발생하지 않는다.
④ $P = 5$일 때 소비자잉여와 생산자잉여의 합은 최대가 된다.

38

한국과 미국의 실질환율은 불변이나 미국보다 한국의 인플레이션율이 더 높아지는 경우, 명목환율에 대한 설명으로 옳은 것을 고르면?(단, 다른 조건은 일정하다.)

① 원/달러 명목환율이 하락한다.
② 원/달러 명목환율이 상승한다.
③ 원/달러 명목환율은 변화가 없다.
④ 원/달러 명목환율의 변화를 예측할 수 없다.

39

지급준비율에 관한 설명으로 옳지 <u>않은</u> 것을 고르면?

① 우리나라는 부분지급준비제도를 활용하고 있다.
② 은행들은 법정지급준비금 이상의 초과지급준비금을 보유할 수 있다.
③ 전액 지급준비제도하에서는 지급준비율이 1이므로 통화승수는 0이 된다.
④ 지급준비율을 올리면 본원통화의 공급량이 변하지 않아도 통화량이 줄어들게 된다.

40

다음 정부의 가격 규제의 효과에 대한 설명으로 옳지 <u>않은</u> 것을 고르면?

> 정부는 X재 가격이 폭등하자 소비자를 보호하기 위해 가격상한제를 실시하기로 하고, 가격을 40만 원으로 규제하였다.

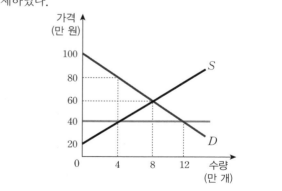

① 8만 개의 초과수요가 발생한다.
② 암시장이 없다면, 생산자의 총판매수입은 변동이 없다.
③ 암시장이 없다면, 소비자의 총지출액은 320억 원만큼 감소한다.
④ 암시장 가격은 80만 원이다.

행정

01

다음 보도자료에서 홍수기 대책으로 언급되지 **않은** 것을 고르면?

보 도 자 료	
보도일시	6월 13일(일) 12시부터 보도하여 주시기 바랍니다.
담당 부서	한국수자원공사 수자원운영처	김○○ 부장 / 이○○ 차장 042-629-0000
배포일시	2021. 6. 13.

□ 한국수자원공사는 6월 10일 대전시 본사에서 '홍수기 대비 전사 합동 점검 회의'를 개최하여, 홍수기를 앞두고 그간 준비한 개선대책과 댐 운영계획 등 전반에 대해 종합적으로 점검했다.

□ 이날 회의에는 본사와 4개 유역본부(한강, 낙동강, 금강, 영·섬), 20개 다목적댐 지사 등이 전부 참여하여, 「풍수해대응 혁신종합대책」과 연계하여 추진해 온 대책을 점검하고, 홍수기 대비 댐 운영계획을 논의하였다. 올해 홍수기에 적용되는 주요 대책들은 크게 세 가지이다.

□ 환경부·기상청·홍수통제소·한국수자원공사가 참여하는 「정책협의회」를 기반으로, 올해 홍수기부터는 기상청에서 제공하는 댐 유역 맞춤형 강우예보를 홍수분석에 활용한다.

• 주요 댐 하류 하천에 대해 홍수통제소 CCTV와 한국수자원공사가 자체 신설한 CCTV를 연계하여 영상감시체계를 강화한다.

• 행정안전부에서 운영하는 긴급재난문자(CBS) 시스템을 댐의 수문방류 통보 수단에 추가하여 댐 하류의 안전확보 체계도 강화된다.

□ 다목적댐 수문방류가 예상될 경우 댐 하류지역에서 사전에 대비할 수 있도록, 방류계획을 24시간 전에 지자체 및 지역주민 등에게 알려주는 수문방류 예고제가 시행된다.

※ (기존) 3시간 전 통보 → (개선) 24시간 전 예고＋3시간 전 통보

• 댐 수문방류 필요 등 긴급 상황이 발생할 경우, 전사적 의사결정체계인 '댐 홍수조절위원회'를 가동하여 합리적 의사결정을 지원할 예정이다.

□ 지자체, 지역주민, 관계기관이 참여하는 '댐 홍수관리 소통 회의'를 통해 지역과 소통하는 댐 운영체계를 가동한다.

• 20개 다목적댐 지역주민이 참여하는 소통 회의는 지난 4월 1차 회의를 완료하였으며(4. 13.~4. 23.), 6월 18일까지 모의훈련을 병행한 2차 회의를 진행한다.

• 댐별 '댐 홍수관리 소통 회의'를 통하여 댐 운영현황과 전망 및 향후 운영계획을 지역과 적극 소통하고, 지자체 및 지역주민이 함께 참여하여 조사한 댐 운영 제약사항 관리 및 개선방안도 지속 논의할 예정이다.

□ 또한 이번 회의에서는 한국수자원공사에서 관리 중인 20개 다목적댐의 운영현황과 홍수기 운영계획에 대해서도 함께 논의되었다.

• 6월 10일 기준 전국 다목적댐은 계획홍수위까지 홍수조절에 활용할 수 있는 용량을 약 56.6억 톤 확보하고 있으며, 이는 작년 동일시점(51.5억 톤) 대비 110% 수준이다.

  − 계획홍수위: 홍수조절을 위해 유입홍수를 저장할 수 있는 최고수위

  − 56.6억 톤: 다목적댐 유역에 내리는 비의 70%가 댐 저수지에 유입된다고 가정할 경우, 약 355mm의 비를 방류 없이 저류할 수 있는 용량

• 올해 홍수기에는 확보된 홍수조절 가능용량을 활용하여, 댐 직하류 하천의 홍수소통능력(계획홍수량) 내에서 수문방류를 시행할 수 있도록 최대한 노력하여 홍수기 댐 운영을 시행할 계획이다.

  ※ 댐 설계를 초과하는 이상홍수 발생 시에는 댐 안전을 고려하여 방류량 조정

① 지역소통 강화대책
② 첨단 장비를 통한 원격 점검대책
③ 관계기관 협업대책
④ 댐 운영 개선대책

02

다음은 정부에서 추진하고 있는 환경친화적 댐 개발 및 관리 현황에 대한 글이다. 이를 바탕으로 [보기]의 ㉠, ㉡이 각각 포함되는 단계로 바르게 짝지어진 것을 고르면?

21세기 환경의 시대를 맞아 국민의 환경보전의식이 증대되고 삶의 질이 우선시됨에 따라 수자원부문에서는 자연환경 및 지역사회와 조화되는 수자원 개발 및 관리가 요구되고 있다. 환경적으로 건전하고 지속가능한 수자원 개발 및 관리를 위하여 추진하고 있는 환경친화적인 댐 건설은 정책입안, 조사·계획, 설계·시공 및 유지관리단계 등 댐 건설의 전 과정에서 자원 활용의 극대화, 주변 생태계의 유지와 복원, 주변 자연의 특성과 대상지역의 사회적·문화적·역사적 특수성을 고려한 개발과 보전의 조화 등을 실현하는 데 기본방향을 두고 있다.

우선 댐 정책입안단계부터 전략환경영향평가를 통해 댐 개발의 기본방침에서부터 친환경 개발 및 지속가능성을 검토한다. 정부에서는 주요한 개발정책 수립 시 환경성을 사전에 고려하기 위한 전략환경영향평가 제도를 시행하고 있는데, 환경영향평가법의 개정으로 정책입안의 각 단계별로 환경성을 평가하고 전문가가 참여하는 환경영향평가협의회 운영 및 주민의견 수렴, 관계기관 협의 등의 절차로 환경성평가제도의 실효성을 한층 향상시켰다. 또한 정부(국토부)에서 댐 사업 절차개선을 발표하면서 타당성조사 이전에 개별댐에 대한 사전검토를 대폭강화하고 댐 건설에 대한 지역의 의견 수렴 등 민주적인 갈등조정 프로세스를 마련하여, 앞으로 댐 건설로 인한 사회적 갈등이 최소화될 전망이다.

조사·계획 시에는 충분한 현지조사를 통해 댐 건설로 인해 발생할 수 있는 자연·인문환경의 변화, 지역사회의 경제·사회적 변화 등을 예측하여 환경피해를 미연에 방지하도록 계획을 수립하며, 설계·시공단계에서는 주변 환경과 지역사회에 미치는 영향을 최소화하고 지역사회로부터 환영받는 시설이 될 수 있도록 세심한 배려를 기울이고 있다.

아울러 댐 건설로 인하여 훼손될 수 있는 자연환경을 보전하기 위해 해당 지역 자연생태계 및 지역특성을 고려한 환경보존과 생태복원사업을 시행하고 있으며, 댐 건설 후 유지관리단계에서 완성된 시설물과 주변 생태계와 조화될 수 있도록 사후환경영향조사를 지속적으로 실시하고 있다.

보기

㉠ 계획의 적정성, 입지의 타당성을 환경적 측면에서 평가 및 각종 친환경계획 수립
㉡ 건설로 인한 환경영향의 저감을 위해 공정·공구별 환경관리 계획 수립 및 시행

	㉠	㉡
①	조사·계획단계	유지관리단계
②	정책입안단계	설계·시공단계
③	정책입안단계	조사·계획단계
④	조사·계획단계	설계·시공단계

03

다음 글은 우리나라의 수력발전 댐과 관련한 연구 자료의 일부이다. 이를 통해 강조하고자 하는 바를 요약한 내용으로 가장 적절한 것을 고르면?

최근 세계경제포럼, UN, World Bank 등 국제사회에서는 기후변화에 따른 물 위기를 지속적으로 경고하고 있으며, 물 관리에 실패하면 경제도 위험할 수 있음을 강조하고 있다. 이에 따라 지난해 4월에 개최된 세계물포럼에서 국제기구인 세계물위원회(WWC)와 프랑스전력(EDF)은 물 문제 해결을 위해 수력발전 댐의 다목적 활용을 제안한 바 있으며, OECD 주요 국가에서도 물 효율화를 위해 수력발전 댐(34% → 20%)보다 다목적 댐 건설(66% → 80%)의 비중을 높이고 있는 추세이다.

OECD 국가 중 물 관리 여건이 가장 열악한 우리나라는 최근 기후변화로 인해 극한 가뭄 및 홍수 발생이 더욱 빈번해지고 있다. 2011년 수도권에 발생한 100년 만의 폭우, 2012년 100년 만의 가뭄, 2015년 충남 8개 시·군의 제한급수 등이 발생했으며, 이는 과거와 달라진 강우 패턴과 지역적 편차 등으로 물 관리의 어려움이 증대되고 중요성은 높아졌음을 시사하고 있다.

우리나라는 댐 건설목적에 따라 댐 관리가 다원화되어 있다. K-water는 다목적 댐, 한국수력원자력㈜는 수력발전 댐을 관리하는 등 동일 수계 내 댐 관리 체계가 달라 가뭄 및 홍수 등에 대비한 효율적인 물 관리에 한계를 가지고 있다. 우리나라의 수력발전 댐은 1960년대 산업화 초기에 중요한 전력공급원이었으나 현재는 국가 발전량의 0.2%에 불과할 정도로 그 중요성 및 역할이 감소되었다. 또한 전력예비율 목표(22%)가 미국, EU 등 선진국(15%)보다 매우 높은 수준이며, 전력예비율이 23.9%를 기록하여 이미 목표를 초과 달성하는 등 매우 안정적인 전력공급 환경이 조성되어 있다. 이에 기후변화에 대응한 국가 재난예방 및 물 관리 효율화 증진을 위해 다목적 댐과 수력발전 댐을 통합하는 댐 관리 체계를 구축하여 한정된 수자원을 합리적으로 이용하고 있다.

수력발전 댐 통합관리에 따른 연계운영 시 수력발전 댐(청평댐, 의암댐, 춘천댐)의 홍수기 제한수위를 낮추어 홍수조절용량 추가 확보(2.4억 m³)가 가능하고 이를 통해 한강의 홍수량이 저감될 수 있다. 또한 실시간 댐 간(다목적 댐–수력발전 댐) 연계운영을 통한 댐 방류체계 개선으로 물 낭비 최소화 및 상류댐 용수비축으로 연간 5.4~8.8억 m³의 수자원을 수질개선 및 가뭄대응 등 다용도로 활용할 수 있다.

① 다목적 댐–수력발전 댐 통합운영을 통한 효율적인 관리 체계 구축
② 환경친화적 수자원 개발을 위한 환경영향평가 체계 마련
③ 미래가치 극대화를 위한 댐 이용 활성화 방안 제시
④ 댐·보 상류지역 생태습지 조성 및 관리를 위한 개선 방안

04

다음 수자원공사의 사업 내역을 설명하는 글의 [가]~[라] 문단을 읽고, [보기]의 주제1~4에 맞는 문단으로 바르게 짝지어진 것을 고르면?

[가] K-water는 직장 내 괴롭힘 청정구역을 구축하기 위해 피해자를 최우선으로 하고 있습니다. 상담 및 조사에 전문성과 공정성을 확보하고 2차 피해 예방을 위해 노력하고 있습니다. 괴롭힘 조치 및 예방에 대해 명시하도록 취업규칙을 개정하고 권익보호 포털을 개설하여 신고 및 처리에 대한 절차를 마련하였습니다. 권익보호 포털은 시간과 장소를 불문한 권익보호 상담이 가능하며, 비위행위 신고 체계를 구축하여 사건 진행 및 통계 데이터를 실시간으로 제공하고 있습니다.

[나] 전문가과정 및 석·박사 위탁교육을 통해 핵심 분야의 인재 육성 및 융합관점의 학습과제를 발굴하고 집중 심화교육을 실시하여 분야 간 이해를 돕고 있습니다. 인재 활용도 제고를 위해 전문 인재 DB를 구축하고 해당 분야의 보직 배치 등 인재육성과 인사관리를 연계하고 있으며, 단기교육을 통한 다양성 확보 및 장기 위탁교육을 실시하는 등 단기-장기 교육 간의 연계를 강화하고 있습니다.

[다] K-water는 일자리 창출 및 지원으로 공공기관의 사회적 책임을 적극 이행하고 있습니다. 경제적 여건이 열악하고 고령화 문제가 심각한 댐 주변지역의 지역 소득원 발굴을 통한 주민고용 창출, K-water 나눔복지재단 운영으로 지역민 일자리 창출과 복지증진을 돕고 있습니다. 또한 매년 우수 사회적 경제기업을 선정하여 최대 3천만 원의 성장자금 지원 및 판매기법·기술개발 등의 사업화 지원으로 기업 경쟁력 강화를 통한 일자리 창출을 도모하고 있습니다.

[라] 물기업들의 어려움을 해소하고 경쟁력 강화를 돕기 위해 50년 이상 축적한 물관리 노하우, 유·무형 자산, 글로벌 네트워크를 중소·벤처기업에 모두 개방하여 창업지원, 혁신기술 개발, 판로개척, 해외진출에 이르는 전 과정을 지원하고 있습니다. 2019년에는 2018년보다 2배 증가한 중소·벤처기업 393개사를 지원함으로써 기업매출 확대 및 일자리 1,889개를 창출하였습니다.

┌ 보기 ┐

- 주제1: 물 산업 혁신 일자리
- 주제2: 사회적 가치 창출 및 지역경제 활성화 지원
- 주제3: 미래 대비 융합 중심의 창의형 인재 육성
- 주제4: 구성원이 보호받는 존중 일터 구축

	주제1	주제2	주제3	주제4
①	[나]	[가]	[라]	[다]
②	[나]	[다]	[라]	[가]
③	[라]	[나]	[가]	[다]
④	[라]	[다]	[나]	[가]

05

다음 규정을 읽고 공문서에 대한 설명으로 옳지 않은 것을 고르면?

제2장 공문서 관리 등 행정업무의 처리

제1절 공문서의 작성 및 처리

제4조(공문서의 종류) 공문서(이하 "문서"라 한다)의 종류는 다음 각 호의 구분에 따른다.

1. 법규문서: 헌법·법률·대통령령·총리령·부령·조례·규칙 등에 관한 문서

2. 지시문서: 훈령·지시·예규·일일명령 등 행정기관이 그 하급기관이나 소속 공무원에 대하여 일정한 사항을 지시하는 문서

3. 공고문서: 고시·공고 등 행정기관이 일정한 사항을 일반에게 알리는 문서

4. 비치문서: 행정기관이 일정한 사항을 기록하여 행정기관 내부에 비치하면서 업무에 활용하는 대장, 카드 등의 문서

5. 민원문서: 민원인이 행정기관에 허가, 인가, 그 밖의 처분 등 특정한 행위를 요구하는 문서와 그에 대한 처리문서

6. 일반문서: 제1호부터 제5호까지의 문서에 속하지 아니하는 모든 문서

제6조(문서의 성립 및 효력 발생) ① 문서는 결재권자가 해당 문서에 서명(전자이미지서명, 전자문자서명 및 행정전자서명을 포함한다. 이하 같다)의 방식으로 결재함으로써 성립한다.

② 문서는 수신자에게 도달(전자문서의 경우는 수신자가 관리하거나 지정한 전자적 시스템 등에 입력되는 것을 말한다)됨으로써 효력을 발생한다.

③ 제2항에도 불구하고 공고문서는 그 문서에서 효력발생 시기를 구체적으로 밝히고 있지 않으면 그 고시 또는 공고 등이 있은 날부터 5일이 경과한 때에 효력이 발생한다.

제7조(문서 작성의 일반원칙) ① 문서는 「국어기본법」 제3조 제3호에 따른 어문규범에 맞게 한글로 작성하되, 뜻을 정확하게 전달하기 위하여 필요한 경우에는 괄호 안에 한자나 그 밖의 외국어를 함께 적을 수 있으며, 특별한 사유가 없으면 가로로 쓴다.

② 문서의 내용은 간결하고 명확하게 표현하고 일반화되지 않은 약어와 전문용어 등의 사용을 피하여 이해하기 쉽게 작성하여야 한다.

③ 문서에는 음성정보나 영상정보 등이 수록되거나 연계된 바코드 등을 표기할 수 있다.

④ 문서에 쓰는 숫자는 특별한 사유가 없으면 아라비아 숫자를 쓴다.

⑤ 문서에 쓰는 날짜는 숫자로 표기하되, 연·월·일의 글자는 생략하고 그 자리에 온점을 찍어 표시하며, 시·분은 24시각제에 따라 숫자로 표기하되, 시·분의 글자는 생략하고 그 사이에 쌍점을 찍어 구분한다. 다만, 특별한 사유가 있으면 다른 방법으로 표시할 수 있다.

⑥ 문서 작성에 사용하는 용지는 특별한 사유가 없으면 가로 210밀리미터, 세로 297밀리미터의 직사각형 용지로 한다.

⑦ 제1항부터 제6항까지에서 규정한 사항 외에 문서 작성에 필요한 사항은 행정안전부령으로 정한다.

제10조(문서의 결재) ① 문서는 해당 행정기관의 장의 결재를 받아야 한다. 다만, 보조기관 또는 보좌기관의 명의로 발신하는 문서는 그 보조기관 또는 보좌기관의 결재를 받아야 한다.

② 행정기관의 장은 업무의 내용에 따라 보조기관 또는 보좌기관이나 해당 업무를 담당하는 공무원으로 하여금 위임전결하게 할 수 있으며, 그 위임전결 사항은 해당 기관의 장이 훈령이나 지방자치단체의 규칙으로 정한다.

③ 제1항이나 제2항에 따라 결재할 수 있는 사람이 휴가, 출장, 그 밖의 사유로 결재할 수 없을 때에는 그 직무를 대리하는 사람이 대결하고 내용이 중요한 문서는 사후에 보고하여야 한다.

---

① 공기관의 사내 윤리강령과 행동지침 등이 적혀 사내에 비치된 문서는 지시문서이면서 비치문서로 볼 수 있다.

② 공기관 간의 업무 협조와 관련된 내용을 주고받은 공식 문서는 일반문서로 분류할 수 있다.

③ 공문서의 효력은 최종 결재권자의 서명이 이루어진 시점부터 즉시 발생한다.

④ 민원인의 민원 내용이 적힌 문서와 이에 대한 처리 내역이 적힌 문서는 모두 민원문서에 해당한다.

06

다음은 한국수자원공사의 미션과 비전을 요약, 설명하는 글이다. 밑줄 친 5대 추진 전략을 세부 추진 과제 (A)~(D)에 맞게 순서대로 나열한 것을 고르면?

> K-water는 '세계 최고의 물 종합 플랫폼 기업'이라는 비전을 새롭게 선포하여 세상에 행복을 水놓는 'World Top K-water'로 도약할 것을 다짐하고 있습니다. 물 관리 혁신을 위해 新 가치체계를 구현하고 핵심가치, 경영방침을 새롭게 수립하여 급변하는 경영환경에 대응하고 있습니다. 또한 새로운 시대에 걸맞은 물관리 혁신을 위해 7대 전략과제를 제시하고 국민 삶의 품격 향상을 위한 맞춤형 사회적 가치 실현 추진체계(국민 삶의 기본 안전, 경제 활력 제고, 건강하고 깨끗한 환경, 클린 책임경영, 국민 체감형 서비스의 5대 추진 전략)를 구축하여 포용적 국민 물복지 사회로 나아가고 있습니다.

[표] 사회적 가치 실현 세부 추진 과제

전략방향	목표('24)	중점 과제
국민 삶의 기본 안전	• 재난관리평가 "우수" • 건설현장재해율 0.45	− 안전한 건설현장과 안심 일터 조성 − 취약계층 사회안전망 강화 − 국민 일상을 지키는 재해 예방체계 − 중단없는 깨끗하고 안전한 물 공급
(A)	• 글로벌 수질 달성률 100% • 온실가스 감축 1,405천tCO$_2$eq	− 상류 유역 물환경 개선 − 친환경 대체 수자원 개발 − 수변생태벨트 구축 − 물 특화 도시 조성
(B)	• 일자리 창출 9.3만 개(~'24) • 혁신성장 투자 6.5조 원	− 사회적 경제 활성화 − 개방형 혁신 R&D − 물산업 오픈 플랫폼 − 환경 비즈니스 빅데이터 생태계
(C)	• 국민아이디어 사업화 50건('20) • 고객만족도 A등급	− 국민 중심 서비스 − 취약계층 물인권 강화 − 지역경제 활성화 − 국민 경영 참여 확대
(D)	• 청렴도 평가 1등급 • 신뢰경영지수 85점('22)	− 청렴문화 확산과 내부견제 강화 − 불공정 거래 관행 해소 − 인권보호 및 노동권 존중

	(A)	(B)	(C)	(D)
①	클린 책임경영	건강하고 깨끗한 환경	경제 활력 제고	국민 체감형 서비스
②	클린 책임경영	국민 체감형 서비스	건강하고 깨끗한 환경	경제 활력 제고
③	건강하고 깨끗한 환경	경제 활력 제고	클린 책임경영	국민 체감형 서비스
④	건강하고 깨끗한 환경	경제 활력 제고	국민 체감형 서비스	클린 책임경영

07

다음 스마트워터 그리드(SWG)에 관한 글을 읽고, 빈칸에 들어갈 말로 가장 적절한 것을 고르면?

최근에는 기후변화에 의한 강우의 편중성 증가와 가용 수자원의 부족 문제가 심각해지고 있으며, 인구증가와 도시화로 인한 물 수요 증가는 현재의 물 관리 시스템이 감당할 수 있는 범위를 넘어서고 있다. 이러한 물 공급과 수요의 불균형은 수자원의 양적인 부족에만 의한 것이 아니라, 기존 물 관리 시스템의 비효율성에도 상당한 원인이 있다. 물의 생산과 이송 과정에서 누수 등에 의해 상당한 양의 물이 손실되는 현상이 나타나고 있으며, 물의 생산과 공급에 과다한 에너지가 사용되는 경우도 빈번하게 발생하고 있다. 이러한 한계점을 극복하기 위해 다양한 연구가 시도되고 있으며, 전통적인 수자원 관리기술과 ICT 기술을 융합한 스마트워터 그리드가 선진국들을 중심으로 추진되고 있다.

물 관리 분야에서도 ICT 기술을 활용하여 수자원 관리 및 재난 대비의 효율성을 높인다는 취지이다. 센서를 강이나 댐과 같은 취수장과 정수장, 가정의 수도관에 설치하고 이를 네트워크화하여 물의 생산 및 사용량을 계측하고 분석하게 된다. 이러한 정보를 기반으로 ICT 기술과 분석기법을 적용하여 필요한 조치를 자동으로 취할 수 있다면 보다 스마트한 물 관리가 가능해진다. 스마트워터 그리드는 정보의 수집에 의한 데이터의 확보 및 이를 활용한 지식 기반 시스템의 운영을 기본으로 하고 있다. 이러한 방식은 기존의 물 관리 시스템과는 다른 (   ) (이)라는 장점을 가지고 있다.

① 양방향 정보수집
② 친환경 수질관리
③ 탄소 저감 에너지 활용
④ 주민참여형 관리 방식

08

다음 [표]는 한국수자원공사에서 수행하고 있는 통합물관리체계 과정이다. 이를 바탕으로 '글로벌 물안전관리기법(WSP)'과 '수직형 정수처리 및 분산형 용수공급시스템'이 적용되는 단계로 가장 적절한 것을 고르면?

[표] 통합물관리체계

단계	과정
1	물정보 조사·관리·분석
2	물관리 예측 및 운영
3	수자원시설 유지 및 안전관리
4	유역·하천·저수지 수질관리
5	취수원 수질관리
6	정수처리 시스템 최적화
7	지능형 관망 운영
8	맞춤형 공업용수
9	하수처리 운영 효율화

① 수자원시설 유지 및 안전관리
② 취수원 수질관리
③ 정수처리 시스템 최적화
④ 하수처리 운영 효율화

09

다음 글을 읽고 '스마트 물관리 개념도'의 (A)~(D)단계 중 지능형 검침인프라가 작동하는 단계로 적절한 것을 고르면?

지능형 검침인프라(AMI)는 기존의 제한적 원격 검침 (AMR)과는 달리 다양한 네트워크 수단을 통하여 검침기와 양방향 통신 기반을 구축하고 에너지 사용 정보를 측정·수집·분석하는 체계이다. 소비자에게 실시간으로 에너지 사용량 정보가 제공되어 소비자 스스로 또는 자동화된 기기 제어를 통해 에너지 사용을 제어함으로써 가정 및 기업의 에너지 비용을 절감한다. 또한 전기 등을 공급하는 유틸리티 회사들 역시 검침 및 유지 관리 비용의 절감은 물론, 요구 응답과 에너지 부하 제어를 통해 피크 때의 최대 출력을 줄임으로써 에너지 생산 비용 또는 추가적인 인프라 확장을 방지하는 효과를 기대할 수 있다.

[그림] 스마트 물관리 개념도

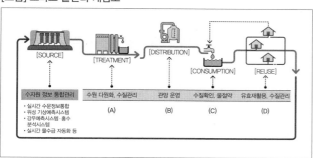

① (A)　　② (B)　　③ (C)　　④ (D)

10

다음 지하수저류지 설치사업 보상계획 관련 공고문을 읽고 설치사업의 목적으로 가장 적절한 것을 고르면?

'갑' 지역 지하수저류지 설치사업 보상계획 열람 공고

환경부 고시로 실시계획 승인 고시된 「'갑' 지역 지하수저류지 설치사업」에 편입되는 토지 등에 대하여, 「공익사업을 위한 토지 등의 취득 및 보상에 관한 법률」 제15조에 의거 다음과 같이 보상계획을 공고하오니 토지 및 물건소유자 또는 이해관계인(권리자)께서는 토지조서 및 물건조서 내용을 열람하시고 이의가 있으실 경우 열람기간 내에 서면으로 이의신청하여 주시기 바랍니다.

1. 사업개요
   • 사업명: '갑' 지역 지하수저류지 설치사업
   • 사업시행자: 한국수자원공사
     - 주소: 대전광역시 대덕구 신탄진로 200(연축동 산6-2)
   • 사업위치: 전라남도 영광군 해당 지역 일원
     - 습한 기후와 좁은 유역면적에 따라 저고도 지상 차수벽 설치
   • 시설용량: 용수공급계획량 100m³/일, 취수시설용량 200m³/일
   • 사업기간: 2021. 04.~2023. 04.(24개월)
2. 토지 및 지장물 세목조서: 붙임 참조
3. 보상내역 열람 및 이의신청
   가. 열람(이의신청)기간: 2021. 06. 26.~2021. 07. 15. (20일간)
   나. 열람장소: 한국수자원공사 금·영·섬권역 부문 3층 경영처
      ※ 해당 지자체(전라남도 영광군 ○○면사무소) 및 K-water 인터넷 홈페이지에서도 열람 가능
   다. 열람방법: 열람기간 중 토지 등 소유자 또는 이해관계인 본인이 신분증을 지참하여 본인 여부 확인 후 열람 장소에서 열람합니다.
   라. 이의신청: 열람 내용에 이의가 있을 경우 열람 장소에 비치된 이의신청서에 내용을 기재하여 신청기간 내 서면(직접 또는 우편)으로 제출해야 하며, 기간 내에 이의신청이 없는 경우에는 이의가 없는 것으로 간주합니다.
4. 보상시기 및 절차
   가. 보상시기: 2021년 08월 이후 개별통지 예정
   나. 보상방법: 「공익사업을 위한 토지 등의 취득 및 보상에 관한 법률」에 의거 감정평가법인의 평가금액을 산술평균하여 보상가격 결정

① 국가의 안정적 수원확보를 통한 해당 지역의 균형발전 도모
② 해당 지역 용수공급의 일원화에 의한 물 안보 확립
③ 해당 지역 주민에 대한 적절한 토지 보상을 통해 분배균형 실현
④ 해당 지역의 농업을 활용한 관광지 활성화를 위한 기반 조성

11

테일러(Taylor)의 과학적 관리론에 대한 설명으로 옳지 <u>않은</u> 것을 고르면?

① 노동자와 사용자의 공동번영을 추구한다.
② 사회심리적 요인을 중시한다.
③ 모든 노동자에게 적정한 일일과업을 부여한다.
④ 성과상여급제도를 확립하였다.

12

「국가공무원법」상 공무원의 의무에 해당하지 <u>않는</u> 것을 고르면?

① 부정청탁의 금지   ② 직장 이탈 금지
③ 친절·공정의 의무   ④ 종교중립의 의무

13

「국가재정법」상 추가경정예산안을 편성할 수 있는 사유에 해당하지 <u>않는</u> 것을 고르면?

① 전쟁이나 대규모 재해가 발생한 경우
② 경기침체, 대량실업, 남북관계의 변화, 경제협력과 같은 대내·외 여건에 중대한 변화가 발생하였거나 발생할 우려가 있는 경우
③ 법령에 따라 국가가 지급하여야 하는 지출이 발생하거나 증가하는 경우
④ 공무원의 보수 인상을 위한 인건비 충당을 위해서 필요한 경우

14

다음 중 공기업에 대한 설명으로 옳지 <u>않은</u> 것을 고르면?

① 철도, 전기와 같이 규모의 경제에 따른 자연독점 가능성이 높은 경우 설립된다.
② 정부부처형 공기업은 기업형태로 운영하는 정부기업인 우편사업, 우체국예금사업, 양곡관리사업 및 조달사업을 말한다.
③ 시장형 공기업은 자산규모 2조 원, 총수입액 중 자체수입액이 차지하는 비중이 100분의 50 이상인 공기업으로 한국수자원공사 등이 있다.
④ 준시장형 공기업은 시장형 공기업이 아닌 공기업으로 한국마사회, 한국철도공사 등이 있다.

15

다음 중 동기부여이론에 대한 설명으로 옳지 않은 것을 고르면?

① 앨더퍼(Alderfer)의 ERG이론은 상위 욕구가 충족되지 않으면, 하위 욕구를 더욱 충족시키고자 한다고 주장한다.
② 해크만(Hackman)과 올드햄(Oldham)의 직무특성이론은 직무수행자의 성장욕구 수준이라는 개인차를 고려하여 허즈버그의 욕구충족요인 이원론보다 진일보한 것으로 볼 수 있다.
③ 브룸(Vroom)의 기대이론에서 수단성(Instrumentality)은 특정 결과가 특정한 노력으로 인해 나타날 수 있다는 가능성에 대한 개인의 신념으로 주관적 확률로 표시된다.
④ 로크(Locke)는 목표설정이론에서 곤란하고 구체적인 목표가 용이하거나 애매한 목표보다 더 직무성과를 향상시킬 수 있다고 주장하였다.

16

정책평가의 내적 타당성을 저해하는 요인으로 옳지 <u>않은</u> 것을 고르면?

① 역사요인   ② 성숙효과
③ 호손효과   ④ 회귀요인

17

공공부분의 비용편익분석에 대한 설명으로 옳은 것을 [보기]에서 모두 고르면?

┤ 보기 ├
- ㉠ 할인율이 낮으면 장기사업이, 할인율이 높으면 단기사업이 유리하다.
- ㉡ 금전적 가치로 환산하여 분석을 하기 때문에 금전적 편익은 고려한다.
- ㉢ 편익비용비율(B/C ratio)은 편익을 비용으로 나눈 값으로 0보다 크면 경제성이 있다.
- ㉣ 시장가격이 존재하지 않거나 신뢰할 수 없는 경우 잠재가격(shadow price)을 사용한다.

① ㉠, ㉡　　　　　　　② ㉠, ㉣
③ ㉡, ㉢　　　　　　　④ ㉠, ㉡, ㉣

18

다음 중 예산제도에 대한 설명으로 옳은 것을 고르면?

① 품목별 예산제도는 예산집행의 신축성을 충족시키기 위하여 고안되었다.
② 성과주의 예산제도에서는 사업의 단위원가에 업무량을 곱하여 예산액을 측정한다.
③ 계획예산제도에서는 정책구조의 분권화를 제고할 가능성이 높다.
④ 영기준 예산제도는 예산을 편성할 때 전년도 예산을 기준으로 결정한다.

19

다음 중 균형성과표(BSC)에 대한 설명으로 옳지 않은 것을 고르면?

① 재무지표 중심의 기존의 성과관리의 한계를 극복하고 다양한 관점의 균형을 추구하기 위하여 등장하였다.
② 조직의 비전과 전략을 달성하기 위해 수행해야 할 핵심적인 사항을 측정 가능한 형태로 바꾼 성과지표의 집합이다.
③ 전통적인 재무제표뿐만 아니라 고객, 비즈니스 프로세스, 학습, 성장과 같은 비재무인 측면도 균형적으로 고려한다.
④ 내부 프로세스 관점에서의 성과지표는 고객만족도, 정책순응도, 민원인의 불만율, 신규 고객의 증감 등이 있다.

20

탈신공공관리(post-NPM)에 대한 설명으로 옳은 것을 [보기]에서 고르면?

┤ 보기 ├
- ㉠ 구조적 통합을 통한 분절화의 확대
- ㉡ 재집권화와 재규제의 주창
- ㉢ 총체적 정부 또는 합체된 정부의 주도
- ㉣ 역할 모호성의 제거 및 명확한 역할관계의 안출
- ㉤ 민간·공공부문의 파트너십 강조
- ㉥ 집권화, 역량 및 조정의 증대
- ㉦ 중앙의 정치·행정적 역량의 축소
- ㉧ 환경적·역사적·문화적 요소에 대한 유의

① ㉠, ㉢, ㉣, ㉤, ㉥, ㉧
② ㉠, ㉣, ㉤, ㉥, ㉦, ㉧
③ ㉡, ㉢, ㉣, ㉤, ㉥, ㉦
④ ㉡, ㉢, ㉣, ㉤, ㉥, ㉧

21

로위(Lowi)의 정책유형에 대한 설명으로 옳지 <u>않은</u> 것을 고르면?

① 배분정책은 모두가 수혜자가 된다는 면에서 집행과정에서 반발과 갈등의 강도가 가장 적은 정책유형이다.

② 규제정책은 법률의 형태를 취하도록 하는 것이 원칙이나, 집행과정에서 집행자에게 재량권을 부여할 수밖에 없다.

③ 재분배정책은 계급대립적 성격을 지니는 것으로, 계급정책(class policy)이라 부를 수 있다.

④ 구성정책은 모든 국민을 대상으로 하는 정책이므로 대내적인 가치배분에는 큰 영향이 없지만, 대외적으로는 게임의 법칙이 일어난다.

22

재무지표 중심의 기존의 성과관리의 한계를 극복하고 다양한 관점의 균형을 추구하는 것이 균형성과표(BSC)의 장점이자 특징이다. 균형성과표(BSC)의 균형에 대한 설명으로 옳은 것을 [보기]에서 모두 고르면?

┤ 보기 ├
㉠ 재무적 지표와 비재무적 지표의 균형
㉡ 조직의 내부 요소와 외부 요소 간 균형
㉢ 결과를 예측해 주는 선행 지표와 결과인 후행 지표 간 균형
㉣ 단기적 관점과 장기적 관점의 균형

① ㉠, ㉡
② ㉠, ㉡, ㉢
③ ㉠, ㉡, ㉣
④ ㉠, ㉡, ㉢, ㉣

23

다음 글과 관련 있는 예산의 원칙을 고르면?

> 지방정부가 각종 개발부담금을 징수하여 중앙정부의 세입 장부로 이전할 때, 징수비용을 제외한 순수입만을 중앙정부 세입예산에 반영해서는 안 된다는 것이다. 예를 들어 1,000원을 징수하는 과정에서 100원의 비용이 있었다면, 1,000원을 보고하고 100원을 사후적으로 보상받는 방식을 채택해야 하며, 900원만 이전해서는 안 된다.

① 한정성의 원칙
② 단일성의 원칙
③ 완전성의 원칙
④ 명확성의 원칙

24

예산사정 과정은 제한된 재원을 놓고 벌이는 게임이자 중요한 결정 과정으로, 그 과정에는 크게 합리 모형의 경제적 접근과 점증 모형의 정치적 접근이 중요하게 작용한다. 다음 [보기]에서 경제적 접근에만 해당하는 것은 모두 몇 개인지 고르면?

┤ 보기 ├
㉠ 예산 편성 지침을 하달하고 그 지침에 따라 사업을 평가한다.
㉡ 사업의 타당성을 검증하기 위해 비용 편익 분석을 활용한다.
㉢ 신규사업의 경우 초기에는 사업을 작게 계획해서 일단 종자 예산을 확보한 뒤 다음부터 계속사업으로 연결시키는 방법을 사용한다.
㉣ 대통령의 공약을 들고 나온다거나 정치적 호응을 얻을 수 있도록 사업 명칭이나 내용을 포장한다.

① 1개
② 2개
③ 3개
④ 4개

25

「국가재정법」상 특별회계를 설치할 수 있는 경우로 적절하지 <u>않은</u> 것을 고르면?

① 특정한 사업을 운영하고자 할 때
② 특정한 목적을 위하여 특정한 자금을 신축적으로 운용할 필요가 있을 때
③ 특정한 세입으로 특정한 세출에 충당함으로써 일반회계와 구분하여 회계처리할 필요가 있을 때
④ 특정한 자금을 보유하여 운용하고자 할 때

26

기획재정부가 전략 기획과 분권 확대의 접근들을 예산 편성 방식에 도입하기 위해 실시하고 있는 총액배분·자율편성(top-down) 제도에 대한 설명으로 옳지 <u>않은</u> 것을 고르면?

① 기획재정부에서는 경제사회 여건 변화와 국가 발전 전략에 입각한 재원 배분 계획(국가재정 운용 계획)에 근거해 연도별 재정 규모, 분야별·중앙관서별·부문별 지출 한도를 제시한다.
② 총액배분·자율편성 제도는 통합재정을 기준으로 하기 때문에 특별회계, 기금 등 칸막이식 재원을 확보하려는 유인을 축소시킨다.
③ 기획재정부가 정한 총액 내에서 의원들의 관심이 높은 사업은 대규모 혹은 우선순위를 높게 설정해 예산 심의에서 증액을 유도할 수 있다.
④ 각 중앙부처는 소관 정책과 우선순위에 입각해 자율적으로 지출 한도 내에서 사업별로 재원을 배분한다.

27

조직구조의 유형 중에서 기능구조와 비교하여 사업구조가 가지는 장점으로 볼 수 <u>없는</u> 것을 고르면?

① 사업부서 내의 기능 간 조정이 용이하고 신속한 환경변화에 적합하다.
② 중복과 낭비를 예방하고 기능 내에서 규모의 경제를 구현할 수 있다.
③ 성과책임의 소재가 분명해 성과관리 체제에 유리하다.
④ 특정 산출물별로 운영되기 때문에 고객만족도를 제고할 수 있다.

28

목표와 성과 중심의 조직관리 활동으로 목표관리제(MBO)와 성과관리제(management by result)가 있다. 이 중 목표관리제(MBO)에 대한 설명으로 옳지 <u>않은</u> 것을 고르면?

① 조직의 미션과 비전으로부터 이를 달성하기 위한 부서 단위의 목표와 성과지표, 개인 단위의 목표와 성과지표를 제시한다는 점에서 연역적·하향적(top-down) 접근이다.
② 구성원의 참여에 의해 설정되는 좋은 목표는 구체적이고 상세하게 기술된 목표이며, 실현 가능해야 하고 측정 가능해야 한다.
③ 관리자 중심의 일방적인 관리를 목표와 참여를 통한 관리로 변경하는 제도이다.
④ 목표 달성 평가의 활용 중 예산상 조치로 1970년대 미국은 연방예산의 95%에 해당하는 21개 부처에서 목표달성도(산출)에 따라 예산을 차등 배분해 행정통제를 강화하였다.

29

근무성적평정과정에서 나타날 수 있는 오류의 유형에 대한 설명으로 옳지 <u>않은</u> 것을 고르면?

① 연쇄효과: 평정자가 가장 중요시하는 하나의 평정요소에 대한 평가결과가 성격이 다른 평정요소에도 영향을 미치는 것을 말한다.
② 집중화 경향: 평가자가 모든 피평가자에게 대부분 중간 수준의 점수를 주는 경향을 말한다.
③ 규칙적 오류: 평가자가 일관성 있는 평정기준을 갖지 못하여 관대화 및 엄격화 경향이 불규칙하게 나타나는 것을 말한다.
④ 유사성 효과: 평정자가 자기 자신과 성향이 유사한 부하에게 후한 점수를 주는 오차를 말한다.

30

우리나라의 책임운영기관에 대한 설명으로 가장 옳지 <u>않은</u> 것을 고르면?

① 책임운영기관의 장에게 행정 및 재정상의 자율성을 부여하고 그 운영 성과에 대하여 책임을 지도록 하는 행정기관을 말한다.
② 책임운영기관은 기관의 지위에 따라 소속책임운영기관과 중앙책임운영기관으로 구분한다.
③ 소속책임운영기관의 장의 임기는 2년으로 하되, 한 차례만 연임할 수 있다.
④ 책임운영기관특별회계는 계정별로 중앙행정기관의 장이 운용하고, 기획재정부장관이 통합하여 관리한다.

31

직위분류제의 주요 개념에 대한 설명으로 옳지 <u>않은</u> 것을 고르면?

① 직위란 1명의 공무원에게 부여할 수 있는 직무와 책임을 말한다.
② 직급이란 직무의 종류·곤란성과 책임도가 상당히 유사한 직위의 군을 말한다.
③ 직류란 직무의 성질이 유사한 직렬의 군을 말한다.
④ 직렬이란 직무의 종류가 유사하고 그 책임과 곤란성의 정도가 서로 다른 직급의 군을 말한다.

32

다음 내용과 관련 있는 근무 성적 평정의 방법을 고르면?

> • 도표식 평정척도법이 갖는 평정요소 및 등급의 모호성과 해석상 주관적 판단 개입, 그리고 중요 사건 기록법이 갖는 상호 비교의 곤란성을 보완하기 위하여 두 방법의 장점을 통합시킨 방법이다.
> • 주관적 판단 배제를 위해 직무분석에 기초하여 직무와 관련된 중요 과업분야를 선정하고, 각 과업분야에 대해 이상적 과업행태에서 가장 바람직하지 못한 과업행태까지를 몇 개의 등급으로 구분하고, 각 등급마다 중요 행태를 명확하게 기술하고 점수를 할당한다. 이때 중요 행태는 중요 사건 기록법에서 아이디어를 얻을 수 있다.

① 다면평가법
② 목표관리 평정법(MBO)
③ 행태기준 평정척도법(BARS)
④ 체크리스트(check list) 평정법

33

조직 구조의 형태와 관련하여 A, B, C에 해당하는 조직 구조로 바르게 짝지어진 것을 고르면?

> (A)는 전문가의 집합으로 전문성을 살릴 수 있으나 조정이 어렵고, (B)는 전문가의 조정은 용이하나 비용이 중복된다는 문제가 있다. (C)는 양자의 장점을 채택한 구조이다.

	A	B	C
①	사업 구조	기능 구조	매트릭스 구조
②	기능 구조	사업 구조	매트릭스 구조
③	기능 구조	사업 구조	수평 구조
④	사업 구조	기능 구조	수평 구조

34

인사 이동 중 수평적 이동과 관련하여 설명이 옳지 않은 것을 고르면?

① 인사 교류는 행정부 및 지방자치단체 소속 일반직 공무원을 대상으로 중앙 부처 상호 간 교류와 중앙과 지방 간 교류로 구분된다.

② 파견은 국가적 사업의 수행을 위해 공무원의 소속을 바꾸어 다른 기관이나 국가기관 이외의 기관 및 단체에서 근무하게 하는 것이다.

③ 전직은 상이한 직렬의 동일한 계급 또는 등급으로 이동하는 것이고, 전보는 동일한 직급 내에서 직위만 바꾸는 것으로 전직을 위해서는 전직 시험을 거쳐야 한다.

④ 겸임은 직위 및 직무 내용이 유사하고 담당 직무 수행에 지장이 없다고 인정되는 경우에 한 사람의 공무원에게 둘 이상의 직위를 부여하는 것이다.

35

다음 글과 관련 있는 정책 결정자의 행동에 영향을 미치는 가치를 고르면?

> 자신의 정치적 위험을 무릅쓰고, 경제정의의 실현을 위해 토지공개념과 금융실명제를 도입하자고 주창했던 개혁지향적인 경제관료들은 그러한 개혁 정책이 도덕적으로 옳고 또한 평등이 바람직한 정책 목표라고 믿기 때문일 것이다.

① 정치적 가치   ② 정책의 가치
③ 개인의 가치   ④ 조직의 가치

36

합리적 분석에 의한 예산 배분에 대한 설명으로 옳지 않은 것을 고르면?

① 바람직한 목표를 설정한다.
② 다양한 이해관계의 조정을 중시한다.
③ 목표 달성을 위한 모든 대안을 탐색한다.
④ 각 대안에 따른 비용과 편익의 추계 및 비교를 한다.

37

「국가재정법」상 추가경정예산안을 편성할 수 있는 경우로 옳지 않은 것을 고르면?

① 전쟁이나 대규모 재해가 발생한 경우
② 헌법이나 법률에 의하여 설치된 기관 또는 시설의 유지·운영을 위한 경비를 지출해야 하는 경우
③ 법령에 따라 국가가 지급하여야 하는 지출이 발생하거나 증가하는 경우
④ 경기침체, 대량실업, 남북관계의 변화, 경제협력과 같은 대내·외 여건에 중대한 변화가 발생하였거나 발생할 우려가 있는 경우

38

현금주의 방식에 의한 단식부기를 중심으로 회계 운영을 할 때 나타날 수 있는 문제점으로 보기 <u>어려운</u> 것을 고르면?

① 재정의 총괄적이고 체계적인 파악이 곤란하다.
② 이해가 어렵고 회계 처리에 많은 비용이 발생한다.
③ 오류의 자기검증 및 회계 간의 연계성 분석 기능이 취약하다.
④ 미래의 재정에 영향을 미치는 자산·부채를 체계적으로 인식하지 못해 정부 재정의 건전성을 제대로 판단하지 못한다.

39

예산 집행의 신축성 유지 방안으로 옳지 <u>않은</u> 것을 고르면?

① 계속비는 당해 연도로부터 10년 이내에 한해 지출할 수 있으며, 계속비의 연도별 연부액 중 당해 연도에 지출하지 못한 금액은 당해 계속비 사업의 완성 연도까지 계속 이월할 수 있다.
② 추가경정예산은 본예산과 별개로 성립되어 예산 단일성 원칙의 예외이나, 성립되면 본예산과 하나로 통합되어 운영된다.
③ 예산 외의 지출 또는 초과지출을 해야 할 경우 예비비를 사용하거나 이용 및 전용을 할 수 있으며, 나아가 추가 경정예산을 편성할 수 있다.
④ 이월은 계속비와 달리 1년도에 국한되므로 한번 사고이월한 경비는 다시 다음 연도에 재차 이월할 수 없다.

40

공직동기 이론(Public Service Motivation)에 대한 설명으로 옳은 것을 [보기]에서 모두 고르면?

┤ 보기 ├
㉠ 공공조직은 민간조직과 여러 가지 차이점이 있는데, 그 차이가 조직원의 동기에도 존재하는가를 연구하는 이론이다.
㉡ 공공부문의 종사자들은 '봉사 의식이 투철하고 공공문제에 더 큰 관심을 가지며 공공의 문제에 영향을 미칠 수 있다는 것에 큰 가치를 부여하고 있는 사람들'이라고 가정한다.
㉢ 타인에 대한 봉사 동기와 공익 우선의 동기는 민간기업 근로자의 일반적인 동기와 다른 새로운 동기의 내용에 해당된다.
㉣ 현재까지의 연구 결과는 공직 종사자들과 민간기업 종사자들 간 동기에 차이가 있으나, 이러한 차이는 특별히 '공직동기'라고 보기 어렵다는 것이다.
㉤ 매슬로(A. Maslow)가 분류한 인간의 다섯 가지 욕구에서 공공부문 종사자들의 욕구(안전 욕구)와 민간기업 종사자들의 욕구(경제적 욕구)의 내용상 차이가 있을 뿐이라는 것으로 정리되고 있다.
㉥ 신공공관리론에서 강조하는 이기적인 개인의 전제나 성과급 등을 통한 외재적 보상의 중요성보다는 공공부문 종사자가 갖고 있는 내적 동기 요인의 제고를 강조한다.

① ㉠, ㉡, ㉢
② ㉠, ㉡, ㉢, ㉣
③ ㉠, ㉡, ㉢, ㉣, ㉤
④ ㉠, ㉡, ㉢, ㉣, ㉤, ㉥

전기

정답과 해설 P.73

01

다음 보도자료에서 홍수기 대책으로 언급되지 <u>않은</u> 것을 고르면?

보 도 자 료		
보도일시	6월 13일(일) 12시부터 보도하여 주시기 바랍니다.	
담당 부서	한국수자원공사 수자원운영처	김○○ 부장 / 이○○ 차장 042-629-0000
배포일시	2021. 6. 13.	

□ 한국수자원공사는 6월 10일 대전시 본사에서 '홍수기 대비 전사 합동 점검 회의'를 개최하여, 홍수기를 앞두고 그간 준비한 개선대책과 댐 운영계획 등 전반에 대해 종합적으로 점검했다.

□ 이날 회의에는 본사와 4개 유역본부(한강, 낙동강, 금강, 영·섬), 20개 다목적댐 지사 등이 전부 참여하여, 「풍수해대응 혁신종합대책」과 연계하여 추진해 온 대책을 점검하고, 홍수기 대비 댐 운영계획을 논의하였다. 올해 홍수기에 적용되는 주요 대책들은 크게 세 가지이다.

□ 환경부·기상청·홍수통제소·한국수자원공사가 참여하는 「정책협의회」를 기반으로, 올해 홍수기부터는 기상청에서 제공하는 댐 유역 맞춤형 강우예보를 홍수분석에 활용한다.

• 주요 댐 하류 하천에 대해 홍수통제소 CCTV와 한국수자원공사가 자체 신설한 CCTV를 연계하여 영상감시체계를 강화한다.

• 행정안전부에서 운영하는 긴급재난문자(CBS) 시스템을 댐의 수문방류 통보 수단에 추가하여 댐 하류의 안전확보 체계도 강화된다.

□ 다목적댐 수문방류가 예상될 경우 댐 하류지역에서 사전에 대비할 수 있도록, 방류계획을 24시간 전에 지자체 및 지역주민 등에게 알려주는 수문방류 예고제가 시행된다.

※ (기존) 3시간 전 통보 → (개선) 24시간 전 예고＋3시간 전 통보

• 댐 수문방류 필요 등 긴급 상황이 발생할 경우, 전사적 의사결정체계인 '댐 홍수조절위원회'를 가동하여 합리적 의사결정을 지원할 예정이다.

□ 지자체, 지역주민, 관계기관이 참여하는 '댐 홍수관리 소통 회의'를 통해 지역과 소통하는 댐 운영체계를 가동한다.

• 20개 다목적댐 지역주민이 참여하는 소통 회의는 지난 4월 1차 회의를 완료하였으며(4. 13.~4. 23.), 6월 18일까지 모의훈련을 병행한 2차 회의를 진행한다.

• 댐별 '댐 홍수관리 소통 회의'를 통하여 댐 운영현황과 전망 및 향후 운영계획을 지역과 적극 소통하고, 지자체 및 지역주민이 함께 참여하여 조사한 댐 운영 제약사항 관리 및 개선방안도 지속 논의할 예정이다.

□ 또한 이번 회의에서는 한국수자원공사에서 관리 중인 20개 다목적댐의 운영현황과 홍수기 운영계획에 대해서도 함께 논의되었다.

• 6월 10일 기준 전국 다목적댐은 계획홍수위까지 홍수조절에 활용할 수 있는 용량을 약 56.6억 톤 확보하고 있으며, 이는 작년 동일시점(51.5억 톤) 대비 110% 수준이다.

－ 계획홍수위: 홍수조절을 위해 유입홍수를 저장할 수 있는 최고수위

－ 56.6억 톤: 다목적댐 유역에 내리는 비의 70%가 댐 저수지에 유입된다고 가정할 경우, 약 355mm 의 비를 방류 없이 저류할 수 있는 용량

• 올해 홍수기에는 확보된 홍수조절 가능용량을 활용하여, 댐 직하류 하천의 홍수소통능력(계획홍수량) 내에서 수문방류를 시행할 수 있도록 최대한 노력하여 홍수기 댐 운영을 시행할 계획이다.

※ 댐 설계를 초과하는 이상홍수 발생 시에는 댐 안전을 고려하여 방류량 조정

① 지역소통 강화대책
② 첨단 장비를 통한 원격 점검대책
③ 관계기관 협업대책
④ 댐 운영 개선대책

02

다음은 정부에서 추진하고 있는 환경친화적 댐 개발 및 관리 현황에 대한 글이다. 이를 바탕으로 [보기]의 ㉠, ㉡이 각각 포함되는 단계로 바르게 짝지어진 것을 고르면?

┤ 보기 ├
㉠ 계획의 적정성, 입지의 타당성을 환경적 측면에서 평가 및 각종 친환경계획 수립
㉡ 건설로 인한 환경영향의 저감을 위해 공정·공구별 환경관리 계획 수립 및 시행

	㉠	㉡
①	조사·계획단계	유지관리단계
②	정책입안단계	설계·시공단계
③	정책입안단계	조사·계획단계
④	조사·계획단계	설계·시공단계

21세기 환경의 시대를 맞아 국민의 환경보전의식이 증대되고 삶의 질이 우선시됨에 따라 수자원부문에서는 자연환경 및 지역사회와 조화되는 수자원 개발 및 관리가 요구되고 있다. 환경적으로 건전하고 지속가능한 수자원 개발 및 관리를 위하여 추진하고 있는 환경친화적인 댐 건설은 정책입안, 조사·계획, 설계·시공 및 유지관리단계 등 댐 건설의 전 과정에서 자원 활용의 극대화, 주변 생태계의 유지와 복원, 주변 자연의 특성과 대상지역의 사회적·문화적·역사적 특수성을 고려한 개발과 보전의 조화 등을 실현하는 데 기본방향을 두고 있다.

우선 댐 정책입안단계부터 전략환경영향평가를 통해 댐 개발의 기본방침에서부터 친환경 개발 및 지속가능성을 검토한다. 정부에서는 주요한 개발정책 수립 시 환경성을 사전에 고려하기 위한 전략환경영향평가 제도를 시행하고 있는데, 환경영향평가법의 개정으로 정책입안의 각 단계별로 환경성을 평가하고 전문가가 참여하는 환경영향평가협의회 운영 및 주민의견 수렴, 관계기관 협의 등의 절차로 환경성평가제도의 실효성을 한층 향상시켰다. 또한 정부(국토부)에서 댐 사업 절차개선을 발표하면서 타당성조사 이전에 개별댐에 대한 사전검토를 대폭강화하고 댐 건설에 대한 지역의 의견 수렴 등 민주적인 갈등조정 프로세스를 마련하여, 앞으로 댐 건설로 인한 사회적 갈등이 최소화될 전망이다.

조사·계획 시에는 충분한 현지조사를 통해 댐 건설로 인해 발생할 수 있는 자연·인문환경의 변화, 지역사회의 경제·사회적 변화 등을 예측하여 환경피해를 미연에 방지하도록 계획을 수립하며, 설계·시공단계에서는 주변환경과 지역사회에 미치는 영향을 최소화하고 지역사회로부터 환영받는 시설이 될 수 있도록 세심한 배려를 기울이고 있다.

아울러 댐 건설로 인하여 훼손될 수 있는 자연환경을 보전하기 위해 해당 지역 자연생태계 및 지역특성을 고려한 환경보존과 생태복원사업을 시행하고 있으며, 댐 건설 후 유지관리단계에서 완성된 시설물과 주변 생태계와 조화될 수 있도록 사후환경영향조사를 지속적으로 실시하고 있다.

03

다음 글은 우리나라의 수력발전 댐과 관련한 연구 자료의 일부이다. 이를 통해 강조하고자 하는 바를 요약한 내용으로 가장 적절한 것을 고르면?

최근 세계경제포럼, UN, World Bank 등 국제사회에서는 기후변화에 따른 물 위기를 지속적으로 경고하고 있으며, 물 관리에 실패하면 경제도 위험할 수 있음을 강조하고 있다. 이에 따라 지난해 4월에 개최된 세계물포럼에서 국제기구인 세계물위원회(WWC)와 프랑스전력(EDF)은 물 문제 해결을 위해 수력발전 댐의 다목적 활용을 제안한 바 있으며, OECD 주요 국가에서도 물 효율화를 위해 수력발전 댐($34\% \rightarrow 20\%$)보다 다목적 댐 건설($66\% \rightarrow 80\%$)의 비중을 높이고 있는 추세이다.

OECD 국가 중 물 관리 여건이 가장 열악한 우리나라는 최근 기후변화로 인해 극한 가뭄 및 홍수 발생이 더욱 빈번해지고 있다. 2011년 수도권에 발생한 100년 만의 폭우, 2012년 100년 만의 가뭄, 2015년 충남 8개 시·군의 제한급수 등이 발생했으며, 이는 과거와 달라진 강우 패턴과 지역적 편차 등으로 물 관리의 어려움이 증대되고 중요성은 높아졌음을 시사하고 있다.

우리나라는 댐 건설목적에 따라 댐 관리가 다원화되어 있다. K-water는 다목적 댐, 한국수력원자력㈜는 수력발전 댐을 관리하는 등 동일 수계 내 댐 관리 체계가 달라 가뭄 및 홍수 등에 대비한 효율적인 물 관리에 한계를 가지고 있다. 우리나라의 수력발전 댐은 1960년대 산업화 초기에 중요한 전력공급원이었으나 현재는 국가 발전량의 0.2%에 불과할 정도로 그 중요성 및 역할이 감소되었다. 또한 전력예비율 목표(22%)가 미국, EU 등 선진국(15%)보다 매우 높은 수준이며, 전력예비율이 23.9%를 기록하여 이미 목표를 초과 달성하는 등 매우 안정적인 전력공급 환경이 조성되어 있다. 이에 기후변화에 대응한 국가 재난예방 및 물 관리 효율화 증진을 위해 다목적 댐과 수력발전 댐을 통합하는 댐 관리 체계를 구축하여 한정된 수자원을 합리적으로 이용하고 있다.

수력발전 댐 통합관리에 따른 연계운영 시 수력발전 댐(청평댐, 의암댐, 춘천댐)의 홍수기 제한수위를 낮추어 홍수조절용량 추가 확보(2.4억 m^3)가 가능하고 이를 통해 한강의 홍수량이 저감될 수 있다. 또한 실시간 댐 간(다목적 댐-수력발전 댐) 연계운영을 통한 댐 방류체계 개선으로 물 낭비 최소화 및 상류댐 용수비축으로 연간 5.4~8.8억 m^3의 수자원을 수질개선 및 가뭄대응 등 다용도로 활용할 수 있다.

① 다목적 댐-수력발전 댐 통합운영을 통한 효율적인 관리 체계 구축
② 환경친화적 수자원 개발을 위한 환경영향평가 체계 마련
③ 미래가치 극대화를 위한 댐 이용 활성화 방안 제시
④ 댐·보 상류지역 생태습지 조성 및 관리를 위한 개선 방안

04

다음 수자원공사의 사업 내역을 설명하는 글의 [가]~[라] 문단을 읽고, [보기]의 주제1~4에 맞는 문단으로 바르게 짝지어진 것을 고르면?

[가] K-water는 직장 내 괴롭힘 청정구역을 구축하기 위해 피해자를 최우선으로 하고 있습니다. 상담 및 조사에 전문성과 공정성을 확보하고 2차 피해 예방을 위해 노력하고 있습니다. 괴롭힘 조치 및 예방에 대해 명시하도록 취업규칙을 개정하고 권익보호 포털을 개설하여 신고 및 처리에 대한 절차를 마련하였습니다. 권익보호 포털은 시간과 장소를 불문한 권익보호 상담이 가능하며, 비위행위 신고 체계를 구축하여 사건 진행 및 통계 데이터를 실시간으로 제공하고 있습니다.

[나] 전문가과정 및 석·박사 위탁교육을 통해 핵심 분야의 인재 육성 및 융합관점의 학습과제를 발굴하고 집중 심화교육을 실시하여 분야 간 이해를 돕고 있습니다. 인재 활용도 제고를 위해 전문 인재 DB를 구축하고 해당 분야의 보직 배치 등 인재육성과 인사관리를 연계하고 있으며, 단기교육을 통한 다양성 확보 및 장기 위탁교육을 실시하는 등 단기-장기 교육 간의 연계를 강화하고 있습니다.

[다] K-water는 일자리 창출 및 지원으로 공공기관의 사회적 책임을 적극 이행하고 있습니다. 경제적 여건이 열악하고 고령화 문제가 심각한 댐 주변지역의 지역 소득원 발굴을 통한 주민고용 창출, K-water 나눔복지재단 운영으로 지역민 일자리 창출과 복지 증진을 돕고 있습니다. 또한 매년 우수 사회적 경제 기업을 선정하여 최대 3천만 원의 성장자금 지원 및 판매기법·기술개발 등의 사업화 지원으로 기업 경쟁력 강화를 통한 일자리 창출을 도모하고 있습니다.

[라] 물기업들의 어려움을 해소하고 경쟁력 강화를 돕기 위해 50년 이상 축적한 물관리 노하우, 유·무형 자산, 글로벌 네트워크를 중소·벤처기업에 모두 개방하여 창업지원, 혁신기술 개발, 판로개척, 해외진출에 이르는 전 과정을 지원하고 있습니다. 2019년에는 2018년보다 2배 증가한 중소·벤처기업 393개사를 지원함으로써 기업매출 확대 및 일자리 1,889개를 창출하였습니다.

─ 보기 ─
- 주제1: 물 산업 혁신 일자리
- 주제2: 사회적 가치 창출 및 지역경제 활성화 지원
- 주제3: 미래 대비 융합 중심의 창의형 인재 육성
- 주제4: 구성원이 보호받는 존중 일터 구축

	주제1	주제2	주제3	주제4
①	[나]	[가]	[라]	[다]
②	[나]	[다]	[라]	[가]
③	[라]	[나]	[가]	[다]
④	[라]	[다]	[나]	[가]

05

다음 규정을 읽고 공문서에 대한 설명으로 옳지 않은 것을 고르면?

제2장 공문서 관리 등 행정업무의 처리
제1절 공문서의 작성 및 처리
제4조(공문서의 종류) 공문서(이하 "문서"라 한다)의 종류는 다음 각 호의 구분에 따른다.
1. 법규문서: 헌법·법률·대통령령·총리령·부령·조례·규칙 등에 관한 문서
2. 지시문서: 훈령·지시·예규·일일명령 등 행정기관이 그 하급기관이나 소속 공무원에 대하여 일정한 사항을 지시하는 문서
3. 공고문서: 고시·공고 등 행정기관이 일정한 사항을 일반에게 알리는 문서
4. 비치문서: 행정기관이 일정한 사항을 기록하여 행정기관 내부에 비치하면서 업무에 활용하는 대장, 카드 등의 문서
5. 민원문서: 민원인이 행정기관에 허가, 인가, 그 밖의 처분 등 특정한 행위를 요구하는 문서와 그에 대한 처리문서
6. 일반문서: 제1호부터 제5호까지의 문서에 속하지 아니하는 모든 문서
제6조(문서의 성립 및 효력 발생) ① 문서는 결재권자가 해당 문서에 서명(전자이미지서명, 전자문자서명 및 행정전자서명을 포함한다. 이하 같다)의 방식으로 결재함으로써 성립한다.
② 문서는 수신자에게 도달(전자문서의 경우는 수신자가 관리하거나 지정한 전자적 시스템 등에 입력되는 것을 말한다)됨으로써 효력을 발생한다.
③ 제2항에도 불구하고 공고문서는 그 문서에서 효력발생 시기를 구체적으로 밝히고 있지 않으면 그 고시 또는 공고 등이 있은 날부터 5일이 경과한 때에 효력이 발생한다.
제7조(문서 작성의 일반원칙) ① 문서는 「국어기본법」 제3조 제3호에 따른 어문규범에 맞게 한글로 작성하되, 뜻을 정확하게 전달하기 위하여 필요한 경우에는 괄호 안에 한자나 그 밖의 외국어를 함께 적을 수 있으며, 특별한 사유가 없으면 가로로 쓴다.
② 문서의 내용은 간결하고 명확하게 표현하고 일반화되지 않은 약어와 전문용어 등의 사용을 피하여 이해하기 쉽게 작성하여야 한다.
③ 문서에는 음성정보나 영상정보 등이 수록되거나 연계된 바코드 등을 표기할 수 있다.
④ 문서에 쓰는 숫자는 특별한 사유가 없으면 아라비아 숫자를 쓴다.
⑤ 문서에 쓰는 날짜는 숫자로 표기하되, 연·월·일의 글자는 생략하고 그 자리에 온점을 찍어 표시하며, 시·분은 24시각제에 따라 숫자로 표기하되, 시·분의 글자는 생략하고 그 사이에 쌍점을 찍어 구분한다. 다만, 특별한 사유가 있으면 다른 방법으로 표시할 수 있다.
⑥ 문서 작성에 사용하는 용지는 특별한 사유가 없으면 가로 210밀리미터, 세로 297밀리미터의 직사각형 용지로 한다.
⑦ 제1항부터 제6항까지에서 규정한 사항 외에 문서 작성에 필요한 사항은 행정안전부령으로 정한다.
제10조(문서의 결재) ① 문서는 해당 행정기관의 장의 결재를 받아야 한다. 다만, 보조기관 또는 보좌기관의 명의로 발신하는 문서는 그 보조기관 또는 보좌기관의 결재를 받아야 한다.
② 행정기관의 장은 업무의 내용에 따라 보조기관 또는 보좌기관이나 해당 업무를 담당하는 공무원으로 하여금 위임전결하게 할 수 있으며, 그 위임전결 사항은 해당 기관의 장이 훈령이나 지방자치단체의 규칙으로 정한다.
③ 제1항이나 제2항에 따라 결재할 수 있는 사람이 휴가, 출장, 그 밖의 사유로 결재할 수 없을 때에는 그 직무를 대리하는 사람이 대결하고 내용이 중요한 문서는 사후에 보고하여야 한다.

① 공기관의 사내 윤리강령과 행동지침 등이 적혀 사내에 비치된 문서는 지시문서이면서 비치문서로 볼 수 있다.
② 공기관 간의 업무 협조와 관련된 내용을 주고받은 공식문서는 일반문서로 분류할 수 있다.
③ 공문서의 효력은 최종 결재권자의 서명이 이루어진 시점부터 즉시 발생한다.
④ 민원인의 민원 내용이 적힌 문서와 이에 대한 처리 내역이 적힌 문서는 모두 민원문서에 해당한다.

06

다음은 한국수자원공사의 미션과 비전을 요약, 설명하는 글이다. 밑줄 친 5대 추진 전략을 세부 추진 과제 (A)~(D)에 맞게 순서대로 나열한 것을 고르면?

K-water는 '세계 최고의 물 종합 플랫폼 기업'이라는 비전을 새롭게 선포하여 세상에 행복을 水놓는 'World Top K-water'로 도약할 것을 다짐하고 있습니다. 물 관리 혁신을 위해 新 가치체계를 구현하고 핵심가치, 경영방침을 새롭게 수립하여 급변하는 경영환경에 대응하고 있습니다. 또한 새로운 시대에 걸맞은 물관리 혁신을 위해 7대 전략과제를 제시하고 국민 삶의 품격 향상을 위한 맞춤형 사회적 가치 실현 추진체계(국민 삶의 기본 안전, 경제 활력 제고, 건강하고 깨끗한 환경, 클린 책임경영, 국민 체감형 서비스의 5대 추진 전략)를 구축하여 포용적 국민 물복지 사회로 나아가고 있습니다.

[표] 사회적 가치 실현 세부 추진 과제

전략방향	목표('24)	중점 과제
국민 삶의 기본 안전	• 재난관리평가 "우수" • 건설현장재해율 0.45	− 안전한 건설현장과 안심 일터 조성 − 취약계층 사회안전망 강화 − 국민 일상을 지키는 재해 예방체계 − 중단없는 깨끗하고 안전한 물 공급
(A)	• 글로벌 수질 달성률 100% • 온실가스 감축 1,405천tCO₂eq	− 상류 유역 물환경 개선 − 친환경 대체 수자원 개발 − 수변생태벨트 구축 − 물 특화 도시 조성
(B)	• 일자리 창출 9.3만 개(~'24) • 혁신성장 투자 6.5조 원	− 사회적 경제 활성화 − 개방형 혁신 R&D − 물산업 오픈 플랫폼 − 환경 비즈니스 빅데이터 생태계
(C)	• 국민아이디어 사업화 50건('20) • 고객만족도 A등급	− 국민 중심 서비스 − 취약계층 물인권 강화 − 지역경제 활성화 − 국민 경영 참여 확대
(D)	• 청렴도 평가 1등급 • 신뢰경영지수 85점('22)	− 청렴문화 확산과 내부견제 강화 − 불공정 거래 관행 해소 − 인권보호 및 노동권 존중

	(A)	(B)	(C)	(D)
①	클린 책임 경영	건강하고 깨끗한 환경	경제 활력 제고	국민 체감형 서비스
②	클린 책임 경영	국민 체감형 서비스	건강하고 깨끗한 환경	경제 활력 제고
③	건강하고 깨끗한 환경	경제 활력 제고	클린 책임 경영	국민 체감형 서비스
④	건강하고 깨끗한 환경	경제 활력 제고	국민 체감형 서비스	클린 책임 경영

07

다음 스마트워터 그리드(SWG)에 관한 글을 읽고, 빈칸에 들어갈 말로 가장 적절한 것을 고르면?

최근에는 기후변화에 의한 강우의 편중성 증가와 가용 수자원의 부족 문제가 심각해지고 있으며, 인구증가와 도시화로 인한 물 수요 증가는 현재의 물 관리 시스템이 감당할 수 있는 범위를 넘어서고 있다. 이러한 물 공급과 수요의 불균형은 수자원의 양적인 부족에만 의한 것이 아니라, 기존 물 관리 시스템의 비효율성에도 상당한 원인이 있다. 물의 생산과 이송 과정에서 누수 등에 의해 상당한 양의 물이 손실되는 현상이 나타나고 있으며, 물의 생산과 공급에 과다한 에너지가 사용되는 경우도 빈번하게 발생하고 있다. 이러한 한계점을 극복하기 위해 다양한 연구가 시도되고 있으며, 전통적인 수자원 관리기술과 ICT 기술을 융합한 스마트워터 그리드가 선진국들을 중심으로 추진되고 있다.

물 관리 분야에서도 ICT 기술을 활용하여 수자원 관리 및 재난 대비의 효율성을 높인다는 취지이다. 센서를 강이나 댐과 같은 취수장과 정수장, 가정의 수도관에 설치하고 이를 네트워크화하여 물의 생산 및 사용량을 계측하고 분석하게 된다. 이러한 정보를 기반으로 ICT 기술과 분석기법을 적용하여 필요한 조치를 자동으로 취할 수 있다면 보다 스마트한 물 관리가 가능해진다. 스마트워터 그리드는 정보의 수집에 의한 데이터의 확보 및 이를 활용한 지식 기반 시스템의 운영을 기본으로 하고 있다. 이러한 방식은 기존의 물 관리 시스템과는 다른 (   ) (이)라는 장점을 가지고 있다.

① 양방향 정보수집
② 친환경 수질관리
③ 탄소 저감 에너지 활용
④ 주민참여형 관리 방식

08

다음 [표]는 한국수자원공사에서 수행하고 있는 통합물관리체계 과정이다. 이를 바탕으로 '글로벌 물안전관리기법(WSP)' 과 '수직형 정수처리 및 분산형 용수공급시스템'이 적용되는 단계로 가장 적절한 것을 고르면?

[표] 통합물관리체계

단계	과정
1	물정보 조사 · 관리 · 분석
2	물관리 예측 및 운영
3	수자원시설 유지 및 안전관리
4	유역 · 하천 · 저수지 수질관리
5	취수원 수질관리
6	정수처리 시스템 최적화
7	지능형 관망 운영
8	맞춤형 공업용수
9	하수처리 운영 효율화

① 수자원시설 유지 및 안전관리
② 취수원 수질관리
③ 정수처리 시스템 최적화
④ 하수처리 운영 효율화

09

다음 글을 읽고 '스마트 물관리 개념도'의 (A)~(D)단계 중 지능형 검침인프라가 작동하는 단계로 적절한 것을 고르면?

지능형 검침인프라(AMI)는 기존의 제한적 원격 검침(AMR)과는 달리 다양한 네트워크 수단을 통하여 검침기와 양방향 통신 기반을 구축하고 에너지 사용 정보를 측정·수집·분석하는 체계이다. 소비자에게 실시간으로 에너지 사용량 정보가 제공되어 소비자 스스로 또는 자동화된 기기 제어를 통해 에너지 사용을 제어함으로써 가정 및 기업의 에너지 비용을 절감한다. 또한 전기 등을 공급하는 유틸리티 회사들 역시 검침 및 유지 관리 비용의 절감은 물론, 요구 응답과 에너지 부하 제어를 통해 피크 때의 최대 출력을 줄임으로써 에너지 생산 비용 또는 추가적인 인프라 확장을 방지하는 효과를 기대할 수 있다.

[그림] 스마트 물관리 개념도

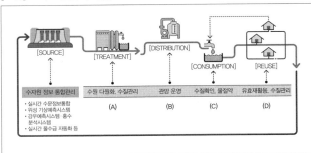

① (A)   ② (B)   ③ (C)   ④ (D)

10

다음 지하수저류지 설치사업 보상계획 관련 공고문을 읽고 설치사업의 목적으로 가장 적절한 것을 고르면?

'갑' 지역 지하수저류지 설치사업 보상계획 열람 공고

환경부 고시로 실시계획 승인 고시된 「'갑' 지역 지하수저류지 설치사업」에 편입되는 토지 등에 대하여, 「공익사업을 위한 토지 등의 취득 및 보상에 관한 법률」 제15조에 의거 다음과 같이 보상계획을 공고하오니 토지 및 물건소유자 또는 이해관계인(권리자)께서는 토지조서 및 물건조서 내용을 열람하시고 이의가 있으실 경우 열람기간 내에 서면으로 이의신청하여 주시기 바랍니다.

1. 사업개요
   • 사업명: '갑' 지역 지하수저류지 설치사업
   • 사업시행자: 한국수자원공사
     − 주소: 대전광역시 대덕구 신탄진로 200(연축동 산6−2)
   • 사업위치: 전라남도 영광군 해당 지역 일원
     − 습한 기후와 좁은 유역면적에 따라 저고도 지상 차수벽 설치
   • 시설용량: 용수공급계획량 100m³/일, 취수시설용량 200m³/일
   • 사업기간: 2021. 04.~2023. 04.(24개월)
2. 토지 및 지장물 세목조서: 붙임 참조
3. 보상내역 열람 및 이의신청
   가. 열람(이의신청)기간: 2021. 06. 26.~2021. 07. 15. (20일간)
   나. 열람장소: 한국수자원공사 금·영·섬권역 부문 3층 경영처
      ※ 해당 지자체(전라남도 영광군 ○○면사무소) 및 K−water 인터넷 홈페이지에서도 열람 가능
   다. 열람방법: 열람기간 중 토지 등 소유자 또는 이해관계인 본인이 신분증을 지참하여 본인 여부 확인 후 열람 장소에서 열람합니다.
   라. 이의신청: 열람 내용에 이의가 있을 경우 열람 장소에 비치된 이의신청서에 내용을 기재하여 신청 기간 내 서면(직접 또는 우편)으로 제출해야 하며, 기간 내에 이의신청이 없는 경우에는 이의가 없는 것으로 간주합니다.
4. 보상시기 및 절차
   가. 보상시기: 2021년 08월 이후 개별통지 예정
   나. 보상방법: 「공익사업을 위한 토지 등의 취득 및 보상에 관한 법률」에 의거 감정평가법인의 평가금액을 산술평균하여 보상가격 결정

① 국가의 안정적 수원확보를 통한 해당 지역의 균형발전 도모
② 해당 지역 용수공급의 일원화에 의한 물 안보 확립
③ 해당 지역 주민에 대한 적절한 토지 보상을 통해 분배균형 실현
④ 해당 지역의 농업을 활용한 관광지 활성화를 위한 기반 조성

11

154[kV] 송전 선로에 10개의 현수 애자가 연결되어 있다. 다음 중 전압 분담이 가장 적은 애자를 고르면?(단, 애자는 같은 간격으로 설치되어 있다.)

① 철탑에서 가장 가까운 애자
② 전선에서 8번째에 있는 애자
③ 전선에서 가장 가까운 애자
④ 전선에서 3번째에 있는 애자

12

현수 애자 5개를 1련으로 한 66[kV] 송전 선로가 있다. 현수 애자 1개의 절연 저항은 1,000[kΩ], 이 선로의 경간이 200[m]라면 선로 1[km]당의 누설 컨덕턴스는 몇 [℧]인지 고르면?

① 10^{-6} ② 10^{-5} ③ 10^{-4} ④ 10^{-3}

13

전력용 콘덴서의 사용 전압을 2배로 증가시키고자 한다. 이때 정전 용량을 변화시켜 동일 충전용량[kVar]으로 유지하려면 승압 전의 정전 용량보다 어떻게 변화하면 되는지 고르면?

① 4배로 증가   ② 2배로 증가
③ $\frac{1}{4}$배로 감소   ④ $\frac{1}{8}$배로 감소

14

3상 3선식에서 일정한 거리에 일정한 전력을 송전할 경우 선로에서의 전력 손실을 고르면?

① 역률에 비례한다.
② 역률에 반비례한다.
③ 역률의 2승에 비례한다.
④ 역률의 2승에 반비례한다.

15

송전 선로에 충전 전류가 흐르면 수전단 전압이 송전단 전압보다 높아지는 현상과 이 현상의 발생 원인으로 가장 옳은 것을 고르면?

① 페란티 현상, 선로의 인덕턴스 때문
② 페란티 현상, 선로의 정전 용량 때문
③ 근접 효과, 선로의 인덕턴스 때문
④ 근접 효과, 선로의 정전 용량 때문

16

6극 900[rpm] 동기 발전기로 병렬 운전하는 8극 교류 발전기의 회전수는 몇 [rpm]인지 고르면?

① 900   ② 1,200
③ 1,600   ④ 1,800

17

다음 글의 ㉠~㉢에 들어갈 말로 바르게 짝지어진 것을 고르면?

> 권선형 유도 전동기에서 2차 저항을 증가시키면 기동 전류는 (㉠)하고, 기동 토크는 (㉡)하며, 슬립은 (㉢)하고 최대 토크는 일정하다.

	㉠	㉡	㉢
①	감소	증가	감소
②	감소	감소	증가
③	감소	증가	증가
④	증가	감소	감소

18

다음 중 단방향성 4단자 사이리스터를 고르면?

① TRIAC   ② SCS
③ DIAC   ④ GTO

19

$\dfrac{d^3}{dt^3}c(t)+4\dfrac{d^2}{dt^2}c(t)+7\dfrac{d}{dt}c(t)+10c(t)=3u(t)$의 미분 방정식을 상태 방정식 $\dfrac{dx(t)}{dt}=A\cdot x(t)+R\cdot u(t)$로 옳게 표현한 것을 고르면?

① $A=\begin{bmatrix} 0 & 1 & 0 \\ 0 & 0 & 1 \\ 4 & 7 & 10 \end{bmatrix},\ B=\begin{bmatrix} 3 \\ 0 \\ 0 \end{bmatrix}$

② $A=\begin{bmatrix} 0 & 1 & 0 \\ 0 & 0 & 1 \\ 10 & 7 & 4 \end{bmatrix},\ B=\begin{bmatrix} 3 \\ 0 \\ 0 \end{bmatrix}$

③ $A=\begin{bmatrix} 0 & 1 & 0 \\ 0 & 0 & 1 \\ -4 & -7 & -10 \end{bmatrix},\ B=\begin{bmatrix} 0 \\ 0 \\ 3 \end{bmatrix}$

④ $A=\begin{bmatrix} 0 & 1 & 0 \\ 0 & 0 & 1 \\ -10 & -7 & -4 \end{bmatrix},\ B=\begin{bmatrix} 0 \\ 0 \\ 3 \end{bmatrix}$

20

전기자 저항 r_a=0.2[Ω], 동기 리액턴스 x_s=10[Ω]인 Y 결선의 3상 동기 발전기의 1상의 단자전압 V=2,200[V], 유도 기전력 E=4,400[V]이다. 부하각 δ=30˚라고 하면 발전기의 출력은 약 몇 [kW]인지 고르면?

① 1,452   ② 2,178
③ 3,251   ④ 4,253

21

단위 임펄스 전압을 인가하면 $I(t)=2e^{-t}+4e^{-2t}$[A]의 전류가 흐르는 2단자 회로가 있다. 이것을 회로로 구성한 회로를 고르면?

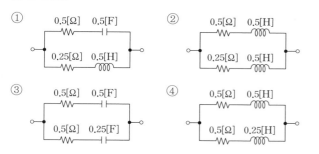

① 0.5[Ω] 0.5[F] / 0.25[Ω] 0.5[H]

② 0.5[Ω] 0.5[H] / 0.25[Ω] 0.5[H]

③ 0.5[Ω] 0.5[F] / 0.5[Ω] 0.25[F]

④ 0.5[Ω] 0.5[H] / 0.5[Ω] 0.25[H]

22

다음 그림의 가동코일형 밀리암페어계의 지시값[mA]을 고르면?(단, 정류기의 저항은 무시한다.)

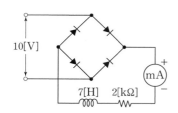

① 1.5
② 3.0
③ 4.5
④ 6.0

23

10[kW]의 단상 변압기 3대를 △ 결선하여 3상 부하에 전력을 공급하던 중에 한 대가 소손되어 나머지 2대로 급전하게 되었다. 변압기의 과부하율이 10[%]일 때, 최대 부하전력 [kW]을 고르면?(단, $\sqrt{3}=1.73$으로 계산한다.)

① 17.03
② 18.05
③ 18.83
④ 19.03

24

다음 그림의 회로에서 a, b 간의 합성 임피던스($Z[\Omega]$)를 고르면?

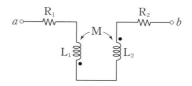

① $R_1+R_2+jw(L_1+L_2+2M)$
② $R_1+R_2+jw(L_1+L_2+M)$
③ $R_1+R_2+jw(L_1+L_2-M)$
④ $R_1+R_2+jw(L_1+L_2-2M)$

25

회로의 양 단자에서 테브난의 정리에 의한 등가 회로로 변환할 경우 V_{ab}전압과 테브난 등가 저항을 고르면?

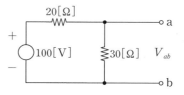

① 60[V], 12[Ω]
② 60[V], 15[Ω]
③ 50[V], 15[Ω]
④ 50[V], 50[Ω]

26

66[kV], 3상 3선식의 전선로의 S점에 단락사고가 발생하였을 때의 3상 단락전류[A]를 고르면?(단, %리액턴스는 5[%]이며, 그 외 저항분은 무시한다.)

66[kV]
10[MVA]

① $\dfrac{10^5}{33\sqrt{3}}$

② $\dfrac{10^4}{33\sqrt{3}}$

③ $\dfrac{10^5}{66\sqrt{3}}$

④ $\dfrac{10^4}{66\sqrt{3}}$

27

1,000[kW] 출력의 발전기 한 대를 유효저수량 36,000[m³], 유효낙차 100[m]의 조건에서 운전할 때, 대략 얼마간의 시간 동안 발전할 수 있는지 고르면?(단, 수차, 발전기의 종합효율은 90[%]로 한다.)

① 약 5시간

② 약 7시간

③ 약 9시간

④ 약 12시간

28

중거리 송전선로를 나타내는 T형 회로에서 송전단 전류 I_s를 나타내는 것을 고르면?(단, E_s=송전단 전압, E_r=수전단 전압, I_r=수전단 전류, Z=선로의 직렬 임피던스, Y=선로의 병렬 어드미턴스이다.)

① $I_s = YE_r + (1+ZY)I_r$

② $I_s = YE_r + (1+\dfrac{1}{2}ZY)I_r$

③ $I_s = ZE_r + (1+\dfrac{1}{2}ZY)I_r$

④ $I_s = YE_r + (1+\dfrac{1}{4}ZY)I_r$

29

선로의 작용 정전 용량 0.008[μF/km], 선로 길이 100[km], 상전압 37,000[V]이고 주파수가 60[Hz]일 때 한 상에 흐르는 충전 전류는 약 몇 [A]인지 고르면?

① 6.7

② 8.7

③ 11.2

④ 14.2

30

계자 저항 50[Ω], 계자 전류 2[A], 전기자 저항 3[Ω]인 분권 발전기가 무부하 상태에서 정격 속도로 회전할 때 유기기전력[V]을 고르면?

① 106

② 112

③ 115

④ 120

31

5[A]의 전류를 권수가 1,000회, 저항이 7[Ω]인 솔레노이드에 흘릴 때, 발생하는 자속이 $3.5 \times 10^{-2}[wb]$이다. 이 솔레노이드 회로의 시정수[sec]를 고르면?

① 0.1   ② 0.35

③ 0.5   ④ 1

32

정격 상태로 역률 0.6(지상)으로 운전할 때, 전압 변동률이 4.8[%]인 변압기에 역률 1의 정격 부하를 걸고 운전할 경우, 이때의 전압 변동률은 약 몇 [%]인지 고르면?(단, %r는 %x의 4배라고 한다.)

① 4   ② 6

③ 8   ④ 10

33

다음 그림과 같은 제어계에서 단위 계단 외란 D가 인가되었을 때 정상 편차를 구하면?

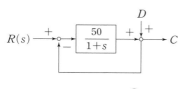

① 50   ② 51

③ $\dfrac{1}{50}$ ④ $\dfrac{1}{51}$

34

$i_1 = 5\sqrt{2}\sin(\omega t + \theta)[A]$와 $i_2 = 3\sqrt{2}\sin(\omega t + \theta - \pi)[A]$의 차에 상당하는 전류의 실효값[A]을 고르면?

① 3   ② $3\sqrt{2}$

③ 8   ④ $9\sqrt{2}$

35

3,300/200[V], 10[kVA]의 단상 변압기의 2차를 단락하여 1차 측에 300[V]를 가하니 2차에 120[A]가 흘렀다. 이 변압기의 임피던스 전압[V]과 백분율 임피던스 강하[%]를 구하면?

① 123, 3.7   ② 200, 4

③ 123, 3.5   ④ 200, 4.2

36

기전력 3[V], 내부 저항 0.5[Ω]인 전지 9개가 있다. 이를 3개씩 직렬로 하여 3조 병렬 접속한 것에 부하 저항 1.5[Ω]을 접속할 때 부하 전류[A]를 구하면?

① 2.5   ② 3.5

③ 4.5   ④ 5.5

37

회로의 컨덕턴스 G_2에 흐르는 전류 i[A]를 고르면?

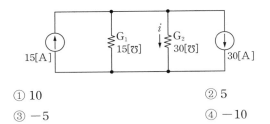

① 10

② 5

③ -5

④ -10

38

어떤 제어계의 전달 함수 $G(s) = \dfrac{s}{(s+2)(s^2+2s+2)}$에서 안정성을 판정했을 때의 결과를 고르면?

① 임계 상태이다.

② 불안정하다.

③ 안정하다.

④ 알 수 없다.

39

전력계통에 있어서 안정도의 향상 방법이 <u>아닌</u> 것을 고르면?

① 속응여자방식을 채용한다.

② 단락비를 감소시킨다.

③ 소호리액터 접지방식을 채용한다.

④ 고속도 재폐로 차단기를 사용한다.

40

R-C 회로에서 $v_i(t)$를 입력, $v_o(t)$를 출력전압으로 할 때의 신호흐름선도를 고르면?(단, 전달함수의 초기 값은 0이다.)

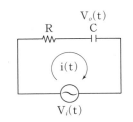

①

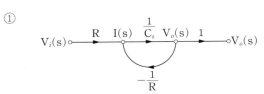

②

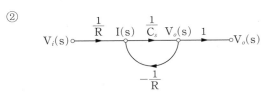

③

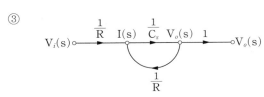

④

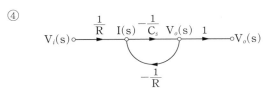

기계

01

다음 보도자료에서 홍수기 대책으로 언급되지 <u>않은</u> 것을 고르면?

보 도 자 료		
보도일시	6월 13일(일) 12시부터 보도하여 주시기 바랍니다.	
담당 부서	한국수자원공사 수자원운영처	김○○ 부장 / 이○○ 차장 042-629-0000
배포일시	2021. 6. 13.	

☐ 한국수자원공사는 6월 10일 대전시 본사에서 '홍수기 대비 전사 합동 점검 회의'를 개최하여, 홍수기를 앞두고 그간 준비한 개선대책과 댐 운영계획 등 전반에 대해 종합적으로 점검했다.

☐ 이날 회의에는 본사와 4개 유역본부(한강, 낙동강, 금강, 영·섬), 20개 다목적댐 지사 등이 전부 참여하여, 「풍수해대응 혁신종합대책」과 연계하여 추진해 온 대책을 점검하고, 홍수기 대비 댐 운영계획을 논의하였다. 올해 홍수기에 적용되는 주요 대책들은 크게 세 가지이다.

☐ 환경부·기상청·홍수통제소·한국수자원공사가 참여하는 「정책협의회」를 기반으로, 올해 홍수기부터는 기상청에서 제공하는 댐 유역 맞춤형 강우예보를 홍수분석에 활용한다.

• 주요 댐 하류 하천에 대해 홍수통제소 CCTV와 한국수자원공사가 자체 신설한 CCTV를 연계하여 영상감시체계를 강화한다.

• 행정안전부에서 운영하는 긴급재난문자(CBS) 시스템을 댐의 수문방류 통보 수단에 추가하여 댐 하류의 안전확보 체계도 강화된다.

☐ 다목적댐 수문방류가 예상될 경우 댐 하류지역에서 사전에 대비할 수 있도록, 방류계획을 24시간 전에 지자체 및 지역주민 등에게 알려주는 수문방류 예고제가 시행된다.

※ (기존) 3시간 전 통보 → (개선) 24시간 전 예고+3시간 전 통보

• 댐 수문방류 필요 등 긴급 상황이 발생할 경우, 전사적 의사결정체계인 '댐 홍수조절위원회'를 가동하여 합리적 의사결정을 지원할 예정이다.

☐ 지자체, 지역주민, 관계기관이 참여하는 '댐 홍수관리 소통 회의'를 통해 지역과 소통하는 댐 운영체계를 가동한다.

• 20개 다목적댐 지역주민이 참여하는 소통 회의는 지난 4월 1차 회의를 완료하였으며(4. 13.~4. 23.), 6월 18일까지 모의훈련을 병행한 2차 회의를 진행한다.

• 댐별 '댐 홍수관리 소통 회의'를 통하여 댐 운영현황과 전망 및 향후 운영계획을 지역과 적극 소통하고, 지자체 및 지역주민이 함께 참여하여 조사한 댐 운영 제약사항 관리 및 개선방안도 지속 논의할 예정이다.

☐ 또한 이번 회의에서는 한국수자원공사에서 관리 중인 20개 다목적댐의 운영현황과 홍수기 운영계획에 대해서도 함께 논의되었다.

• 6월 10일 기준 전국 다목적댐은 계획홍수위까지 홍수조절에 활용할 수 있는 용량을 약 56.6억 톤 확보하고 있으며, 이는 작년 동일시점(51.5억 톤) 대비 110% 수준이다.

 — 계획홍수위: 홍수조절을 위해 유입홍수를 저장할 수 있는 최고수위

 — 56.6억 톤: 다목적댐 유역에 내리는 비의 70%가 댐 저수지에 유입된다고 가정할 경우, 약 355mm의 비를 방류 없이 저류할 수 있는 용량

• 올해 홍수기에는 확보된 홍수조절 가능용량을 활용하여, 댐 직하류 하천의 홍수소통능력(계획홍수량) 내에서 수문방류를 시행할 수 있도록 최대한 노력하여 홍수기 댐 운영을 시행할 계획이다.

※ 댐 설계를 초과하는 이상홍수 발생 시에는 댐 안전을 고려하여 방류량 조정

① 지역소통 강화대책
② 첨단 장비를 통한 원격 점검대책
③ 관계기관 협업대책
④ 댐 운영 개선대책

한국수자원공사 **175** 직무능력평가 [기계]

02

다음은 정부에서 추진하고 있는 환경친화적 댐 개발 및 관리 현황에 대한 글이다. 이를 바탕으로 [보기]의 ㉠, ㉡이 각각 포함되는 단계로 바르게 짝지어진 것을 고르면?

21세기 환경의 시대를 맞아 국민의 환경보전의식이 증대되고 삶의 질이 우선시됨에 따라 수자원부문에서는 자연환경 및 지역사회와 조화되는 수자원 개발 및 관리가 요구되고 있다. 환경적으로 건전하고 지속가능한 수자원 개발 및 관리를 위하여 추진하고 있는 환경친화적인 댐 건설은 정책입안, 조사·계획, 설계·시공 및 유지관리단계 등 댐 건설의 전 과정에서 자원 활용의 극대화, 주변 생태계의 유지와 복원, 주변 자연의 특성과 대상지역의 사회적·문화적·역사적 특수성을 고려한 개발과 보전의 조화 등을 실현하는 데 기본방향을 두고 있다.

우선 댐 정책입안단계부터 전략환경영향평가를 통해 댐 개발의 기본방침에서부터 친환경 개발 및 지속가능성을 검토한다. 정부에서는 주요한 개발정책 수립 시 환경성을 사전에 고려하기 위한 전략환경영향평가 제도를 시행하고 있는데, 환경영향평가법의 개정으로 정책입안의 각 단계별로 환경성을 평가하고 전문가가 참여하는 환경영향평가협의회 운영 및 주민의견 수렴, 관계기관 협의 등의 절차로 환경성평가제도의 실효성을 한층 향상시켰다. 또한 정부(국토부)에서 댐 사업 절차개선을 발표하면서 타당성조사 이전에 개별댐에 대한 사전검토를 대폭강화하고 댐 건설에 대한 지역의 의견 수렴 등 민주적인 갈등조정 프로세스를 마련하여, 앞으로 댐 건설로 인한 사회적 갈등이 최소화될 전망이다.

조사·계획 시에는 충분한 현지조사를 통해 댐 건설로 인해 발생할 수 있는 자연·인문환경의 변화, 지역사회의 경제·사회적 변화 등을 예측하여 환경피해를 미연에 방지하도록 계획을 수립하며, 설계·시공단계에서는 주변 환경과 지역사회에 미치는 영향을 최소화하고 지역사회로부터 환영받는 시설이 될 수 있도록 세심한 배려를 기울이고 있다.

아울러 댐 건설로 인하여 훼손될 수 있는 자연환경을 보전하기 위해 해당 지역 자연생태계 및 지역특성을 고려한 환경보존과 생태복원사업을 시행하고 있으며, 댐 건설 후 유지관리단계에서 완성된 시설물과 주변 생태계와 조화될 수 있도록 사후환경영향조사를 지속적으로 실시하고 있다.

┤ 보기 ├
㉠ 계획의 적정성, 입지의 타당성을 환경적 측면에서 평가 및 각종 친환경계획 수립
㉡ 건설로 인한 환경영향의 저감을 위해 공정·공구별 환경관리 계획 수립 및 시행

	㉠	㉡
①	조사·계획단계	유지관리단계
②	정책입안단계	설계·시공단계
③	정책입안단계	조사·계획단계
④	조사·계획단계	설계·시공단계

03

다음 글은 우리나라의 수력발전 댐과 관련한 연구 자료의 일부이다. 이를 통해 강조하고자 하는 바를 요약한 내용으로 가장 적절한 것을 고르면?

최근 세계경제포럼, UN, World Bank 등 국제사회에서는 기후변화에 따른 물 위기를 지속적으로 경고하고 있으며, 물 관리에 실패하면 경제도 위험할 수 있음을 강조하고 있다. 이에 따라 지난해 4월에 개최된 세계물포럼에서 국제기구인 세계물위원회(WWC)와 프랑스전력(EDF)은 물 문제 해결을 위해 수력발전 댐의 다목적 활용을 제안한 바 있으며, OECD 주요 국가에서도 물 효율화를 위해 수력발전 댐(34% → 20%)보다 다목적 댐 건설(66% → 80%)의 비중을 높이고 있는 추세이다.

OECD 국가 중 물 관리 여건이 가장 열악한 우리나라는 최근 기후변화로 인해 극한 가뭄 및 홍수 발생이 더욱 빈번해지고 있다. 2011년 수도권에 발생한 100년 만의 폭우, 2012년 100년 만의 가뭄, 2015년 충남 8개 시·군의 제한급수 등이 발생했으며, 이는 과거와 달라진 강우 패턴과 지역적 편차 등으로 물 관리의 어려움이 증대되고 중요성은 높아졌음을 시사하고 있다.

우리나라는 댐 건설목적에 따라 댐 관리가 다원화되어 있다. K-water는 다목적 댐, 한국수력원자력㈜는 수력발전 댐을 관리하는 등 동일 수계 내 댐 관리 체계가 달라 가뭄 및 홍수 등에 대비한 효율적인 물 관리에 한계를 가지고 있다. 우리나라의 수력발전 댐은 1960년대 산업화 초기에 중요한 전력공급원이었으나 현재는 국가 발전량의 0.2%에 불과할 정도로 그 중요성 및 역할이 감소되었다. 또한 전력예비율 목표(22%)가 미국, EU 등 선진국(15%)보다 매우 높은 수준이며, 전력예비율이 23.9%를 기록하여 이미 목표를 초과 달성하는 등 매우 안정적인 전력공급 환경이 조성되어 있다. 이에 기후변화에 대응한 국가 재난예방 및 물 관리 효율화 증진을 위해 다목적 댐과 수력발전 댐을 통합하는 댐 관리 체계를 구축하여 한정된 수자원을 합리적으로 이용하고 있다.

수력발전 댐 통합관리에 따른 연계운영 시 수력발전 댐(청평댐, 의암댐, 춘천댐)의 홍수기 제한수위를 낮추어 홍수조절용량 추가 확보(2.4억 m³)가 가능하고 이를 통해 한강의 홍수량이 저감될 수 있다. 또한 실시간 댐 간(다목적 댐-수력발전 댐) 연계운영을 통한 댐 방류체계 개선으로 물 낭비 최소화 및 상류댐 용수비축으로 연간 5.4~8.8억 m³의 수자원을 수질개선 및 가뭄대응 등 다용도로 활용할 수 있다.

① 다목적 댐-수력발전 댐 통합운영을 통한 효율적인 관리체계 구축
② 환경친화적 수자원 개발을 위한 환경영향평가 체계 마련
③ 미래가치 극대화를 위한 댐 이용 활성화 방안 제시
④ 댐·보 상류지역 생태습지 조성 및 관리를 위한 개선 방안

04

다음 수자원공사의 사업 내역을 설명하는 글의 [가]~[라] 문단을 읽고, [보기]의 주제1~4에 맞는 문단으로 바르게 짝지어진 것을 고르면?

[가] K-water는 직장 내 괴롭힘 청정구역을 구축하기 위해 피해자를 최우선으로 하고 있습니다. 상담 및 조사에 전문성과 공정성을 확보하고 2차 피해 예방을 위해 노력하고 있습니다. 괴롭힘 조치 및 예방에 대해 명시하도록 취업규칙을 개정하고 권익보호 포털을 개설하여 신고 및 처리에 대한 절차를 마련하였습니다. 권익보호 포털은 시간과 장소를 불문한 권익보호 상담이 가능하며, 비위행위 신고 체계를 구축하여 사건 진행 및 통계 데이터를 실시간으로 제공하고 있습니다.

[나] 전문가과정 및 석·박사 위탁교육을 통해 핵심 분야의 인재 육성 및 융합관점의 학습과제를 발굴하고 집중 심화교육을 실시하여 분야 간 이해를 돕고 있습니다. 인재 활용도 제고를 위해 전문 인재 DB를 구축하고 해당 분야의 보직 배치 등 인재육성과 인사관리를 연계하고 있으며, 단기교육을 통한 다양성 확보 및 장기 위탁교육을 실시하는 등 단기-장기 교육 간의 연계를 강화하고 있습니다.

[다] K-water는 일자리 창출 및 지원으로 공공기관의 사회적 책임을 적극 이행하고 있습니다. 경제적 여건이 열악하고 고령화 문제가 심각한 댐 주변지역의 지역 소득원 발굴을 통한 주민고용 창출, K-water 나눔복지재단 운영으로 지역민 일자리 창출과 복지 증진을 돕고 있습니다. 또한 매년 우수 사회적 경제 기업을 선정하여 최대 3천만 원의 성장자금 지원 및 판매기법·기술개발 등의 사업화 지원으로 기업 경쟁력 강화를 통한 일자리 창출을 도모하고 있습니다.

[라] 물기업들의 어려움을 해소하고 경쟁력 강화를 돕기 위해 50년 이상 축적한 물관리 노하우, 유·무형 자산, 글로벌 네트워크를 중소·벤처기업에 모두 개방하여 창업지원, 혁신기술 개발, 판로개척, 해외진출에 이르는 전 과정을 지원하고 있습니다. 2019년에는 2018년보다 2배 증가한 중소·벤처기업 393개사를 지원함으로써 기업매출 확대 및 일자리 1,889개를 창출하였습니다.

[보기]
- 주제1: 물 산업 혁신 일자리
- 주제2: 사회적 가치 창출 및 지역경제 활성화 지원
- 주제3: 미래 대비 융합 중심의 창의형 인재 육성
- 주제4: 구성원이 보호받는 존중 일터 구축

	주제1	주제2	주제3	주제4
①	[나]	[가]	[라]	[다]
②	[나]	[다]	[라]	[가]
③	[라]	[나]	[가]	[다]
④	[라]	[다]	[나]	[가]

05

다음 규정을 읽고 공문서에 대한 설명으로 옳지 않은 것을 고르면?

제2장 공문서 관리 등 행정업무의 처리

제1절 공문서의 작성 및 처리

제4조(공문서의 종류) 공문서(이하 "문서"라 한다)의 종류는 다음 각 호의 구분에 따른다.

1. 법규문서: 헌법·법률·대통령령·총리령·부령·조례·규칙 등에 관한 문서

2. 지시문서: 훈령·지시·예규·일일명령 등 행정기관이 그 하급기관이나 소속 공무원에 대하여 일정한 사항을 지시하는 문서

3. 공고문서: 고시·공고 등 행정기관이 일정한 사항을 일반에게 알리는 문서

4. 비치문서: 행정기관이 일정한 사항을 기록하여 행정기관 내부에 비치하면서 업무에 활용하는 대장, 카드 등의 문서

5. 민원문서: 민원인이 행정기관에 허가, 인가, 그 밖의 처분 등 특정한 행위를 요구하는 문서와 그에 대한 처리문서

6. 일반문서: 제1호부터 제5호까지의 문서에 속하지 아니하는 모든 문서

제6조(문서의 성립 및 효력 발생) ① 문서는 결재권자가 해당 문서에 서명(전자이미지서명, 전자문자서명 및 행정전자서명을 포함한다. 이하 같다)의 방식으로 결재함으로써 성립한다.

② 문서는 수신자에게 도달(전자문서의 경우는 수신자가 관리하거나 지정한 전자적 시스템 등에 입력되는 것을 말한다)됨으로써 효력을 발생한다.

③ 제2항에도 불구하고 공고문서는 그 문서에서 효력발생 시기를 구체적으로 밝히고 있지 않으면 그 고시 또는 공고 등이 있은 날부터 5일이 경과한 때에 효력이 발생한다.

제7조(문서 작성의 일반원칙) ① 문서는 「국어기본법」 제3조 제3호에 따른 어문규범에 맞게 한글로 작성하되, 뜻을 정확하게 전달하기 위하여 필요한 경우에는 괄호 안에 한자나 그 밖의 외국어를 함께 적을 수 있으며, 특별한 사유가 없으면 가로로 쓴다.

② 문서의 내용은 간결하고 명확하게 표현하고 일반화되지 않은 약어와 전문용어 등의 사용을 피하여 이해하기 쉽게 작성하여야 한다.

③ 문서에는 음성정보나 영상정보 등이 수록되거나 연계된 바코드 등을 표기할 수 있다.

④ 문서에 쓰는 숫자는 특별한 사유가 없으면 아라비아 숫자를 쓴다.

⑤ 문서에 쓰는 날짜는 숫자로 표기하되, 연·월·일의 글자는 생략하고 그 자리에 온점을 찍어 표시하며, 시·분은 24시각제에 따라 숫자로 표기하되, 시·분의 글자는 생략하고 그 사이에 쌍점을 찍어 구분한다. 다만, 특별한 사유가 있으면 다른 방법으로 표시할 수 있다.

⑥ 문서 작성에 사용하는 용지는 특별한 사유가 없으면 가로 210밀리미터, 세로 297밀리미터의 직사각형 용지로 한다.

⑦ 제1항부터 제6항까지에서 규정한 사항 외에 문서 작성에 필요한 사항은 행정안전부령으로 정한다.

제10조(문서의 결재) ① 문서는 해당 행정기관의 장의 결재를 받아야 한다. 다만, 보조기관 또는 보좌기관의 명의로 발신하는 문서는 그 보조기관 또는 보좌기관의 결재를 받아야 한다.

② 행정기관의 장은 업무의 내용에 따라 보조기관 또는 보좌기관이나 해당 업무를 담당하는 공무원으로 하여금 위임전결하게 할 수 있으며, 그 위임전결 사항은 해당 기관의 장이 훈령이나 지방자치단체의 규칙으로 정한다.

③ 제1항이나 제2항에 따라 결재할 수 있는 사람이 휴가, 출장, 그 밖의 사유로 결재할 수 없을 때에는 그 직무를 대리하는 사람이 대결하고 내용이 중요한 문서는 사후에 보고하여야 한다.

---

① 공기관의 사내 윤리강령과 행동지침 등이 적혀 사내에 비치된 문서는 지시문서이면서 비치문서로 볼 수 있다.

② 공기관 간의 업무 협조와 관련된 내용을 주고받은 공식 문서는 일반문서로 분류할 수 있다.

③ 공문서의 효력은 최종 결재권자의 서명이 이루어진 시점부터 즉시 발생한다.

④ 민원인의 민원 내용이 적힌 문서와 이에 대한 처리 내역이 적힌 문서는 모두 민원문서에 해당한다.

06

다음은 한국수자원공사의 미션과 비전을 요약, 설명하는 글이다. 밑줄 친 5대 추진 전략을 세부 추진 과제 (A)~(D)에 맞게 순서대로 나열한 것을 고르면?

K-water는 '세계 최고의 물 종합 플랫폼 기업'이라는 비전을 새롭게 선포하여 세상에 행복을 水놓는 'World Top K-water'로 도약할 것을 다짐하고 있습니다. 물관리 혁신을 위해 新 가치체계를 구현하고 핵심가치, 경영방침을 새롭게 수립하여 급변하는 경영환경에 대응하고 있습니다. 또한 새로운 시대에 걸맞은 물관리 혁신을 위해 7대 전략과제를 제시하고 국민 삶의 품격 향상을 위한 맞춤형 사회적 가치 실현 추진체계(국민 삶의 기본 안전, 경제 활력 제고, 건강하고 깨끗한 환경, 클린 책임경영, 국민 체감형 서비스의 5대 추진 전략)를 구축하여 포용적 국민 물복지 사회로 나아가고 있습니다.

[표] 사회적 가치 실현 세부 추진 과제

전략방향	목표('24)	중점 과제
국민 삶의 기본 안전	• 재난관리평가 "우수" • 건설현장재해율 0.45	− 안전한 건설현장과 안심 일터 조성 − 취약계층 사회안전망 강화 − 국민 일상을 지키는 재해 예방체계 − 중단없는 깨끗하고 안전한 물 공급
(A)	• 글로벌 수질 달성률 100% • 온실가스 감축 1,405천tCO$_2$eq	− 상류 유역 물환경 개선 − 친환경 대체 수자원 개발 − 수변생태벨트 구축 − 물 특화 도시 조성
(B)	• 일자리 창출 9.3만 개(~'24) • 혁신성장 투자 6.5조 원	− 사회적 경제 활성화 − 개방형 혁신 R&D − 물산업 오픈 플랫폼 − 환경 비즈니스 빅데이터 생태계
(C)	• 국민아이디어 사업화 50건('20) • 고객만족도 A등급	− 국민 중심 서비스 − 취약계층 물인권 강화 − 지역경제 활성화 − 국민 경영 참여 확대
(D)	• 청렴도 평가 1등급 • 신뢰경영지수 85점('22)	− 청렴문화 확산과 내부견제 강화 − 불공정 거래 관행 해소 − 인권보호 및 노동권 존중

	(A)	(B)	(C)	(D)
①	클린 책임 경영	건강하고 깨끗한 환경	경제 활력 제고	국민 체감형 서비스
②	클린 책임 경영	국민 체감형 서비스	건강하고 깨끗한 환경	경제 활력 제고
③	건강하고 깨끗한 환경	경제 활력 제고	클린 책임 경영	국민 체감형 서비스
④	건강하고 깨끗한 환경	경제 활력 제고	국민 체감형 서비스	클린 책임 경영

07

다음 스마트워터 그리드(SWG)에 관한 글을 읽고, 빈칸에 들어갈 말로 가장 적절한 것을 고르면?

최근에는 기후변화에 의한 강우의 편중성 증가와 가용 수자원의 부족 문제가 심각해지고 있으며, 인구증가와 도시화로 인한 물 수요 증가는 현재의 물 관리 시스템이 감당할 수 있는 범위를 넘어서고 있다. 이러한 물 공급과 수요의 불균형은 수자원의 양적인 부족에만 의한 것이 아니라, 기존 물 관리 시스템의 비효율성에도 상당한 원인이 있다. 물의 생산과 이송 과정에서 누수 등에 의해 상당한 양의 물이 손실되는 현상이 나타나고 있으며, 물의 생산과 공급에 과다한 에너지가 사용되는 경우도 빈번하게 발생하고 있다. 이러한 한계점을 극복하기 위해 다양한 연구가 시도되고 있으며, 전통적인 수자원 관리기술과 ICT 기술을 융합한 스마트워터 그리드가 선진국들을 중심으로 추진되고 있다.

물 관리 분야에서도 ICT 기술을 활용하여 수자원 관리 및 재난 대비의 효율성을 높인다는 취지이다. 센서를 강이나 댐과 같은 취수장과 정수장, 가정의 수도관에 설치하고 이를 네트워크화하여 물의 생산 및 사용량을 계측하고 분석하게 된다. 이러한 정보를 기반으로 ICT 기술과 분석기법을 적용하여 필요한 조치를 자동으로 취할 수 있다면 보다 스마트한 물 관리가 가능해진다. 스마트워터 그리드는 정보의 수집에 의한 데이터의 확보 및 이를 활용한 지식 기반 시스템의 운영을 기본으로 하고 있다. 이러한 방식은 기존의 물 관리 시스템과는 다른 (   )(이)라는 장점을 가지고 있다.

① 양방향 정보수집
② 친환경 수질관리
③ 탄소 저감 에너지 활용
④ 주민참여형 관리 방식

08

다음 [표]는 한국수자원공사에서 수행하고 있는 통합물관리체계 과정이다. 이를 바탕으로 '글로벌 물안전관리기법(WSP)'과 '수직형 정수처리 및 분산형 용수공급시스템'이 적용되는 단계로 가장 적절한 것을 고르면?

[표] 통합물관리체계

단계	과정
1	물정보 조사·관리·분석
2	물관리 예측 및 운영
3	수자원시설 유지 및 안전관리
4	유역·하천·저수지 수질관리
5	취수원 수질관리
6	정수처리 시스템 최적화
7	지능형 관망 운영
8	맞춤형 공업용수
9	하수처리 운영 효율화

① 수자원시설 유지 및 안전관리
② 취수원 수질관리
③ 정수처리 시스템 최적화
④ 하수처리 운영 효율화

09

다음 글을 읽고 '스마트 물관리 개념도'의 (A)~(D)단계 중 지능형 검침인프라가 작동하는 단계로 적절한 것을 고르면?

지능형 검침인프라(AMI)는 기존의 제한적 원격 검침(AMR)과는 달리 다양한 네트워크 수단을 통하여 검침기와 양방향 통신 기반을 구축하고 에너지 사용 정보를 측정·수집·분석하는 체계이다. 소비자에게 실시간으로 에너지 사용량 정보가 제공되어 소비자 스스로 또는 자동화된 기기 제어를 통해 에너지 사용을 제어함으로써 가정 및 기업의 에너지 비용을 절감한다. 또한 전기 등을 공급하는 유틸리티 회사들 역시 검침 및 유지 관리 비용의 절감은 물론, 요구 응답과 에너지 부하 제어를 통해 피크 때의 최대 출력을 줄임으로써 에너지 생산 비용 또는 추가적인 인프라 확장을 방지하는 효과를 기대할 수 있다.

[그림] 스마트 물관리 개념도

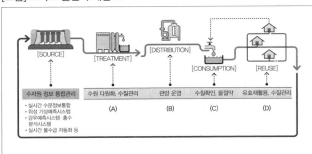

① (A)　　② (B)　　③ (C)　　④ (D)

10

다음 지하수저류지 설치사업 보상계획 관련 공고문을 읽고 설치사업의 목적으로 가장 적절한 것을 고르면?

'갑' 지역 지하수저류지 설치사업 보상계획 열람 공고

환경부 고시로 실시계획 승인 고시된 「'갑' 지역 지하수저류지 설치사업」에 편입되는 토지 등에 대하여, 「공익사업을 위한 토지 등의 취득 및 보상에 관한 법률」 제15조에 의거 다음과 같이 보상계획을 공고하오니 토지 및 물건소유자 또는 이해관계인(권리자)께서는 토지조서 및 물건조서 내용을 열람하시고 이의가 있으실 경우 열람기간 내에 서면으로 이의신청하여 주시기 바랍니다.

1. 사업개요
   - 사업명: '갑' 지역 지하수저류지 설치사업
   - 사업시행자: 한국수자원공사
     - 주소: 대전광역시 대덕구 신탄진로 200(연축동 산6-2)
   - 사업위치: 전라남도 영광군 해당 지역 일원
     - 습한 기후와 좁은 유역면적에 따라 저고도 지상 차수벽 설치
   - 시설용량: 용수공급계획량 100m³/일, 취수시설용량 200m³/일
   - 사업기간: 2021. 04.~2023. 04.(24개월)
2. 토지 및 지장물 세목조서: 붙임 참조
3. 보상내역 열람 및 이의신청
   가. 열람(이의신청)기간: 2021. 06. 26.~2021. 07. 15. (20일간)
   나. 열람장소: 한국수자원공사 금·영·섬권역 부문 3층 경영처
      ※ 해당 지자체(전라남도 영광군 ○○면사무소) 및 K-water 인터넷 홈페이지에서도 열람 가능
   다. 열람방법: 열람기간 중 토지 등 소유자 또는 이해관계인 본인이 신분증을 지참하여 본인 여부 확인 후 열람 장소에서 열람합니다.
   라. 이의신청: 열람 내용에 이의가 있을 경우 열람 장소에 비치된 이의신청서에 내용을 기재하여 신청기간 내 서면(직접 또는 우편)으로 제출해야 하며, 기간 내에 이의신청이 없는 경우에는 이의가 없는 것으로 간주합니다.
4. 보상시기 및 절차
   가. 보상시기: 2021년 08월 이후 개별통지 예정
   나. 보상방법: 「공익사업을 위한 토지 등의 취득 및 보상에 관한 법률」에 의거 감정평가법인의 평가금액을 산술평균하여 보상가격 결정

① 국가의 안정적 수원확보를 통한 해당 지역의 균형발전 도모
② 해당 지역 용수공급의 일원화에 의한 물 안보 확립
③ 해당 지역 주민에 대한 적절한 토지 보상을 통해 분배균형 실현
④ 해당 지역의 농업을 활용한 관광지 활성화를 위한 기반 조성

11

다음 중 경로함수(path function)들로만 구성된 것을 고르면?

① 열, 내부에너지
② 일, 열
③ 내부에너지, 엔탈피
④ 일, 엔트로피

12

회로의 압력이 설정치 이상이 되면 밸브가 열려 설정 압력 이상으로 증가하는 것을 방지한다. 이때 사용되는 유압밸브의 기호를 고르면?

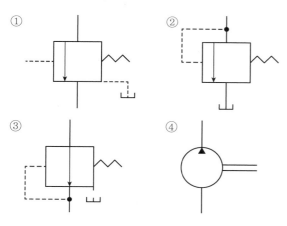

13

단면적이 일정하고 수평으로 놓여 있는 직선의 관 내부로 유체가 흐를 때, 손실수두에 대한 설명으로 옳지 <u>않은</u> 것을 고르면?

① 손실수두는 유속의 제곱에 비례한다.
② 층류에서는 관 내부의 상대조도에 무관하다.
③ 난류에서는 관 내부의 상대조도가 감소함에 따라 손실 수두도 감소한다.
④ 관의 길이가 증가할수록 손실수두는 감소한다.

14

다음 [보기]의 ㉠, ㉡의 설명에 해당하는 작업으로 바르게 짝지어진 것을 고르면?

┤ 보기 ├
㉠ 접어서 굽히거나 말아 넣거나 하여 맞붙여 잇는 이음 작업
㉡ 내판(inner panel)을 외판(outer panel)에 얹고 외판 의 플랜지를 펀치로 밀어 눌러 접어 내판과 외판을 결 합하는 공법

	㉠	㉡
①	과도굽힘(overbending)	헤밍(hemming)
②	시밍(seaming)	헤밍(hemming)
③	스프링백(springback)	시밍(seaming)
④	시밍(seaming)	스프링백(springback)

15

Fe-C 상태도에서 나타나는 철강의 조직에 대한 설명으로 옳지 <u>않은</u> 것을 고르면?

① 오스테나이트 조직: 면심입방조직(FCC)을 이루는 γ철 을 말하며 이러한 조직을 지닌 탄소강이다.
② 베이나이트 조직: 페라이트와 탄화물의 혼합조직으로 오스테나이트를 펄라이트 생성온도보다 낮게, 마텐자이 트 생성온도보다는 높은 온도 범위에서 분해하였을 때 생성되는 페라이트와 탄화물의 혼합조직이다.
③ 레데뷰라이트 조직: 강을 고온의 오스테나이트 상태에 서 담금질하였을 때 얻어지는 매우 단단하고 가늘고 치 밀한 침상 조직이다.
④ 펄라이트 조직: 탄소 함유량 0.76~0.86[%]인 강을 오스테나이트 구역으로 가열한 후 공석 변태온도 이하 로 냉각시킬 때, 페라이트와 시멘타이트의 조직이 층상 으로 나타나는 조직

16

균일 분포하중 $w=20$[N/mm]가 전 길이 60cm의 단순보에 작용할 때 이 단순보에 생기는 최대전단력으로 옳은 것을 고르면?

① 3[kN] ② 6[kN]
③ 8[kN] ④ 10[kN]

17

SM35C, SC350으로 표현된 재료규격의 설명으로 옳지 <u>않은</u> 것을 고르면?

① SM35C에서 SM은 기계구조용 탄소강재를 뜻한다.
② SM35C에서 35C는 탄소함유량이 3.5[%]라는 것을 의미한다.
③ SC350에서 SC는 탄소강 주강품이다.
④ SC350에서 350은 항복강도 350[N/mm²] 이상을 나타낸다.

18

강화플라스틱 재료에 대한 설명으로 옳지 <u>않은</u> 것을 고르면?

① 강화플라스틱에서 최대 강도는 인장력이 작용하는 방향으로 섬유가 배열될 때 얻어진다.
② 강화플라스틱은 분산상의 섬유와 플라스틱 모재로 구성되어 있다.
③ 강화플라스틱은 비강도 및 비강성이 높고 이방성이 작다.
④ 강화플라스틱은 플라스틱 모재와 섬유 간의 경계면에서 하중이 전달되기 때문에 두 재료의 접착력이 매우 중요하다.

19

길이가 150[cm], 지름이 5[cm]인 중실축에 전단탄성계수 $G=8,300,000$, 토크 $T=3,000$[N/cm²]가 작용할 때 비틀림각을 고르면?

① 0.03˚ ② 0.04˚
③ 0.05˚ ④ 0.06˚

20

실린더 속에 액체가 흐르고 있다. 내벽에서 수직거리 y에서의 속도가 $u=4y-y^2$(m/s)일 때 벽면에서의 마찰전단응력은 몇 N/m²인지 고르면?(단, 액체의 점성계수는 μN·s/m² 이다.)

① 3μ ② 4μ
③ 5μ ④ 6μ

21

다음 그림과 같이 수은 면에 암석덩어리가 떠 있다. 이 암석덩어리가 보이지 않을 때까지 물을 부었을 때 암석덩어리의 수은 속에 있는 부분과 물속에 있는 부분의 부피의 비 $(\frac{Vw}{Vm})$를 고르면?(단, 암석덩어리의 비중은 5.3, 수은의 비중은 13.50이다.)

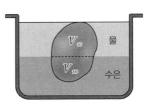

① 1 ② $\frac{53}{135}$
③ $\frac{83}{43}$ ④ $\frac{135}{83}$

22

브레이크 드럼의 지름이 420mm, 브레이크 드럼에 작용하는 힘이 300kg인 경우 드럼에 작용하는 토크는 얼마인지 고르면?(단, 마찰계수 $\mu=0.1$이다.)

① 360kg·mm
② 630kg·mm
③ 3,600kg·mm
④ 6,300kg·mm

23

축의 지름 $d=60$mm일 때 묻힘키의 폭은 10mm, 높이는 8mm, 키의 길이 $L=80$mm이고, 허용전단응력은 200MPa이다. 이때 몇 $\mathrm{N \cdot m}$의 토크를 전달할 수 있는지 고르면?

① 3,500N·m
② 3,800N·m
③ 4,500N·m
④ 4,800N·m

24

회전당 유량이 $200cc$인 베인모터의 공급압력이 20kgf/cm², 유량이 $25l/$min일 때, 이 모터의 최대토크를 고르면?(단, $\pi=3.2$로 한다.)

① 3.14kgf·m
② 6.25kgf·m
③ 7.14kgf·m
④ 8.25kgf·m

25

다음 그림과 같은 관로계에서 관로 $1a2$ 사이의 손실수두가 5m일 때 관로 $1b2$ 사이의 손실수두를 고르면?(단, L은 관로의 길이, d는 관로의 직경이다.)

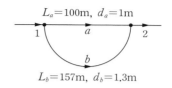

① 2.57m
② 3.14m
③ 5m
④ 7m

26

손실계수가 $K=10$인 밸브가 파이프에 설치되어 있다. 이 파이프에 물이 10m/s²로 흐르고 있다면 밸브에 의한 손실수두는 얼마인지 고르면?

① 36m
② 41m
③ 46m
④ 51m

27

압력이 890KPa이고 밀도가 1,000kg/m³, g=9.8m/s²일 때 물로 환산한 수두 높이를 고르면?

① 72.6m
② 76.6m
③ 89m
④ 90.8m

28

중심 거리 $C=800mm$, 벨트 풀리의 지름이 각각 $D_1=300mm$, $D_2=500mm$인 전동 장치에서 평벨트의 길이 L을 고르면? (단, $\pi=3.14$로 한다.)

① 2,869mm   ② 2,969mm

③ 3,154mm   ④ 3,254mm

29

두께 5mm, 폭 50mm인 평판 부재의 중앙에 한 변의 길이가 10mm인 정사각형 관통구멍이 있다. 탄성한계 내에서 평판 양단에 5kN의 인장하중(P)이 작용할 때, 구멍 부분에서 응력의 최댓값[N/mm^2]을 고르면?(단, 구멍의 응력집중계수는 2.0이다.)

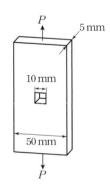

① 20   ② 25

③ 40   ④ 50

30

안지름 150mm, 두께 8mm인 주철제 파이프의 허용인장응력을 $4kgf/mm^2$라 할 때 최대내압은 몇 kgf/mm^2까지 적용시킬 수 있는지 고르면?(단, 부식여유는 1mm, 리벳효율은 75%로 한다.)

① 0.26   ② 0.28

③ 0.30   ④ 0.64

31

웜(worm)과 웜휠(worm wheel)에서 웜의 리드각이 γ, 웜의 피치원 지름이 D_1, 웜휠의 피치원 지름이 D_2이다. 웜의 회전속도를 n_1, 웜휠의 회전속도를 n_2로 할 때, $\dfrac{n_2}{n_1}$를 고르면?

① $\dfrac{D_1}{D_2\tan\gamma}$ ② $\dfrac{\pi D_1}{D_2\tan\gamma}$

③ $\dfrac{D_1\tan\gamma}{\pi D_2}$ ④ $\dfrac{D_1\tan\gamma}{D_2}$

32

$y_1 = 4\text{m}$, $V_1 = 0.5\text{m/s}$일 때 수력도약이 일어나는지 여부에 대해 고르면?

① 수력도약 손실이 1보다 크므로 일어난다.
② 수력도약 손실이 1보다 작으므로 일어난다.
③ 수력도약 손실이 1보다 크므로 안 일어난다.
④ 수력도약 손실이 1보다 작으므로 안 일어난다.

33

다음 그림과 같이 축지름 20mm, 회전속도 100rpm인 전동축이 동력 5kW를 전달하고 있다. 이 전동축에 폭(b)과 높이(h)는 서로 같고 길이(l) 50mm, 허용전단응력 100MPa, 허용압축응력 200MPa인 보통형 평행키가 사용될 때 보통형 평행키의 최소 폭(b)[mm]을 고르면?(단, 평행키의 허용전단응력과 허용압축응력을 모두 고려하고, $\pi = 3.0$으로 계산한다.)

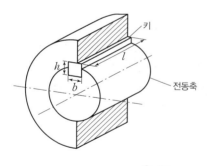

① 5
③ 20
② 10
④ 30

34

다음 그림과 같이 수평 원관 속에서 완전히 발달된 층류유동이라고 할 때 유량 Q의 관계식으로 옳은 것을 고르면?(단, μ는 점성계수, Q는 유량, P_1과 P_2는 1과 2지점에서의 압력을 나타낸다.)

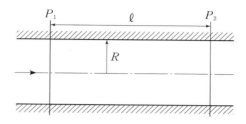

① $Q = \dfrac{\pi R^4}{8\mu\ell}(P_1 - P_2)$

② $Q = \dfrac{8\pi R^4}{\mu\ell}(P_1 - P_2)$

③ $Q = \dfrac{6\pi R^2}{\mu\ell}(P_1 - P_2)$

④ $Q = \dfrac{\pi R^3}{6\mu\ell}(P_1 - P_2)$

35

플란틀의 혼합거리(Prandtl's mixing length)에 대한 설명으로 옳은 것을 고르면?

① 항상 일정하다.
② 벽에서는 0이다.
③ 난류정도가 심하면 움직일 수 있는 거리는 작아진다.
④ 난동하는 유체입자가 움직일 수 없는 거리로 정의된다.

36

바다 속 임의의 한 지점에서 측정한 계기압력이 98.7MPa 이다. 이 지점의 깊이는 몇 m인지 고르면?(단, 해수의 비중량 은 $10kN/m^3$이다.)

① 9,680
② 9,635
③ 9,540
④ 9,870

37

다음 그림과 같이 $200kN \cdot mm$의 토크가 작용하여 브레이크 드럼이 시계방향으로 회전하는 경우, 드럼을 정지시키기 위해 브레이크 레버에 가해야 할 힘 $F[N]$을 고르면?(단, $d=400mm$, $a=1,500mm$, $b=280mm$, $c=100mm$, 마찰계수 $\mu=0.2$이다.)

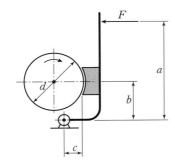

① 866.7
② 1,000
③ 2,000
④ 1,733.3

38

축각이 $120°$인 원추마찰차의 바깥지름 D_1이 300mm일 때 원추각을 δ_1, 바깥지름 D_2가 150mm일 때 원추각을 δ_2라 할 경우, 원추 마찰차의 원추각 비 $\frac{\delta_1}{\delta_2}$을 고르면?(단, $sin120°=0.866$, $cos120°=-0.5$이다.)

① $\frac{1}{2}$
② $\frac{1}{3}$
③ 2
④ 3

39

스프링 상수가 10N/cm인 4개의 스프링으로 평판 A를 벽 B에 다음 그림과 같이 정착하였다. 유량 $0.01m^3/s$, 속도 10m/s인 물 제트가 평판 A의 중앙에 직각으로 충돌할 때, 평판과 벽 사이에서 줄어드는 거리는 약 몇 cm인지 고르면?

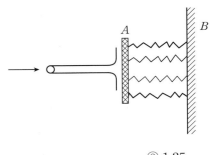

① 2.5
② 1.25
③ 5.0
④ 10.0

40

실린더의 지름이 30mm이고, 길이가 200mm인 실린더형 공기스프링에 0.3MPa로 압축된 공기가 채워져 있다. 실린더가 압축되는 방향으로 하중 500N이 작용하여 평형을 이룰 때, 실린더의 이동거리는 몇 mm인지 고르면?(단, 압축된 공기는 이상기체이며, 온도는 일정한 것으로 가정하고, $\pi=3.0$으로 계산한다.)

① 79
② 81
③ 119
④ 121

여러분의 작은 소리
에듀윌은 크게 듣겠습니다.

본 교재에 대한 여러분의 목소리를 들려주세요.
공부하시면서 어려웠던 점, 궁금한 점,
칭찬하고 싶은 점, 개선할 점, 어떤 것이라도 좋습니다.

에듀윌은 여러분께서 나누어 주신 의견을
통해 끊임없이 발전하고 있습니다.

에듀윌 도서몰 book.eduwill.net
· 부가학습자료 및 정오표: 에듀윌 도서몰 → 도서자료실
· 교재 문의: 에듀윌 도서몰 → 문의하기 → 교재(내용, 출간) / 주문 및 배송

한국수자원공사 NCS+전공 실전모의고사

발 행 일	2023년 1월 8일 초판
편 저 자	에듀윌 취업연구소
펴 낸 이	권대호, 김재환
펴 낸 곳	(주)에듀윌
등록번호	제25100–2002–000052호
주 소	08378 서울특별시 구로구 디지털로34길 55
	코오롱싸이언스밸리 2차 3층

* 이 책의 무단 인용 · 전재 · 복제를 금합니다.

www.eduwill.net
대표전화 1600-6700

한국수자원공사
실전모의고사

4년 연속 취업 교육 1위*

에듀윌 취업
공기업·대기업
전 강좌 300% 환급반

365일 0원 환급패스 하나로
오롯이 '나'를 위한 취업 준비

수강료 최대 300%
현금 환급

300%

강의 수강만 해도 100% 현금 환급
합격까지 하면 최대 300%
현금 환급

모든 기업·전형
한번에 대비

공기업   대기업

금융권   제약
         바이오

기업별 채용 전형부터,
변화되는 채용 경향까지
맞춤형 대비

취업스펙
진단 평가 무료

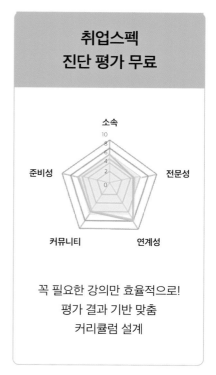

소속
준비성   전문성
커뮤니티   연계성

꼭 필요한 강의만 효율적으로!
평가 결과 기반 맞춤
커리큘럼 설계

자세한 내용이 궁금하다면 1600-6700

2022, 2021 대한민국 브랜드만족도/2020, 2019 한국브랜드만족지수 취업 교육 1위 · 300% 환급: 제세공과금 제외 / 미션 달성 시

전 강좌 환급
이벤트

취업에 강한 에듀윌 시사상식
97개월 베스트셀러 1위[*]

2020·2021
2년 연속 우수콘텐츠잡지 선정!

우수콘텐츠잡지
2021

- 월별 Cover Story
- 정치·경제·사회 등 분야별 최신상식
- 취업트렌드 & 꿀팁을 알려주는 생생 취업정보
- 최신 논술 분석! ISSUE & 논술·찬반
- 매달 업데이트! 최신 시사상식 무료특강

하루아침에 완성되지 않는 취업상식,
#정기구독 으로 완성하세요!

정기구독 신청 시 정가 대비 10% 할인+배송비 무료	정기구독 신청 시 특별 혜택	6개월/12개월/무기한 기간 설정 가능

※ 구독 중 정가가 올라도 추가 부담없이 이용할 수 있습니다.
※ '매월 자동 결제'는 매달 20일 카카오페이로 자동 결제되며, 구독 기간을 원하는 만큼 선택할 수 있습니다.
※ 자세한 내용은 정기구독 페이지를 참조하세요.

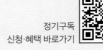

정기구독
신청·혜택 바로가기

* 알라딘 수험서/자격증 취업/상식/적성 월간 이슈&상식 베스트셀러1위 (2012년 5월~7월, 9월~11월, 2013년 1월, 4월~5월, 11월,
2014년 1월, 3월~11월, 2015년 1월, 3월~4월, 10월, 12월, 2016년 2월, 7월~12월, 2017년 8월~2022년 12월 월간 베스트)

IT자격증 초단기합격!
에듀윌 EXIT 시리즈

컴퓨터활용능력 필기
기본서(1급/2급)

컴퓨터활용능력 실기
기본서(1급/2급)

컴퓨터활용능력 필기 초단기끝장
(1급/2급)

ITQ 엑셀/파워포인트/한글/
OA Master

워드프로세서 초단기끝장
(필기/실기)

정보처리기사 기본서
(필기/실기)

합격을 위한 모든 무료 서비스
EXIT 합격 서비스 바로 가기

110만 권* 판매 돌파!
33개월* 베스트셀러 1위 교재

빅데이터로 단기간에 합격!
합격의 차이를 직접 경험해 보세요

기본서

한국사 초심자도
확실한 고득점 합격

2주끝장

빅데이터 분석으로
2주 만에 합격

ALL기출문제집

시대별+회차별 기출을
모두 담은 합격 완성 문제집

1주끝장

최빈출 50개 주제로
1주 만에 초단기 합격 완성

초등 한국사

비주얼씽킹을 통해
쉽고 재미있게 배우는 한국사

IT자격증 초단기합격!
에듀윌 EXIT 시리즈

컴퓨터활용능력 필기
기본서(1급/2급)

컴퓨터활용능력 실기
기본서(1급/2급)

컴퓨터활용능력 필기 초단기끝장
(1급/2급)

ITQ 엑셀/파워포인트/한글/
OA Master

워드프로세서 초단기끝장
(필기/실기)

정보처리기사 기본서
(필기/실기)

합격을 위한 모든 무료 서비스
EXIT 합격 서비스 바로 가기

취업, 공무원, 자격증 시험준비의 흐름을 바꾼 화제작!

에듀윌 히트교재 시리즈

에듀윌 교육출판연구소가 만든 히트교재 시리즈!
YES24, 교보문고, 알라딘, 인터파크, 영풍문고 등 전국 유명 온/오프라인 서점에서 절찬 판매 중!

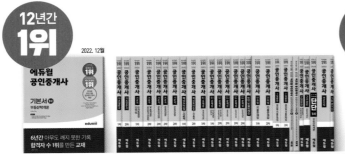

공인중개사 기초입문서/기본서/핵심요약집/문제집/기출문제집/실전모의고사 외 다수

주택관리사 기초서/기본서/핵심요약집/문제집/기출문제집/실전모의고사/네컷회계

7·9급공무원 기본서/단원별 문제집/기출문제집/기출팩/오답률TOP100/실전, 봉투모의고사

공무원 국어 한자·문법·독해/영어 단어·문법·독해/한국사/행정학·행정법 노트/행정법·헌법 판례집/면접

7급공무원 PSAT 기본서/기출문제집

계리직공무원 기본서/문제집/기출문제집

군무원 기출문제집/봉투모의고사

경찰공무원 기본서/기출문제집/모의고사/판례집/면접

소방공무원 기본서/기출팩/단원별 기출/실전, 봉투 모의고사

뷰티 미용사/맞춤형화장품

검정고시 고졸/중졸 기본서/기출문제집/실전모의고사/총정리

사회복지사(1급) 기본서/기출문제집/핵심요약집

직업상담사(2급) 기본서/기출문제집

경비 기본서/기출/1차 한권끝장/2차 모의고사

전기기사 필기/실기/기출문제집

전기기능사 필기/실기

2023 최신판

에듀윌 공기업
한국수자원공사
NCS+전공 실전모의고사

정답과 해설

eduwill

2023 최신판

에듀윌 공기업 한국수자원공사
NCS+전공 실전모의고사

정답과 해설

NCS 직업기초능력평가

01	02	03	04	05	06	07	08	09	10
①	④	③	②	③	③	④	②	③	②

11	12	13	14	15	16	17	18	19	20
④	②	②	①	③	③	④	②	④	①

21	22	23	24	25	26	27	28	29	30
③	①	③	②	④	②	①	③	②	④

31	32	33	34	35	36	37	38	39	40
④	①	②	①	④	③	③	②	④	①

01 ①

Quick해설 B의 왼쪽에 아무도 앉지 않고, A가 B보다 빨리 왔으므로 B는 2번에 앉지 않는다. C는 E의 왼쪽에 앉고, E는 A보다 늦게 왔으므로 C와 E는 3번, 4번 또는 5번, 6번에 앉는다. C와 E가 3번, 4번에 앉으면 B는 6번에 앉고, C와 E가 5번, 6번에 앉으면 B는 4번에 앉는다. A와 D는 1번 또는 2번에 앉는다. 따라서 D는 항상 B보다 앞자리에 앉는다.

[오답풀이] ② E는 4번 자리에 앉는다.
③ C가 3번 자리에 앉는 경우 C의 앞에 A 또는 D가 앉는다.
④ A는 항상 1번 또는 2번에 앉는다.

02 ④

Quick해설 모든 사람이 A백신 또는 B백신을 접종하였고, A백신을 접종한 사람이 모두 미감염자라면 감염자 중에는 A백신을 접종한 사람이 없다. 따라서 모든 감염자는 B백신을 접종하였다.

[오답풀이] ① 미감염자가 모두 A백신을 접종하였더라도 A백신을 접종한 사람 중 감염자가 있다면 결론이 참이 아니다.
② B백신을 접종한 어떤 사람이 미감염자라고 해서 모든 감염자가 B백신을 접종한 것은 아니다.
③ 모든 미감염자는 A백신을 접종하였더라도 감염자 중 A백신을 접종한 사람이 있다면 결론이 참이 아니다.

03 ③

Quick해설 A팀이 화, 수, 목에 회의실을 배정받는 경우 목요일에 소회의실을 배정받는다. 그런데 C팀이 목요일에 소회의실을 배정받으므로 모순이고, A팀은 월, 화, 수에 대회의실, 중회의실, 소회의실을 3일 연속 배정받는다. 목요일에는 B, C, D팀이 회의를 하므로 D팀이 마지막으로 회의를 하는 목요일에는 D팀이 대회의실을 배정받고 B팀이 중회의실을 배정받는다. B팀이 대회의실을 배정받은 날 D팀이 중회의실을 배정받는데 화요일에는 A팀이 중회의실

을 배정받으므로 수요일에 B팀이 대회의실, D팀이 중회의실을 배정받는다. 이때 C팀이 월요일, 화요일에 회의를 해야 하는데 C팀이 중회의실을 배정받은 날 D팀이 회의를 하지 않으므로 월요일에 C팀이 중회의실, B팀이 소회의실을 배정받는다. 이에 따라 화요일에 C팀이 대회의실, D팀이 소회의실을 배정받는다.
따라서 요일별 각 회의실 팀 배정 일정은 다음과 같다.

구분	월요일	화요일	수요일	목요일
대회의실	A	C	B	D
중회의실	C	A	D	B
소회의실	B	D	A	C

따라서 D팀이 소회의실을 배정받은 날은 화요일이고, 이날 A팀은 중회의실을 배정받는다.

[오답풀이] ① 화요일에 A팀이 중회의실, C팀이 대회의실을 배정받는다.
② 수요일에 B팀이 대회의실을 배정받고, C팀은 회의를 하지 않는다.
④ D팀은 화, 수, 목에 연속해서 회의를 한다.

04 ②

Quick해설 [조건] 중 A의 발언에 따라 두 가지로 나누어 볼 수 있다.
• D가 3등이라면 A의 발언이 참이므로 A는 D보다 등수가 낮다. 따라서 A는 4등이고, A는 항상 B~D보다 등수가 낮다. 이 경우 D의 발언 중 A가 C보다 등수가 낮다는 발언이 참이다. 그런데 D는 A에 대해 거짓말을 해야 하므로 모순이고, D는 3등이 아니다.
• D가 3등이 아니라면 A의 발언이 거짓이므로 A는 D보다 등수가 높다. 따라서 D는 A에 대해 항상 참을 이야기한다. D의 발언에 따르면 A는 B보다 등수가 높고, C보다 등수가 낮다. 따라서 C>A>B, A>D의 순서가 되고, D는 3등이 아니므로 C>A>B>D가 된다.
이 경우 A는 B, D에 대해 거짓을 말하고, B는 C에 대해서는 참, D에 대해서는 거짓, C는 A, B에 대해 거짓, D는 A, B, C에 대해 참을 말하므로 모순이 생기지 않는다. 따라서 3등은 B이다.

05 ③

Quick해설 복숭아 알레르기가 있는 사람은 새우 또는 땅콩 알레르기가 있고, 새우 알레르기가 있는 사람은 모두 복숭아 알레르기가 있고, 땅콩 알레르기가 있는 사람 중 어떤 사람은 복숭아 알레르기가 없으므로 다음과 같은 관계가 가능하다.

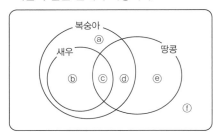

[전제1]에 따라 ⓐ는 공집합이고, ⓒ, ⓓ, ⓕ는 존재할 수도, 존재하지 않을 수도 있다. 그리고 [전제1], [전제2]에 따라 ⓔ는 존재하고, [전제3]에 따라 ⓑ는 존재한다. 따라서 새우 알레르기가 없는 사람은 ⓐ, ⓓ, ⓔ, ⓕ이고, ⓔ가 반드시 존재하므로 새우 알레르기가 없는 어떤 사람은 땅콩 알레르기가 있다.

[오답풀이] ① ⓒ는 존재할 수도, 존재하지 않을 수도 있으므로 적절하지 않다.
② ⓕ가 존재할 수 있으므로 적절하지 않다.
④ ⓔ가 존재하므로 적절하지 않다.

06 ③

Quick해설 B 숙소는 비용과 학회장과의 거리가 모두 4점이고, 나머지 숙소는 두 영역 중 적어도 한 영역이 4점 미만이다. 따라서 병의 의견이 가장 적절하다.

[오답풀이] ① D는 서비스에서 2점을 받아 모든 영역이 3점 이상인 숙소가 아니므로 옳지 않다.
② A의 총합은 12점, B의 총합은 11점, C의 총합은 13점, D의 총합은 14점이므로 D 숙소의 총합이 가장 높다.
④ 비용, 학회장과의 거리, 시설을 5 : 3 : 2로 계산하였을 때, A의 총합은 3.6점, B의 총합은 3.6점, C의 총합은 2.6점, D의 총합은 3.8점이므로 D 숙소의 총합이 가장 높다.

07 ④

Quick해설 최근 6개월 누적강수량을 이용한 표준강수지수 −2.0 이하로 기상가뭄이 지속될 것으로 예상되는 경우 심한 가뭄으로 볼 수 있다. 그러나 내일 강우가 예상되므로 심한 가뭄 단계가 아니라고 볼 수 있다.

[오답풀이] ① 가뭄 관심 단계에서는 공업용수의 여유량을 관리하며, 극심한 가뭄 단계에서 공업용수의 공급 제한이 필요하다.
② 가뭄 경계 단계에서 하천유지용수, 농업용수 공급의 제한이 필요하다.
③ 대규모 가뭄 피해가 발생하지 않았더라도 발생이 예상되는 경우에도 가뭄 심각 단계로 볼 수 있다.

08 ②

Quick해설 국토종주 자전거길 종주 인증을 받기 위해서는 각 코스의 인증센터 스탬프를 코스 순서와 무관하게 모두 찍으면 된다.

[오답풀이] ① 4대강의 인증센터 중 수첩을 판매하는 곳은 한강 3곳, 낙동강 9곳, 금강 3곳, 영산강 2곳으로 총 17곳이다.
③ 국토종주 시에는 충주댐, 안동댐을 미포함하지만, 구간별 종주에는 안동댐을 미포함한다는 조건이 없다. 그리고 낙동강 구간의 종주 인증을 하는 곳은 총 9곳이다.
④ 인증센터에서 스탬프를 찍지 못한 경우 무인인증부스, 본인,

자전거가 모두 함께 찍힌 사진을 가지고 유인인증센터로 방문하면 된다. 따라서 각각 찍힌 세 장의 사진이 아닌, 모두 찍힌 한 장의 사진이 필요하다.

09 ③

Quick해설 모든 항목에서 적합 판정을 받은 수도꼭지는 A, B, H 총 3개이다.

[상세해설] 검사 기준을 모두 만족하는 수도꼭지를 찾는 것보다 하나라도 부적합한 수도꼭지를 찾는 것이 빠르다. 각 검사 항목별로 기준을 만족하지 않는 수도꼭지를 확인한다.
• 일반세균: C, D가 검사 기준에 부적합하다.
• 총대장균군, 대장균: G, J가 검사 기준에 부적합하다.
• 잔류염소: E, F가 검사 기준에 부적합하다.
• 암모니아성 질소: I가 검사 기준에 부적합하다.
• 동: 모든 수도꼭지가 검사 기준에 적합하다.
• 아연: G가 검사 기준에 부적합하다.
• 염소이온: G, J가 검사 기준에 부적합하다.
• 철: 모든 수도꼭지가 검사 기준에 적합하다.
• 망간: 모든 수도꼭지가 검사 기준에 적합하다.
따라서 C, D, E, F, G, I, J는 부적합한 항목이 존재하므로 A, B, H 3개의 수도꼭지가 모든 항목에서 적합 판정을 받았다.

10 ②

Quick해설 2022년 3월에 생산하였으므로 생산연월 ABCD는 2203이다. 비타민 음료이므로 제품코드 EF는 31이다. 생산지역은 충주이므로 G는 3이고, 제2공장에서 생산하였으므로 H는 2이다. 450번째로 생산하였으므로 생산순서 IJKL에는 0450을 기재한다. A부터 L까지의 합은 2+2+0+3+3+1+3+2+0+4+5+0=25이므로 9로 나눈 나머지가 7이다. 따라서 M은 7이다. 그러므로 이 음료의 제조 번호는 22033132045072이다.

11 ④

Quick해설 c는 물의 융해곡선이다. 마지막 문단에서 물의 융해곡선은 음의 기울기를 갖고 있는데 이는 물이 얼면서 부피가 증가하기 때문이라고 하였으므로, c의 경우 액체 상태의 부피가 고체 상태의 부피보다 더 큰 것이 아니라 그 반대임을 알 수 있다. 물(액체)은 얼면서 고체 상태가 될 때 그 부피가 커진다.

[오답풀이] ① a는 삼중점이다. 다섯 번째 문단에서 물의 삼중점은 정확하게 0.006기압에서 0.01℃라고 하였고, 제시된 그래프의 세로축은 압력이므로 a의 세로축은 0.006이다.
② 다섯 번째 문단에서 삼중점 아래 쪽에 고체와 기체의 경계를 이루는 승화곡선이 있고, 이에 따라 고체 상태에서 액체 상태를 거치지 않고 바로 기체 상태로 변화하는 승화현상이 나타난다고 하였다. 따라서 나프탈렌이 상온에서 크기가 작아지는

현상은 승화현상의 예로 볼 수 있으며, 삼중점 a의 아래 쪽에서 승화현상이 일어남을 알 수 있다.

③ b는 임계점이다. 마지막 문단에서 임계온도보다 높은 온도나 압력에서는 액체와 기체의 구분이 사라진다고 하였으므로 b보다 높은 온도에서는 액체와 기체를 구별할 수 없다.

12 ②

Quick해설 고체가 액체되는 것은 ㉠'융해', 액체가 고체되는 것은 ㉡'응고', 액체가 기체되는 것은 ㉢'기화', 기체가 액체되는 것은 ㉣'액화'라고 한다. 그리고 마지막으로 고체가 액체를 거치지 않고 직접 기체로 바뀌는 것은 ㉤'승화'라고 한다.

13 ②

Quick해설 다섯 번째 문단에서 충격적이고 두려운 정신적 외상은 대부분 갑작스럽게 일어나며 경험하는 사람에게 심한 고통을 주고, 심지어 일반적인 스트레스 대응 능력을 압도한다고 하였으며, 첫 번째 문단에서 트라우마는 정신적 외상을 말한다고 하였으므로, 트라우마 또한 일반적인 스트레스 대응 능력을 압도한다고 볼 수 있다.

[오답풀이] ① 세 번째 문단에 따르면 트라우마는 정신건강의학에서 '외상 후 스트레스 장애'의 원인이 될 수 있다.

③ 네 번째 문단에 따르면 외상 후 스트레스 장애는 외상으로 인한 증상일 수도 있지만 간혹 원래 가진 정신질환의 증상일 수도 있다.

④ 세 번째 문단에 따르면 외상 후 스트레스 장애 환자는 외상이 지나갔음에도 계속해서 그때의 위협적이고 충격적인 기억이 떠올라 그 외상을 떠올리게 하는 장소나 활동을 피하게 되며 결국 이것을 극복하지 못하고 장기간 고통을 받게 되면 신체적 문제를 불러오기도 한다.

14 ①

Quick해설 유발(誘發)은 '어떤 것이 다른 일을 일어나게 한다'는 의미로 문맥상 ⓐ에는 '사물이나 일이 생겨남. 또는 그 사물이나 일이 생겨난 바'를 의미하는 '유래(由來)'가 들어가는 것이 적절하다.

[오답풀이] ② '동반(同伴)'은 어떤 사물이나 현상이 함께 생김의 의미이다.

③ '초래(招來)'는 일의 결과로서 어떤 현상을 생겨나게 함의 의미이다.

④ '남용(濫用)'은 일정한 기준이나 한도를 넘어서 함부로 씀의 의미이다.

15 ③

Quick해설 문맥상 흐름에 맞게 배열하면 [나]-[다]-[가]-[라]이다.

[상세해설] 제시된 글은 포스트휴머니즘에 대해 설명하고 있다. 처음 제시된 문단에서 최근 포스트휴머니즘이 등장하고 있다고 언급하고 있으므로 이 다음으로 와야 하는 문단은 포스트휴머니즘의 어원부터 살펴보는 [나] 문단이 와야 한다. 그러고 나서 포스트휴머니즘을 알기 위해 휴머니즘이 무엇인지 살펴보는 [다] 문단이 오고, 이를 토대로 포스트휴머니즘이 무엇인지 밝히고 있는 [가]와 [라] 문단이 순서대로 와야 한다. 여기서 [가] 문단에서는 포스트휴머니즘의 특징을 설명하고 있고, [라] 문단에서는 이러한 특징을 가지고 있는 포스트휴머니즘이 21세기에 가장 적합한 휴머니즘의 형태라고 설명하고 있으므로, 이 둘의 순서는 [가]-[라]가 가장 적절하다. 따라서 문맥상 흐름에 맞게 배열하면 [나]-[다]-[가]-[라]이다.

16 ③

Quick해설 인간다움을 추구할 때 그 방향성을 고민하는 것은 포스트휴머니즘이 아니라 휴머니즘의 문제의식이다.

[상세해설] [라] 문단에 따르면 포스트휴머니즘은 인공지능의 등장이 제기한 여러 쟁점을 포용하는 방식으로 진행되어 오고 있다고 하였으므로, 포스트휴머니즘의 문제의식은 인간과 인간이 아닌 것 사이의 경계를 어떻게 나누고 인간이 아닌 것에 적용되는 문화적 규범과 사회적 제도를 어떻게 설계하는 것이 바람직한지와 관련되어 있어야 한다. 따라서 인간성의 확충에 관하여 묻는 것은 포스트휴머니즘이 아니라 휴머니즘의 문제의식이다.

17 ④

Quick해설 제시된 글의 첫 번째 문단에서는 다국적 기업이 국제인수를 하는 이유를, 두 번째 문단에서는 그 과정에서 다국적 기업이 통제 메커니즘을 사용하는데, 이때 드러나는 현지 중소기업의 지식습득 한계에 대해 설명하고 있다. 따라서 글의 제목으로는 '다국적 기업의 국제인수의 이유와 그 과정에서 드러나는 현지 중소기업 지식습득의 한계'가 적절하다.

18 ②

Quick해설 국제인수 과정에서 다국적 기업과 피인수기업의 지식은 쌍방향으로 습득이 가능하다.

[상세해설] 두 번째 문단에서 다국적 기업이 현지 피인수기업의 지식 및 자원을 획득하려는 동기에서 국제인수가 많이 추구되기는 하지만 다국적 기업의 네트워크 안에서 지식교환이 발생하면서 다국적 기업의 지식 역시 현지 자회사로의 유입이 발생한다고 하였으므로 국제인수 과정에서 다국적 기업과 피인수기업의 지식이 서로 습득될 수 있음을 알 수 있다.

[오답풀이] ① 첫 번째 문단에서 국제인수가 다국적 기업에 의해 주요 전략적 옵션으로써 선호되고 있는 주요한 이유는 오랜 시

간과 노력을 투자하여 해외에 공장 및 사업장을 새로이 설립해야 하는 신설 투자와는 달리, 주식을 취득함과 동시에 원하는 해외시장에 신속히 진입할 수 있는 장점 때문이라고 하였다.

③ 두 번째 문단에서 큰 규모의 자회사들은 지식 창조와 관련된 자원을 더 많이 보유하고 있는 경향이 있으며, 다국적 기업 내에서 지식 및 기타 자원에 접근하는 데 있어 보다 나은 전략적 위치를 가지게 된다고 하였다. 나아가 다국적 기업에 인수된 대기업은 자신들이 보유하고 있는 역량을 근간으로 지식의 내부 창조가 가능하다고 하였다.

④ 두 번째 문단에서 자체적인 연구개발 능력이 부족한 중소기업의 입장에서는 외부로부터의 지식습득이 조직의 경쟁력 증진에 현저히 중요한 기여를 할 것임에도 실제 지식습득에 긍정적인 파급력을 갖는 결정 인자에 대한 실험 결과 역시 일관된 모습을 보여 주지 못하고 있다고 하였다.

19 ④

Quick해설 세 번째 문단에서 단결정 마을은 마을 사람들이 다니는 평지길이 끊어지지 않고 계속 연결되어 있는 마을이라고 하였다. 따라서 단결정을 만든다는 것은 전자가 오르막이나 내리막에서 고생하지 않고 쏜살같이 길을 달릴 수 있도록 무한히 긴 평지길을 포장하는 일임을 알 수 있다.

[상세해설] 첫 번째 문단에서 금속에서 전류가 잘 통하는 상황은 마을에서 마을 사람들이 자유롭게 돌아다니는 것과 같고, 전기 전도도가 큰 물질은 마을 사람으로 비유되는 전자가 다닐 길에 오르막이 없는 평평한 제주도 올레길 같은 곳이라고 했다. 그리고 세 번째 문단에서 단결정과 다결정의 차이를 설명하기 위해 다시 마을에 비유하는데, 단결정 마을은 마을 사람들이 다니는 평지길이 끊어지지 않고 계속 연결되어 있는 마을이고 다결정 마을은 평지길이 잠깐 나오는가 싶더니 뚝 끊어지거나 길 한가운데 엄청난 둔덕이 있는 마을이라고 했다. 이를 종합하여 유추해 볼 때 다결정을 단결정으로 만드는 것은 마을 사람인 전자가 다결정 마을에 있는 오르막이나 내리막에서 고생하지 않도록 길을 제주도 올레길처럼 평평하게 만들어주는 것을 의미한다.

[오답풀이] ①, ② 다결정을 단결정으로 만들어 주는 것은 전자를 움직이는 것이 아니라 전자가 다니는 길을 바꾸어 주는 것이다.

③ 세 번째 문단에서 다결정 마을은 평지길이 잠깐 나오는가 싶더니 끊어지거나 길 한가운데 엄청난 둔덕이 있어 그 옆의 평평한 샛길로 돌아가야 한다고 하였다. 즉 바리케이드를 치지 않더라도 다결정 마을에서는 평평한 샛길로 돌아가야 한다.

20 ①

Quick해설 두 번째 문단에 따르면 구리는 에디슨 시절에 전성기였지만, 기술의 발전과 함께 첨단 소재가 쏟아져 나오면서 구리는 그저 전류만 잘 흘리는 재미없는 도체로 전락했었다. 그런데 구리가 단결정 만들기가 가능해진 최근에 다시 주목받기 시작했음을 알

수 있다.

[오답풀이] ② 다섯 번째 문단에 따르면 그래핀을 만들기 위해서는 구리 기판 위에서 그래핀을 키워야 함을 알 수 있다. 따라서 그래핀을 만들기 위해서는 구리가 반드시 필요하다.

③ 세 번째~네 번째 문단에 따르면 구리는 단결정화 기술로 인해 그 인기가 올라갔는데, 단결정화 기술이 발전한 배경에는 반도체 소자의 초소형화를 위한 첨단 소재 개발이 있다.

④ 네 번째 문단에 따르면 그래핀이 주목받는 이유는 반도체의 특성을 하나의 탄소 원자층 하나만으로도 구현할 수 있기 때문임을 알 수 있다.

21 ③

Quick해설 같은 팀 팀원이 연달아 등산하지 않기 위해서는 A팀 3명과 B팀 3명이 번갈아 한 줄로 서서 등산하면 된다. 이때, A팀 3명이 한 줄로 서는 방법의 수가 3!=6(가지)이고, B팀 역시 마찬가지로 6가지이다. 그리고 A팀 팀원이 맨 앞에 있는 경우와 B팀 팀원이 맨 앞에 있는 경우 2가지가 있으므로 구하는 방법의 수는 $6 \times 6 \times 2 = 72$(가지)이다.

22 ①

Quick해설 한국 신발 크기가 5mm씩 커질 때마다 UK 수치는 0.5씩 커진다고 하였고, US 수치는 UK 수치보다 1.0씩 더 크다고 하였으므로, US 수치는 UK 수치에 1씩 더하면 된다. 따라서 세 수치에 대하여 신발 크기를 표로 나타내면 다음과 같다.

mm	245	250	255	260	265	270	275	280
UK	5.5	6.0	6.5	7.0	7.5	8.0	8.5	9.0
US	6.5	7.0	7.5	8.0	8.5	9.0	9.5	10.0

위의 표를 통해 크기가 280mm인 신발을 미국 신발 크기(US)로 나타내면 10.0임을 알 수 있다.

23 ③

Quick해설 전체 신입사원 수가 짝수이고 70명 미만일 때, 신입사원 수는 54명이다.

[상세해설] 전체 신입사원 수가 짝수이므로 2n명이라고 하자. 신입사원을 a명씩 4팀으로 묶으면 6명이 남고, b명씩 5팀으로 묶으면 4명이 남는다고 하였으므로 다음과 같은 식이 성립한다.

· $4a+6=2n$ ··· ㉠
· $5b+4=2n$ ··· ㉡

㉡에서 우변이 짝수이므로 b는 짝수여야 하고, 4명이 남는다고 하였으므로 b>4가 성립한다. 이에 따라 다음과 같은 표를 만들 수 있다.

b	6	8	10	12	14	⋯

| 2n | 34 | 44 | 54 | 64 | 74 | … |

$a > 10$이므로 $2n > 46$이고, 전체 신입사원 수가 70명 미만이므로 $2n < 70$이다.

따라서 2n으로 가능한 값은 54, 64 중 하나이다.

이때, ㉠에서 $4a+6=4(a+1)+2=2n$이므로 2n은 4로 나누었을 때 2가 남는 수여야 한다. 즉, 2n으로 가능한 값은 54뿐이다.

그러므로 신입사원 수는 54명이다.

24 ②

Quick해설 $a=5+10=15$, $b=10+15=25$이므로 $a+b=15+25=40$이다.

[상세해설] i) 두 묶음으로 나누는 경우

(1+4)의 형태로 나누는 방법의 수는 5명 중에서 1명을 뽑아 한 묶음을 만들고, 나머지 4명을 한 묶음으로 만들면 되므로 $_5C_1 \times _4C_4 = 5 \times 1 = 5$(가지)이다.

(2+3)의 형태로 나누는 방법의 수는 5명 중에서 2명을 뽑아 한 묶음을 만들고, 나머지 3명을 한 묶음으로 만들면 되므로 $_5C_2 \times _3C_3 = 10 \times 1 = 10$(가지)이다.

따라서 $a=5+10=15$이다.

ii) 세 묶음으로 나누는 경우

(3+1+1)의 형태로 나누는 방법의 수는 5명 중에서 1명을 뽑아 한 묶음을 만들고, 나머지 중 1명을 뽑아 한 묶음을 만들고, 나머지 3명을 한 묶음으로 만들면 되므로 $_5C_1 \times _4C_1 \times _3C_3 \times \frac{1}{2!} = 5 \times 4 \times 1 \times \frac{1}{2} = 10$(가지)이다.

(2+2+1)의 형태로 나누는 방법의 수는 5명 중에서 1명을 뽑아 한 묶음을 만들고, 나머지 중 2명을 뽑아 한 묶음을 만들고, 나머지 2명을 한 묶음으로 만들면 되므로 $_5C_1 \times _4C_2 \times _2C_2 \times \frac{1}{2!} = 5 \times 6 \times 1 \times \frac{1}{2} = 15$(가지)이다.

따라서 $b=10+15=25$이다.

i), ii)로부터 $a=15$, $b=25$이므로 $a+b=15+25=40$이다.

25 ④

Quick해설 ㉡ 4월 18일을 기준으로 할 때 중국의 사망률은 $\frac{4,632}{82,719} \times 100 ≒ 5.6$(%)이고, 미국의 사망률은 $\frac{36,727}{699,105} \times 100 ≒ 5.3$(%)이므로 중국이 미국보다 사망률이 높다.

㉣ 중국에서 전일 대비 증가한 확진자 수는 352명이고 전일 대비 증가한 사망자 수는 1,290명이므로, 확진자 수 대비 사망자 수의 수치는 3배가 넘는다. 한편 프랑스의 경우, 확진자 수 대비 사망자 수의 수치가 2배에 약간 미치지 못하고, 그 외 국가는 모두 전일 대비 확진자 증가 수치에 비해 전일 대비 사망자 증가 수치가 현저히 낮다. 따라서 전일 대비 증가한 확진자 수에 비해 증가한 사망자 수가 가장 많은 국가는 중국이다.

[오답풀이] ㉠ 4월 17일 각 국가의 확진자 수를 구하면 다음과 같다.

- 미국: $699,105 - 40,842 = 658,263$(명)
- 스페인: $188,068 - 5,252 = 182,816$(명)
- 이탈리아: $172,434 - 3,493 = 168,941$(명)
- 독일: $140,886 - 4,317 = 136,569$(명)
- 프랑스: $109,252 - 405 = 108,847$(명)
- 영국: $108,692 - 5,599 = 103,093$(명)
- 중국: $82,719 - 352 = 82,367$(명)
- 이란: $79,494 - 1,499 = 77,995$(명)

이에 따라 4월 17일 확진자 수 또한 18일과 마찬가지로 순위가 같으므로 순위가 바뀐 경우는 없다.

㉢ 전일 대비 확진자가 세 번째로 많이 증가한 국가는 5,252명 증가한 스페인이다.

문제해결 TIP

주어진 보기 ㉠~㉣ 중 계산 과정 없이 해결할 수 있는 ㉢을 먼저 풀도록 한다. 표의 수치를 통해 ㉢은 틀린 보기임을 알 수 있으므로 선택지 ①, ③을 소거할 수 있다. 남은 선택지 ②, ④의 구조를 통해 ㉣은 확인할 필요 없이 옳은 보기임을 알 수 있고, 남은 보기 ㉠, ㉡ 중 비교적 쉽게 해결할 수 있는 ㉠을 풀도록 한다. 보기 ㉠의 내용은 순위 변동에 대한 것이므로 확진자 수를 정확하게 계산할 필요 없이 어림셈으로 수치의 크기를 파악하여 순위에 변동이 있는지 없는지를 확인하도록 한다. ㉠은 틀린 보기이므로 ㉠이 포함되지 않은 ④를 정답으로 선택할 수 있다.

26 ②

Quick해설 동성애자는 성소수자 중 한 부류일 뿐이므로 C씨가 동성애자라는 추론은 옳지 않다.

[오답풀이] ① A씨는 장애에 관한 차별적 요소의 점수가 가장 높으므로 적절한 추론이다.

③ 세 사람 모두 고학력에 대한 특권적 요소의 점수가 4~5점으로 높은 편이므로, 고학력자로서 특권을 경험한 사례가 있다고 추론할 수 있다.

④ B씨와 C씨는 A씨에 비해 사는 지역에 대한 특권적 요소가 4~5점으로 높은 편이므로, 사는 지역으로 인한 특권을 많이 경험했다고 추론할 수 있다.

27 ①

Quick해설 누적 강수량에 대하여 전북의 평년값은 $594.6 \div 0.992 ≒ 599.4$(mm)이고, 강원의 평년값은 $475.7 \div 0.737 ≒ 645.5$(mm)이다. 따라서 전북은 제주, 강원, 경남에 이어 네 번째로 많은 지역임을 알 수 있다.

[오답풀이] ② 경남 지역의 평균 저수율은 평년 대비 $77.2 \div 71.4 \times 100 ≒ 108.1$(%)이므로 110% 미만이다.

③ 2022년 2월 충남 지역의 평균 저수율은 $82.2 \times 1.124 ≒ 92.4$(mm)이므로 95mm 미만이다.

④ 2022년 2월 평균 저수율에 대하여 전남의 평년 대비 값은

$70.2 \div 64.2 \times 100 = 109.3(\%)$이고, 전국은 $82.6 \div 72.8 \times 100 = 113.5(\%)$이므로 전국보다 낮다.

28 ③

Quick해설 Ⓐ~Ⓓ에 해당하는 수치를 각각 구하면 다음과 같다.

· Ⓐ: $528.4 \div 585.8 \times 100 = 90.2(\%)$

· Ⓑ: $534.0 \div 521.6 \times 100 = 102.4(\%)$

· Ⓒ: $82.5 \times 1.015 = 83.7(mm)$

· Ⓓ: $86.7 \div 72.1 \times 100 = 120.2(\%)$

따라서 정답은 ③이다.

29 ③

Quick해설 ㉠ 2011년 총인구는 $50,638 \div 0.979 = 51,724$(천 명)이므로 2015년 총인구는 2011년 대비 $52,672 - 51,724 = 948$(천 명) 증가하였다. 즉, 95만 명 미만으로 증가하였다.

㉡ 2013년 지방·광역상수도 급수인구가 $52,127 \times 0.957 = 49,886$(천 명)이므로 지방·광역상수도 급수인구가 처음으로 5,000만 명을 넘은 해는 2014년이다.

㉢ 2016년 총인구는 $52,259 \div 0.989 = 52,840$(천 명)이므로 지방·광역상수도 급수인구는 $52,840 \times 0.964 = 50,938$(천 명)이다. 2012년 급수인구는 $51,881 \times 0.981 = 50,895$(천 명)이므로 2016년 지방·광역상수도 급수인구는 2012년 급수인구보다 $50,938 - 50,895 = 43$(천 명), 즉 4만 명 이상 많다.

[오답풀이] ㉣ 2011년부터 2017년까지 상수도 보급률은 증가하였지만 지방·광역 상수도 보급률은 2016년에 2015년 대비 $96.5 - 96.4 = 0.1(\%p)$ 감소하였다.

30 ④

Quick해설 2017~2020년 상수도 보급률은 순서대로 99.1%, 99.2%, 99.3%, 99.4%이고, 같은 기간 지방·광역상수도 보급률은 순서대로 96.8%, 97.0%, 97.3%, 97.5%이다. 따라서 이를 바르게 나타낸 그래프는 ④이다.

[상세해설] 2017년 상수도 보급률은 99.1%이고, 2017년 지방·광역상수도 보급률은 96.8%, 2019년은 97.3%이다. 2018~2020년 상수도 보급률과 2018년, 2020년 지방·광역상수도 보급률을 구하면 다음과 같다.
[상수도 보급률]

· 2018년: $\dfrac{52,653}{53,073} \times 100 = 99.2(\%)$

· 2019년: $\dfrac{52,747}{53,122} \times 100 = 99.3(\%)$

· 2020년: $\dfrac{52,644}{52,975} \times 100 = 99.4(\%)$

[지방·광역상수도 보급률]

· 2018년: $\dfrac{51,499}{53,073} \times 100 = 97.0(\%)$

· 2020년: $\dfrac{51,646}{52,975} \times 100 = 97.5(\%)$

따라서 2017년부터 2020년까지의 상수도 보급률과 지방·광역상수도 보급률을 바르게 나타낸 그래프는 ④이다.

문제해결 TIP

선택지 ①~④의 그래프 수치를 보면, 2018~2020년 상수도 보급률이 다르게 제시되어 있으므로, 지방·광역상수도 보급률을 계산할 필요 없이 상수도 보급률만으로 정답을 찾을 수 있다. 2018년 상수도 보급률이 99.2%이므로 선택지 ①을 소거할 수 있고, 남은 선택지 ②~④를 보면, 2020년 상수도 보급률 수치가 모두 다르므로 2020년의 상수도 보급률 수치만을 계산하도록 한다. 2020년 상수도 보급률이 99.4%이므로 정답을 ④로 선택할 수 있다.

31 ④

Quick해설 D의 경우 출장여비는 820달러가 아닌 805달러이다.

[상세해설] A~D의 출장여비를 구하면 다음과 같다.

· A: 뉴델리는 인도이므로 나 등급이다. 2급은 숙박비가 실비이고, 3박 하였으므로 숙박비는 $70 \times 3 = 210$(달러)이다. 1일 식비 상한이 75달러이고, 상한액 이하로 썼으므로 총식비는 $5 \times 54 = 270$(달러)이다. 마일리지를 사용하였으므로 일비는 $100 \times 1.2 = 120$(달러)이고, 총일비는 $5 \times 120 = 600$(달러)이다. 총교통비는 700달러이고 실비 지급하므로 출장여비는 $210 + 270 + 600 + 700 = 1,780$(달러)이다.

· B: 워싱턴은 가 등급이다. 3급은 숙박비가 실비이고, 2박 하였으므로 숙박비는 $90 \times 2 = 180$(달러)이다. 1일 식비 상한액이 60달러이고, 상한액 이하로 썼으므로 총식비는 $3 \times 60 = 180$(달러)이다. 마일리지를 사용하였으므로 일비는 $80 \times 1.2 = 96$(달러)이고, 총일비는 $3 \times 96 = 288$(달러)이다. 총교통비는 1,000달러이고 실비 지급하므로 출장여비는 $180 + 180 + 288 + 1,000 = 1,648$(달러)이다.

· C: 런던은 가 등급이다. 5급은 1일 숙박비 상한액이 90달러이고, 상한액 이하로 썼으므로 총숙박비는 $3 \times 70 = 210$(달러)이다. 1일 식비 상한액은 45달러이고, 상한액을 초과하여 썼으므로 총식비는 $4 \times 45 = 180$(달러)이다. 마일리지를 사용하지 않았으므로 일비는 총 $4 \times 50 = 200$(달러)이다. 총교통비는 880달러이고 실비 지급하므로 출장여비는 $210 + 180 + 200 + 880 = 1,470$(달러)이다.

· D: 상하이는 다 등급이다. 4급은 1일 숙박비 상한액이 60달러이고, 상한액 이하로 썼으므로 총숙박비는 $2 \times 60 = 120$(달러)이다. 1일 식비 상한액은 35달러이고, 상한액을 초과하여 썼으므로 총식비는 $3 \times 35 = 105$(달러)이다. 마일리지를 사용하지 않았으므로 일비는 총 $3 \times 60 = 180$(달러)이다. 총교통비는 400달러이고 실비 지급하므로 출장여비는 $120 + 105 + 180 + 400 = 805$(달러)이다.

따라서 출장비가 잘못 지급된 경우는 D이다.

32 ①

Quick해설 총숙박비는 180달러, 총식비는 280달러, 총일비는 528달러, 총교통비는 1,550달러이므로 총출장비는 180+280+528+1,550=2,538(달러)이다.

[상세해설] 블라디보스토크는 다 등급이다. A와 B가 동일한 숙소에 숙박하였으므로 A의 숙박비의 상한액의 1.5배인 90달러를 기준으로 지급한다. 상한액을 초과하였으므로 총숙박비는 2×90=180(달러)이다. B는 A와 식비 상한액 기준을 동일하게 적용하므로 A와 B의 식비 상한액은 1일 35달러이다. 상한액을 초과하였으므로 총식비는 2×4×35=280(달러)이다. 마일리지를 사용하였으므로 A의 일비는 1.2×60=72(달러), B의 일비는 1.2×50=60(달러)이다. 따라서 총일비는 4×(72+60)=528(달러)이다. A의 총교통비는 800달러이고, B의 총교통비는 750달러이며, 실비 지급하므로 총출장여비는 180+280+528+800+750=2,538(달러)이다.

33 ②

Quick해설 승진 대기자 중 승진하는 사람은 C, D로 총 2명이다.

[상세해설]
- A: 직급이 3급인 경우 인사평가 점수가 92점 이상이어야 한다. 인사평가 점수가 90점으로 기준에 못 미치므로 승진을 하지 못한다.
- B: 직급이 4급인 경우 임기가 4년 이상이어야 한다. 임기가 3년으로 기준에 못 미치므로 승진을 하지 못한다.
- C: 직급이 5급 갑이고, 임기, 인사평가 점수, 보직, 보직기간이 모두 기준에 부합하므로 승진을 한다.
- D: 직급이 5급 을이고, 임기, 인사평가 점수, 보직, 보직기간이 모두 기준에 부합하므로 승진을 한다.
- E: 직급이 5급 갑인 경우 임기가 4년 이상, 인사평가 점수가 88점 이상, 보직기간이 4년 이상이어야 한다. 임기가 2년, 인사평가 점수가 86점, 보직기간이 1년으로 기준에 못 미치므로 승진을 하지 못한다.
- F: 직급이 4급인 경우 인사평가 점수가 90점 이상이어야 한다. 인사평가 점수가 88점으로 기준에 못 미치므로 승진을 하지 못한다.
- G: 직급이 5급 을인 경우 임기와 보직기간이 3년 이상이어야 한다. 임기와 보직기간이 2년으로 기준에 못 미치므로 승진을 하지 못한다.

따라서 승진하는 사람은 C, D로 2명이다.

34 ①

Quick해설 D는 보직기간이 3년으로 기준에 미치지 못하므로 승진을 하지 못한다.

한편 A, B, C는 임기, 보직, 보직기간이 승진 기준에 부합하는데 이 중 B는 인사평가 점수 내 모든 항목의 점수가 88점 이하이며, 근태

점수는 88점이지만 실적과 동료평가 점수가 88점 미만이므로 인사평가 점수가 88점 미만일 것이다. 따라서 B는 인사평가 점수 기준에 미치지 못한다.

남은 A, C의 인사평가 점수를 계산하면 다음과 같다.
- A: 85×0.5+100×0.3+95×0.2=91.5(점)
- C: 90×0.5+85×0.3+100×0.2=90.5(점)

따라서 A의 인사평가 점수가 더 높으므로 승진을 하는 사람은 A이다.

35 ④

Quick해설 입고-A-C-E-H, 입고-A-C-F, 입고-B-D-G가 연속적으로 진행된다. 입고에서 H공정이 완료될 때까지 소요되는 시간은 20+18+16+20+15=89(분)이다. 입고에서 F공정이 완료될 때까지 소요되는 시간은 20+18+16+20=74(분), 입고에서 G공정이 완료될 때까지 소요되는 시간은 20+12+18+22=72(분)이다. 즉, G공정이 먼저 완료되므로 I공정을 진행하기 위해서는 F공정이 끝나야 한다. F공정을 끝낸 후 I공정을 진행하면 입고부터 I공정이 완료될 때까지 소요되는 시간은 74+13=87(분)이다. 따라서 I공정이 먼저 끝나므로 출고를 진행하기 위해서는 H공정이 끝나야 한다. I공정과 H공정을 끝낸 후 출고를 진행하면 입고부터 출고가 완료될 때까지 소요되는 시간은 89+12=101(분), 즉 1시간 41분이다.

36 ②

Quick해설 공정 개선 후 입고부터 H공정이 완료될 때까지 소요되는 시간은 20+15+16+17+15=83(분)이다. 입고에서 F공정이 완료될 때까지 소요되는 시간은 20+15+16+17=68(분)이고, 입고에서 G공정이 완료될 때까지 소요되는 시간은 20+12+18+22=72(분)이다. 즉, F공정이 먼저 완료되므로 I공정을 진행하기 위해서는 G공정이 끝나야 한다. G공정을 끝낸 후 I공정을 진행하면 입고부터 I공정이 완료될 때까지 소요되는 시간은 72+13=85(분)이다. 따라서 H공정이 먼저 끝나므로 출고를 진행하기 위해서는 I공정이 끝나야 한다. H공정과 I공정을 끝낸 후 출고를 진행하면 입고부터 출고가 완료될 때까지 소요되는 시간은 85+12=97(분)이므로 개선 후 101-97=4(분)이 단축되었다.

37 ③

Quick해설 A, B, H는 졸업예정자가 아니므로 지원 대상에서 제외되고, J는 소득 분위가 5분위 초과인 6분위이므로 지원 대상에서 제외된다. A, B, H, J를 제외하고 6명에게 1인당 100만 원, 총 600만 원이 지급된다. 이들의 최종 면접 횟수를 더하면 2+2+1+3=8(회)이고, 총 80만 원이 추가 지급된다. 취업에 성공한 사람은 4명이므로 총 50×4=200(만 원)이 추가 지급된다. 따라서 이 대학교

에서 A~J에게 지급하는 취업지원금은 총 600+80+200=880(만원)이다.

38 ④

Quick해설 인사부-A, 영업부-B, 개발부-C, 홍보부-D, 재무부-E이다.

[상세해설] • 인사부: 자원관리능력이 '좋음' 이상인 사람은 A, B, C, E이고, 이 중 의사소통능력이 가장 좋은 사람은 A이다.
• 영업부: 의사소통능력과 문제해결능력이 모두 '보통' 이상인 사람은 A, C, E이다.
• 개발부: 전공이 공학계열인 사람 중 문제해결능력이 '좋음' 이상인 사람은 C이다.
• 홍보부: 전공이 인문계열 또는 경상계열인 사람 중 창의력이 '좋음' 이상인 사람은 A, D, E이다.
• 재무부: 전공이 경상계열인 사람 중 자원관리능력이 가장 좋은 사람은 E이다.

영업부와 홍보부는 조건에 해당하는 사람이 여러 명이므로 인사부에 A, 개발부에 C, 재무부에 E를 먼저 배정한다. 이후 남은 신입사원은 B, D이고, D가 홍보부에 적합하므로 홍보부에 D가 배정되고, 남은 B는 영업부에 배정된다.

39 ②

Quick해설 세 번째와 네 번째 [조건]에 따라 20일까지는 회의를 진행해야 하고 금요일에는 회의를 하지 않으므로 3일, 10일, 17일에는 회의를 하지 않는다. 다섯 번째 [조건]에 따라 A부장이 매주 월요일 오전에 외근을 가므로 13일, 20일에는 회의를 하지 않고, B차장이 7~9일에 출장을 가므로 7~9일에는 회의를 하지 않는다.
회의는 가능한 빨리 진행하므로 남은 날 중 가장 빠른 날부터 회의 가능 여부를 확인해본다. 6월 2일에는 D과장, E대리, H사원 세 명이 참석하지 못하므로 회의를 할 수 없다. 6월 14일에는 C과장, I사원만 참석하지 못하므로 회의를 할 수 있다. 따라서 회의를 할 수 있는 가장 빠른 날은 6월 14일이고, 이 날 회의를 한다.

[오답풀이] ① D과장이 휴가를 가고, E대리가 오전에 외근을 가고, H사원이 출장을 간다. 회의에 7명 이상이 참석해야 하는데 6명만 참석 가능하므로 6월 2일에는 회의를 할 수 없다.
③ E대리는 오전에 외근을 가고, F대리는 출장을 간다. E대리와 F대리가 참석 불가능하지만 G대리는 참석할 수 있으므로 회의를 할 수 있다. 그러나 회의를 할 수 있는 가장 빠른 날이 아니므로 이 날 회의를 하지 않는다.
④ 신제품 출시가 7월 11일이므로 신제품이 출시되기 3주 전까지는 회의를 진행해야 한다. 따라서 6월 22일에는 회의를 할 수 없다.

40 ①

Quick해설 각 후보자의 평가 기준별 점수 및 총점은 다음과 같다.

후보지	해당 지역 내 패스트 푸드점 수	인근 아파트 단지 수	인근 학교 수	해당 지역 내 대학교	총점
A	20점	30점	10점	10점	70점
B	10점	30점	30점	0점	70점
C	10점	40점	20점	0점	70점
D	5점	20점	30점	10점	65점

합산점수가 70점으로 동일한 A, B, C 중 해당 지역 내 대학교가 있는 A가 최종 선정된다.

01	02	03	04	05	06	07	08	09	10
③	①	④	④	②	④	④	①	④	③
11	12	13	14	15	16	17	18	19	20
④	④	②	②	①	④	②	③	③	①
21	22	23	24	25	26	27	28	29	30
②	③	①	③	②	④	①	②	④	①

01 ③

[상세해설] 소통을 바탕으로 투명하게 의사결정하는 것은 K-water의 경영전략 중 세부과제가 아니라 경영원칙에 포함되어 있다.

[오답풀이] ① K-water의 경영전략 중 전략과제에는 탄소중립 및 지속가능한 도시 조성이라는 전략과제가 물융합사업 사업전략에 포함되어 있다.

② K-water의 경영전략 중 전략방향에는 글로벌을 선도하는 물가치 넥서스 구현이 포함되어 있다.

④ K-water의 경영전략 중 경영원칙에는 인간과 자연의 지속가능한 공존을 추구하는 것이 포함되어 있다.

02 ①

[상세해설] K-water는 「한국수자원공사법」에 의해 제정된 특수법인에 해당한다.

[오답풀이] ② K-water는 준시장형 공기업이다. 기금운용 이해관계자의 참여가 보장된 공공기관은 기금관리형 준정부기관이다.

③ K-water는 준시장형 공기업이다. 자체수입이 총수입 대비 50% 이상인 공공기관은 준시장형 공기업에 해당하지만, 준정부기관이 아니다.

④ K-water는 준시장형 공기업이다. 자산규모 2조원 이상으로 민간기업 수준의 자율성이 보장된 공공기관은 시장형 공기업이다.

03 ④

[상세해설] 하수도 운영 관리 및 비점오염 저감 사업 등은 제3조에 속한다.

[오답풀이] ① 산업단지 및 특수지역 개발은 제5조에 속한다.

② 광역상수도사업 및 공업용수도사업 등은 제2조에 속한다.

③ 이주단지 등의 조성 및 공유수면의 매립은 제8조에 속한다.

04 ④

[상세해설] 체감요금제는 사용량에 따라 월납부액이 감소하거나

단위당 요금이 감소한다. 대량소비에 대해 저렴한 요금이 부과되고, 소득재분배와 상충되어 형평성 측면에서 문제가 되며, 소비 장려로 수요를 증대시켜 자원낭비를 유발한다.

[오답풀이] ① 단일요금제는 정액요금제 또는 종량요금제 한 가지 방식으로 구성된 것으로 공급량에 따른 수입이 비례한다.

② 이부요금제는 기본요금과 사용요금의 두 부분으로 구성된 요금제도인데, 정액요금은 고정비로 회수하고, 사용요금을 변동비로 충당한다.

③ 체증요금제는 사용량에 따라 월납부액이 증가하거나 단위당 요금이 증가한다.

05 ②

[상세해설] 활용용량은 저수위와 홍수위 사이의 용량으로 이수목적의 이수용량과 홍수조절용량을 합한 공간으로서 저수지의 이용할 수 있는 유효공간을 뜻한다.

[오답풀이] ① 사수용량은 정상적인 이용이 불가능한 비상방류구 아랫부분의 용량을 의미한다.

③ 초과용량은 홍수위에서부터 최고수위까지의 용량을 말한다.

④ 비활용용량은 댐 바닥에서부터 저수위까지의 용량으로서 평시에는 용수목적으로 쓰이지 않는 공간으로 불용용량을 뜻한다.

06 ④

[상세해설] 비점오염원은 오염물질의 유출 및 배출경로가 불명확하다.

[오답풀이] ① 점오염원은 처리장 등 처리시설의 설계와 유지관리가 용이하다.

② 점오염원은 계절에 따른 영향을 적게 받아 연중 배출량이 일정하다.

③ 비점오염원은 대기 중의 오염물질 등으로부터 배출된다.

07 ④

[상세해설] 수도정비기본계획은 수도정비에 관한 종합적인 기본계획으로, 원칙적으로 10년마다 수립한다. 5년이 지나면 타당성을 재검토하여 보완하며, 목표연도는 20년 후로 한다.

08 ①

[상세해설] 표준정수처리공정은 착수정, 혼화지, 응집지, 침전지, 여과지, 정수지의 과정을 거친다.

09 ④

[상세해설] K-water에서 추진하는 신재생에너지는 수력, 해양

에너지(조력), 풍력, 태양광(육상 및 수상태양광), 수열 사업 등이 있다.

10 ③

[상세해설] 임프로셰어(Improshare)는 집단 인센티브제도이다. 임프로셰어(Improshare)의 성과 분배의 기준은 개인이 아닌 집단이다. 집단별로 표준 노동시간을 산업공학적방법을 통해 계산하게 되고, 이와 비교하여 절약한 노동시간에 대해 보너스가 부여되는 방식이다.

[오답풀이] ① 테일러(Taylor) 성과급 제도는 복수의 임금률을 통해 동기부여가 가능하다.
② 테일러 성과급 제도와 메리크 성과급 제도는 시간당 생산량에 따라 임금률이 정해지고, 할시(Halsey) 플랜, 로완(Rowan) 플랜, 간트(Gantt) 플랜 등은 생산단위당 소요시간에 따라 임금률이 결정된다.

11 ④

[상세해설] 초기 정보에 지나치게 집중하여 이후에 다른 정보가 들어와도 적절하게 생각을 조정하지 못하는 현상은 고착과 조정 오류에 대한 설명이다. 몰입의 상승현상은 어떤 집단이 의사결정을 한 후에 상황에 변화가 일어나 먼저 내린 의사결정이 부적절하게 되었지만, 여러 가지 이유를 들어 최초의 의사결정을 고수하는 현상이다.

12 ④

[상세해설] 톰슨(Thompson)은 조직구조에 영향을 주는 상호의존성에 따라 낮은 순서대로 집합적(pooled), 순차적(sequential), 교호적(reciprocal)으로 나누고, 그에 따른 필요한 기술을 제시하였다. 집합적 상호의존성을 사용하는 조직이 수평적 의사소통 필요성이 제일 낮다.

[오답풀이] ① 기술이 복잡해질수록 유기적 조직구조를 가지는 게 아니라 기술복잡성이 낮은 단위생산기술일 때는 유기적 조직구조, 중간 단계인 대량생산기술일 때는 기계적 조직구조, 가장 복잡한 연속생산기술일 때는 유기적 조직구조를 가진다.
② 일상적 기술과 공학적 기술 모두 문제의 분석가능성이 높다. 다만, 다른 점은 과업의 다양성이 일상적 기술이 더 낮다.
③ 문제의 분석가능성과 과업의 다양성 2가지 기준으로 분류한다.

13 ②

[상세해설] a: 조직 내 지위에 따라 전략적, 관리적, 운영적 의사결정으로 나뉜다.
c: 서로 상호작용이 어려운 상황에서 주로 사용하는 방법이다.

[오답풀이] b: 집단양극화 현상이 아닌 다른 대안의 모색을 저해하는 집단사고를 방지하는데 유용하다.
d: 태스크포스팀은 비교적 동일한 계층, 상이한 직무에서 온 사람들로 구성된다.

14 ②

[상세해설] A는 주관적 확률이다.
[오답풀이] ① 동기부여의 강도는 기대감, 수단성, 유의성의 곱으로 계산된다. 따라서 하나라도 0의 값을 가지면 0이 나오게 된다.

15 ①

[상세해설] 분배적 협상에 대한 설명이다. 분배적 협상은 이해관계자들 간에 상충된 목표를 가지고 있고, 단기적 시각에서 이루어진다. 그에 반해 통합적 협상은 공통된 목표로 장기적 안목에서 서로 간 협의를 우선시한다.

[오답풀이] ③ BATNA는 합의가 불가능할 경우 취할 수 있는 최선의 대안으로 매력적인 BATNA를 가질수록 협상력이 올라가게 된다.
④ 통합적 협상은 서로의 이해를 일치시키고자 하므로 더 많은 정보 공유를 통해 협상의 이슈뿐만 아니라 서로의 관심사에도 초점을 맞추어야 좋은 협상이 이루어진다.

16 ④

[상세해설] 시멘트 회사의 구매자는 콘크리트가 필요한 건설 산업군일 것이다. 공정이 표준화되는 것은 구매자의 협상력을 올리는 요소가 되므로 구매자인 건설 산업 입장에서는 매력도가 높아진다.

[오답풀이] ① 하이브리드 자동차의 핵심 요소인 반도체가 공급이 지연되는 상황이므로 공급자의 협상력이 높아진 상황이다. 따라서 자동차 제조 산업의 매력도는 낮아질 것이다.
② 독점으로 인한 판매자의 협상력이 높아진 상황이다.
③ 특허제도가 진입장벽으로 작용하면서 매력도가 높아진다.

17 ②

[상세해설] BCG매트릭스는 다음 그림과 같은 형식을 가진다.

	High		Low
시장 점유율 High	Star		Question Mark
Low	Cash Cow		Dog
	High	상대적 시장점유율	Low

C브랜드의 경우 상대적 시장 점유율을 계산해보면 1을 넘게 되

므로 Star와 Cash Cow중에 하나가 된다. 다음으로 시장성장율이 상대적으로 브랜드 중에서 높은 축이므로 최종적으로 Star라고 판단할 수 있다. Star의 경우 수익이 높고 안정적이며, 지속적인 리드를 위해 많은 투자가 필요한 시기이다. 다른 브랜드의 경우 마찬가지의 과정을 거치면 A는 Cash Cow, B는 Dog, D는 Question Mark임을 알 수 있다.

18 ③

[상세해설] B는 시장침투전략 영역이다. 시장침투전략은 기존 제품을 이용해 기존 시장을 타겟으로 영업을 하기 때문에 안정적이고, 성공률이 높다. 다만 시장이 가지고 있는 리스크는 여전히 동일하기 때문에 리스크 분산 효과로는 신규 시장에서 신규 제품을 이용하는 다각화 전략이 성공률은 낮지만 분산 효과는 높다.

19 ③

[상세해설] 최적 투자점을 기준으로 현재의 소비가 더 작고 대신 미래의 소비가 더 높은 A가 대출자가 되고, B는 차입자가 된다. 차입자의 경우 미래의 소비보다 현재의 소비를 더 선호한다.

[오답풀이] ④ 기울기의 하락은 이자율의 하락을 의미한다. 이자율이 하락하면 차입자의 경우 실질 소득이 증가하고, 현재 소득에 대한 기회비용이 하락하므로 현재 소비는 반드시 증가한다. 혹은 그림을 이용해서 알 수 있다.

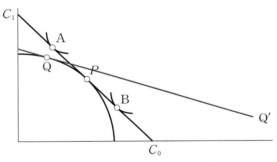

이자율이 하락하면 Q′와 같은 선이 그어질 수 있는데, 이때 Q가 최적 실물투자선이 된다. Q점으로부터 오른쪽 선상 위에 차입자의 무차별곡선이 생기게 되고, 이때 원래 B의 효용곡선이 위치했던 것보다 위쪽에 생성되게 되므로 효용이 반드시 높아짐을 알 수 있다.

20 ①

[상세해설] CAPM보다는 완화된 가정을 사용하지만, 여전히 위험회피적이라는 가정이 필요하다.

[오답풀이] ③ 충분히 분산투자만 할 수 있다면 소규모 자산집합에도 성립한다.

④ APT를 유도하기 위한 가정은 CAPM의 경우보다 상대적으로 약하며, CAPM은 APT의 특수형태이다. 따라서 두 모형 모두 선형관계를 가정하고 있다.

21 ②

[상세해설] 순영업이익 접근법을 채택하므로 기업가치를 구한 후 부채가치를 차감하여 자기자본가치를 구한다.

[오답풀이] ① $V_L = V_U + Bt$의 식에서 부채사용기업은 법인세절 약효과(Bt)에 의해 부채를 사용하지 않는 기업보다 항상 더 크다. 따라서 부채를 사용하면 할수록 V_L이 커짐을 알 수 있다.

③ 법인세율이 상승하면 기업가치와 가중평균자본비용은 감소하나, 자기자본비용은 일정하다.

22 ③

[상세해설] ROE=당기순이익/자본(S)=10(%)가 되어야 한다. 이때, 매출액순이익률=당기순이익/매출액=1(%)이므로 이 두 식을 정리하면 매출액=10S가 된다. 총자산회전율=매출액/총자산=매출액/부채(B)+자본(S)이고, 매출액이 10S라고 했으므로 10S/(S+B)=2가 된다. 부채비율(B/S)로 식을 정리하면 B/S=4가 되므로 400%이다.

23 ①

[상세해설] 한계대체율이 체감한다고 한계효용이 반드시 체감해야 하는 것은 아니다. 예를 들어 한계대체율(MRS$_{XY}$)=MU$_X$/MU$_Y$인데, MU$_Y$가 변화하지 않고, MU$_X$만 감소하여도 한계대체율은 체감하는 것으로 나오기 때문이다.

[오답풀이] ③ 예산선의 기울기와 동일하여야 균형이 회복되게 된다. 따라서 X가 소비를 증가하여 한계효용이 감소하게 되면 한계대체율이 감소하고 예산선의 기울기와 동일해질 것이다.

④ 한계변환율이 미국보다 크다는 의미는 한국의 X재 생산의 기회비용이 미국보다 상대적으로 크고, Y재 생산의 기회비용은 반대로 작다는 것이다. 따라서 비용이 싼 Y재를 수출하는 것이 경쟁력이 있을 것이다.

24 ③

[상세해설] 만기가 짧을수록, 액면이자율이 클수록 듀레이션이 작다. 그리고 무이표채인 할인채의 경우 만기와 듀레이션이 일치한다.

25 ②

[상세해설] 일반목적재무보고서는 주요 이용자가 필요로 하는 모든 정보를 제공하지는 않으며 제공할 수도 없다.

[오답풀이] ③ 보고기업의 경영진도 해당 기업에 대한 재무정보에 관심이 있다. 그러나 경영진은 필요로 하는 재무정보를 내부에서 구할 수 있기 때문에 의존할 필요가 없다.

26 ④

[상세해설] 선입선출법은 기초재공품이 먼저 완성된다는 가정을 하기 때문에 모두 완성품원가로 포함한다.

[오답풀이] ① 평균법에 대한 설명이다.

② 평균법은 전기에 투입되었던 기초재공품의 원가도 모두 당기에 발생한다고 가정하기 때문에 독립적인 평가방법으로는 적절하지 않다.

③ 일반적으로 평균법의 완성품환산량이 더 크다. 기초재공품이 존재하지 않으면 환산량은 같다.

27 ①

[상세해설] 취득원가와 감가상각누계액을 따로 계정과목으로 파악하기보다는 순장부가치(＝취득원가−감가상각누계액)으로 계산하는 것이 문제를 접근하는데 더 직관적이다.

기계장치 매각 거래를 다음과 같이 분개할 수 있다.

(차) 현금 　　XXX 　　(대) 기계장치순BV 　　500,000
　　　　　　　　　　　　　　　유형자산 처분이익 　200,000

따라서 현금은 ₩700,000이 인식되는 것을 알 수 있다.

기초순잔액이 ₩3,000,000이 있는 상태에서 위 거래가 기중에 발생했으므로 ₩500,000만큼 감소한다.

이후 기말에 ₩2,800,000이 남아 있는 상태이므로 위에 나타난 거래 이외에도 기계장치가 ₩300,000만큼 증가한 상황임을 알 수 있다. 이 거래가 기계장치를 매입한 거래가 되므로 ₩300,000만큼 현금이 유출되었다.

따라서 총 투자활동순현금흐름은 ₩400,000이다.

28 ②

[상세해설] 순자산의 변동은 자본계정에 집중하기보다는 자산과 부채의 움직임에 집중하여 문제를 풀어야 한다.

첫 번째 거래에서 500주를 ₩2,500에 발행하였으므로 총 증가한 자산은 ₩1,250,000이다.

두 번째 거래에서 자기주식 취득을 위해 현금 ₩140,000을 사용하였으므로 자산 ₩140,000 감소이다.

세 번째 거래에서 자기주식 중 30주를 시장에 다시 유통하였으므로 자산 ₩36,000 증가하였다.

소각의 경우 소각하는 시점에서는 순자산의 변동이 없는 사건이다.

따라서 ₩1,250,000−₩140,000＋₩36,000＝₩1,146,000이다.

29 ④

[상세해설] 2년 후 감가상각 후 장부가치는 ₩350,000＋₩30,000 ＝₩380,000이다.

취득원가를 x라고 가정하면 감가상각대상금액＝x−₩50,000이고, 2번 감가상각되었기 때문에

$(x-₩50,000)/5 \times 2 = x-₩380,000$

x로 정리하여 풀면 ₩600,000을 구할 수 있다.

30 ①

[상세해설] 수익적 지출은 당기 비용화하는 항목이고, 자본적 지출은 자산에 추가되어 감가상각비를 통해 장기적으로 비용화된다. 따라서 비용할 것을 자산으로 처리한 것이기 때문에 자산이 과대계상되고, 이로 인해 자본이 과대계상된다. 또한 비용이 인식되지 않으므로 당기순이익이 과대계상된다. 하지만 수익적 지출이든 자본적 지출이든 나가는 현금에는 차이가 없다.

01	02	03	04	05	06	07	08	09	10
③	①	④	④	②	④	④	①	④	③
11	**12**	**13**	**14**	**15**	**16**	**17**	**18**	**19**	**20**
③	②	④	①	④	④	③	③	②	③
21	**22**	**23**	**24**	**25**	**26**	**27**	**28**	**29**	**30**
②	④	②	③	②	③	②	②	②	④

01 ③

[상세해설] 소통을 바탕으로 투명하게 의사결정하는 것은 K-water의 경영전략 중 세부과제가 아니라 경영원칙에 포함되어 있다.

[오답풀이] ① K-water의 경영전략 중 전략과제에는 탄소중립 및 지속가능한 도시 조성이라는 전략과제가 물융합사업 사업전략에 포함되어 있다.

② K-water의 경영전략 중 전략방향에는 글로벌을 선도하는 물가치 넥서스 구현이 포함되어 있다.

④ K-water의 경영전략 중 경영원칙에는 인간과 자연의 지속가능한 공존을 추구하는 것이 포함되어 있다.

02 ①

[상세해설] K-water는 「한국수자원공사법」에 의해 제정된 특수법인에 해당한다.

[오답풀이] ② K-water는 준시장형 공기업이다. 기금운용 이해관계자의 참여가 보장된 공공기관은 기금관리형 준정부기관이다.

③ K-water는 준시장형 공기업이다. 자체수입이 총수입 대비 50% 이상인 공공기관은 준시장형 공기업에 해당하지만, 준정부기관이 아니다.

④ K-water는 준시장형 공기업이다. 자산규모 2조원 이상으로 민간기업 수준의 자율성이 보장된 공공기관은 시장형 공기업이다.

03 ④

[상세해설] 하수도 운영 관리 및 비점오염 저감 사업 등은 제3조에 속한다.

[오답풀이] ① 산업단지 및 특수지역 개발은 제5조에 속한다.

② 광역상수도사업 및 공업용수도사업 등은 제2조에 속한다.

③ 이주단지 등의 조성 및 공유수면의 매립은 제8조에 속한다.

04 ④

[상세해설] 체감요금제는 사용량에 따라 월납부액이 감소하거나

단위당 요금이 감소한다. 대량소비에 대해 저렴한 요금이 부과되고, 소득재분배와 상충되어 형평성 측면에서 문제가 되며, 소비장려로 수요를 증대시켜 자원낭비를 유발한다.

[오답풀이] ① 단일요금제는 정액요금제 또는 종량요금제 한 가지 방식으로 구성된 것으로 공급량에 따른 수입이 비례한다.

② 이부요금제는 기본요금과 사용요금의 두 부분으로 구성된 요금제도인데, 정액요금은 고정비로 회수하고, 사용요금을 변동비로 충당한다.

③ 체증요금제는 사용량에 따라 월납부액이 증가하거나 단위당 요금이 증가한다.

05 ②

[상세해설] 활용용량은 저수위와 홍수위 사이의 용량으로 이수목적의 이수용량과 홍수조절용량을 합한 공간으로서 저수지의 이용할 수 있는 유효공간을 뜻한다.

[오답풀이] ① 사수용량은 정상적인 이용이 불가능한 비상방류구 아랫부분의 용량을 의미한다.

③ 초과용량은 홍수위에서부터 최고수위까지의 용량을 말한다.

④ 비활용용량은 댐 바닥에서부터 저수위까지의 용량으로서 평시에는 용수목적으로 쓰이지 않는 공간으로 불용용량을 뜻한다.

06 ④

[상세해설] 비점오염원은 오염물질의 유출 및 배출경로가 불명확하다.

[오답풀이] ① 점오염원은 처리장 등 처리시설의 설계와 유지관리가 용이하다.

② 점오염원은 계절에 따른 영향을 적게 받아 연중 배출량이 일정하다.

③ 비점오염원은 대기 중의 오염물질 등으로부터 배출된다.

07 ④

[상세해설] 수도정비기본계획은 수도정비에 관한 종합적인 기본계획으로, 원칙적으로 10년마다 수립한다. 5년이 지나면 타당성을 재검토하여 보완하며, 목표연도는 20년 후로 한다.

08 ①

[상세해설] 표준정수처리공정은 착수정, 혼화지, 응집지, 침전지, 여과지, 정수지의 과정을 거친다.

09 ④

[상세해설] K-water에서 추진하는 신재생에너지는 수력, 해양

에너지(조력), 풍력, 태양광(육상 및 수상태양광), 수열 사업 등이 있다.

10 ③

[상세해설] ㉡ 자동차 원자재가격이 상승하면 공급이 감소하므로 공급곡선이 좌측 이동한다. 이때 수요곡선 B가 수요곡선 A보다 더 가파르므로 균형가격은 A보다 B가 더 많이 상승한다.

㉢ 판매세를 생산자에게 부과하면 공급이 감소하므로 공급곡선이 좌측 이동한다. 이때 수요곡선 B가 수요곡선 A보다 더 가파르므로 균형거래량의 감소분이 B의 경우가 더 적다. 따라서 조세수입은 A보다 B가 더 많을 것이다.

[오답풀이] ㉠ 자동차 생산기술이 발전하면 공급이 증가하므로 공급곡선이 우측 이동한다. 이때 수요곡선 A가 수요곡선 B보다 더 완만하므로 균형거래량은 B보다 A가 더 많이 증가한다.

㉣ 보조금을 생산자에게 지급하면 공급이 증가하므로 공급곡선이 우측 이동한다. 이때 수요곡선 A가 수요곡선 B보다 더 완만하므로 균형거래량은 B보다 A가 더 많이 증가한다. 따라서 판매수입은 B보다 A가 많을 것이다.

11 ③

[상세해설] 공급이 증가하면 가격이 하락한다. 수요곡선이 우하향하는 직선인 경우 가격이 낮은 수준으로 이동할수록 가격탄력성은 작아진다.

[오답풀이] ① 가격수준과 공급량이 동일하면 두 공급곡선의 P/Q^S가 동일하다. 따라서 공급곡선이 완만할수록 공급의 가격탄력성은 커진다.

② 공급곡선의 수평축 절편이 양수이고 기울기도 양수인 직선의 공급곡선에서 공급의 가격탄력성은 1보다 작다. 가격수준이 상승할수록 P/Q^S가 커지므로 공급의 가격탄력성은 커진다.

④ 열등재의 소득감소는 수요곡선을 우측 이동시킨다. 이때 수요곡선이 우하향의 직선인 동일한 가격수준에서 가격탄력성은 작아지고, 동일한 수량하에서 가격탄력성은 커진다.

12 ②

[상세해설] • 최초의 균형: $Q^D = Q^S$, $300-3P=50+2P$, $5P=300$에서 균형가격은 $P_E=50$이고 균형거래량은 $Q_E=150$이 된다.

• t만큼의 조세를 소비자에게 부과하면 수요함수는 $Q^D=300-3(P+t)=300-3P-3t$가 된다. 이를 공급함수와 연립하면 $300-3P-3t=50+2P$, $5P=250-3t$에서 $P=50-\frac{3}{5}t$가 된다. $P=50-\frac{3}{5}t$를 공급함수에 대입하면 $Q=50+2\left(50-\frac{3}{5}t\right)=150-\frac{6}{5}t$가 된다. 따라서 균형거래량은 $\frac{6}{5}t$만큼 감소한다.

• 후생손실은 '거래량변화분 × 단위당 조세 × $\frac{1}{2}$'이므로, $\frac{6}{5}t \times t \times \frac{1}{2}=60$, $t^2=100$에서 단위당 조세액은 $t=10$이 도출된다.

13 ④

[상세해설] ㉡ 효용함수가 $U=\sqrt{X+Y}$일 때 한계대체율은 $\frac{MU_X}{MU_Y}=\frac{0.5(X+Y)^{-\frac{1}{2}}}{0.5(X+Y)^{-\frac{1}{2}}}=1$로 일정하므로 무차별곡선은 우하향하는 직선이다.

㉢ 레온티에프 효용함수 $U==\min(2X, 2Y)$의 최적소비조건은 $U=2X=2Y$, $X=Y$이다.

㉣ $U=3X+3Y$의 효용함수를 가진 무차별곡선의 한계대체율은 1로 일정하고, X재의 가격이 Y재의 가격보다 낮다면 두 재화의 상대가격 $\left(=\frac{P_X}{P_Y}\right)$보다 작으므로 $MRS_{XY} > \frac{P_X}{P_Y}$의 관계가 성립한다. 이때 효용극대화 소비점은 X축에서 결정되어 X재만 소비하는 구석해가 도출된다.

[오답풀이] ㉠ 무차별곡선이 원점에 대해 볼록한 이유는 선호의 다양성과 관련되어 있고 한계대체율이 체감하기 때문이다.

14 ①

[상세해설] ㉢ 노동과 자본의 투입량을 모두 3배로 증가시켰을 때 생산량이 4배로 증가한다면 규모의 보수 증가를 의미한다. 규모에 대한 보수 증가가 발생하면 규모의 경제가 존재하고, 이때 자연독점이 형성된다.

[오답풀이] ㉠ 등량곡선상의 모든 점들은 두 생산요소의 기술적 효율을 달성하는 조합점들이고, 등량곡선과 등비용선이 접하는 점에서 생산자균형점이 달성된다.

㉡ 한계생산성 균등의 법칙이 성립되는 모든 점에서 이윤극대화가 아니라 생산량극대화와 비용극소화가 달성되는 점이다.

㉣ 노동의 1원당 한계생산력 $\left(\frac{MP_L}{w}\right)$이 자본의 1원당 한계생산력 $\left(\frac{MP_K}{r}\right)$보다 큰 경우에 노동투입량은 증가시키고 자본투입량을 감소시켜야 비용극소화가 달성된다.

㉤ 임금이 자본임대료의 2배라면 $\frac{w}{r}=2$이다. 비용극소화조건은 $\frac{MP_L}{MP_K}=\frac{w}{r}=2$이므로 임금이 자본임대료의 2배일 때 비용극소화를 달성하기 위해서는 노동의 한계생산이 자본의 한계생산 2배가 되도록 노동과 자본을 고용해야 한다.

15 ④

[오답풀이] ① 총비용곡선이 원점을 지나지 않으면 한계비용이 일

정하더라도 평균비용과 한계비용은 일치하지 않는다. 이 경우 평균비용이 한계비용보다 높다.
② 평균비용이 한계비용보다 큰 구간은 평균비용이 감소하는 구간이다. 이때 생산량을 감소시키면 평균비용이 증가한다.
③ 평균비용이 극소가 되는 생산량수준에서 한계비용과 평균비용은 서로 일치한다.

16 ④

[상세해설] • 자본투입량(K)이 36으로 고정되어 있다면 단기총생산함수는 $Q=30L^{1/2}$이 된다.
• 생산과 비용의 쌍대관계에 의해 노동량변수(L)로 측정한 한계비용함수는 $MC=\dfrac{w}{MP_L}$, $MC=\dfrac{45}{15L^{-1/2}}$, $MC=3L^{1/2}$이 된다. 생산함수에서 $L^{1/2}=\dfrac{1}{30}Q$이므로 이를 노동량변수(L)로 측정한 한계비용함수에 대입하면 생산량변수(Q)로 측정한 한계비용함수는 $MC=\dfrac{1}{10}Q$가 된다. 따라서 개별기업의 공급함수는 $P=\dfrac{1}{10}Q$, $Q=10P$가 된다.
• 시장에 200개의 기업이 존재하므로 단기 시장공급함수는 $Q=(10P)\times 200$, $Q=2,000P$, $P=\dfrac{1}{2,000}Q$이다.

17 ③

[오답풀이] ① 독점기업이 이부가격제를 실시하면 시장의 효율성이 달성된다.
② 다공장독점의 이윤극대화 결정조건은 독점기업의 한계수입과 각 공장의 한계비용이 일치해야 한다는 것이다.
④ 정부가 독점기업에 대해 정액세를 부과하면 한계비용은 불변이므로 가격과 생산량도 불변이 된다. 따라서 조세의 일부를 소비자에게 전가시키지 못한다.

18 ③

[오답풀이] ㉠ 독점적 경쟁시장에서 장기에 규모의 경제구간에서 생산하므로 초과설비가 존재한다. 따라서 각 개별기업들은 장기적으로 최적시설규모에 비해 더 적은 생산을 한다.
㉡ 독점적 경쟁시장의 장기에서는 각 기업들의 정상이윤만을 얻기 때문에 초과이윤은 0이 된다.

19 ②

[상세해설] 용의자의 딜레마는 두 경기자 모두의 보수를 증가시키는 전략조합이 존재함에도 불구하고 두 경기자 모두의 보수를 감소시키는 전략조합을 선택하는 경우를 지칭한다. 그런데 (A_2, B_2)의 전략조합을 선택할 때 A의 보수는 11로 증가하지만, B의

보수는 10으로 감소하므로 이 우월전략균형은 용의자의 딜레마는 아니다.
[오답풀이] ① B가 어떤 전략을 선택하더라도 A는 A_1을 선택하는 것이 유리하므로 A의 우월전략은 A_1이다. A가 어떤 전략을 선택하더라도 B는 B_1을 선택하는 것이 유리하므로 B의 우월전략은 B_1이다. 따라서 이 게임의 우월전략균형은 (A_1, B_1)이다. 우월전략균형은 내쉬균형이므로 내쉬균형은 1개 존재한다.
③ 다른 경기자가 어떤 전략을 선택하였는지를 알든 모르든 우월전략은 변하지 않는다.
④ 모든 우월전략균형은 내쉬균형이므로 (A_1, B_1)는 내쉬조건을 만족한다. 이 게임의 균형에서 어느 한 경기자의 보수를 감소시키지 않으면서 다른 경기자의 보수를 증가시키는 전략조합은 존재하지 않으므로 (A_1, B_1)의 전략조합은 파레토 효율적이다.

20 ③

[상세해설] • 노동의 실질임금은 $\dfrac{w}{P}=\dfrac{3,000}{1,000}=3$이다.
• 노동을 3단위 고용할 때 한계생산은 4이므로 $MP_L > \dfrac{w}{P}$의 관계가 성립하고, 노동을 4단위 고용할 때 한계생산은 2이므로 $MP_L < \dfrac{w}{P}$의 관계가 성립한다. 따라서 이윤극대화를 추구하는 기업은 노동을 3단위 고용해야 한다.

21 ②

[상세해설] 노동시장이 완전경쟁시장으로부터 수요독점화될 경우에 고용량은 감소하고 임금은 하락한다.
[오답풀이] ① 총요소생산성이 증가하면 노동의 한계생산물가치가 증가하므로 노동수요곡선이 우측 이동한다.
③ 생산물시장이 독점이면 $VMP_L > MRP_L$이고, 노동시장이 완전경쟁이면 $MFC_L = w$이므로 $VMP_L > MRP_L = MFC_L = w$의 관계식이 성립한다.
④ 생산물시장이 완전경쟁이면 $VMP_L = MRP_L$이고, 노동시장이 완전경쟁이면 $MFC_L = w$이므로 $VMP_L = w$의 관계식이 성립한다.

22 ④

[상세해설] ㉠ 생산의 외부경제 시 사회적 한계비용은 사적 한계비용보다 한계외부편익만큼 더 작아지게 된다. 생산자는 한계외부편익을 고려하지 않고, 사적 한계비용만을 고려하여 생산량을 결정하게 되므로 생산과정에서 외부경제가 발생하면 시장기구에 의한 생산량이 사회적으로 바람직한 생산량보다 더 적게 되어 과소생산이 이뤄진다.

ⓛ 완전경쟁시장에서는 가격과 한계비용이 일치하여 시장의 효율성을 달성하지만, 독점시장에서는 가격과 한계비용 사이에 격차가 발생함으로써 시장의 비효율성을 낳는다. 독점시장에서는 완전경쟁시장의 생산량보다 과소생산된다.

ⓒ 소비의 외부비경제 시 사회적 한계편익은 사적 한계편익보다 한계외부비용만큼 더 작아지게 되므로 $SMB=PMB-MEC$의 관계식이 성립한다. 흡연이 간접흡연을 유발하는 경우가 소비의 외부비경제에 해당한다. 흡연자는 한계외부비용을 고려하지 않고, 사적 한계편익만을 고려하여 소비량을 결정하게 되므로 소비과정에서 외부비경제가 발생하면 시장기구에 의한 소비량이 사회적으로 바람직한 소비량보다 더 많아져 과다소비가 이뤄진다.

ⓔ 오염물질 배출량의 허용기준을 정해 그 기준을 준수하도록 하는 것이 직접규제에 해당하는 것인데 이에는 주유소 감시, 정화시설의 설치 의무화, 용도지정 등이 있다. 오우츠(W. Oates, 1985)의 실증연구에 의하면 직접통제방식을 사용하면 시장을 통한 해결방법보다 거의 10배에 가까운 경제적 비용이 소요되는 것으로 나타났다.

23 ②

[상세해설] • 공공재의 경우 모든 사람이 동일한 수요량에 직면해 있고, 각 수요자의 지불가격이 다르므로 시장수요곡선은 개별수요곡선의 수직적 합으로 구해진다.
• 시장수요함수: $P_A+P_B=P=350-5Q$
• 시장수요함수와 한계비용이 일치하는 점에서 공공재의 공급량이 결정되므로 $P=MC$, $350-5Q=100$, $5Q=250$에서 $Q=50$이 도출된다.

24 ③

[상세해설] 보험회사가 단체암보험시장을 개발하여 회사직원 모두를 강제 가입시키거나 정부가 공적보험제도(public insurance system)를 도입하여 강제적으로 보험에 가입하도록 하면 보험시장에서의 역선택을 방지한다.
[오답풀이] ① 보험시장에서의 도덕적 해이는 보험에 가입한 후 보험가입자의 행동이 바뀌어 사고가 날 확률이 높아지는 현상을 말한다. 실제로 보험가입 이후에 화재발생확률이 높은 것을 보더라도 보험시장에서의 도덕적 해이는 현실적으로 증명된다. 사고발생확률이 높아지면 전반적으로 보험료가 상승하므로 자신의 행위로부터 발생한 비용을 다른 사람에게 전가시키게 된다.
② 감추어진 사후적 행동의 상황에서 도덕적 해이가 발생한다. 자동차보험에 가입한 후 고의적으로 교통사고를 내어 보험금을 타내려는 행위나 자동차 보험가입자는 과거와 달리 거칠게 차를 운전하는 행위가 이에 해당한다.
④ 신호발송(signalling)이란 정보를 가진 측에서 자신의 특성을 상대방에게 전달하려고 노력하는 것이고, 선별(screening)이

란 정보를 갖지 못한 측에서 상대방의 특성을 알아내려고 노력하는 것을 말한다. 신호발송(signalling)과 선별(screening)은 역선택을 방지하는 정책이다.

25 ③

[상세해설] ⓒ 전년도에 생산된 재고품은 전년도의 국내총생산에 이미 포함된 것이므로 해당연도의 국내총생산에는 포함되지 않는다.
ⓔ 빈곤층을 위한 정부보조금 지출은 생산활동과 무관한 이전지출에 해당하므로 국내총생산에 포함되지 않는다.
[오답풀이] ⓐ 부동산업자의 중개수수료는 무형의 서비스로서 국내총생산에 포함된다.
ⓛ 자국에서 생산되어 다른 나라에서 구입한 중간재는 수출항목으로서 국내총생산에 포함된다.

26 ③

[상세해설] • 균형국민소득식 $Y=C+I+G+X_N$에 주어진 조건을 대입하면 $Y=(30+0.8Y)+(50-2r)+20+(10-2q)$, $0.2Y=110-2r-2q$의 식이 도출된다.
• 균형국민소득식에 $Y=300$과 $r=5$을 대입하면 실질환율은 $q=20$이 된다.

27 ②

[상세해설] ⓛ 쿠즈네츠의 소비함수의 실증분석 결과 횡단면자료(단기자료)를 통한 소비함수가 케인즈의 절대소득가설과 일치하였다.
ⓒ 항상소득가설에 의하면 장기적으로 한계소비성향과 평균소비성향이 일치하여 평균소비성향은 일정하게 나타난다.
[오답풀이] ⓐ 유동성제약이 존재하지 않으면 현재소득만이 소비를 결정하는 것이 아니므로 소비는 항상소득에 의해 결정된다. 소비가 장기적인 평균소득을 의미하는 항상소득에 의존하면 소비의 변동성은 작아지게 된다.
ⓔ 상대소득가설에서 소비수준이 타인의 소비수준으로부터 영향을 받는다는 성질은 톱니효과가 아닌 전시효과를 발생시킨다.
ⓜ 생애주기가설에서 생애소득은 노동소득과 자산소득으로 구성되는데 단기에는 자산규모가 고정되어 있으므로 소비수준은 노동소득에 의존하게 된다. 장기적으로는 노동소득뿐 아니라 자산규모도 증가하게 된다.

28 ②

[상세해설] • 실제지급준비금이 30, 초과지급준비금이 10이라면 법정지급준비금은 20이다.

- 지급준비대상이 되는 총예금이 500, 법정지급준비금은 20이므로 법정지급준비율은 $\frac{20}{500} \times 100 = 4(\%)$이다.

29 ②

[상세해설] 재정정책은 정부의 지출재원을 조달하기 위해 국공채를 신규발행하는 것으로서 통화량과는 무관하다.

[오답풀이] ① 정부가 중앙은행으로부터 차입하게 되면 본원통화가 증가하여 통화량이 증가한다.

③ 법정지급준비율을 인상하면 통화승수가 작아지므로 통화량이 감소한다.

④ 중앙은행이 공채를 매각하면 본원통화가 감소하므로 통화량이 감소한다.

30 ④

[상세해설] · 인플레이션율(π)=물가상승률$\left(\frac{\Delta P}{P}\right)$=명목이자율$(i)$-실질이자율$(r)$=2-1=1(%)

· $MV = PY$, $\frac{\Delta M}{M} + \frac{\Delta V}{V} = \frac{\Delta P}{P} + \frac{\Delta Y}{Y}$의 식에 $\frac{\Delta V}{V} = 0$,

$\frac{\Delta Y}{Y} \times 100 = 3(\%)$, $\frac{\Delta P}{P} \times 100 = 1(\%)$를 대입하면 통화증가율

$\frac{\Delta M}{M} \times 100 = 4(\%)$이다.

직무능력평가(행정)

01	02	03	04	05	06	07	08	09	10
③	①	④	④	②	④	④	①	④	④
11	12	13	14	15	16	17	18	19	20
①	①	④	④	③	①	③	②	③	①
21	22	23	24	25	26	27	28	29	30
②	③	②	④	②	①	①	③	④	③

01 ③

[상세해설] 소통을 바탕으로 투명하게 의사결정하는 것은 K-water의 경영전략 중 세부과제가 아니라 경영원칙에 포함되어 있다.

[오답풀이] ① K-water의 경영전략 중 전략과제에는 탄소중립 및 지속가능한 도시 조성이라는 전략과제가 물융합사업 사업전략에 포함되어 있다.

② K-water의 경영전략 중 전략방향에는 글로벌을 선도하는 물가치 넥서스 구현이 포함되어 있다.

④ K-water의 경영전략 중 경영원칙에는 인간과 자연의 지속가능한 공존을 추구하는 것이 포함되어 있다.

02 ①

[상세해설] K-water는 「한국수자원공사법」에 의해 제정된 특수법인에 해당한다.

[오답풀이] ② K-water는 준시장형 공기업이다. 기금운용 이해관계자의 참여가 보장된 공공기관은 기금관리형 준정부기관이다.

③ K-water는 준시장형 공기업이다. 자체수입이 총수입 대비 50% 이상인 공공기관은 준시장형 공기업에 해당하지만, 준정부기관이 아니다.

④ K-water는 준시장형 공기업이다. 자산규모 2조원 이상으로 민간기업 수준의 자율성이 보장된 공공기관은 시장형 공기업이다.

03 ④

[상세해설] 하수도 운영 관리 및 비점오염 저감 사업 등은 제3조에 속한다.

[오답풀이] ① 산업단지 및 특수지역 개발은 제5조에 속한다.

② 광역상수도사업 및 공업용수도사업 등은 제2조에 속한다.

③ 이주단지 등의 조성 및 공유수면의 매립은 제8조에 속한다.

04 ④

[상세해설] 체감요금제는 사용량에 따라 월납부액이 감소하거나

단위당 요금이 감소한다. 대량소비에 대해 저렴한 요금이 부과되고, 소득재분배와 상충되어 형평성 측면에서 문제가 되며, 소비 장려로 수요를 증대시켜 자원낭비를 유발한다.

[오답풀이] ① 단일요금제는 정액요금제 또는 종량요금제 한 가지 방식으로 구성된 것으로 공급량에 따른 수입이 비례한다.

② 이부요금제는 기본요금과 사용요금의 두 부분으로 구성된 요금제도인데, 정액요금은 고정비로 회수하고, 사용요금을 변동비로 충당한다.

③ 체증요금제는 사용량에 따라 월납부액이 증가하거나 단위당 요금이 증가한다.

05 ②

[상세해설] 활용용량은 저수위와 홍수위 사이의 용량으로 이수목적의 이수용량과 홍수조절용량을 합한 공간으로서 저수지의 이용할 수 있는 유효공간을 뜻한다.

[오답풀이] ① 사수용량은 정상적인 이용이 불가능한 비상방류구 아랫부분의 용량을 의미한다.

③ 초과용량은 홍수위에서부터 최고수위까지의 용량을 말한다.

④ 비활용용량은 댐 바닥에서부터 저수위까지의 용량으로서 평시에는 용수목적으로 쓰이지 않는 공간으로 불용용량을 뜻한다.

06 ④

[상세해설] 비점오염원은 오염물질의 유출 및 배출경로가 불명확하다.

[오답풀이] ① 점오염원은 처리장 등 처리시설의 설계와 유지관리가 용이하다.

② 점오염원은 계절에 따른 영향을 적게 받아 연중 배출량이 일정하다.

③ 비점오염원은 대기 중의 오염물질 등으로부터 배출된다.

07 ④

[상세해설] 수도정비기본계획은 수도정비에 관한 종합적인 기본계획으로, 원칙적으로 10년마다 수립한다. 5년이 지나면 타당성을 재검토하여 보완하며, 목표연도는 20년 후로 한다.

08 ①

[상세해설] 표준정수처리공정은 착수정, 혼화지, 응집지, 침전지, 여과지, 정수지의 과정을 거친다.

09 ④

[상세해설] K-water에서 추진하는 신재생에너지는 수력, 해양에너지(조력), 풍력, 태양광(육상 및 수상태양광), 수열 사업 등이 있다.

10 ④

[상세해설] 특정직공무원은 법관, 검사, 외무공무원, 경찰공무원, 소방공무원, 교육공무원, 군인, 군무원, 헌법재판소 헌법연구관, 국가정보원의 직원, 경호공무원과 특수 분야의 업무를 담당하는 공무원으로서 다른 법률에서 특정직공무원으로 지정하는 공무원이다. 인사혁신처장은 특정직공무원이 아니라 정무직공무원이다.

11 ①

[상세해설] 지수 평활법은 시계열 분석 방법 중에서 단기 예측을 하는 데 가장 많이 이용되는 방법으로, 최근 자료일수록 더 큰 비중을 두고 오래된 자료일수록 더 작은 비중을 두어 미래 수요를 예측한다. 시계열 분석은 합리적 판단이 가능하도록 도움을 주며, 미래예측에 대한 객관적 근거를 제시해주기 때문에, 이러한 해석법을 이용해 수자원에서는 일반적으로 강우, 하천수위, 댐수위, 기후변화 등을 다루고 있다.

[오답풀이] ② 이동 평균법은 시계열 분석 방법 중에서 이동 평균을 이용하여 전체의 추세를 알 수 있도록 하는 방법이다.

③ 회귀분석은 둘 이상의 변수들 간에 존재하는 관련성을 분석하기 위하여, 측정된 자료에서 이들 간의 함수적 관계식을 통계적 방법으로 추정하는 방법이다.

④ 교차영향분석(Cross Impact)은 테마와 관계가 깊은 사건을 선택하여 그 사건이 장래에 일어날 확률과 다른 사건에 미치는 영향의 정도를 추측하고 테마의 장래 상태의 이미지를 그리는 기법이다.

12 ①

[상세해설] 기능구조(functional structure)는 기능부서화 방식에 기초한 조직구조 유형으로, 조직의 전체 업무를 공동기능별로 부서화한다. 기본적으로 수평적 조정의 필요가 낮을 때 효과적인 조직구조이며, 특정 기능에 관련된 조직구성원들의 지식과 기술이 통합적으로 활용되므로 그 전문지식과 기술의 깊이를 제고할 수 있는 조직구조이다.

[오답풀이] ② 사업구조(divisional structure)는 산출물에 기반한 사업부서화 방식의 조직구조 유형으로 산출물구조, 사업구조, 전략사업 단위라고도 한다. 사업구조의 각 부서는 한 제품을 생산하거나, 한 지역에 봉사하거나, 또는 특정 고객집단에 봉사할 때 필요한 모든 기능적 직위들이 부서 내로 배치된 자기완결적 단위이므로, 기능 간 조정이 극대화될 수 있는 조직구조이다.

③ 매트릭스구조(matrix structure)는 기능구조와 사업구조의 화학적 결합을 시도하는 조직구조이다. 조직환경이 복잡해지

면서 기능부서의 기술적 전문성이 요구되는 동시에 사업부서의 신속한 대응성의 필요가 증대되면서 등장한 조직 형태이다.

④ 네트워크구조(network structure)는 조직의 자체 기능은 핵심역량 위주로 합리화하고, 여타 기능은 외부기관들과 계약관계를 통해 수행하는 조직구조 방식이다. 네트워크구조는 유기적 조직유형의 하나로, 정보통신기술의 확산으로 채택된 새로운 조직구조 접근법이다.

13 ④

[상세해설] 국회는 정부의 동의 없이 정부가 제출한 지출예산 각항의 금액을 증가하거나 새 비목을 설치할 수 없으나, 삭감이나 폐지는 정부의 동의 없이 할 수 있다.

14 ④

[상세해설] 행정과목인 세항, 목 간의 상호융통으로 국회의 의결을 거치지 않고 기획재정부장관의 승인이 있으면 할 수 있는 것은 전용이다. 즉, 각 중앙관서의 장은 예산의 목적범위 안에서 재원의 효율적 활용을 위하여 대통령령으로 정하는 바에 따라 기획재정부장관의 승인을 얻어 각 세항 또는 목의 금액을 전용할 수 있다.

[오답풀이] ① 배정은 기획재정부장관이 각 중앙관서의 장에게 집행할 수 있는 금액과 책임의 소재를 명확히 하는 절차를 말한다.

② 재배정은 각 중앙관서의 장이 배정받은 예산액의 범위 내에서 산하기관에 월별 또는 분기별로 집행할 수 있는 예산을 정해주는 것을 말한다.

③ 이용은 입법과목(각 기관, 각 장·관·항) 간에 예산액을 상호 융통하는 것을 말한다. 예산집행상 필요에 의하여 미리 예산으로써 국회의 의결을 얻었을 때에는 기획재정부장관의 승인을 얻어 이용할 수 있다.

15 ③

[상세해설] 예산 단일성의 원칙이란 예산은 구조면에서 단일한 것이어야 한다는 것이다. 회계 장부가 너무 많으면 재정구조를 이해하기가 어렵기 때문이다. 예외로는 특별회계, 기금, 추가경정예산 등이 있다. 예비비는 예산 한정성 원칙의 예외에 해당한다.

[오답풀이] ① 기금은 국가가 특정한 목적을 위하여 특정한 자금을 신축적으로 운용할 필요가 있을 때에 한정하여 법률로써 설치하되, 세입세출예산에 의하지 아니하고 운용할 수 있다. 기금은 예산과 별개로 운영되므로 단일성 원칙의 예외이다.

② 추가경정예산은 이미 확정된 예산에 변경을 가할 필요가 있는 경우에 편성할 수 있다. 추가경정예산은 본예산과 별도로 성립하기 때문에 단일성 원칙의 예외이다.

④ 특별회계는 국가에서 특정한 사업을 운영하고자 할 때, 특정한 자금을 보유하여 운용하고자 할 때, 특정한 세입으로 특정한 세출에 충당함으로써 일반회계와 구분하여 회계처리할 필요가 있을 때에 법률로써 설치한다. 특별회계는 일반회계와 구분하여 회계처리가 이루어지므로 단일성 원칙의 예외이다.

16 ①

[상세해설] 준예산은 새로운 회계연도가 개시될 때까지 예산안이 의결되지 못한 때 국회에서 예산안이 의결될 때까지 전년도 예산에 준하여 집행할 수 있는 것이다.

[오답풀이] ② 가예산이란 부득이한 사유로 예산이 국회에서 의결되지 못한 경우에 최초의 1개월분을 국회의 의결로 집행할 수 있도록 한 제도이다.

③ 잠정예산이란 회계연도 개시일 전까지 예산이 국회를 통과하지 못하는 경우, 일정 기간 동안 일정 금액 예산의 국고지출을 잠정적으로 허용하는 제도를 말한다.

④ 본예산이란 정상적인 절차를 거쳐 편성·심의·확정된 최초의 예산을 말한다. 즉, 국회에 상정되어 정기국회에서 다음 회계연도 예산에 대하여 정상적으로 의결·확정한 당초예산을 말한다.

17 ③

[상세해설] 하우스는 경로목표모형에서 리더십의 유형을 지시적 리더십, 지원적 리더십, 참여적 리더십, 성취지향적 리더십으로 구분하였다. 변혁적 리더십은 조직에 대한 사람들의 인식을 변화시키는 전략적 리더십으로, 인간의 의식 수준을 높이고, 일에 의미를 부여하여, 행동에너지의 원천인 인간의 의무를 고무시키는 방법으로, 다른 사람들의 영혼에 접근하는 리더십이다. 따라서 변혁적 리더십은 매력 있는 비전이나 사명을 제시, 개별적 배려(관심), 영감적 동기, 지적 자극을 강조한다.

[오답풀이] ① 지시적 리더는 자신이 원하는 바를 부하들에게 알려주고, 부하들이 해야 할 작업의 일정 계획 및 과업 수행 방법을 지도해 준다.

② 지원적 리더는 부하들의 욕구에 관심을 보인다.

④ 성취지향적 리더는 도전적 목표를 설정하고 부하들이 최고의 성과를 내기를 기대한다.

18 ②

[상세해설] 계급제는 사람을 중심으로 개개인의 일반적인 능력과 자격을 기준으로 공무원을 계급으로 분류하는 제도이다. 계급제는 최하위 계급에서만 신규채용을 하는 폐쇄형 충원방식을 채택하며, 직업공무원제 확립에 기여한다. 적재적소의 인사배치와 전문가 양성이 용이한 것은 직위분류제이다.

비교기준	직위분류제	계급제
분류기준	직무의 종류·곤란도·책임도	개인의 능력·자격
인사관리	직무 중심 실적중심 인사관리	사람 중심 연공서열중심 인사관리
채용시험	직무와 관련(합리적)	직무와 관련 적음(비합리적)
보수체계	직무급(동일직무·동일보수) 높은 보수 형평성	생활급(연공서열급) 낮은 보수 형평성
인사배치	비융통성	융통성
행정계획	단기계획에 적합	장기계획에 적합
교육훈련	전문성(훈련이 직무와 관련)	일반성(훈련이 직무와 관련 적음)
전문성	전문행정가 중심 종합적 시각 확보 곤란	일반행정가 중심 종합적 시각 확보 가능
협조·조정	저해	원활
충원방식	개방형	폐쇄형
신분보장	약함	강함
발달배경	산업사회	농업사회
채택국가	미국·호주·캐나다·필리핀	영국·프랑스·독일·일본

19 ③

[상세해설] 재택근무제는 탄력근무제에 해당하지 않는다. 탄력근무제는 근로자가 근무 시간을 자유롭게 선택하고 출퇴근 시간을 탄력적으로 조절하여 근무하는 제도로, 시차출퇴근제, 근무시간선택제, 집약근무제, 재량근무제가 속한다.

[오답풀이] ① 재량근무제: 기관과 공무원 개인이 별도 계약에 의해 주어진 프로젝트 완료시 이를 근무시간으로 인정해주는 제도

② 집약근무제: 총 근무시간(주 40시간)을 유지하면서 집약근무로 보다 짧은 기간 동안(5일 미만) 근무

④ 시차출퇴근제: 1일 8기간(주 40시간) 근무체제를 유지, 출근시간을 자율적으로 조정(07:00~10:00)

20 ①

[상세해설] Scott은 조직이론을 폐쇄·합리모형, 폐쇄·자연모형, 개방·합리모형, 개방·자연모형으로 분류하였다. 개방·자연모형에 해당하는 이론은 조직군생태이론이다.

[오답풀이] ② 과학적 관리론은 폐쇄·합리모형에 해당한다.

③ 인간관계론은 폐쇄·자연모형에 해당한다.

④ 구조적 상황이론은 개방·합리모형에 해당한다.

구분	기본가정	단점
폐쇄·합리모형 (~1930년)	① 조직은 외부환경과 단절된 폐쇄체제 ② 구성원의 합리적 사고·행동 가정	환경적 요인 무시 인간적, 비공식적 측면 간과
폐쇄·자연모형 (1930~60년)	① 조직은 외부환경과 단절된 폐쇄체제 ② 구성원의 인간적 문제(비공직 구조, 사회적 욕구) 중시	환경적 요인 무시 비공식적 측면만 강조
개방·합리모형 (1960~70년)	① 조직환경 중요성 인식 ② 환경에 적합한 조직 구조설계 초점	조직의 전략적 선택의 중요성 무시 구성원의 사회·정치성 불고려
개방·자연모형 (1970년~)	① 조직환경의 중요성 강조 ② 조직의 생존이나 비합리적 동기 측면 강조	처방적 연구 부족

21 ②

[상세해설] 미헬스의 과두제 철칙, 밀스의 지위접근법, 무의사결정론은 엘리트이론에 해당한다. 잠재(이익)집단론은 엘리트이론이 아니라 다원주의이론과 관련이 있다.

[오답풀이] ① 미헬스 과두제 철칙: 미헬스(Michels)는 1차 세계대전 전의 유럽의 사회주의정당과 노동조합을 연구하였다. 그는 정당과 조합이 원래는 사회주의 혁명을 추진하고, 민주주의적 체제를 유지하기 위하여 수립된 것이었으나, 소수 지도자들이 자기들의 지위 유지와 기득권 유지에 집착하여 목적과 수단 간의 우위성이 뒤바뀌는 '목표전환' 현상을 지적하였다. 이러한 현상은 소수의 지배가 행해지기 때문에 과두제, 예외가 없다는 데서 철칙이라 하였다.

③ 밀스의 지위접근법: 밀스는 「The Power Elite(1956)」에서 미국 사회의 전체를 지배하는 권력 엘리트는 경제(대기업), 정치, 군대의 지도자라고 하였다. 이들 권력 엘리트들은 서로 깊은 연계성을 가지고 있다고 하면서, 특히 군·산업복합체(military-industry complex)가 중요한 역할을 담당하고 있다고 강조하였다.

④ 바흐라흐와 바라츠(Bachrach & Baratz)의 무의사결정: 바흐라흐와 바라츠(Bachrach & Baratz) 등의 신엘리트론자가 「권력의 두 얼굴: Two Faces of Power」에서 다원론자인 다알(R. Dahl)의 뉴헤이븐(new haven)시의 연구를 비판한 데서 비롯된다. 무의사결정은 정책문제의 채택과정에서 엘리트들에게 안전한 이슈만을 논의하고 불리한 문제는 거론조차 못하게 하는 것으로, 지배엘리트들이 현실적 문제를 의도적으로 무시할 때에 발생한다.

22 ③

[상세해설] 정책네트워크는 정책문제별로 형성되며, 분권적이고 분산적인 정치체제를 전제로 한다. 정책결정의 부분화와 전문화 추세를 반영하기 위해서 등장한 정책네트워크이론은 정책과정에 대한 국가중심 접근방법(조합주의)과 사회중심 접근방법(다원주의)이라는 양자택일의 이분법적 논리를 비판하고 양자를 조화하기 위해서 등장하였다. 정책네트워크의 유형은 하위정부(Sub-government), 정책문제망(Issue network), 정책공동체(Policy community)로, 이음매 없는 조직은 정책네트워크의 유형에 해당하지 않는다.

23 ④

[상세해설] 로위 정책 중 강제력의 행사방법이 간접적이고 강제력의 적용대상이 개인의 행태에 해당하는 배분(분배)정책이다. 수출보조금은 배분(분배)정책에 해당한다.

[오답풀이] ① 선거구조정은 구성정책에 해당한다.

② 누진세는 재분배정책에 해당한다.

③ 독과점규제는 규제정책에 해당한다.

구분		강제력의 적용대상·영역	
		개인의 행태	개인행태의 환경
강제력의 행사 방법	간접적	배분(분배)정책	구성정책
	직접적	규제정책	재분배정책

24 ②

[상세해설] 표준운영절차는 조직이 존속해 오는 동안 오랜 경험으로 터득한 '학습된 행동 규칙'을 의미한다. 따라서 표준운영절차가 확립되면 일정한 규칙에 따라 업무가 처리되기 때문에 업무처리의 공평성을 확보하는 데 기여한다.

[오답풀이] ① 업무 담당자가 바뀌어도 표준운영절차가 확립된 경우 업무처리의 연속성을 유지하는 것이 용이하다.

③ 표준운영절차에 따른 업무처리는 획일화로 인해 정책집행 현장의 특수성을 반영하기가 곤란하다.

④ 장기간에 걸쳐 확립되어 온 표준운영절차를 답습·존중하는 경우 쇄신적이고 창의적인 의사결정이 어렵다.

25 ②

[상세해설] 퀸과 로보그의 조직효과성의 경쟁가치모형에서 개방체제모형이 추구하는 목표는 성장, 자원 확보이다. 개방체제 모형은 조직의 유연성을 강조하며, 효과성의 수단으로 유연성·신속성을 유지하면서, 목표는 조직의 성장과 자원 확보에 둔다.

[오답풀이] ① 합리적 목표모형은 조직과 통제에 관심을 두며, 효과성의 수단으로 기획·목표설정·평가 등을 동원하여 생산

성·능률성·이윤 등의 목표를 성취하는 데 치중한다.

③ 내부과정 모형은 조직내부의 개인과 그들에 대한 효율적인 통제에 초점을 맞추면서, 효과성의 수단으로 정보관리·조정활동을 주로 하며, 효과성의 목표로 조직의 안전성과 균형의 유지를 중시한다.

④ 인간관계 모형은 조직 내 개인과 유연성에 관심을 두며, 효과성의 수단으로 조직발전(OD), 응집력, 사기 등을 통해 인력자원의 발전과 성장을 위해 노력하는 조직의 여부를 중시한다.

```
                        구조
                       융통성
        인관관계 모형           개방체제 모형
      목표가치: 인적자원 개발     목표가치: 성장, 자원확보
      하위목표: 응집력, 사기     하위목표: 융통성, 외적평가
초점  내부                                      외부
        내부과정 모형           합리목표 모형
      목표가치: 안정성, 균형    목표가치: 생산성, 능률성
      하위목표: 정보관리       하위목표: 기획, 목표설정
                       통제
```

26 ①

[상세해설] 부과방식(비기금제)은 재직 공무원으로부터 갹출한 수입과 정부예산으로 연금지출에 소요되는 자원을 충당하는 방식이다. 우리나라의 연금기금 재원은 정부의 부담금과 공무원의 기여금에 의하여 조성되고 있다. 즉, 기금제 및 기여제를 채택하고 있다.

[오답풀이] ② 적립방식(기금제)은 공무원의 기여금과 정부의 부담금으로 기금을 조성하고, 기금과 기금 수익으로 연금 지급에 충당하는 제도이다.

③ 기여제는 연금재원을 정부와 공무원이 공동으로 부담하는 제도를 말한다.

④ 비기여제는 재원 조성을 정부만이 부담하는 제도이다.

27 ①

[상세해설] 펜들턴법의 제정에 따라 1883년 설치된 미국 연방인사위원회는 독립합의형이다. 독립합의형은 행정수반으로부터 독립성을 지니며, 위원회(합의제) 형태의 중앙인사기관을 의미한다.

독립성 \ 합의성	합의성	단독성
독립성	독립합의형	독립단독형
비독립성	비독립합의형	비독립단독형

28 ③

[상세해설] 정부는 독립기관(국회·대법원·헌법재판소 및 중앙선거관리위원회)의 예산을 편성할 때 해당 독립기관의 장의 의견을 최대한 존중하여야 하며, 국가재정상황 등에 따라 조정이 필요한 때에는 해당 독립기관의 장과 미리 협의하여야 하며, 협의에도 불구하고 독립기관의 세출예산요구액을 감액하고자 할 때에는 국

무회의에서 해당 독립기관의 장의 의견을 들어야 하며, 정부가 독립기관의 세출예산요구액을 감액한 때에는 그 규모 및 이유, 감액에 대한 독립기관의 장의 의견을 국회에 제출하여야 한다. 따라서 국민권익위원회는 「국가재정법」상 예산편성 시 정부가 세출예산요구액을 감액하는 경우 해당 기관의 장의 의견을 구하여야 하는 독립기관에 해당하지 않는다.

29 ④

[상세해설] 수량, 수질 및 재해예방의 통일적 관리와 지속가능한 통합 물관리 체계를 구축하기 위하여 환경부가 물관리 일원화를 담당하게 하였으며, 한국수자원공사에 대한 관할권을 국토교통부에서 환경부로 이관하였다.

30 ③

[상세해설] 연쇄효과(Halo effect)는 평정자가 가장 중요시하는 하나의 평정요소에 대한 평가결과가 성격이 다른 평정요소에도 영향을 미치는 것을 말하며, 피평정자가 성실한 경우, 창의성·지도력 등 전혀 성격이 다른 요소의 측정에도 영향을 미치는 현상을 말한다.

직무능력평가(전기)

01	02	03	04	05	06	07	08	09	10
③	①	④	④	②	④	④	①	④	③
11	12	13	14	15	16	17	18	19	20
②	②	②	③	①	③	①	④	②	④
21	22	23	24	25	26	27	28	29	30
②	③	④	④	④	④	③	④	②	②

01 ③

[상세해설] 소통을 바탕으로 투명하게 의사결정하는 것은 K-water의 경영전략 중 세부과제가 아니라 경영원칙에 포함되어 있다.
[오답풀이] ① K-water의 경영전략 중 전략과제에는 탄소중립 및 지속가능한 도시 조성이라는 전략과제가 물융합사업 사업전략에 포함되어 있다.
② K-water의 경영전략 중 전략방향에는 글로벌을 선도하는 물가치 넥서스 구현이 포함되어 있다.
④ K-water의 경영전략 중 경영원칙에는 인간과 자연의 지속가능한 공존을 추구하는 것이 포함되어 있다.

02 ①

[상세해설] K-water는 「한국수자원공사법」에 의해 제정된 특수법인에 해당한다.
[오답풀이] ② K-water는 준시장형 공기업이다. 기금운용 이해관계자의 참여가 보장된 공공기관은 기금관리형 준정부기관이다.
③ K-water는 준시장형 공기업이다. 자체수입이 총수입 대비 50%이상인 공공기관은 준시장형 공기업에 해당하지만, 준정부기관이 아니다.
④ K-water는 준시장형 공기업이다. 자산규모 2조원 이상으로 민간기업 수준의 자율성이 보장된 공공기관은 시장형 공기업이다.

03 ④

[상세해설] 하수도 운영 관리 및 비점오염 저감 사업 등은 제3조에 속한다.
[오답풀이] ① 산업단지 및 특수지역 개발은 제5조에 속한다.
② 광역상수도사업 및 공업용수도사업 등은 제2조에 속한다.
③ 이주단지 등의 조성 및 공유수면의 매립은 제8조에 속한다.

04 ④

[상세해설] 체감요금제는 사용량에 따라 월납부액이 감소하거나

단위당 요금이 감소한다. 대량소비에 대해 저렴한 요금이 부과되고, 소득재분배와 상충되어 형평성 측면에서 문제가 되며, 소비 장려로 수요를 증대시켜 자원낭비를 유발한다.

[오답풀이] ① 단일요금제는 정액요금제 또는 종량요금제 한 가지 방식으로 구성된 것으로 공급량에 따른 수입이 비례한다.

② 이부요금제는 기본요금과 사용요금의 두 부분으로 구성된 요금제도인데, 정액요금은 고정비로 회수하고, 사용요금을 변동비로 충당한다.

③ 체증요금제는 사용량에 따라 월납부액이 증가하거나 단위당 요금이 증가한다.

05 ②

[상세해설] 활용용량은 저수위와 홍수위 사이의 용량으로 이수목적의 이수용량과 홍수조절용량을 합한 공간으로서 저수지의 이용할 수 있는 유효공간을 뜻한다.

[오답풀이] ① 사수용량은 정상적인 이용이 불가능한 비상방류구 아랫부분의 용량을 의미한다.

③ 초과용량은 홍수위에서부터 최고수위까지의 용량을 말한다.

④ 비활용용량은 댐 바닥에서부터 저수위까지의 용량으로서 평시에는 용수목적으로 쓰이지 않는 공간으로 불용용량을 뜻한다.

06 ④

[상세해설] 비점오염원은 오염물질의 유출 및 배출경로가 불명확하다.

[오답풀이] ① 점오염원은 처리장 등 처리시설의 설계와 유지관리가 용이하다.

② 점오염원은 계절에 따른 영향을 적게 받아 연중 배출량이 일정하다.

③ 비점오염원은 대기 중의 오염물질 등으로부터 배출된다.

07 ④

[상세해설] 수도정비기본계획은 수도정비에 관한 종합적인 기본계획으로, 원칙적으로 10년마다 수립한다. 5년이 지나면 타당성을 재검토하여 보완하며, 목표연도는 20년 후로 한다.

08 ①

[상세해설] 표준정수처리공정은 착수정, 혼화지, 응집지, 침전지, 여과지, 정수지의 과정을 거친다.

09 ④

[상세해설] K-water에서 추진하는 신재생에너지는 수력, 해양

에너지(조력), 풍력, 태양광(육상 및 수상태양광), 수열 사업 등이 있다.

10 ③

[상세해설] 역상제동(플러깅)은 전동기 회전 시 계자 또는 전기자 전류의 방향을 전환시키거나 전원 3선 중 2선의 접속을 바꾸어 역방향의 토크를 발생시켜 제동한다. 주로 전동기를 급제동시킬 때 사용하는 방법이다.

[오답풀이] ① 발전제동: 전동기 회전 시 자속을 유지한 상태에서 입력 전원을 끊고 전열 부하를 연결하면 전동기가 발전기로 작동한다. 이 전력을 전열 부하에서 열로 소비하며 제동하는 방법이다.

② 회생제동: 전동기 회전 시 입력 전원을 끊고 자속을 강하게 하면 역기전력이 전원 전압보다 높아져서 전류가 역류하게 된다. 이 전류를 가까운 부하의 전원으로 사용하면서 제동하는 방법이다. 주로 내리막길에서 전동차의 제동이 희생 제동에 속한다.

11 ②

[상세해설] ① 권선형 유도전동기는 회전자에도 권선이 감겨 있으므로 2차 회로에 저항을 연결할 수 있다.

② 비례 추이는 2차 회로의 저항을 조정하여 크기를 제어할 수 있다는 의미이다.

$\dfrac{r_2}{s_1} = \dfrac{r_2 + R}{s_2}$ (R: 2차에 삽입한 외부 저항[Ω])

12 ②

[상세해설] 동기식 전송방식은 다음과 같은 특징을 가지고 있다.

• 고속도의 전송방식에 적합하다.
• 각 문자 사이에 휴지시간이 필요로 하지 않는다.
• block 앞에는 항상 SYN라는 동기 문자를 필요로 한다.
• block 끝에는 ETX라는 동기 문자를 필요로 한다.
• 수신 단말에는 반드시 BUFFER 기억장치가 있어야 한다.
• 전송효율이 매우 좋다.
• 송수신측은 항상 동기 상태를 유지해야 한다.
• 동기식 전송방식에는 동기식과 비동기식 방식이 있다.

13 ②

[상세해설] 복극 NRZ방식은 바이폴라 방식이라고도 한다. 정보가 "0" 일 때는 0 준위이며, 정보가 "1" 일 때는 (+)와 (−)준위를 교대로 나타낸다. 동기 문제가 발생할 수 있다.

14 ③

[상세해설] • (음성 1채널 비트율)＝(1채널 비트수)×(표본화 주파수)＝8[bit]×8[kHZ]＝64[kb/sec]

• (음성 1채널 비트율)＝(1프레임 총비트수)×(표본화 주파수)＝193[bit]×8[kHZ]＝1,544[kb/sec]

• 1채널의 점유시간＝125[μs]/24＝5.2[μs]

15 ①

[상세해설] 나이퀴스트 판별법은 제어 시스템의 주파수 영역 응답에 대한 정보를 제공하며, 제어 시스템의 안정도를 개선할 수 있는 방법을 제시한다. 이득 여유 GM＝4~12[dB]일 때 안정상태이고, 위상 여유 PM＝30°~60°일 때 안정상태이다.

16 ③

[상세해설] 단권 변압기는 변압기의 1차 권선과 2차 권선을 공통으로 연결한 변압기이다. 동량이 적게 소요되어 변압기가 소형, 경량이 되며, 손실이 줄어들게 되어 효율이 좋아진다. 한쪽 회로의 단락 사고 시 다른 쪽 회로에 미치는 사고 영향이 크다.

(자기 용량)＝(부하 용량)×$\dfrac{V_2-V_1}{V_2}$이므로 9.1＝100×$\dfrac{V_2-3,000}{V_2}$에서 V_2를 구하면 약 3,300[V]이다.

17 ①

[상세해설] • 단상 반파 정류의 직류 출력 전압은 $E_d=\dfrac{E_m}{\pi}=\dfrac{\sqrt{2}E}{\pi}$

＝0.45E＝0.45×200＝90[V]이다.

• 직류 전류는 $I_d=\dfrac{E_d}{R}=\dfrac{90}{10}=9$[A]이다.

18 ④

[상세해설] 인버터는 직류를 교류로 변환하는 장치를 말한다. 태양광 발전에서 중요 핵심 부품인 IPX4급 이상의 인버터의 선정 시 주의 사항은 다음과 같다.

• 구동손실율이 적을 것

• 저 전압에 반응할 것

• 외부형의 경우 방수등급(IPX)이 높을 것

• 최대출력추종(MPPT) 숫자가 클 것(최대출력추종(MPPT)는 태양광 발전이나 풍력발전 등에서 가능한 최대전력을 생산할 수 있도록 인버터 제어를 이용해서 해당 발전원의 전압이나 회전 속도를 조정하는 최대출력추종 기능을 말한다.)

19 ②

[상세해설] 계통접지 방식은 다음과 같이 구분할 수 있다.

• TN－S 방식: 계통 전체에 대해 별도의 중성선 또는 PE 도체를 사용한다. 배전계통에서 PE 도체를 추가로 접지할 수 있다.

• TN－C－S 방식: 계통의 일부분에서 PEN 도체를 사용하거나, 중성선과 별도의 PE 도체를 사용하는 방식이 있다. 배전계통에서 PEN 도체와 PE 도체를 추가로 접지할 수 있다.

• TT 방식: 전원의 한 점을 직접 접지하고 설비의 노출도전부는 전원의 접지전극과 전기적으로 독립적인 접지극에 접속시킨다. 배전계통에서 PE 도체를 추가로 접지할 수 있다.

• IT 방식: 충전부 전체를 대지로부터 절연시키거나, 한 점을 임피던스를 통해 대지에 접속시킨다. 전기설비의 노출도 전부를 단독 또는 일괄적으로 계통의 PE 도체에 접속시킨다. 배전계통에서 추가접지가 가능하다.

20 ④

[상세해설] 주택의 전기저장장치의 축전지에 접속하는 부하 측 옥내배선을 다음에 따라 시설하는 경우에 주택의 옥내전로의 대지전압은 직류 600[V]까지 적용할 수 있다.

• 전로에 지락이 생겼을 때 자동적으로 전로를 차단하는 장치를 시설할 것

• 사람이 접촉할 우려가 없는 은폐된 장소에 합성수지관공사, 금속관공사 및 케이블공사에 의하여 시설하거나 사람이 접촉할 우려가 없도록 케이블공사에 의하여 시설하고 전선에 적당한 방호장치를 시설할 것

• 전기배선 전선은 공칭단면적 2.5[mm^2] 이상의 연동선 또는 이와 동등 이상의 세기 및 굵기의 것일 것

• 지지물의 시설: 이차전지의 지지물은 부식성 가스 또는 용액에 의하여 부식되지 아니하도록 하고 적재하중 또는 지진 기타 진동과 충격에 대하여 안전한 구조이어야 한다.

21 ②

[상세해설] 배전 선로에서 발생하는 전압 강하를 보상하여 수전점의 전압을 조정하기 위하여 고압측 권선에 탭을 설치한다. 탭을 크게 하면 2차전압은 감소하고, 탭을 작게 하면 2차전압은 증가한다.

22 ③

[상세해설] Z변환은 불연속 시스템인 차분 방정식이나 이산 시스템을 해석하는 데 사용된다. 시스템의 특성 방정식 근이 －0.9, －0.7, －0.3, ＋0.1, ＋0.7로 단위원 내에 존재하므로 이 제어계는 안정하다.

다음 함수를 Z변환 하면

- $\delta(t) \Rightarrow 1$
- $u(t) \Rightarrow \dfrac{z}{z-e^{-aT}}$
- $t \Rightarrow \dfrac{Tz}{(z-1)^2}$
- $e^{-at} \Rightarrow \dfrac{z}{z-1}$

23 ④

[상세해설] 주어진 전달 함수를 서로 곱해서 변형하면 $s^2 E_o(s) + 5s E_o(s) - E_o(s) = 3E_i(s)$이다.

위의 방정식을 역라플라스하여 시간 함수를 구하면 다음과 같다.

$\dfrac{d^2}{dt^2}e_o(t) + 5\dfrac{d}{dt}e_o(t) - e_o(t) = 3e_i(t)$

24 ④

[상세해설] 전압변동률 ε(단, p: %저항 강하, q: %리액턴스 강하)

$-\varepsilon = p\cos\theta + q\sin\theta$(지상 역률일 경우)

$-\varepsilon = p\cos\theta - q\sin\theta$(진상 역률일 경우)

따라서 지상 역률이므로 전압변동률은 다음과 같이 구할 수 있다.

$\varepsilon = p\cos\theta + q\sin\theta = 4 \times 0.6 + 3 \times 0.8 = 4.8[\%]$

25 ④

[상세해설] 도체는 온도가 올라가면 저항이 증가하며, 길이도 증가하게 된다. 이 관계를 이용해서 다음과 같은 식을 유추할 수 있다. $L_2 = L_1 + \alpha t S$이므로 $S + \dfrac{8D_2^2}{3S} = S + \dfrac{8D_1^2}{3S} + \alpha t S$가 된다.

따라서 $D_2 = \sqrt{D_1^2 + \dfrac{3}{8}\alpha t S^2}$(단, L_1: 온도 상승 전의 길이, L_2: 온도 상승 후 길이)이다.

26 ④

[상세해설] 3상 단락 전류 I_s는 계자 전류 I_f와 비례 관계가 있다. 따라서 계자전류가 증가하면 3상 단락전류도 증가한다. 그러므로

$\dfrac{I_{s_2}}{I_{s_1}} = \dfrac{I_{f_2}}{I_{f_1}}$

$I_{s_2} = I_{s_1} \times \dfrac{I_{f_2}}{I_{f_1}} = 140 \times \dfrac{360}{120} = 420[A]$

27 ③

[상세해설] 한류형 전력퓨즈의 특징은 다음과 같다.
- 차단 시 소음이 거의 없다.
- 가격이 저렴하다.

- 차단 용량이 크다.
- 소형 경량이다.
- 재투입이 불가능하다.
- 차단 시 과전압이 발생한다.

28 ④

[상세해설] • 단상 2선식의 전선량: 1

- 단상 3선식의 전선량: $\dfrac{3}{8}$
- 3상 3선식의 전선량: $\dfrac{3}{4}$
- 3상 4선식의 전선량: $\dfrac{1}{3}$

그러므로 3상 4선식/단상 3선식의 총 전선량 비는

$\dfrac{3상\ 4선식}{단상\ 3선식} = \dfrac{\dfrac{1}{3}}{\dfrac{3}{8}} = \dfrac{8}{9}$이다.

29 ②

[상세해설] %임피던스 강하 $I_s = \dfrac{I_n}{\%Z} \times 100$이므로

$\%Z = \dfrac{I_n}{I_s} \times 100 = \dfrac{300}{7,500} \times 100 = 4[\%]$이다.

30 ②

[상세해설] 제어계는 개루프 제어계, 폐루프 제어계로 구분할 수 있다.

개루프 제어계
- 입력이 적당한 제어량으로 변환되어 곧바로 출력으로 나타나는 제어계이다.
- 구조는 간단하지만 오차가 큰 단점이 있다.
- 중요한 제어 장치에서는 적용하지 않는다.
- 비교적 간단한 제어에만 한정되어 사용된다.

폐루프 제어계
- 출력 신호를 다시 검출하여 부궤환시켜 입력과 비교한 후 제어 요소에서 오차를 보정한다. 그후 출력으로 내보내는 제어계이다.
- 구조는 다소 복잡하지만 오차가 작아지는 장점이 있다.
- 사용 목적상 정확도가 요구되고 동작 속도가 빠른 곳에 적용하는 제어 방식이다.
- 폐루프 제어계에서는 입력과 출력 신호를 비교하여 오차를 검출하는 비교부가 필수적인 요소이다.

01	02	03	04	05	06	07	08	09	10
③	①	④	④	②	④	④	①	④	④
11	12	13	14	15	16	17	18	19	20
③	②	④	①	①	④	③	①	②	③
21	22	23	24	25	26	27	28	29	30
③	②	①	③	②	④	①	②	①	④

01 ③

[상세해설] 소통을 바탕으로 투명하게 의사결정하는 것은 K-water의 경영전략 중 세부과제가 아니라 경영원칙에 포함되어 있다.

[오답풀이] ① K-water의 경영전략 중 전략과제에는 탄소중립 및 지속가능한 도시 조성이라는 전략과제가 물융합사업 사업전략에 포함되어 있다.

② K-water의 경영전략 중 전략방향에는 글로벌을 선도하는 물가치 넥서스 구현이 포함되어 있다.

④ K-water의 경영전략 중 경영원칙에는 인간과 자연의 지속가능한 공존을 추구하는 것이 포함되어 있다.

02 ①

[상세해설] K-water는 「한국수자원공사법」에 의해 제정된 특수법인에 해당한다.

[오답풀이] ② K-water는 준시장형 공기업이다. 기금운용 이해관계자의 참여가 보장된 공공기관은 기금관리형 준정부기관이다.

③ K-water는 준시장형 공기업이다. 자체수입이 총수입 대비 50% 이상인 공공기관은 준시장형 공기업에 해당하지만, 준정부기관이 아니다.

④ K-water는 준시장형 공기업이다. 자산규모 2조원 이상으로 민간기업 수준의 자율성이 보장된 공공기관은 시장형 공기업이다.

03 ④

[상세해설] 하수도 운영 관리 및 비점오염 저감 사업 등은 제3조에 속한다.

[오답풀이] ① 산업단지 및 특수지역 개발은 제5조에 속한다.

② 광역상수도사업 및 공업용수도사업 등은 제2조에 속한다.

③ 이주단지 등의 조성 및 공유수면의 매립은 제8조에 속한다.

04 ④

[상세해설] 체감요금제는 사용량에 따라 월납부액이 감소하거나 단위당 요금이 감소한다. 대량소비에 대해 저렴한 요금이 부과되고, 소득재분배와 상충되어 형평성 측면에서 문제가 되며, 소비장려로 수요를 증대시켜 자원낭비를 유발한다.

[오답풀이] ① 단일요금제는 정액요금제 또는 종량요금제 한 가지 방식으로 구성된 것으로 공급량에 따른 수입이 비례한다.

② 이부요금제는 기본요금과 사용요금의 두 부분으로 구성된 요금제도인데, 정액요금은 고정비로 회수하고, 사용요금을 변동비로 충당한다.

③ 체증요금제는 사용량에 따라 월납부액이 증가하거나 단위당 요금이 증가한다.

05 ②

[상세해설] 활용용량은 저수위와 홍수위 사이의 용량으로 이수목적의 이수용량과 홍수조절용량을 합한 공간으로서 저수지의 이용할 수 있는 유효공간을 뜻한다.

[오답풀이] ① 사수용량은 정상적인 이용이 불가능한 비상방류구 아랫부분의 용량을 의미한다.

③ 초과용량은 홍수위에서부터 최고수위까지의 용량을 말한다.

④ 비활용용량은 댐 바닥에서부터 저수위까지의 용량으로서 평시에는 용수목적으로 쓰이지 않는 공간으로 불용용량을 뜻한다.

06 ④

[상세해설] 비점오염원은 오염물질의 유출 및 배출경로가 불명확하다.

[오답풀이] ① 점오염원은 처리장 등 처리시설의 설계와 유지관리가 용이하다.

② 점오염원은 계절에 따른 영향을 적게 받아 연중 배출량이 일정하다.

③ 비점오염원은 대기 중의 오염물질 등으로부터 배출된다.

07 ④

[상세해설] 수도정비기본계획은 수도정비에 관한 종합적인 기본계획으로, 원칙적으로 10년마다 수립한다. 5년이 지나면 타당성을 재검토하여 보완하며, 목표연도는 20년 후로 한다.

08 ①

[상세해설] 표준정수처리공정은 착수정, 혼화지, 응집지, 침전지, 여과지, 정수지의 과정을 거친다.

09 ④

[상세해설] K-water에서 추진하는 신재생에너지는 수력, 해양

에너지(조력), 풍력, 태양광(육상 및 수상태양광), 수열 사업 등이
있다.

10 ④

[상세해설] • 카르노 사이클 효율 $\eta=1-\dfrac{Q_2}{Q_1}=1-\dfrac{T_2}{T_1}$, $\dfrac{2}{3}=$

$1-\dfrac{T_2}{900}$, $T_2=300$K

• 고온 열원의 온도 600K 시 효율 $\eta=1-\dfrac{300}{600}=\dfrac{1}{2}=50[\%]$

11 ③

[상세해설] 웜과 웜휠은 큰 감속비를 얻을 수 있고, 역회전이 불가
능하다.

12 ②

[상세해설] 벌류트 펌프(volute pump)는 날개차의 외주에 맴돌
이형 실을 갖고 있는 펌프로 원심 펌프의 일종이다.

13 ④

[상세해설] $V=Rw$

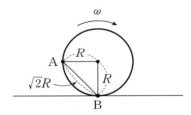

14 ①

[상세해설] • 단순보 균일분포하중 $M=\dfrac{wl^2}{8}$

• 외팔보 균일분포하중 $M=\dfrac{wl^2}{2}$

• 모멘트를 받으면서 회전(한점지지) $\sum=0$

$M+R_Al-\dfrac{wl^2}{2}=0$

$R_Al=\dfrac{wl^2}{2}-M$

$R_A=\dfrac{wl}{2}-\dfrac{M}{l}$

15 ①

[오답풀이] ② 연강의 공칭응력–공칭변형률 선도에서의 최대응력

은 극한강도이다.

③ 표면 압축잔류응력을 발생시키기 위하여 숏피닝 처리를 한다.

④ 연성 재료의 항복응력 이상으로 하중을 가하면 소성 변형이
발생한다.

16 ④

[상세해설] 서브머지드 아크 용접(SAW)은 노즐을 통해 용접부에
미리 도포된 용제(flux)속에서, 용접봉과 모재 사이에 아크를 발
생시키는 용접법이다.

17 ③

[상세해설] 비커스 경도(HV) 시험에서 경도는 적용한 하중을 압
입 자국의 표면적으로 나눈 값이다.

[오답풀이] ② 결정격자별 원자 수, 배위 수는 다음과 같다.

• 체심입방격자(B.C.C): 원자 수 2개, 배위 수 8개

• 면심입방격자(F.C.C): 원자 수 4개, 배위 수 12개

• 조밀육방격자(H.C.P) : 원자 수 2개, 배위 수 12개

18 ①

[상세해설] 오토사이클의 T−S 선도에서의 열효율

$\eta_O=\dfrac{유효한\ 일}{공급열량}=\dfrac{W}{Q_1}=\dfrac{공급열량-방출열량}{공급열량}$

$=\dfrac{C_V(T_3-T_2)-C_V(T_4-T_1)}{C_V(T_3-T_2)}=1-\dfrac{T_4-T_1}{T_3-T_2}$

19 ②

[오답풀이] ㉠ 위치수두, 압력수두, 속도수두로 구성된다.

㉢ 가열부 또는 냉각부 등 온도 변화가 큰 압축성 유체에는 적용
할 수 없다.

㉣ 베르누이 방정식은 점성력이 존재하는 경우는 적용할 수 없다.

20 ③

[상세해설] • 유량 $Q=Av$(A: 관의 단면적, v: 유체의 평균속도)

• 유량 $Q=Av$에서 $1.5=\dfrac{\pi d^2}{4}\times8$이므로,

$d=\sqrt{\dfrac{1.5\times4}{\pi\times8}}=\sqrt{\dfrac{1}{4}}=\dfrac{1}{2}=0.5[m]=500[mm]$

21 ③

[상세해설] 동일 4행정기관에서는 직렬 기통 수가 많아질수록 에
너지 변동계수는 작아지므로 이를 고려하여 설계하여야 한다.

22 ②

[상세해설] • $a_n = r\omega^2$

• $V = r\omega$, $\omega = \dfrac{V}{r}$

• $a_n = r\omega^2 = r\left(\dfrac{V}{r}\right)^2 = \dfrac{V^2}{r} = \dfrac{30^2}{50} = 18[\text{m/s}^2]$

23 ①

[상세해설] 유압제어밸브는 압력제어밸브, 유량제어밸브, 방향제어밸브로 구분할 수 있다.

압력제어밸브	• 릴리프밸브: 최고 압력 제한, 과부하 제거, 압력 일정 유지해주며, 가장 많이 사용됨 • 감압(리듀싱)밸브 • 시퀀스(순차동작)밸브: 압력을 일정하게 유지하면서 조작순서를 제어할 때 사용됨 • 카운터밸런스: 한쪽방향으로 치우치게 되는 것을 방지하는 밸브 • 무부하(언로딩)밸브 • 압력스위치: 설정압력에 도달하면 전기적으로 정지(개폐)시키는 스위치 • 유체퓨즈: 설정압력에 도달하면 끊어주는 역할 • 안전밸브 • 이스케이프밸브
유량제어밸브	• 교축(스로틀)밸브: 점성에 관계없이 유량조절, 선형적제어, 미소유량에서 대유량까지 조정가능 • 집류밸브: 소정의 출구유량이 유지되도록 합류하는 밸브 • 스톱(정지)밸브: 조정핸들을 조작하여 교축부분의 단면적을 변경시켜 통과하는 유량을 조절하는 밸브 • 유량조절밸브 • 유량분류밸브
방향제어밸브	• 체크(역지)밸브: 역방향 흐름방지 • 감속(디셀러레이션)밸브: 속도 감속 • 셔틀밸브: 항상 고압측의 유압만을 통과시키는 전환 밸브 • 스플(메뉴얼)밸브: 직선운동을 유도로 조정, 오일의 흐름방향을 변환하는 밸브 • 전환밸브 • 포핏밸브: 밸브몸체가 밸브시트의 시트면에 직각방향으로 이동하는 형식의 소형밸브

24 ③

[상세해설] 실린더체적과 통극체적(간극체적)의 비는 압축비(Compression ratio)(ε)를 말하며, $\varepsilon = \dfrac{V}{V_C} = \dfrac{V_C + V_S}{V_C} = 1 + \dfrac{V_S}{V_C}$로 구할 수 있다.

25 ②

[상세해설] 초음파검사법은 초음파를 이용하여 부품의 내부 결함을 검사하는 방법이다. X선 또는 γ선을 이용하여 부품의 내부 결함을 검사하는 방법은 방사선 투과검사이다.

26 ④

[상세해설] 고속도강은 탄소공구강(=고탄소강)에 W, Cr, V, Mo 등을 첨가하여 고온(약 1,200도)에서 담금질하고 500도 정도에서 뜨임처리하여 강도 및 경도를 향상시킨 공구강이다.

27 ①

[상세해설] $\phi 60G7$: 기준치수 $\phi 60$, G: 대문자 – –구멍, A~H: 아래치수 허용차가 기초허용치수되며 그 값은 양수(+)이다.
7: IT 7급 끼워맞춤공차, 치수공차: $46\mu\text{m} = 0.046$

28 ②

[상세해설] • 포아송비 $\nu = \dfrac{\varepsilon_d}{\varepsilon}$

$\varepsilon_d = \varepsilon\nu$

$= \dfrac{\delta}{l}\nu$

$= \dfrac{\frac{pl}{AE}}{l}\nu$

$= \dfrac{p\nu}{AE}$

• 세로탄성계수 E

$E = \dfrac{p\nu}{A\varepsilon_d}$

$= \dfrac{p\nu}{\frac{\pi d^2}{4}\varepsilon_d}$

$= \dfrac{4p\nu}{\pi d^2 \varepsilon_d}$

$= \dfrac{4 \times 1,200 \times 0.3}{3 \times (20)^2 \times 0.006}$

$= 200[\text{MPa}]$

29 ①

[상세해설] 자동차 총배기량

$V_S = A \times S \times N$(S: 행정길이, N: 실린더 수)

$$= \frac{\pi D^2}{4} \times S \times N$$

$$= \frac{\pi [3cm]^2}{4} \times 4[cm] \times 6$$

$$= 54\pi[cm^3]$$

$$= 54\pi[cc]$$

30 ④

[상세해설] 증기원동기의 증기동력 사이클과 가장 가까운 사이클은 랭킨 사이클이다.

NCS 직업기초능력평가 [1회]

01	02	03	04	05	06	07	08	09	10
②	④	③	①	③	③	④	②	④	③
11	12	13	14	15	16	17	18	19	20
③	②	①	④	③	④	③	④	②	③
21	22	23	24	25	26	27	28	29	30
④	②	③	④	②	②	③	①	②	③
31	32	33	34	35	36	37	38	39	40
④	②	③	①	③	④	③	③	②	④

01 ②

Quick해설 빈칸에 들어갈 명제로 적절한 것은 '김 씨는 고기를 먹기로 했다.' 또는 '김 씨는 치즈를 먹지 않기로 했다.'이다.

[상세해설] 첫 번째 명제의 대우명제는 '치즈를 먹을 수 없으면 사과를 먹는다.'이고, 두 번째 명제의 대우명제는 '고기를 먹을 수 있으면 치즈를 먹을 수 없다.'이다. 따라서 이 두 대우명제는 '고기 → ~치즈 → 사과'의 관계로 연결될 수 있다. 이때, [결론]과 같이 '사과를 먹을 수 있다.'가 도출되기 위해서는 '고기' 또는 '~치즈'가 되어야 한다. 따라서 빈칸에 들어갈 명제는 '김 씨는 고기를 먹기로 했다.' 또는 '김 씨는 치즈를 먹지 않기로 했다.'이다.

02 ④

Quick해설 ⓒ 면접을 치르는 사람 중 신입사원 지원자가 존재한다. 모든 신입사원 지원자는 자기소개서를 제출해야 하므로 면접을 치르는 사람 중 자기소개서를 제출하는 사람은 반드시 존재한다.
ⓔ 모든 지원자는 적성검사를 치러야 하므로, 적성검사를 치르지 않은 사람은 신입사원 지원자일 수 없다.

[오답풀이] ㉠ 모든 신입사원 지원자는 자기소개서를 제출하지만, 명제의 역이 항상 참인지는 알 수 없다.
ⓛ 모든 지원자는 적성검사를 치르지만, 적성검사를 치르는 모든 지원자가 면접도 치르는지는 알 수 없다.

03 ③

Quick해설 B의 왼쪽에는 과장이, 오른쪽에는 대리가 앉아 있으며, 과장들끼리는 이웃하여 앉아 있으므로 과장-과장-B-대리 순으로 앉아 있다. 차장은 부장과 마주 보고 있으므로 B는 부장이다. D는 차장이고, E의 오른쪽에 앉아 있으며, 2명의 대리 사이에 앉아 있다. 이때 남은 한 자리는 사원이다. 이를 정리하면 다음과 같다.

C는 과장과 마주 보고 있고, 양옆 사람의 직급이 같으므로 사원이 C가 되며, 사원은 A와 마주 보고 있고, F의 오른쪽에 앉아 있다. 이 때 G는 자신과 직급이 같은 사람과 이웃하여 앉아 있으므로 G는 과장이다. 이에 따라 남은 대리가 H임을 알 수 있다. 이를 정리하면 다음과 같다.

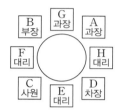

따라서 부장의 왼쪽에 앉은 사람은 G 과장이고, 차장의 오른쪽에 앉은 사람은 H 대리이다.

04 ①

Quick해설 거주하는 층수를 정확하게 알 수 있는 인원은 A, C, E, G로 4명이다.

[상세해설] 주어진 내용을 통해 알 수 있는 층별 순서는 높은 층부터 F>B>C>E와 D>A>E>G이다. 이에 따라 E보다 높은 층에 거주하는 사람은 5명이므로 E가 2층에, E보다 낮은 층에 거주하는 G가 1층에 거주하고 있다. 그런데 [보기]의 다섯 번째 내용에 의해 A가 4층에 거주하고 있으므로 A보다 낮은 층에 누군가 1명이 거주해야 하는데 남은 사람은 C뿐이므로, C가 3층에 거주하고 있음을 알 수 있다. 나머지 F, B, D는 5~7층에 각각 거주하고 있으나, 이 3명의 정확한 층수는 알 수 없으므로 총 4명의 층수만을 정확하게 알 수 있다.

05 ③

Quick해설 공연법 시행령 제9조 제3항에 따르면 공연장 외의 시설이나 장소에서 1천 명 이상의 관람이 예상되는 공연을 하려는 자는 법 제11조 제3항에 따라 해당 시설이나 장소 운영자와 공동으로 공연 개시 7일 전까지 제1항 각 호의 사항과 안전관리인력의 확보·배치계획 및 공연계획서가 포함된 재해대처계획을 관할 특별자치시장·특별자치도지사·시장·군수 또는 구청장에게 신고하여야 하며, 신고한 사항을 변경하려는 경우에는 해당 공연 3일 전까지 변경신고를 하여야 한다.

[오답풀이] ① 기제출한 서류의 보완 또는 행사계획 변경 등으로 인한 서류의 변경이 필요할 경우 모든 신청서류는 사용기간 개시 3일 전까지 제출하여야 하며, 기한 내 제출되지 않을 경

우 장소 사용을 취소할 수 있다.

② 가-2 서류를 제외하면 필수적으로 가-1, 나, 다, 라, 관할 지자체의 재해대처계획 신고수리 증빙자료, 보험가입증서, 바, 사 8가지 서류를 제출해야 한다.

④ 사용기간에는 행사준비(행사시설 설치 등)를 위해 장소를 사용하는 기간, 행사 종료 후 원상회복을 위한 철거, 청소하는 기간도 포함된다.

06 ③

Quick해설 행사참여인원이 18,000=(10,000+8,000)명이므로 청소 이행 예치금은 600,000+8,000×40=920,000(원)이고, 훼손시설 복구 예치금은 140,859×1,000=140,859,000(원)이다.
따라서 920,000+140,859,000=141,779,000(원)을 예치금으로 납부해야 한다.

07 ④

Quick해설 가축별 기준 마리 수 미만의 가축 경우로서 가축별 기준 마리 수에 대한 실제 사육 마리 수의 비율의 합계가 1 이상인 경우에 보상을 받을 수 있다. 토끼 30마리와 사슴 12마리에 대한 비율의 합계를 계산하면 $\frac{30}{150}+\frac{12}{15}=\frac{1}{5}+\frac{4}{5}=1$이므로 보상을 받을 수 있다.

[오답풀이] ① 협의가 불성립된 경우 사업시행자는 사업인정고시가 된 날부터 1년 이내에 관할 토지수용위원회에 재결을 신청한다.

② 수용재결에 불복한 경우 재결서 정본을 받은 날로부터 30일 이내에 이의신청서를 제출하거나 이의신청과 관계없이 수용재결서를 받은 날로부터 60일 이내에 관할 법원에 행정소송을 제기할 수 있다.

③ 이의재결을 통해 재평가받는 경우 반드시 보상금이 증액되는 것은 아니므로 보상금이 증액될 수도 있고, 증액되지 않을 수도 있다.

08 ②

Quick해설 '영농손실보상액=사업편입 농지 면적×도별 연간 농가평균 단위경작면적당 농작물 총수입×2년분'이다. 사업편입 농지 면적이 5,000×0.3=1,500(㎡)이고, 도별 연간 농가평균 단위경작면적당 농작물 총수입은 $\frac{81,000,000만 원}{100,000만 ㎡}$=810(원/㎡)이다. 따라서 A씨는 1,500×810×2=2,430,000(원)을 보상받는다.

09 ④

Quick해설 ㉡ 2010년 사회복지·보건 분야 지출 규모는 81.2조 원

이고, 해당 분야가 차지하는 비중은 2017년 32.3%보다 4.6%p 낮은 32.3−4.6=27.7(%)이다. 따라서 2010년 중앙부처의 총지출은 81.2÷0.277≒293(조 원)이다. 2010년 교육의 비중은 2017년 14.3%보다 1.3%p 낮으므로 14.3−1.3=13(%)이다. 따라서 2010년 중앙부처의 교육의 지출 규모는 293×0.13≒38(조 원)이다.

② 2017년 중앙부처의 총지출은 400.5조 원이고, 2017년 지방자치단체의 총지출은 193.2조 원이다. 193.2×2=386.4(조 원)으로 400.5조 원보다 낮으므로 2017년 중앙부처의 총지출은 지방자치단체 총지출의 2배 이상이다.

[오답풀이] ㉠ 지방교육재정교부금이 포함된 교육 분야의 경우 400.5×0.143≒57.27(조 원)이지만, 주어진 자료만으로 교육 분야 내 지방교육재정교부금이 얼마인지는 알 수 없다.

㉢ 2017년 노인 · 청소년 부문의 지출 규모는 사회복지 · 보건 분야의 지출 규모인 129.5조 원의 7.6%이므로 129.5×0.076=9.842(조 원)이다. 즉, 9조 8,420만 원이다. 참고로 44조 9,930억 원은 2017년 중앙부처의 공적연금 부문의 지출 규모에 해당하는 금액이다.

10 ③

Quick해설 2016년 중앙부처의 총지출 대비 사회복지 · 보건 분야 지출 비중은 32.0%이고, 2017년 비중은 32.3%이므로 전년 대비 0.9% 증가하였다.

[상세해설] 첫 번째 문단을 보면, 2017년 중앙부처의 총지출은 전년 대비 3.7% 증가한 400.5조 원이라고 서술되어 있다. 따라서 2016년 중앙부처의 총지출은 400.5÷1.037≒386.2(조 원)이다. 2017년 사회복지 · 보건 분야 지출은 전년 대비 6.1조 원 증가한 129.5조 원이므로 2016년 사회복지 · 보건 분야 지출은 129.5−6.1=123.4(조 원)이다. 따라서 2016년 중앙부처의 총지출 대비 사회복지 · 보건 분야 지출 비중은 $\frac{123.4}{386.2}×100≒32.0(\%)$이다. 2017년의 비중이 32.3%이므로 해당 비중은 전년 대비 $\frac{32.3−32.0}{32.0}×100≒0.9(\%)$ 증가하였다.

11 ③

Quick해설 제시된 보도자료는 녹조 모니터링 및 예측 분야의 협력체계를 구축하기 위해 한국수자원공사와 한국전자통신연구원이 체결한 업무협약에 대해 전반적으로 설명하고 있다. 이때 첫 번째 항목에 따르면 양 기관의 협약은 수자원 및 환경 분야 4차 산업혁명기술 기반 융합기술 개발에 지속적인 협력관계를 마련하고자 추진된 것으로, 이어지는 항목에서는 이에 대한 구체적인 내용을 서술하고 있다. 따라서 보도자료의 제목으로 '한국수자원공사, 4차 산업혁명 기술로 더 빠르고 정확하게 수질 및 녹조 관리한다'가 가장 적절하다.

12 ②

Quick해설 두 번째 항목에 따르면 무인선박 기반 이동형 녹조 모니터링은 사물인터넷 기술을 활용하여 녹조 관련 데이터 수집 등을 원격으로 할 수 있는 기술이다. 녹조 발생원인 물질을 현장에서 바로 측정할 수 있는 것은 직독식 용존 총인 센서 기술이다.

[오답풀이] ① 두 번째 항목에서 초분광센서 카메라를 드론에 탑재하여 녹조 관측에 활용하면 기존의 방식보다 더 넓은 영역을 짧은 시간에 관측할 수 있다고 하였다.

③ 세 번째 항목에서 녹조 모니터링 기술, 녹조 분포에 대한 면 단위 시각화 및 수질센서 기술 등에 대한 현장 적용은 한국수자원공사에서 실시한다고 하였다.

④ 첫 번째 항목에서 이번 협약은 2018년부터 '낙동강 녹조제어 통합플랫폼 개발 및 구축 과제' 등을 공동 수행한 경험을 바탕으로 추진되었다고 하였다.

13 ①

Quick해설 두 번째 문단에서 수리권 관련 법률체계를 설명하기 위해 「농어촌정비법」을 언급하였을 뿐 농어촌 수자원 관리에 대한 내용은 제시된 글과 거리가 멀다.

[오답풀이] 제시된 글은 환경정책기본법상의 수익자부담의 원칙 및 취수부담금제에 대한 검토를 중심으로 수자원에 대한 법률체계 및 비용부담체계를 검토하고자 하는 연구보고서의 요약문에 해당한다. 따라서 글의 내용을 대표하는 핵심 단어로는 '수자원의 관리 주체', '수익자부담의 원칙', '취수부담금제'를 선정할 수 있다.

14 ④

Quick해설 세 번째 문단에 따르면 협의의 취수부담금은 기준부담금에서 반영하지 못하고 있는 비용, 즉 자본비용, 유지관리비용, 기회비용, 경제적 외부성 비용 등을 충당하기 위해 부과하는 부담금을 말한다.

[오답풀이] ① 네 번째 문단에서 광의의 취수부담금을 전면적으로 도입할 경우 현재 취수와 관련된 모든 부과금을 없애고 취수부담금제로 일원화하여야 한다고 하였다.

② 두 번째 문단에서 물을 이용할 수 있는 법률상 힘을 부여하는 권리인 수리권은 「민법」, 「하천법」 및 「지하수법」, 「댐건설 및 주변지역지원 등에 관한 법률」 또는 「농어촌정비법」 등 개별 법령에 의해 나뉘고 있음을 알 수 있다.

③ 첫 번째 문단에서 수자원의 소유체계와 관련된 법령에 따라 수자원은 국가나 지방자치단체가 이에 대한 관리권을 가지고 있는 공공재산, 즉 공물로 보는 것이 타당할 것이라고 하였다.

15 ③

Quick해설 제시된 글은 현대 한국어 모음 체계의 변화를 음운론적으로 분석하여 그 경향을 설명하고 있다.

[오답풀이] ① 국어 발음이 달라짐을 말하고 있으나, 이처럼 달라진 것이 국어 파괴로 보기 어려우며, 또한 이것이 문제라고 말하고 있는 것도 아니다.
② 나이 든 세대와 젊은 세대 간의 발음이 다를 수는 있지만, 세대 간 국어 사용의 갈등을 언급하고 있지는 않다.
④ 시간에 따라 국어의 발음이 달라지고 있음을 알 수 있으나, 이 변화의 까닭을 중점적으로 언급하고 있지는 않다.

16 ④

Quick해설 ⓔ에는 긴소리 'ㅓ'와 짧은소리 'ㅓ'의 중화 현상을 설명하는 예가 들어가야 한다. '건더기'와 '거지'의 첫음절 '건'과 '거'의 'ㅓ'는 길이뿐만 아니라 조음점 자체가 달랐지만 이제는 거의 구별되지 않으므로, ⓔ에 해당되는 사례이다. 선택지 ④에 나온 예는 'ㅣ' 모음 역행동화의 예로 '발음의 편의'를 위해 바뀌는 현상이다. 이 현상은 '긴소리'와는 아무 관련이 없다.

[오답풀이] ① 'ㅔ'와 'ㅐ'의 중화를 뒷받침하는 예로, '제재', '때'와 '떼'의 발음 혼란 현상 등을 제시하는 것은 적절하다.
② 'ㅚ'의 이중 모음화, 'ㅔ'와 'ㅐ'의 중화로 'ㅚ'와 'ㅙ'가 구분되지 않는 현상의 예로, '왜적'과 '외적'의 발음 혼란 내용을 제시하는 것은 적절하다.
③ '의'의 단모음화 현상을 설명하기 위한 예로, '띄어쓰기'를 [띠어쓰기]로 발음하는 현상 등을 제시하는 것은 적절하다.

17 ③

Quick해설 제시된 자료에 따르면 실질적인 감면 금액은 각 지자체의 상수도 감면 물량과 연계되며, 댐용수와 광역상수도 사용 비율을 반영하여 사용요금의 50%가 감면될 예정이라고 하였으므로, 감면 금액은 댐용수 또는 광역상수도 사용 비율에 따라 다르게 산정될 수 있음을 알 수 있다.

[오답풀이] ① 한국수자원공사의 지자체 및 중소기업·소상공인 등을 대상으로 하는 댐용수 및 광역상수도 요구 추가 감면 대상에는 올해 4월 사용량이 1,000톤(㎥) 미만인 기업 1,100여 곳이 해당하며, 해당 기업은 별도의 신청 절차 없이 4월 사용요금의 70%를 감면받는다고 하였다.
② 지자체의 경우, 지자체가 먼저 지역 내 소상공인을 포함한 중소기업 등에 수도요금을 감면하고, 한국수자원공사에 9월까지 요금 감면을 신청하게 되면, 신청서 접수 후 한국수자원공사는 해당 지자체의 감면 규모를 산정한다고 하였다. 따라서 지자체의 감면 규모는 한국수자원공사에서 산정한다.
④ 이번 감면은 지난해와 올해 2월에 이어 추가로 진행되는 것이다.

18 ④

Quick해설 네 번째 문단에서 현재의 정수장 운영은 그간 축적된 운영관리 빅데이터 활용이 전무한 상태였다고 하였으므로, 미래형 스마트 정수장이 기존의 정수장 운영관리에 사용되던 빅데이터를 보다 발전시킨 것이라는 내용은 적절하지 않다.

[오답풀이] ① 세 번째 문단에서 예지보전 플랫폼에서는 펌프모터, 수배전반 등 중요설비 대상으로 센서(IoT)와 인공지능 기술을 활용하여 설비 상태를 실시간 감시 분석하고 이상 징후를 자율 진단하여 적기에 유지보수 시기를 결정한다고 하였다.
② 첫 번째 문단에서 최적 에너지관리 시스템을 통해 근무자에 의해 발생하는 휴먼에러를 제로화하여 수도관로 운영 안정성을 극대화할 수 있다고 하였다.
③ 두 번째 문단에 따르면 근로자 안전관리시스템에서는 고위험 장소의 작업자에게 안전수칙을 안내하고, 일정시간 이상 위험 구역 내 체류 시 또는 움직임 미감지 시 사고 발생으로 인지하여 안전관리 담당자에게 자동으로 경보를 발송한다고 하였다.

19 ②

Quick해설 첫 번째 문단에서 K-water가 2014년 국가참조표준수질데이터센터의 공인 검사기관으로 지정·운영되었다고 하였을 뿐, 국가참조표준수질데이터센터에서 수돗물에 포함된 유해 물질의 분석을 담당하고 있는지는 제시된 글을 통해 알 수 없다.

[오답풀이] ① 두 번째 문단에서 2018년에 유네스코(UNESCO)에서 세계 각국의 수돗물 신뢰성과 음용률을 높이기 위해 추진한 수돗물국제인증제도의 유일한 기술 자문사로 K-water를 선정하였다고 하였다.
③ 세 번째 문단에 따르면 K-water는 수질오염 사고에 대한 신속한 초동 대응 및 선제적 수질안전 리스크 관리를 위해 이동수질분석시스템인 '수질 119'를 개발하였으며, 이를 활용해 유관 기관 간 합동 모의 훈련을 실시하고 있다고 하였다.
④ 첫 번째 문단에서 K-water가 수질분석시스템을 처음 도입한 것은 1995년부터이며, 이듬해인 1996년에 수돗물의 신뢰도를 높이고 최고 품질의 서비스를 제공하기 위해 공인 '먹는물 수질검사소'를 설치하기 시작했다고 하였다.

20 ③

Quick해설 '긴급입찰 사유'에 따르면 「2022년 우리 강 자연성 회복 정책 홍보」 사업은 제한경쟁입찰로 공고기간이 장기화되어 사업 시기가 늦어질 경우 추진 기간이 촉박한 상황이므로 긴급입찰 제도를 활용하여 법정 입찰공고 기간을 단축할 예정이다. 따라서 입찰방법은 일반경쟁이 아닌 제한경쟁이므로 '제한경쟁, 협상에 의한 계약'으로 수정되어야 한다.

[오답풀이] ① 사업추진에 소요되는 기간은 4개월이라고 하였으므로 적절하다.

② 사업명은 「2022년 우리 강 자연성 회복 정책 홍보」이므로 적절하다.

④ 입찰 사업은 우리 강 자연성 회복 정책 홍보를 강화하는 것을 목적으로 하며, 4대강 SNS 채널 운영, 지역민 참여 행사 추진, 심포지엄 개최 등이 이에 포함되므로 적절하다.

21 ④

Quick해설 제시된 수는 각 정다각형의 대각선의 개수를 의미한다. 도형별로 대각선의 개수를 구해보면 다음과 같다.

- 정팔각형: $\frac{8\times(8-3)}{2}=20$(개)
- 정오각형: $\frac{5\times(5-3)}{2}=5$(개)
- 정칠각형: $\frac{7\times(7-3)}{2}=14$(개)
- 정삼각형: $\frac{3\times(3-3)}{2}=0$(개)

따라서 정육각형의 대각선 개수는 $\frac{6\times(6-3)}{2}=9$(개)이고, 정십각형의 대각선 개수는 $\frac{10\times(10-3)}{2}=35$(개)이므로 두 도형이 나타내는 수의 합은 9+35=44이다.

22 ②

Quick해설 응시자가 $10x$명이면 합격자는 $2x$명, 불합격자는 $8x$명이다. 최저 합격 점수를 a점이라고 하면, 합격자의 평균은 $a+12$, 불합격자의 평균은 $a-9$이다.

따라서 $\frac{2x(a+12)+8x(a-9)}{10x}=68$이므로 $2a+24+8a-72=680$ → $a=72.8$(점)이다.

문제해결 TIP

가중평균을 이용해서 구할 수도 있다. 합격자와 불합격자의 비율이 1:4 이므로 (전체 평균과 합격자 평균의 차):(전체 평균과 불합격자 평균의 차)=4:1이다. 전체 평균과 불합격자 평균의 차를 a점이라 하면 전체 평균과 합격자 평균의 차는 $4a$점이다. 따라서 합격자와 불합격자의 평균의 차는 $5a$점이다. 합격자의 평균이 최저 합격 점수보다 12점 높고, 불합격자의 평균이 최저 합격 점수보다 9점 낮으므로 합격자와 불합격자의 평균의 차는 21점이다. 즉, $5a=21$이므로 $a=4.2$(점)이다. 따라서 불합격자의 평균은 68−4.2=63.8(점)이고, 최저 합격 점수는 63.8+9=72.8(점)이다.

23 ③

Quick해설 $(80+x)$장을 인쇄한다고 했을 때 식은 다음과 같다.

$\frac{120,000+1,000x}{80+x}\leq1,200$ → $x\geq120$

따라서 $80+x\geq200$이므로 포스터를 최소 200장 인쇄해야 한다.

[상세해설] 포스터를 $(80+x)$장 인쇄하면 총가격은 (120,000+

$1,000x$)원이다. 따라서 1장당 평균 가격은 $\frac{120,000+1,000x}{80+x}$원이 된다.

이 가격이 1,200원 이하가 되려면 다음 식을 만족해야 한다.

$\frac{120,000+1,000x}{80+x}\leq1,200$

→ $1,200+10x\leq12(80+x)$

→ $1,200+10x\leq960+12x$

→ $2x\geq240$ → $x\geq120$

따라서 $80+x\geq200$이므로 포스터를 최소 200장 인쇄해야 한다.

24 ④

Quick해설 공을 뽑아 만든 숫자가 53 이상이 될 확률은 $\frac{1}{9}\times\frac{6}{8}+\frac{4}{9}=\frac{19}{36}$이다.

[상세해설] 공을 뽑아 만든 숫자가 53 이상이 되어야 하므로 십의 자리 숫자가 5일 경우와 6 이상일 경우로 나누어 구해야 한다.

i) 십의 자리 숫자가 5일 경우

십의 자리 숫자로 5를 뽑을 확률은 $\frac{1}{9}$이고, 일의 자리 숫자는 3, 4, 6, 7, 8, 9를 뽑아야 하므로 확률은 $\frac{6}{8}$이다. 여기서 주의할 점은 뽑은 공을 다시 넣지 않기 때문에 두 번째 공을 뽑을 때에는 5를 제외한 후 생각해야 한다는 것이다.

따라서 $\frac{1}{9}\times\frac{6}{8}=\frac{1}{12}$이다.

ii) 십의 자리 숫자가 6 이상일 경우

십의 자리 숫자로 6 이상을 뽑을 확률은 $\frac{4}{9}$이다.

일의 자리 숫자는 어떤 숫자를 뽑아도 53 이상이 되기 때문에 고려하지 않아도 된다.

따라서 두 확률을 더하면 $\frac{1}{12}+\frac{4}{9}=\frac{19}{36}$이다.

25 ②

Quick해설 누수율이 10% 이하인 7개 지자체는 서울특별시, 대전광역시, 울산광역시, 경기도, 부산광역시, 대구광역시, 인천광역시 7개 지자체이며, 유수율 상위 7개 지자체 역시 이와 동일하다. 이를 통해 누수율이 낮다는 것이 곧 유수율이 높다는 것을 의미한다는 사실을 알 수 있다.

[오답풀이] ① 경상남도, 경상북도, 강원도, 세종시, 충청남도, 충청북도, 전라남도, 전라북도, 제주도로 모두 9곳이다.

③ 급수보급률이 100%인 지자체는 서울특별시, 대전광역시, 부산광역시, 대구광역시, 인천광역시, 제주도이나 이 중 인천광역시와 제주도의 유수율은 90%보다 낮다.

④ 울산광역시(평균단가 865.8 > 생산원가 857.0), 인천광역시(평균단가 673.5 > 생산원가 656.8) 두 곳이 해당된다.

26 ②

Quick해설 전체 급수량에서 누수량을 뺀, 실제 요금이 청구되는 물의 양의 비율이 유수율로, 급수보급률과 유수율은 상호 관련성이 없다.

[오답풀이] ① 지자체별 수도요금 및 생산원가의 차이가 매우 심하여 지역별 수도요금 불균형 문제가 심각함을 알 수 있다.

③ 유수율이 높다는 것은 누수가 적다는 것을 의미하므로 직접적인 상관관계가 있다고 볼 수 있다.

④ 현실화율은 수도요금의 현실화율을 의미하므로 생산원가 대비 평균단가의 비중으로 계산한다.

27 ③

Quick해설 ㉠ 외국인 남편 또는 아내와 결혼한 한국인에 해당하는 수치가 되므로 모두 감소하였음을 알 수 있다.

㉢ 전년 대비 2018년 출신 국적의 비중은 베트남의 경우 남편 5.0% → 6.9%, 아내 32.3% → 32.6%로 남녀 모두 증가하였다.

㉣ 남편의 경우 2017년 61.1%, 2018년 60.4%이며, 아내의 경우 2017년 71.5%, 2018년 71.0%이다. 따라서 남녀 모두 2017년과 2018년 두 시기에 50% 이상의 비중을 차지한다.

[오답풀이] ㉡ $\dfrac{88,929-94,962}{94,962} \times 100 ≒ -6.4(\%)$로 약 6.4% 감소하였다.

28 ①

Quick해설 일본인이 남편인 경우는 2017년 22,448명 중 7.5%를 차지하던 비중이 2018년에 22,114명 중 6.5%의 비중으로 변동되었다. 따라서 22,448×0.075≒1,683(명)에서 22,114×0.065≒1,437(명)으로 변동되어 246명이 감소하였다.

29 ②

Quick해설 2018년 0~4세의 제2군 법정 전염병 총발생 건수는 166+4+4,414+2+1+23,335+1+40=27,963(건)이다. 27,963×0.15=4,194.45<4,414이므로 2018년 0~4세의 유행성이하선염 발생 비중은 전체의 15% 이상이다. 2019년 0~4세의 제2군 법정 전염병 총발생 건수는 77+48+3,599+1+17,145+31=20,901(건)이다. 20,901×0.15=3,135.15<3,599이므로 2019년 0~4세의 유행성이하선염 발생 비율은 전체의 15% 이상이다.

[오답풀이] ① 제시된 자료에서 필수 예방접종 대상이 무엇인지는 알 수 없다.

③ 2018년 0~19세 총발생 건수가 10건 이상인 제2군 법정 전염병은 백일해, 유행성이하선염, 수두, 폐렴구균이고, 모두 15~19세에서 가장 적게 발생하였다. 2019년 0~19세 총발생 건수가 10건 이상인 제2군 법정 전염병은 백일해, 홍역, 유행성이하선염, 수두, 폐렴구균이고, 이 중 홍역은 5~9세에서

0건으로 가장 적게 발생하였다.

④ 제시된 자료에서는 0~19세의 전체 법정 전염병 발생 건수를 알 수 없다.

30 ③

Quick해설 2018년 0~19세 수두 발생 건수는 23,335+50,178+16,370+2,007=91,890(건)이고, 2019년 0~19세 수두 발생 건수는 17,145+43,267+15,802+2,123=78,337(건)이다.

따라서 $A = \dfrac{78,337-91,890}{91,890} \times 100 ≒ -14.7(\%)$이다. 2019년 5~9세 수두 발생 건수는 43,267건이므로 $B = \dfrac{43,267}{78,337} \times 100 ≒ 55.2(\%)$이다. 따라서 |A|+|B|=14.7+55.2=69.90이다.

31 ④

Quick해설 자녀가 있는 신혼부부 중 자녀가 1명인 신혼부부는 모든 집단에서 75% 이상이다.

[상세해설] 자녀가 있는 신혼부부 중 자녀가 1명, 2명, 3명 이상인 비율을 계산하면 다음과 같다.

(단위: %)

구분	자녀 있음	1명	2명	3명 이상
1천만 원 미만	60.8	76.3	22.0	1.6
1천만 원~3천만 원 미만	61.1	76.4	22.4	1.1
3천만 원~5천만 원 미만	59.3	78.8	20.4	0.8
5천만 원~7천만 원 미만	54.7	78.0	21.4	0.5
7천만 원~1억 원 미만	48.9	80.7	18.8	0.4
1억 원 이상	49.4	82.4	17.2	0.4

따라서 자녀가 있는 신혼부부 중 자녀가 1명인 신혼부부는 모든 집단에서 75% 이상임을 알 수 있다.

[오답풀이] ① 소득이 5천만 원 이상인 신혼부부의 수를 구성하는 비중이 5천만 원~7천만 원 미만, 7천만 원~1억 원 미만, 1억 원 이상이 각각 1:1:1이라면, 자녀의 수가 1명인 부부는 (42.7+39.5+40.7)÷3≒41.0(%)이다. 하지만 신혼부부의 수를 알 수 없으므로 이는 옳지 않다.

② 소득이 가장 적은 1천만 원 미만인 집단에서 자녀가 없는 비율은 39.2%이다. 소득이 1천만 원~3천만 원 미만인 집단에서 자녀가 없는 비율은 38.9%이므로 이는 옳지 않다.

③ 자녀가 2명인 집단의 비율이 가장 높은 집단과 두 번째로 높은 집단의 자녀가 2명 이상인 비율은 같다.

(단위: %)

구분	2명	3명	2명 이상
1천만 원 미만	13.4	1.0	14.4
1천만 원~3천만 원 미만	13.7	0.7	14.4
3천만 원~5천만 원 미만	12.1	0.5	12.6
5천만 원~7천만 원 미만	11.7	0.3	12.0
7천만 원~1억 원 미만	9.2	0.2	9.4
1억 원 이상	8.5	0.2	8.7

32 ②

불치병에 걸릴 경우 자살을 고려할지에 대해 잘 모르겠다고 응답한 인원의 비율이 여섯 번째로 높은 집단은 28.7%인 여자이다. 여자 중 자살에 부정적으로 응답한 비율은 32.3+9.3=41.6(%)이다. 이는 9.7+33.9=43.6(%)가 동의하지 않은 60~75세인 집단보다 응답한 인원의 비율이 낮다.

[오답풀이]   (단위: %)

구분	성별		연령					최종 학력		
	남자	여자	19~29	30~39	40~49	50~59	60~75	중졸 이하	고졸	대졸
긍정	33.8	29.7	33.6	29.8	29.5	33.9	32.3	34.2	32.1	30.9
부정	35.2	41.6	38.2	34.7	36.5	38.6	43.6	40.4	39.1	37.0
차이	1.4	11.9	4.6	4.9	7.0	4.7	11.3	6.2	7.0	6.1

① 불치병에 걸릴 경우 자살을 고려할지에 대해, 긍정적으로 대답한 사람과 부정적으로 대답한 사람의 비율 차가 가장 적은 집단은 남자이다.

③ 모든 집단에서 불치병에 걸릴 경우 자살을 고려할지에 대해 긍정적으로 대답한 사람의 비율은 부정적으로 대답한 사람의 비율보다 낮다. 그러므로 긍정적으로 대답한 사람의 수는 부정적으로 대답한 사람의 수보다 적다.

④ 불치병에 걸릴 경우 자살을 고려할지에 대해 잘 모르겠다고 응답한 인원의 비율이 가장 높은 집단은 35.5%인 30~39세 집단이다. 이 집단의 경우 전혀 고려하지 않는다고 응답한 인원의 비율도 10.3%로 가장 높다.

33 ③

M이 선택한 원단은 '슈렁큰 가죽 – 합성 스웨이드'이다.

[상세해설] 제품 한 개당 제작 원가를 계산하면 다음과 같다.

원단 종류		단가 (원/1평)	내구성	필요량	1개당 제작 원가 (원)
외피	플럽 가죽	15,000	중	3평	45,000
	슈렁큰 가죽	17,000	상		51,000
	베지터블 가죽	18,000	중		54,000
	램스킨 가죽	17,500	상		52,500
내피	천연 스웨이드	4,000	중	2평	8,000
	인조 스웨이드	3,000	중		6,000
	합성 스웨이드	3,000	상		6,000

제품 한 개당 제작 원가가 저렴한 원단을 우선으로 선택하되, 제품 제작 시 각 원단의 제작 원가가 7,000원 이상 차이 나지 않을 때에는 내구성이 강한 원단을 선택한다.

내피의 경우, 인조 스웨이드와 합성 스웨이드가 가장 저렴하며, 둘 중 내구성이 상인 합성 스웨이드를 선택한다.

외피의 경우, 플럽 가죽이 가장 저렴하지만 내구성이 중이다. 여기서 플럽 가죽과 7,000원 이상 차이 나지 않는 원단 중 내구성이 강한 원단이 있다면 그 원단을 선택하므로, 내구성이 상이고 플럽 가죽과 6,000원 차이 나는 슈렁큰 가죽을 선택한다.

34 ①

가장 빨리 제품을 제작하기 위해 선택한 협력 업체는 가 공장이다.

[상세해설]

구분	일일 최대 제작수량	제작일수	휴무일
가	50개	10일	2/5, 2/19
나	45개	12일	2/4, 2/11, 2/18, 2/25
다	60개	9일	2/4, 2/5, 2/11, 2/12, 2/18, 2/19, 2/25, 2/26
라	55개	10일	2/11, 2/12, 2/25, 2/26

2월 3일에 제작 주문을 받고, 제품이 제작되는 일자는 다음과 같다.

구분	2월																		
	3	4	5	6	7	8	9	10	11	12	13	14	15	16	17	18	19	20	21
가	제작 주문		휴														휴		
나		휴							휴							휴			
다		휴	휴						휴	휴						휴	휴		
라									휴	휴									

이에 따라 2월 14일로 가장 빨리 제품을 제작하는 협력 업체는 가 공장이다.

35 ③

ⓛ 재배면적당 생산량이 가장 높은 해는 2015년이다.

구분	2011년	2012년	2013년	2014년	2015년	2016년
재배면적(천 ha)	854	849	833	816	799	779
생산량(천 톤)	4,224	4,006	4,230	4,241	4,327	4,197
재배면적당 생산량(톤)	4.95	4.72	5.08	5.20	5.42	5.39

구분	2017년	2018년	2019년	2020년	2021년
재배면적(천 ha)	755	738	730	726	732
생산량(천 톤)	3,972	3,868	3,744	3,507	3,882
재배면적당 생산량(톤)	5.26	5.24	5.13	4.83	5.30

② 2012~2021년 중 전년 대비 생산량이 감소한 해는 증가한 해보다 많다.

구분	2011년	2012년	2013년	2014년	2015년	2016년
생산량(천 톤)	4,224	4,006	4,230	4,241	4,327	4,197
전년 대비 증감	—	감소	증가	증가	증가	감소

구분	2017년	2018년	2019년	2020년	2021년
생산량(천 톤)	3,972	3,868	3,744	3,507	3,882
전년 대비 증감	감소	감소	감소	감소	증가

[오답풀이] ㉠ 조사기간 동안 쌀 재배면적은 지속적으로 감소하다가, 2021년에 726천 ha에서 732천 ha로 증가한다.

㉢ 2011~2014년의 재배면적 평균은 (854+849+833+816)÷4=838(천 ha)이고, 2018~2021년의 재배면적 평균은 (738+730+726+732)÷4=731.5(천 ha)이다. 2011~2014년의 재배면적이 106.5천 ha 크므로, 110천 ha 이상 크지 않다.

36 ④

Quick해설 가장 빨리 도착하는 노선과 가장 늦게 도착하는 노선의 배송 시간의 차는 6시간 50분이다.

[상세해설] 전체 노선 길이는 720km이다. A역에서 I역까지는 8정거장이고 각 역 사이의 거리는 동일하므로, 역과 역 사이의 거리는 90km이다. 이를 이용하여 각각 열차별로 소요되는 시간을 계산하면 다음과 같다.

• 완행: 평균 속력은 90km/h이므로 이동에만 총 720÷90=8(시간)이 소요된다. 여기에 B~H역에서 10분씩 정차하므로 소요되는 총시간은 8시간+(10분×7)=9시간 10분이다.

• 쾌속: 평균 속력은 120km/h이므로 이동에만 총 720÷120=6(시간)이 소요된다. 여기에 B, D, E, F역에서 10분씩 정차하므로 소요되는 총시간은 6시간+(10분×4)=6시간 40분이다.

• 급행: 평균 속력은 180km/h이므로 이동에만 총 720÷180=4(시간)이 소요된다. 여기에 C, E, G역에서 10분씩 정차하므로 소요되는 총시간은 4시간+(10분×3)=4시간 30분이다.

• 특급: 평균 속력은 360km/h이므로 이동에만 총 720÷360=2(시간)이 소요된다. 여기에 D, G역에서 10분씩 정차하므로 소요되는 총시간은 2시간+(10분×2)=2시간 20분이다.

따라서 가장 빨리 도착하는 노선과 가장 늦게 도착하는 노선의 배송 시간의 차는 9시간 10분−2시간 20분=6시간 50분이다.

37 ③

Quick해설 8시간 내에 배송 가능하며 가장 저렴한 노선은 급행이다.

[상세해설] A역−I역−G역 순으로 이동하여야 하므로 G역에 정차하지 않는 쾌속 노선은 제외된다. G역~I역 사이의 거리는 180km이므로, 각각에 소요되는 시간은 다음과 같다.

• 완행: 8시간+(10분×7)+(180÷90)+(10분×1)=11시간

20분

• 급행: 4시간+(10분×3)+(180÷180)=5시간 30분

• 특급: 2시간+(10분×2)+(180÷360)=2시간 50분

이 중 8시간이 넘게 걸리는 완행은 제외한다. 전체 이동거리는 900km이고, 연비와 연료가격을 고려하여 계산한 비용은 다음과 같다.

• 급행: (900km÷6km/L)×1,600원/L=150×1,600=240,000(원)

• 특급: (900km÷5km/L)×2,400원/L=180×2,400=432,000(원)

따라서 8시간 내에 배송 가능하며 가장 저렴한 노선은 급행이다.

38 ③

Quick해설 2019년의 여자 중학생, 고등학생 수가 같다고 하면, 음주율은 (7.1+18.4)÷2=12.75(%)이다. 전체 음주율은 13.0%로 이는 고등학생의 음주율 쪽에 더 가깝다. 그러므로 여자 고등학생의 수는 여자 중학생의 수보다 많다.

[오답풀이] ① 2018년의 남학생, 여학생 수가 같다고 하면, 음주율은 (18.7+14.9)÷2=16.8(%)이다. 전체 음주율은 16.9%로 이는 남학생의 음주율 쪽에 더 가깝다. 그러므로 남학생의 수는 여학생보다 많다.

② 2019년 고등학생 음주율은 전년 대비 24.2−21.8=2.4(%p) 감소하였고, 2020년 고등학생 흡연율은 전년 대비 9.9−7.1=2.8(%p) 감소하였다. 그러므로 2020년 고등학생 흡연율이 더 크게 감소하였다.

④ [표]를 통해 남학생, 여학생 모두 매년 고등학생의 음주율, 흡연율이 중학생 보다 높다는 것을 확인할 수 있다.

39 ②

Quick해설 휴무일을 고려하여 월평균 방문자 수/월세의 값을 계산하면 C가 26×1,800÷140≒334.3(명/만 원)으로 가장 크다.

[상세해설] 1일이 월요일이고 총 30일이라면 월요일과 화요일은 다섯 번, 나머지 요일은 네 번이다. 따라서 A, H는 한 달에 다섯 번을 쉬고, C는 한 달에 네 번을 쉬고, G는 세 번을 쉬고, B, F는 한 달에 두 번을 쉰다. D, E, I는 연중무휴이다. 이를 바탕으로 쇼핑몰별 월평균 방문자 수/월세의 값을 구하면 다음과 같다.

• A: 25×1,500÷150=250(명/만 원)

• B: 28×2,800÷240≒326.7(명/만 원)

• C: 26×1,800÷140≒334.3(명/만 원)

• D: 30×3,200÷300=320(명/만 원)

• E: 30×2,700÷250=324(명/만 원)

• F: 28×2,000÷180≒311.1(명/만 원)

• G: 27×1,800÷150=324(명/만 원)

• H: 25×2,100÷160≒328.1(명/만 원)

• I: 30×3,500÷320≒328.1(명/만 원)

따라서 김 씨가 입점하게 될 쇼핑몰은 C이다.

40 ④

선택지 중 D는 월세가 250만 원이 넘으므로 제외하고 B, C, E의 월평균 방문자 수를 구하면 E가 30×2,700=81,000(명)으로 가장 많다.

[상세해설] 월세가 250만 원 이하인 쇼핑몰은 A, B, C, E, F, G, H이고, 이 중에서 역세권이면서 대학 인근에 위치한 쇼핑몰은 B, C, E, G이다. 이때 선택지에 G가 없으므로 B, C, E의 월평균 방문자 수를 구하면 다음과 같다.
- B: 28×2,800=78,400(명)
- C: 26×1,800=46,800(명)
- E: 30×2,700=81,000(명)

따라서 김 씨가 입점하게 될 쇼핑몰은 E이다.

NCS 직업기초능력평가 [2회]

01	02	03	04	05	06	07	08	09	10
③	④	④	③	①	①	④	②	①	②
11	12	13	14	15	16	17	18	19	20
②	①	③	①	①	④	②	①	④	②
21	22	23	24	25	26	27	28	29	30
①	②	①	③	②	①	④	③	④	①
31	32	33	34	35	36	37	38	39	40
①	②	①	④	③	①	④	①	②	①

01 ③

'어떤 사과는 단맛이 나지 않는다'는 단맛이 나는 사과가 적어도 하나는 존재한다는 의미이다. 모든 사과가 과일이라면, 단맛이 나지 않는 과일이 적어도 하나는 존재하게 된다. 따라서 사과가 과일에 모두 포함된 집합이라는 뜻이므로, 빈칸에 들어갈 명제는 '모든 사과는 과일이다'이다.

[오답풀이] ① 아래의 벤다이어그램처럼 어떤 사과는 단맛이 나지 않고, 어떤 사과는 과일일 때 모든 과일이 단맛이 날 수도 있으므로 타당하지 않은 명제이다.

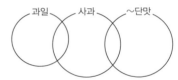

02 ④

'을 매장 의류 판매 ○ → 갑 매장 신발 판매 ○ → 갑 매장 가전제품 판매 × → 갑과 을 매장 모두 식품 판매 ×'의 관계가 성립하므로 반드시 참인 명제는 ④이다.

[상세해설] 각 명제에 대하여 대우명제를 정리하면 다음과 같다.
- 첫 번째 명제의 대우명제: 을 매장이 의류를 판매했다면 갑 매장이 신발을 판매하였다.
- 두 번째 명제의 대우명제: 갑 매장이 가전제품을 판매하지 않았다면 갑과 을 매장 모두 식품을 판매하지 않았다.
- 세 번째 명제의 대우명제: 갑 매장이 가전제품을 판매하였다면 갑 매장은 신발을 판매하지 않았을 것이다.

제시된 명제와 각 대우명제와의 관계를 바탕으로 첫 번째 명제의 대우명제, 세 번째 명제, 두 번째 명제의 대우명제를 삼단논법으로 순서대로 연결하면, '을 매장이 의류를 판매했다면 갑과 을 매장 모두 식품을 판매하지 않았다.'가 성립한다.

한국수자원공사 **38** NCS 직업기초능력평가 2회

03 ④

Quick해설 다음과 같은 경우가 가능하므로 진섭이와 규태는 연속으로 도착할 수 없다.

1등	2등	3등	4등	5등	6등	7등	8등
일락/규태	진영	경석	충형	진섭	상빈	규태/일락	재원
일락/규태	충형	경석	진영	규태/일락	재원	진섭	상빈

[상세해설] [보기]의 세 번째와 여섯 번째 조건을 통해 진영이가 n번째로 도착했다면, 진섭이는 $(n+3)$번째, 상빈이는 $(n+4)$번째로 도착했음을 알 수 있다. [보기]의 두 번째 조건을 고려했을 때 나올 수 있는 경우를 정리하면 다음과 같다.

구분	1등	2등	3등	4등	5등	6등	7등	8등
경우1	진영		경석	진섭	상빈			
경우2		진영	경석		진섭	상빈		
경우3			경석	진영			진섭	상빈

이때, [보기]의 첫 번째와 네 번째 조건을 보면, 일락이와 규태는 모두 홀수 번째로 왔음을 알 수 있다. 하지만 첫 번째 경우는 홀수 번째가 7등밖에 남아있지 않으므로 성립할 수 없다. 충형이가 재원보다 먼저 왔으므로 가능한 경우는 다음과 같다.

1등	2등	3등	4등	5등	6등	7등	8등
일락/규태	진영	경석	충형	진섭	상빈	규태/일락	재원
일락/규태	충형	경석	진영	규태/일락	재원	진섭	상빈

따라서 진섭이와 규태는 어떠한 경우에도 연속으로 도착할 수 없다.

04 ③

Quick해설 진실을 말한 직원은 최 주임이고, 이때 화분을 깬 직원은 박 대리이다.

[상세해설] 만약 김 과장의 말이 진실이라면 박 대리의 말도 진실이므로 진실을 말한 직원이 1명뿐이라는 조건에 모순된다. 마찬가지로 이 과장 또는 정 사원의 말이 진실이라면 박 대리의 말도 진실이 되어 모순이 생긴다. 즉, 김 과장, 이 과장, 정 사원의 말은 모두 거짓이다. 만일 박 대리의 말이 진실이라면 이 과장의 말이 거짓이므로 최 주임의 말이 진실이 되어 역시 모순이 생긴다. 따라서 박 대리의 말도 거짓이다. 따라서 진실을 말한 직원은 최 주임이고 나머지 직원은 모두 거짓을 말하였으므로 화분을 깬 직원은 박 대리이다.

05 ①

Quick해설 제시된 자료에 따르면, 댐 개발에 관한 내용은 1, 2차 장기종합계획에만 제시되어 있다. 1차 장기종합계획은 1975년까지, 2차 장기종합계획은 2001년까지이므로 2000년대 이후 대규모 댐 개발은 거의 이루어지지 않았다는 것을 알 수 있다.

[오답풀이] ② 3차 장기종합계획에도 홍수재해 방지에 대한 기조가 있으므로 홍수에 대비하는 기조가 본격적으로 세워진 시기는 4차 이후라고 볼 수 없다.
③ 2차 장기종합계획 때 정부의 탈석유 정책에 부응하여 수력에너지를 증대하였지만, 이 내용만으로 수력에너지가 석유에너지를 완전히 대체하기 위한 것으로 보기 어렵다.
④ 수자원개발 장기종합계획은 계획 기간이 겹치는 차수가 있다. 즉, 한 차례가 끝난 뒤 다음 차례의 계획이 진행되었다고 볼 수 없다.

06 ①

Quick해설 [보기]의 정책이 진행된 수자원 개발 장기종합계획은 1차 계획이다.

[상세해설] [보기]의 수자원 개발 정책은 1960년대 수자원 종합 개발에 관한 내용이다. 해당 시기에는 전력에 대비하여 수력발전댐을 건설하였고, 외국 기술을 도입·지원하여 한강을 비롯한 4대강 유역 조사 사업이 시행되었다. 따라서 제시된 자료를 통해 [보기]의 정책은 제1차 수자원 개발 장기종합계획에 따른 것이라고 볼 수 있다.

07 ④

Quick해설 K-water 사업장 견학형은 10시부터 12시까지이고 학교 방문형은 10시부터 11시 45분까지이므로 K-water 사업장 견학형은 학교 방문형보다 교육 시간이 길다.

[오답풀이] ① 강사료와 실험 물품비는 지원하고, 차량 임대료, 보험료 등은 지원하지 않는다.
② 물드림캠프를 신청하기 위해서는 학생 인솔교사 1명을 배정해야 한다.
③ 5월 3일 월요일이므로 2주(14일) 뒤인 5월 17일도 월요일이다. 물드림캠프는 목요일에 진행하므로 5월 17일에는 견학이 불가능하다.

08 ②

Quick해설 ㉠ 1차로 배정되었지만 타 부서로 2차 배정된 민원 건수는 15+22+8=45(건)으로 홍보팀이 가장 많다.
㉢ 홍보팀으로 올바르게 배정된 민원 건의 비율은 $\frac{10}{55} \times 100 ≒ 18.2(\%)$로 4개 부서 중 가장 낮다.

[오답풀이] 팀별로 1차, 2차 민원 건 배정 합계를 계산하면 다음과 같다.

(단위: 건)

2차 배정＼1차 배정	홍보팀	경영기획팀	마케팅팀	업무지원팀	합계
홍보팀	10	15	22	8	55
경영기획팀	12	8	12	5	37
마케팅팀	5	10	8	14	37
업무지원팀	18	6	9	10	43
합계	45	39	51	37	172

ⓛ 2차 배정을 통해 민원 건수가 증가한 부서는 경영기획팀(37건 → 39건)과 마케팅팀(37건 → 51건) 2개 부서이다.

ⓒ 1차로 배정된 민원 건수는 홍보팀＞업무지원팀＞경영기획팀＝마케팅팀의 순이며, 2차로 배정된 민원 건수는 마케팅팀＞홍보팀＞경영기획팀＞업무지원팀의 순으로 서로 동일하지 않다.

09 ①

Quick해설 총 8개 항목 중 1개 항목인 pH만 기준치를 위반하였으므로 $F_1=\frac{1}{8}\times100=12.5(\%)$이고, 총 8×12번의 측정 중 12번 측정된 pH만 기준치를 위반하였으므로 $F_2=\frac{12}{8\times12}\times100=12.5(\%)$이므로 F_1과 F_2의 값은 동일하다.

[오답풀이] ② 지수설정범위를 얼마나 벗어나는지는 F_3 산정 시 영향을 주므로 실시간수질지수 산정에 영향을 주게 된다.

③ 수질 항목은 12시간이 한 주기이고, 매시간 측정한다.

④ F_1, F_2, F_3은 백분율이므로 최댓값은 각각 100이다.

10 ②

Quick해설 측정주기 동안 6개 항목이 기준치를 위반하였으므로 $F_1=\frac{6}{8}\times100=75(\%)$이다. 측정주기 동안 총측정횟수는 $8\times12=96(회)$이고, 총위반횟수는 $5+2+1+7+6+3=24(회)$이므로 $F_2=\frac{24}{96}\times100=25(\%)$이다. $F_3=32\%$이다. 따라서 실시간수질지수는 $100-\sqrt{\frac{75^2+25^2+32^2}{3}}=100-\sqrt{\frac{7,274}{3}}\fallingdotseq100-\sqrt{2,424.7}$이다. $49^2=2,401$이고, $50^2=2,500$이므로 $49<\sqrt{2,424.7}<50$이다. 따라서 $50<100-\sqrt{2,424.7}<51$이므로 실시간수질지수 등급은 보통 등급이다.

11 ②

Quick해설 제시된 글은 첫 번째 문단에서 증강 현실을 구현하는 디

스플레이 장치의 유형을 두 가지로 구분하고, 두 번째~세 번째 문단에서 각 유형의 장치의 개념과 장단점을 설명하고 있다.

[오답풀이] ① 증강 현실과 가상 현실의 차이점을 설명한 부분은 확인할 수 없다.

③ 증강 현실을 구현하는 디스플레이 기술의 원리를 설명한 부분은 확인할 수 없다.

④ 착용형 장치 기반과 휴대형 장치 기반의 장단점을 비교하고 있지 않으며 광학기반 HMD와 비디오 기반 HMD는 모두 착용형 장치에 해당한다.

12 ①

Quick해설 두 번째 문단에서 광학 기반 HMD는 컴퓨터에서 만든 가상 세계의 영상과 실제 세계의 영상이 광학적 원리에 의해 합성되어 표시된다고 하였으므로 실제 세계의 모습이 담기지 않는다는 진술은 적절하지 않다.

[오답풀이] ② 두 번째 문단에서 컴퓨터 시스템에서 전달된 머리의 위치, 방향 정보를 이용해 부가 정보를 생성하고 반투과성 HMD에 부가 정보가 실제 환경 영상과 결합되어 표현된다고 설명하고 있다.

③ 세 번째 문단에서 비디오 기반 HMD의 단점으로 헬멧 같은 특수한 장비를 작용해야 한다는 점에서 실생활에서 사용하기 어렵다는 단점이 있다고 설명하고 있다.

④ 세 번째 문단에서 비디오 기반 HMD는 3차원 가상 객체의 공간 정보 확인이 가능하다는 장점이 있다고 설명하고 있다.

13 ③

Quick해설 밑줄 친 '영위(營爲)'는 '일을 꾸려 나감'을 의미하는 단어이며, 이와 바꿔 쓸 수 있는 단어는 '누리어 가짐'이라는 의미의 '향유(享有)'이다.

[상세해설] 밑줄 친 (A)가 포함된 문장은 K−water가 유역 단위의 하천관리를 통해 국민이 맑고 건강한 물환경을 꾸려 누릴 수 있도록 한다는 내용이므로 밑줄 친 (A)에는 '영위', '향유'와 같은 단어가 와야 함을 알 수 있다.

[오답풀이] ① 공유(共有): 두 사람 이상이 한 물건을 공동으로 소유함.

② 전위(轉位): 위치가 변함.

④ 조달(調達): 자금이나 물자 따위를 대어 줌.

14 ①

Quick해설 세 번째 문단에서 댐 홍수터는 집중 호우로 수위가 높아지는 경우 물을 저장하기 위한 토지이나 평상시에는 무단경작과 쓰레기 투기 등으로 인해 수질·수생태계 보전에 어려움이 있다고 하였으나, 2020년부터 K−water에서 모든 댐 홍수터의 쓰레기 무

단 투기를 집중 감시하고 있다는 내용은 제시된 글에서 찾아볼 수 없다.

[오답풀이] ② 첫 번째 문단에서 우리나라 물환경 분야는 그간 본류 위주의 점오염원 관리가 중심이었다고 하였다.

③ 네 번째 문단에 따르면 지속가능한 수변생태벨트 구축 대상지는 2020년에 실시한 금강수계 환경기초조사를 바탕으로 12개 소가 선정되었다.

④ 두 번째 문단에 따르면 K−water는 댐 최상류부터 하류까지 유역 전반을 아우르고 유역별 특성에 맞는 통합적 물환경 개선대책을 수립·실행하며 기후변화에 대응하고 있다.

15 ①

Quick해설 '약칭(略稱)'은 '정식 명칭을 간략히 줄여 이름. 또는 그렇게 줄인 명칭.'을 의미하는 단어인데, ㉠이 포함된 문장은 물의 에너지를 다른 에너지로 변환해 일을 처리하는 기구나 기계를 일반적으로 '수차'라고 이른다는 내용이므로, '일반적으로 널리 이름. 또는 그런 이름이나 언설.'이라는 의미를 갖는 단어인 '통칭(通稱)'을 사용하는 것이 적절하다.

[오답풀이] ② ㉡이 포함된 문장은 수력발전이 물의 위치에너지를 운동에너지로 바꾸는 원리를 이용한 것이라는 내용이므로, '다른 방향이나 상태로 바뀌거나 바꿈.'이라는 의미를 갖는 단어인 '전환(轉換)'을 사용한 것은 적절하다.

③ ㉢이 포함된 문장은 의암댐, 팔당댐 등이 유입량에 비해 물을 가두는 양이 적은 댐이라는 내용이므로, '물을 모음. 또는 모여서 고인 물.'이라는 의미를 갖는 단어인 '적수(敵手)'를 사용한 것은 적절하다.

④ ㉣이 포함된 문장은 수력발전을 하면 화력발전소가 가동되지 않아 전력 가격을 낮추는 요인이 된다는 내용이므로 '정도, 수준, 능률 따위가 떨어져 낮아짐.'이라는 의미의 단어인 '저하(低下)'를 사용한 것은 적절하다.

16 ④

Quick해설 세 번째 문단에서 우리나라의 경우 의암댐, 팔당댐 등 저수지의 조절 능력이 없는 발전소를 제외한 모든 수력발전소가 하루 4~5시간 정도 수요량이 높을 때만 운전하는 첨두운전을 하고 있다고 하였다.

[오답풀이] ① 세 번째 문단에서 수력발전은 수차가 돌아가는 속도가 일정하고 발전 전력의 주파수가 균일해서 전력 품질이 유지되는 기능이 있다고 하였으나, 원자력발전과의 비교는 제시된 글을 통해 알 수 없다.

② 다섯 번째 문단에서 소규모 수력발전은 최근 설치 건수가 증가 추세라고 하였다.

③ 두 번째 문단에서 수력발전은 대규모 토목공사만 감당할 수 있으면 저렴한 운영비용으로 꾸준하게 전기를 생산할 수 있다

고 하였으며, 네 번째 문단에서도 초기 투자비가 많이 필요해 발전원가의 대부분을 차지하지만 연료비가 거의 들지 않아 발전단가가 저렴한 전원임을 알 수 있다.

17 ②

Quick해설 제시된 글에서는 해석 수준 이론의 개념과 특징을 설명하고 있다.

[상세해설] 제시된 글에서는 해석 수준 이론이 현상이나 대상에 대한 거리감에 따라 해석 수준이 달라지고 그에 따라 행동 반응과 선택이 달라진다는 것을 규명하는 이론임을 알려 준 뒤 이에 대해 구체적으로 설명하고 있다. 특히 상위 수준의 해석과 하위 수준의 해석의 차이점, 상위 수준 해석의 특성으로서의 중심성, 하위 수준 해석의 특성으로서의 종속성을 중심으로 해석 수준 이론의 특징을 설명하고 있으며, 해석 수준 이론에서 중요하게 고려되는 시간적 거리에 대해서도 설명하고 있다.

[오답풀이] ① 해석 수준 이론의 최근 경향은 제시되어 있지 않다.

③ 해석 수준 이론이 어떻게 생겨난 것인지와 어떤 과정을 거쳐 발전하게 되었는지는 제시되어 있지 않다.

④ 상위 수준의 해석과 하위 수준의 해석을 비교하고 있기는 하지만 이는 해석 수준 이론의 특징을 설명하기 위한 것이며, 첫 번째 문단의 내용을 포함하지 못하므로 글의 주제로는 적절하지 않다.

18 ①

Quick해설 제시된 글에서는 정의, 예시의 설명 방법을 사용하여 글을 전개하고 있다.

[상세해설] ㉠ 세 번째 문단에서 핵융합 강의를 예로 들어 중심성을 알기 쉽게 설명하고 있으므로, 예시 전개 방식에 해당한다.

㉡ 첫 번째 문단에서 정의의 설명 방법을 활용해 해석 수준, 해석 수준 이론이 무엇을 의미하는지 설명하고 있으므로 정의 전개 방식에 해당한다.

[오답풀이] ㉢ 특정 개념이 지닌 의미를 설명하고 있지만, 그 의미의 역사적 변천 과정을 설명하고 있지 않다.

㉣ 차이점을 중심으로 상위 수준의 해석과 하위 수준의 해석을 비교하며 해석 수준 이론의 특징을 밝히고 있지만, 이들은 해석 수준 이론에 해당하는 개념들이므로 다른 이론과 비교하고 있다고는 볼 수 없다.

㉤ 상위 수준의 해석과 하위 수준의 해석의 장단점을 비교하고 있지도, 새로운 개념을 제시하고 있지도 않다.

19 ④

Quick해설 [지문 A]와 [지문 B]의 질의응답은 '〈질문1〉 → (다) → 〈질문2〉 → (라) → 〈질문3〉 → (나) → 〈질문4〉 → (가)'로 전개되는 것이 가장 자연스럽다.

[상세해설] <질문1>은 이동수질분석 시스템의 개념과 특징에 대해 묻고 있으므로 이에 대해 언급하고 있는 (다)가 답변으로 이어져야 하며, 다음으로 이동수질분석 시스템의 개발 배경에 대한 <질문2>에는 K－water 물 공급 과정에서 예기치 못한 다양한 수질 문제를 해결하기 위한 방안을 마련하고자 노력해 왔다는 내용의 (라)가 답변으로 이어지는 것이 자연스럽다. 또한 <질문3>은 이동수질분석 시스템에 현재 적용되었거나 향후 적용될 수 있는 기술 및 장비와 관련하여 묻는 내용이므로 미생물 분석 키트와 무인 채수시스템 등에 대해 언급하고 있는 (나)가 답변으로 와야 한다. 마지막으로 향후 운영 계획을 묻고 있는 <질문4>에는 관련 내용인 (가)가 답변으로 적절하다. 따라서 [지문 A]와 [지문 B]의 질의응답의 순서를 전개하면 '<질문1> → (다) → <질문2> → (라) → <질문3> → (나) → <질문4> → (가)'이다.

20 ②

Quick해설 (다)에 따르면 이동수질분석 시스템은 항목별로 맞춤형 수질분석을 할 수 있는 장비를 탑재한 차량이며, (나)에서 드론 및 소형 선박을 이용한 무인 채수시스템은 적용을 검토하고 있다고 하였다.

[오답풀이] ① (라)에서 이동수질분석 시스템은 취수원부터 가정 내 수도꼭지까지 물 공급 전반에 발생할 수 있는 다양한 수질 관련 문제를 신속하게 대응하기 위해 K－water가 마련하고 있는 방안의 일환이라고 하였다.
③ (가)에서 이동수질분석 시스템은 실제 운영을 통해 활용성 및 적용성 등을 검토해 유역별로 시스템을 확대할 계획이라고 하였다.
④ (다)에서 이동수질분석 시스템은 문제 지역의 물을 채수해 실험실로 옮긴 뒤 정밀 분석해오던 기존 대응 방식을 개선한 것이라고 하였다.

21 ①

Quick해설 $\dfrac{2019^3-1}{2019^2+2019+1}=\dfrac{(2019-1)(2019^2+2019+1)}{2019^2+2019+1}$
$=2019-1=2018$
$\dfrac{999^3+1}{998\times999+1}=\dfrac{(999+1)(999^2-999+1)}{(999-1)\times999+1}=\dfrac{(999+1)(999^2-999+1)}{999^2-999+1}$
$=999+1=1000$
따라서 제시된 식의 값은 2018－1000=1018이다.

22 ②

Quick해설 각 삼각형의 윗변과 왼쪽 변은 각각 공차가 －2, ＋5인 등차수열, 오른쪽 변은 공비가 2인 등비수열이며, 각 삼각형의 가운데 숫자는 세 변의 숫자를 모두 더한 값이다. 따라서 다섯 번째 삼각형의 가운데 숫자는 (9－2)+(28+5)+(24×2)=88이다.

[상세해설] 각 삼각형의 윗변은 15, 13, 11, 9로 공차가 －2인 수열이므로 다섯 번째 삼각형의 윗변은 9－2=7이다. 왼쪽 변은 13, 18, 23, 28로 공차가 ＋5인 수열이므로 다섯 번째 삼각형의 왼쪽 변은 28＋5=33이며, 오른쪽 변은 3, 6, 12, 24로 공비가 2인 수열이므로 다섯 번째 삼각형의 오른쪽 변은 24×2=48이다. 이때, 각 삼각형의 가운데 숫자는 세 변의 합이므로 다섯 번째 삼각형의 가운데 숫자는 7＋33＋48=88이다.

23 ①

Quick해설 1시간 동안 C는 물탱크의 $\dfrac{1}{6}$을 채울 수 있으므로 A와 B는 1시간에 $\dfrac{5}{6}$를 채울 수 있다. 따라서 물을 완전히 채우기 위해서는 $\dfrac{6}{5}$시간, 즉 1시간 12분이 필요하다.

[상세해설] B와 C를 열어 물탱크에 물을 채우는 데 걸리는 시간은 2시간이므로 1시간 동안에는 물탱크의 $\dfrac{1}{2}$을 채울 수 있다. 또한 A, B, C를 모두 열어 물을 채우는 데 걸리는 시간은 1시간이므로 A는 1시간 동안 물탱크의 $\dfrac{1}{2}$을 채울 수 있다. 한편 A와 C를 열어 물을 채우면 1시간 30분이 걸리는데, A는 1시간에 채울 수 있는 양인 $\dfrac{1}{2}$에 30분을 더하여 $\dfrac{1}{2}+\dfrac{1}{4}=\dfrac{3}{4}$을 채울 수 있으므로 나머지 $\dfrac{1}{4}$은 C가 물을 채우게 된다. 따라서 C는 1시간 30분에 $\dfrac{1}{4}$을 채울 수 있으므로 1시간에 $\dfrac{1}{4}\times\dfrac{2}{3}=\dfrac{1}{6}$을 채울 수 있다.
따라서 A와 B를 열어 물탱크에 물을 채울 경우, A와 B는 1시간에 $1-\dfrac{1}{6}=\dfrac{5}{6}$를 채울 수 있다. 그러므로 A와 B를 열어 물을 완전히 채우기 위해서는 $\dfrac{6}{5}$시간, 즉 1시간 12분이 필요하다.

24 ③

Quick해설 물탱크의 용량을 l, 수도관 A가 1시간 동안 채우는 물의 양을 x, 수도관 B가 1시간 동안 채우는 물의 양을 y라고 하면 다음과 같은 연립방정식이 성립한다.
$\begin{cases} 4x+6y=l & \cdots\cdots\ \bigcirc \\ 2x+9y=l & \cdots\cdots\ \bigcirc\!\!\bigcirc \end{cases}$
⊙－(ⓛ×2)를 하면 －12y=－l
∴ $l=12y$
즉, 수도관 B만 사용하여 가득 채우려면 12시간이 걸린다.

25 ②

Quick해설 수출입을 합한 물동량의 경우, 국가가 관리하는 수역은 110,488천 톤 → 113,161천 톤 → 126,681천 톤으로 매년 증가하였으나, 지방이 관리하는 수역은 25,480천 톤 → 27,282천 톤 →

25,953천 톤으로 증가 후 감소하였다.

[오답풀이] ① C수역의 경우 증가율이 모두 음수이나 5년 전인 2013년 대비 2018년 감소율이 더 크다. 따라서 2013년 C수역 물동량은 2008년보다 많다는 것을 알 수 있다. 따라서 5개 수역 모두 2013년 물동량은 2008년보다 증가하였다.

③ 27,777천 톤 → 26,596천 톤 → 29,850천 톤으로 변동되었으므로 감소 후 증가하였다.

④ $\dfrac{622-1,282}{1,282} \times 100 ≒ -51.5(\%)$로 가장 작은 증가율을 보인다. 참고로 C수역을 제외한 남은 수역의 경우 물동량은 2016년 대비 2018년에 증가하므로 증가율이 가장 작은 수역은 C수역임을 알 수 있다.

26 ①

Quick해설 5년 전, 10년전의 물동량 수치를 계산하는 산식은 '$\dfrac{(2018년\ 수치)}{1+\dfrac{(증가율)}{100}}$'이다. 따라서 A수역의 증가율은 각각 425%와 743%이므로 2018년 물동량 수치에 5.25와 8.43을 나누어 계산하여야 한다. 따라서 올바른 수치는 각각 2013년 53,118÷5.25≒10,118, 2008년 53,118÷8.43≒6,301이다.

27 ④

Quick해설 조사 기간 내 보수관련 연구용역은 전체 연구용역 중 4명이고, 법관련 연구용역은 전체 연구용역 중 6명이므로 구하는 비중은 $\dfrac{4}{6} \times 100 = \dfrac{2}{3} \times 100 ≒ 67(\%)$로 70% 미만이다.

[오답풀이] ① 2015년 연구용역 수는 3+1+2+1+8=15이고, 2019년 연구용역 수는 1+1+7+5+1+2+2=19이다. 즉, 2014~2019년 중에서 연구용역 수가 가장 많았던 해는 2019년이다.

② 2018년 전산관련 연구용역 수는 14-(1+7)=6이고, 2017년 평가방법관련 연구용역 수는 8-(3+1+2)=2이다. 즉, 2018년 전산관련 연구용역 수는 2017년 평가방법관련 연구용역 수의 3배이다.

③ 조사 기간 내 평가업무관련 총 연구용역 수는 1+2+3+3+4+5=18이고, 2014년 연구용역 수는 1+1+1+2=5이다. 즉, 조사 기간 내 평가업무관련 총 연구용역 수는 2014년 연구용역 수의 4배 이하이다.

28 ③

Quick해설 2021년 월평균 신규구직건수는 $\dfrac{5,138,533}{12} ≒ 428,211$ (건)이다. 따라서 2021년 월별 신규구직건수 중 2021년 월평균 신규구직건수보다 많은 달은 1월, 3월, 7월, 12월로 총 4개이다.

[오답풀이] ① 2011년 신규구인인원과 신규구직건수는 전년 대비 감소하였다.

② 2020년 신규구인인원은 신규구직건수의 2배 이하이므로 2020년 구인배수는 0.5 이하이다. 따라서 구인배수가 0.5 이하인 해는 2009년과 2020년 두 번이다.

④ 142,347의 4%는 142,347×0.04≒5,694이고, 2022년 8월 취업건수의 전년 동월 대비 증가율이 2021년 8월과 동일하다면 2022년 8월 취업건수는 142,347-5,694=136,653(건)으로 2021년 11월 취업건수 140,766건보다 적다.

29 ④

Quick해설 ⓛ 응답기업 수당 기업 총 투자비는 $\dfrac{(기업\ 총\ 투자비)}{(응답기업\ 수)}$이다. 응답기업 수가 전년보다 감소하는 해는 2018년이다. 2016년, 2017년, 2020년은 응답기업 수가 2018년보다 많지만 기업 총 투자비는 더 적으므로 2016년, 2017년, 2020년의 응답기업 수당 기업 총 투자비는 2018년보다 더 적다. 그리고 2018년 $\dfrac{(기업\ 총\ 투자비)}{(응답기업\ 수)} = \dfrac{6,635,001}{901} ≒ 7,364$(백만 원)이고, 2019년 $\dfrac{(기업\ 총\ 투자비)}{(응답기업\ 수)} = \dfrac{7,994,462}{961} ≒ 8,319$(백만 원)으로 2019년의 응답기업 수당 기업 총 투자비가 가장 큰 것을 알 수 있다.

ⓒ 바이오 투자비 총액 대비 바이오 시설투자비 총액의 비중은 $\dfrac{(바이오\ 총\ 시설투자비)}{(바이오\ 총\ 투자비)} \times 100$이다. 바이오 시설투자비 총액은 2018년과 2020년에 감소하였고, 바이오 투자비 총액은 매해 증가하였다. 먼저 2018년과 2020년 바이오 투자비 총액 대비 바이오 시설투자비 총액의 비중을 구해보면 2018년은 $\dfrac{702,427}{2,399,846} \times 100 ≒ 29.3(\%)$이고 2020년은 $\dfrac{669,382}{2,687,882} \times 100 ≒ 24.9(\%)$이다. 즉, 매해 바이오 시설투자비 총액이 항상 바이오 투자비 총액의 30% 이상은 아닌 것을 알 수 있다.

ⓔ 기업 투자비 총액 대비 바이오 투자비 총액의 비중은 $\dfrac{(바이오\ 총\ 투자비)}{(기업\ 총\ 투자비)} \times 100$이다. 기업 투자비 총액의 전년 대비 증가폭과 바이오 투자비 총액의 전년 대비 증가폭을 비교하면 2018년 대비 2019년에 기업 투자비 총액 증가폭에서 큰 차이가 나므로 2019년 비중이 2018년 비중보다 감소했음을 예상해 볼 수 있다. 이를 계산하면 2018년 $\dfrac{2,399,846}{6,635,001} \times 100 ≒ 36.2\%$, 2019년 $\dfrac{2,592,954}{7,994,402} \times 100 ≒ 32.4\%$이다. 즉, 2019년 기업 투자비 총액 대비 바이오 투자비 총액의 비중은 전년보다 감소했다.

[오답풀이] ⓐ 응답기업 수가 기업 수의 90% 이상이려면 응답기업 수가 (기업 수)-(기업 수의 10%)를 한 값보다 크면 된다. 2016년 909>980-98, 2017년 916>984-98.4, 2018년 901>993-99.3, 2019년 961>1,003-100.3, 2020년 988>1,027-102.7이므로 옳은 설명이다.

30 ①

Quick해설 ㉠ $14,479 < 16,585-1,658.5=14,926.5$으로 2018년 폐업한 휴게음식점 수는 2017년 폐업한 휴게음식점 수의 10% 이상 감소하였다.

㉢ 2015년 전년 대비 창업한 휴게음식점 증가량은 $8,869-7,546$ $=1,323$(개소)로 증가율은 $\frac{1,323}{7,546}\times100 ≒ 17.5(\%)$, 2015년 전년 대비 폐업한 휴게음식점 증가량은 $14,189-13,872=317$(개소)로 증가율은 $\frac{317}{13,872}\times100 ≒ 2.3(\%)$이다. 따라서 2015년 전년 대비 창업한 휴게음식점 증가율이 더 크다.

[오답풀이] ㉡ 2019년과 2020년에 창업한 휴게음식점 수를 보면 $26,671 < 24,654+2,465.4$으로 2020년 창업한 휴게음식점 수는 2019년 창업한 휴게음식점 수의 10%보다 적게 증가하였다.

㉣ 2015년 창업한 휴게음식점 수의 2배는 $8,869\times2=17,738$(개소)이고, 창업한 휴게음식점 수가 2015년 창업한 휴게음식점 수의 2배 이상인 해는 2018~2021년이다. 이때 2018년 폐업한 휴게음식점 수는 14,479개소로 2015년 폐업한 휴게음식점 수인 14,189개소보다 많다.

31 ①

Quick해설 상훈이네 집에서는 2호선-3호선의 환승 경로를 이용하는 A가 13.5분으로 가장 가깝다.

[상세해설] A까지 가장 빨리 가려면 1호선으로 환승하거나 3호선으로 환승해야 한다. 만약 2호선에서 1호선으로 환승하는 경로를 이용하였다면 1호선으로 3개역, 2호선으로 2개역을 이동하고, 환승 1개, 일반역 3개에서 정차하는데 환승역에서는 하차하여 이동하므로 환승역에서의 정차 시간은 고려하지 않는다. 따라서 $2\times3+2.5\times2+1\times3=14$(분)이 소요된다. 만약 2호선에서 3호선으로 환승하는 경로를 이용하였다면 2호선으로 3개역, 3호선으로 1개역을 이동하고, 환승역 2개, 일반역 1개에서 정차하는데 3호선으로 환승하는 환승역의 정차 시간은 고려하지 않으므로 $2.5\times3+3+2+1=13.5$(분)이 소요된다.
B까지 가장 빨리 가려면 1호선으로 환승하거나 3호선에서 환승 후 다시 1호선으로 환승해야 한다. 만약 1호선으로 환승하는 경로를 이용하였다면 A보다 2개의 역을 더 가야 하고, 3호선에서 환승 후 다시 1호선으로 환승한 경우에도 A보다 2개의 역을 더 가야한다. 따라서 B까지는 가장 최소시간으로 갈 수 없다. D의 경우에도 1호선으로 환승해도 A보다 한 역을 더 가야 하고, 3호선으로 환승해도 A보다 한 역을 더 가야 하므로 A보다 소요시간이 길다. 따라서 D도 최소시간으로 갈 수 없다.
C까지 가장 빨리 가려면 환승을 하지 않고 간다. C까지 2호선으로 5개 역을 이동하고, 환승역 2개, 일반역 2개에서 정차하므로 $2.5\times5+2\times2+1\times2=18.5$(분)이 소요된다.
따라서 3호선으로 환승하는 경로를 이용하여 A에 가는 경우가 $2.5\times3+3+2+1=13.5$(분)으로 가장 적게 소요된다.

32 ②

Quick해설 C마을이 공급해 준 물의 금액은 다음과 같다.
$14+12+14=40(m^3) \rightarrow 40\times670=26,800$(원)
C마을로 공급된 물의 금액은 다음과 같다.
$18\times650+10\times660+10\times660=24,900$(원)
따라서 두 금액의 차이는 $26,800-24,900=1,900$(원)이다.

33 ①

Quick해설 누수율이 0일 경우의 각 마을의 물 공급 현황을 정리하면 다음과 같다.
- A마을: $15+18+12=45(m^3) \rightarrow 45\times650=29,250$(원)
- B마을: $17+10+10=37(m^3) \rightarrow 37\times660=24,420$(원)
- C마을: $14+12+14=40(m^3) \rightarrow 40\times670=26,800$(원)
- D마을: $13+18+10=41(m^3) \rightarrow 41\times660=27,060$(원)

A마을과 D마을의 양방향 누수율이 5%이므로 이를 감안하여 정리하면 다음과 같다.
- A마을: $15+18+11.4=44.4(m^3) \rightarrow 44.4\times650=28,860$(원)
- B마을: $17+10+10=37(m^3) \rightarrow 37\times660=24,420$(원)
- C마을: $14+12+14=40(m^3) \rightarrow 40\times670=26,800$(원)
- D마을: $12.35+18+10=40.35(m^3) \rightarrow 40.35\times660=26,631$(원)

따라서 누수율을 감안한 공급지 기준 공급 금액은 A마을-C마을-D마을-B마을 순으로 크다.

34 ④

Quick해설 ㉡ 2010~2019년 국가 온실가스 총배출량의 평균은 ($656+684.7+688+697.3+692.1+692.6+693.6+710.7+727+701.4)\div10 ≒ 694.3$(백만 톤$CO_2$eq.)이다.

㉣ (b)에 들어갈 알맞은 숫자는 $\frac{727.0-710.7}{710.7}\times100 ≒ 2.294(\%)$이다.

[오답풀이] ㉠ 2009년의 국가 온실가스 총배출량이 600백만 톤 CO_2eq.이라면, 2010년의 증가율은 $\frac{656-600}{600}\times100 ≒ 9.33$(%)이다. 그러나 2010년은 전년 대비 9.707%가 증가하였으므로 2009년의 국가 온실가스 총배출량은 600백만 톤CO_2eq. 미만이다.

㉢ (a)에 들어갈 알맞은 숫자는 $\frac{693.6-692.6}{692.6}\times100 ≒ 0.144(\%)$이다.

35 ③

Quick해설 각각이 받을 수 있는 시상금은 다음과 같다.
- A: (2천만 원×10%)+(4천만 원×20%)=200만 원+800만 원

=1,000(만 원)

- B: {(3천만 원×15%)+(5천만 원×10%)}×130%=(450만 원+500만 원)×130%=1,235(만 원)
- C: (3천만 원×10%)+(2천만 원×10%)=300만 원+200만 원=500(만 원)

하지만 C의 아이디어는 품질 저하를 동반하므로 공모전 당선작 선정 시 제외된다. 따라서 세 사람이 받는 상금 총합은 1,000+1,235+0=2,235(만 원)이다.

36 ①

Quick해설 학생별로 점수를 계산하면 다음과 같다. A는 징계 이력이 있어 장학금 수여 대상에서 제외된다.

구분	성적	수상(교내)	수상(교외)	가정 형편	교사 추천	합계
B	6	0	6	11	5	28
C	4	3	6	9	—	22
D	4	2	2	15	—	23
E	8	1	0	11	5	25

점수 순서대로 등수를 나열하면 B, E, D, C 순이다. 따라서 B가 100만 원, E가 70만 원, D가 50만 원, C가 30만 원을 받게 된다.

37 ④

Quick해설 A–B–F–E–C–D–H–I–G 경로로 가면 140km, A–B–H–D–C–E–F–I–G 경로로 가면 133km, A–C–D–E–F–B–H–I–G 경로로 가면 149km, A–C–E–D–H–B–F–I–G 경로로 가면 157km이므로 가장 먼 경로로 이동할 때 총이동거리는 157km이다.

[상세해설] 양쪽에서 오는 경우를 생각해보면 가능한 경로를 더 쉽게 찾을 수 있다.

i) A에서 B로 출발할 때

거꾸로 생각해보면 G–I 순서이다. I로 갈 수 있는 경우는 F, H이다. 만약 G–I–H 순으로 간다면 B에서는 바로 H로 갈 수 없으므로 B에서는 F로 가야 한다. 이때 H로 올 수 있는 경우는 D에서 H로 가는 경우 하나이다. 또한 F에서 바로 H로 갈 수 없으므로 F에서는 E로 가야 한다. 이 경우 A–B–F–E–C–D–H–I–G이고, 이때 거리는 15+35+8+14+16+20+12+20=140(km)이다.

만약 G–I–F 순으로 간다면 B에서는 H로 가야한다. H에서 F로 갈 수 없으므로 H에서 D로 가야 하고, F로는 E에서 와야 한다. 이 경우 A–B–H–D–C–E–F–I–G이고, 이때 거리는 15+30+20+16+14+8+10+20=133(km)이다.

ii) A에서 C로 출발할 때

마찬가지로 G–I일 때 I로 갈 수 있는 경우는 F, H이다. 만약 G–I–H 순으로 갈 때 B에서 F로 간다면 B로 갈 수 있는 경우가 없기 때문에 B에서 H로 가야 한다. 이때 B로 갈 수

있는 경우는 F밖에 없고, F로 갈 수 있는 경우는 E밖에 없다. 이 경우 A–C–D–E–F–B–H–I–G이고, 이때 거리는 18+16+10+8+35+30+12+20=149(km)이다.

만약 G–I–F 순으로 간다면 B에서는 F로 가야 한다. B로 갈 수 있는 경우는 H밖에 없고, H로 갈 수 있는 경우는 D밖에 없다. 이 경우 A–C–E–D–H–B–F–I–G이고, 이때 거리는 18+14+10+20+30+35+10+20=157(km)이다.

따라서 가장 거리가 먼 경로는 A–C–E–D–H–B–F–I–G이고, 이때 거리는 157km이다.

38 ①

Quick해설 • A–B–F–E–C–D–H–I–G 경로로 가는 경우

고속도로로 이동하는 경로는 B–F, C–D, H–I이고, 35+16+12=63(km)이다. 국도로 이동하는 경로는 A–B, E–C, D–H, I–G이고, 15+14+20+20=69(km)이다. 시내도로로 이동하는 경우는 F–E이고, 8km이다. 따라서 소요시간은 $(\frac{63}{100}+\frac{69}{80}+\frac{8}{50})×60$=37.8+51.75+9.6=99.15(분)≒99(분)이 소요된다.

• A–B–H–D–C–E–F–I–G 경로로 가는 경우

고속도로로 이동하는 경로는 B–H, D–C이고, 30+16=46(km)이다. 국도로 이동하는 경로는 A–B, H–D, C–E, I–G이고, 15+20+14+20=69(km)이다. 시내도로로 이동하는 경로는 E–F–I이고, 8+10=18(km)이다. 따라서 소요시간은 $(\frac{46}{100}+\frac{69}{80}+\frac{18}{50})×60$=27.6+51.75+21.6=100.95(분)≒100(분)이 소요된다.

따라서 소요시간이 가장 많이 걸리는 경로와 가장 적게 걸리는 경로의 소요시간 차이는 100−99=1(분)이다.

39 ②

Quick해설 A–C–D–E–F–B–H–I–G 경로로 갈 때 최소 비용이 소요된다. 이때의 유류비는 17,250원, 고속도로 요금은 4,650원이므로 최소 소요비용은 21,900원이다.

[상세해설] i) A–C–D–E–F–B–H–I–G 경로로 가는 경우

고속도로로 이동하는 경로는 C–D, F–B–H–I이고, 16+35+30+12=93(km)이다. 이때 필요한 연료는 $\frac{93}{15}$=6.2(L)이고, 고속도로 요금 93×50=4,650(원)이 부과된다. 국도로 이동하는 경로는 I–G이고, 20km이다. 이때 필요한 연료는 $\frac{20}{12}$≒1.67(L)이다. 시내도로로 이동하는 경로는 A–C, D–E–F이고, 18+10+8=36(km)이다. 이때 필요한 연료는 $\frac{36}{10}$=3.6(L)이다. 따라서 필요한 연료는

6.2+1.67+3.6=11.47(L)이므로 11.5L를 주유해야 하고, 유류비는 11.5×1,500=17,250(원)이다. 따라서 총소요비용은 4,650+17,250=21,900(원)이다.

ii) A−C−E−D−H−B−F−I−G 경로로 가는 경우

고속도로로 이동하는 경로는 H−B−F이고, 30+35=65(km)이다. 이때 필요한 연료는 $\frac{65}{15}$≒4.33(L)이고, 고속도로 요금 65×50=3,250(원)이 부과된다. 국도로 이동하는 경로는 C−E, D−H, I−G이고, 14+20+20=54(km)이다. 이때 필요한 연료는 $\frac{54}{12}$=4.5(L)이다. 시내도로로 이동하는 경로는 A−C, E−D, F−I이고, 18+10+10=38(km)이다. 이때 필요한 연료는 $\frac{38}{10}$=3.8(L)이다. 따라서 필요한 연료는 4.33+4.5+3.8=12.63(L)이므로 12.7L를 주유해야 하고, 유류비는 12.7×1,500=19,050(원)이다. 따라서 총소요비용은 3,250+19,050=22,300(원)이다.

그러므로 A−C−D−E−F−B−H−I−G 경로로 갈 때 최소 소요비용은 21,900원이다.

40 ①

Quick해설 각 사원들의 점수를 계산하면 다음과 같다.

구분	지필 평가	발표	최근 3년 프로젝트	최근 3년 논문	최근 3년 특허	추천서	총합
김 사원	10	1	2	6	2	3	24
이 사원	8	10	0	4	2	5	29
박 사원	10	7	4	0	4	3	28
최 사원	4	10	4	6	0	0	24
장 사원	6	4	2	2	6	5	25
유 사원	6	7	6	4	0	0	23

따라서 최종 점수 상위 3명은 이 사원, 박 사원, 장 사원이고, 세 사람이 대리로 진급한다.

NCS 직업기초능력평가 [3회]

01	02	03	04	05	06	07	08	09	10
③	①	①	③	④	①	①	①	③	③
11	**12**	**13**	**14**	**15**	**16**	**17**	**18**	**19**	**20**
③	②	①	④	②	①	②	③	③	③
21	**22**	**23**	**24**	**25**	**26**	**27**	**28**	**29**	**30**
③	③	④	②	④	④	③	④	②	④
31	**32**	**33**	**34**	**35**	**36**	**37**	**38**	**39**	**40**
④	③	④	③	④	③	②	④	③	①

01 ③

Quick해설 [보기]를 바탕으로 5명에 관한 수강 여부를 알 수 있는 방과 후 수업을 정리하여 표로 나타내면 다음과 같다.

성연	지용	인규	규식	경훈
컴퓨터	컴퓨터	서예	탁구 ×	탁구 × 컴퓨터 × 서예 ×

따라서 [보기]의 마지막 조건에 의해 경훈이는 풍물반과 영어회화반을 반드시 이수해야 하므로 수강료는 5+7=12(만 원)이다.

02 ①

Quick해설 먼저 [보기]의 조건에 따라 희준, 칠현, 우혁이는 모두 아메리카노를 마시지 않았다. 따라서 승호와 재원이는 각각 에스프레소와 아메리카노 중 한 음료를 마셨다. 남은 희준, 칠현, 우혁이가 마실 수 있는 음료를 정리하면 다음과 같다.

희준	칠현	우혁
카푸치노, 녹차라떼	카페라떼, 녹차라떼	카페라떼, 녹차라떼

칠현이와 우혁이가 카페라떼와 녹차라떼를 마셨으므로 희준이가 마신 음료는 카푸치노이다. 한편 승호가 마신 음료는 에스프레소와 아메리카노 중 하나이므로 승호가 카페라떼를 마셨다는 내용은 항상 옳지 않다.

[오답풀이] ② 칠현이와 우혁이가 각각 카페라떼와 녹차라떼를 마셨으므로 희준이가 마신 음료는 카푸치노이다.

③ 우혁이는 카페라떼와 녹차라떼 중 한 음료를 마셨으므로 아메리카노를 마시지 않았다.

④ 칠현이는 카푸치노와 아메리카노를 마시지 않고, 에스프레소는 승호나 재원이 둘 중 한 사람이 마셨으므로 칠현이는 카페라떼와 녹차라떼 중 한 음료를 마셨다.

03 ①

B~D와 달리 A는 어떠한 경우에도 항상 채소가게에 다녀왔다.

[상세해설] 다음과 같이 네 가지의 경우로 나누어 확인할 수 있다.

ⅰ) [보기]의 첫 번째 조건이 거짓일 경우

나머지 조건은 모두 참이므로 D는 정육점에 다녀왔다. D가 정육점에 다녀왔으므로 C는 과일가게에 다녀왔다. 이때, B는 과일가게나 정육점에 다녀와야 하는데, C와 D가 다녀온 곳과 겹치므로 이는 모순이다.

ⅱ) [보기]의 두 번째 조건이 거짓일 경우

나머지 조건은 모두 참이므로 D는 정육점에 다녀왔다. D가 정육점에 다녀왔으므로 C는 과일가게에 다녀왔다. C가 과일가게를 다녀왔으므로 A는 채소가게에 다녀왔다. A가 채소가게에 다녀왔으므로 B는 생선가게에 다녀왔다.

ⅲ) [보기]의 세 번째 조건이 거짓일 경우

나머지 조건은 모두 참이므로 D는 정육점에 다녀왔다. D가 정육점에 다녀왔으므로 B는 과일가게에 다녀왔다. B가 과일가게를 다녀왔으므로 A는 채소가게에 다녀왔다. A가 채소가게에 다녀왔으므로 C는 생선가게에 다녀왔다.

ⅳ) [보기]의 네 번째 조건이 거짓일 경우

가능한 경우는 다음과 같다.

A	B	C	D
과일가게/채소가게	과일가게/정육점	과일가게/정육점	과일/채소/생선가게

생선가게에 다녀올 수 있는 사람은 D밖에 없으므로 D는 생선가게에 다녀왔다. D가 생선가게에 다녀올 경우, 채소가게에 다녀올 수 있는 사람은 A밖에 없으므로 A가 채소가게에 다녀왔다. 남은 B와 C는 각각 과일가게와 정육점 중 한 곳을 다녀왔다.

ⅰ), ⅱ), ⅲ), ⅳ)의 모든 경우를 정리하면 다음과 같다.

과일가게	채소가게	생선가게	정육점
C	A	B	D
B	A	C	D
B/C	A	D	C/B

어떠한 경우에도 A는 항상 채소가게에 다녀왔으므로 항상 옳은 것은 ①이다.

04 ③

발언 순서는 '영업부 과장 – 기획부 과장 – 마케팅부 과장 – 마케팅부 대리 – 기획부 대리 – 영업부 대리'이므로 A와 B 모두 옳다.

[상세해설] 첫 번째, 두 번째 조건에 따라 마케팅부는 연달아 발언을 하고, 과장은 같은 부서의 대리보다 먼저 발언을 하므로 '마케팅부 과장 – 마케팅부 대리' 순으로 발언을 한다. 네 번째 조건에

따라 기획부 대리는 영업부 대리보다 빨리, 마케팅부 대리보다 늦게 발언을 하므로 '마케팅부 과장 – 마케팅부 대리 – 기획부 대리 – 영업부 대리' 순으로 발언을 한다. 이때 세 번째, 다섯 번째 조건에 따라 영업부 과장이 가장 먼저 발언을 하고, 기획부는 서로 연달아 발언하지 않으므로 기획부 과장이 영업부 과장 다음으로 발언함을 알 수 있다. 따라서 발언 순서는 '영업부 과장 – 기획부 과장 – 마케팅부 과장 – 마케팅부 대리 – 기획부 대리 – 영업부 대리'이다. 따라서 A와 B 모두 옳다.

05 ④

전체 자활사업 대상자 수는 1,551,707명이고, 서울 지역의 자활사업 대상자 수는 256,257명이다. 따라서 전체 자활사업 대상자 대비 서울 지역의 자활사업 대상자 비율은 $\frac{256,257}{1,551,707} \times 100 ≒ 16.5$(%)이다.

[오답풀이] ① 제시된 보도자료만으로 차상위계층 대부분이 근로능력자인지는 알 수 없다.

② 제시된 보도자료의 두 번째 문단을 통해 전체 자활사업 대상자 중 30대의 비율은 4%임을 알 수 있지만 전체 30대 중 자활사업 대상자의 비율은 알 수 없다.

③ 전라 지역의 자활사업 참여자 수는 3,234+2,194=5,428(명)이고, 경상 지역은 2,676+2,032=4,708(명)이다. 따라서 전라 지역이 더 많다.

06 ①

20××년 12월 기준 자활사업 대상자 수는 1,551,707명이고, 이 시기 경북 지역의 자활사업 참여자 수는 2,676명이다. 따라서 경북 지역에 거주하는 박 씨가 자활사업 대상자일 경우, 거주 지역의 자활사업 참여자일 확률은 $\frac{2,676}{1,551,707} \times 100 ≒ 0.17$(%)이다.

07 ①

A씨의 마일리지는 총 (3+3)+5×2+2×3+5×1=27(점)이므로 상금은 총 27×3,000=81,000(원)을 받는다.

08 ①

우량계 교정은 우량계에 강우펌프를 이용한 인공 강우를 발생시켜 인공 강우량을 측정하고, 이를 전자식 지시저울을 통해 '질량측정방식'으로 측정된 '양'과 비교하여 교정을 진행한다.

[오답풀이] ② 수위계 교정은 수위계에서 측정된 수심과 기준기인

레이저거리측정기(LDM)를 통해 측정된 수심을 비교하여 교정을 진행한다.
③ 현장 교정 시 검사의뢰 공문을 송부한 뒤 현장에서 우량계(수위계)를 교정하므로 우량계(수위계) 제출 과정이 필요 없다.
④ 우량계: 249,630−171,820=77,810(원), 수위계: 546,850−455,710=91,140(원)이므로 우량계보다 수위계의 교정 수수료 차가 더 크다.

09 ③

Quick해설 제시된 자료에서 광역상수도란 K-water가 관리하는 다목적댐과 용수전용댐에서 취수한 물을 사용 용도(원수, 정수, 침전수)에 적합하도록 처리한 후, 지방자치단체 또는 산업 활동을 하는 기업체 고객에게 제공하는 수도를 말한다고 명시되어 있다. 개별 소비자가 수도를 사용하기 위해 계약을 맺는 대상은 지방자치단체이며, 이때 사용되는 수도를 지방상수도라고 한다. 따라서 개인이 직접 계약하여 광역상수도를 사용할 수는 없으며, 직접 계약하여 사용할 수 있는 수도는 지방상수도라고 볼 수 있다.

[오답풀이] ① 제시된 자료를 통해 기본요금과 사용요금은 사용량 당 단가가 책정되어 있고, 광역상수도 요금은 (기본요금)+(사용요금)으로 산정됨을 알 수 있다. 따라서 광역상수도는 사용량에 따라 요금이 달라질 수 있다.
② 광역상수도와 댐용수 모두 요금단가의 승인자는 환경부장관으로 동일하다.
④ 한국수자원공사는 요금 또는 사용료의 산출방법·징수절차 등에 관한 규정을 정하여 환경부장관의 승인을 미리 받아야 한다. 그런데 해당 요금 또는 사용료의 산출방법·징수절차 등에 관하여 다른 법률에 따라 관계 행정기관의 장의 승인을 받은 경우에는 사전 승인을 받지 않을 수도 있다.

10 ③

Quick해설 침전수를 사용하였는데, 월간 사용량이 200m³로 월간 계약량의 120%인 96m³를 초과하므로 기본요금은 (80×1.2)×98.0=9,408(원)이다. 사용요금의 경우 월간 계약량의 120%를 초과하여 사용하였으므로 (월간 계약량의 120% 초과 사용량)×(사용요금 단가)를 가산해야 한다. 따라서 사용요금은 200×230.0+(200−80×1.2)×230.0=69,920(원)이다. 그러므로 수도요금은 9,408+69,920=79,328(원)이다.

[오답풀이] ① 원수를 사용하였을 때 기본요금은 100×70.0=7,000(원)이고, 사용요금은 95×163.7≒15,551(원)이다.
따라서 수도요금은 7,000+15,551=22,551(원)이다.
② 정수를 사용하였을 때 기본요금은 120×130.0=15,600(원)이고, 사용요금은 130×302.8=39,364(원)이다.
따라서 수도요금은 15,600+39,364=54,964(원)이다.
④ 원수를 사용하였는데, 월간 사용량이 125m³로 월간 계약량의 120%인 120m³를 초과하므로 기본요금은 (100×1.2)×70.0

=8,400(원)이다. 사용요금의 경우 월간 계약량의 120%를 초과하여 사용하였으므로 (월간 계약량의 120% 초과 사용량)×(사용요금 단가)를 가산해야 한다. 따라서 사용요금은 125×163.7+(125−100×1.2)×163.7=21,281(원)이다. 그러므로 수도요금은 8,400+21,281=29,681(원)이다.

11 ③

Quick해설 제시된 글의 두 번째~네 번째 문단에서 탄소배출권의 가격이 오르내리는 이유를 설명하고 있다.

[오답풀이] ① 두 번째 문단에서 탄소배출권의 개념과 특징에 대해 언급하고는 있으나 전체 내용을 포괄하는 제목으로는 적절하지 않다.
② 두 번째~세 번째 문단에서 탄소배출권이 환경에 미치는 영향을 예상은 할 수 있지만 전체 내용을 포괄하는 제목으로는 적절하지 않다.
④ 첫 번째 문단에서 유럽의 탄소배출권 가격이 내리고 있음을 밝히고 있으나, 이는 화제를 제시하는 것이므로 전체 내용을 포괄하는 제목으로는 적절하지 않다.

12 ②

Quick해설 제시된 [보기]에서는 유럽에서 탄소배출권 가격이 내린 이유로 경기 침체 우려가 커진 것과 원자재 가격의 상승을 들고 있다. 이와 관련된 것은 ㉠과 ㉢이다.

13 ①

Quick해설 [지문 A]와 [지문 B]의 질의응답 순서는 '〈질문1〉 → (나) → 〈질문2〉 → (다) → 〈질문3〉 → (라) → 〈질문4〉 → (가) → 〈질문5〉 → (마)'로 전개되는 것이 가장 자연스럽다.

[상세해설] 먼저 수돗물을 직접 마시는 국민의 비율에 대해 묻고 있는 〈질문1〉에는 관련 수치를 밝히고 있는 (나)가 답변으로 이어져야 하며, 이어 우리집 수돗물 안심 확인제의 개념을 묻는 〈질문2〉에는 해당 제도의 개념과 신청 방법에 대해 언급한 (다)가 답변으로 이어지는 것이 적절하다. 다음으로 〈질문3〉은 우리집 수돗물 안심 확인제의 검사 항목을 묻고 있으므로 6가지 검사 항목에 대해 언급하고 있는 (라)가 답변으로 와야 하며, 기준치가 초과될 경우에 대해 묻고 있는 〈질문4〉에는 2차 검사 실시 및 수질 악화 원인을 분석한다는 내용의 (가)가 답변으로 이어지는 것이 자연스럽다. 마지막으로 노후 수도관 교체의 현황과 계획에 대한 〈질문5〉에는 환경부의 노후 상수관망 정비 사업에 대해 언급하고 있는 (마)가 답변으로 적절하다. 따라서 [지문 A]와 [지문 B]의 질의응답의 순서를 전개하면 '〈질문1〉 → (나) → 〈질문2〉 → (다) → 〈질문3〉 → (라) → 〈질문4〉 → (가) → 〈질문5〉 → (마)'이다.

14 ④

Quick해설 (다)에서 수돗물 안심 확인제는 수돗물 수질이 궁금한 국민이라면 누구나 전화나 인터넷으로 신청할 수 있다고 하였다.

[오답풀이] ① (라)에서 수돗물 안심 확인제 신청 시 탁도, pH, 잔류염소, 철, 구리, 아연의 6가지 항목을 검사한다고 하였고, (가)에서 검사 결과 기준을 초과할 경우 검사 항목 수를 늘려 2차 검사를 실시한다고 하였으므로 적절하지 않다.
② (가)에서 수질 악화의 원인 분석 결과 건물 밖의 수도 시설에 문제가 있을 경우에는 해당 지역의 사업자인 지방자치단체에서 개선할 수 있도록 조치한다고 하였으므로 적절하지 않다.
③ (나)에서 2021년 수돗물을 먹는 실태조사 결과에 따르면 우리 국민 중 3명 중 1명인 36%가 물을 마실 때 수돗물을 그대로 먹거나 끓여서 먹는 것으로 조사되었다고 함에 따라 직접 음용수로 사용하지 않은 사람이 많으므로 적절하지 않다.

15 ②

Quick해설 두 번째 문단에 따르면 코로나 바이러스 바깥쪽 표면, 즉 외피에 스파이크단백질이 붙어 있는 것으로 이와 별개로 단백질 껍질인 캡시드도 감싸고 있다.

[오답풀이] ① 첫 번째 문단에서 신종 코로나 바이러스와 같은 RNA 계통 바이러스는 돌연변이 발생률이 매우 높으며, 따라서 백신 개발에 어려운 측면이 있다고 하였다.
③, ④ 세 번째 문단에서 바이러스와 숙주 세포가 융합을 일으켜 바이러스 껍질이 벗겨진 후 유전물질이 숙주 세포 안으로 침입한다고 하였다. 그리고 바이러스는 숙주 세포의 리보좀, 효소 등을 마치 자신의 것인 양 사용하여 유전물질을 복제하고 단백질 껍질을 합성하고 바이러스의 단백질 분해효소를 통해 완성된 자손 바이러스는 다시 숙주 세포막과 융합하여 출아 과정을 거쳐 숙주 세포 밖으로 방출된다고 하였다.

16 ①

Quick해설 세 번째 문단에 따르면 항바이러스제는 체내에 침입한 바이러스의 작용을 약화 또는 소멸시키기 위해 사용하는 약물을 말하며, 바이러스 복제 과정을 단계별로 막는 것이지 바이러스의 유발인자를 저해하는 것은 아니다.

[오답풀이] ② 네 번째 문단에서 바이러스 침투를 직접적으로 막는 첫 번째 방법은 바이러스가 숙주 세포 안으로 들어가지 못하도록 흡착을 방해하는 것인데 대표적인 약물로는 말라리아 치료제라고 하였다.
③ 네 번째 문단에서 코로나19의 치료제로 가능성이 점쳐지고 있는 렘데시비르나 갈리데시비르 등은 코로나 바이러스의 RNA 중합효소에 달라붙어 복제를 막는 기전을 이용한다고 하였다. 이를 통해 코로나 바이러스가 숙주 세포 안으로 들어와 자신의 유전물질을 복제한다는 것을 알 수 있다.

④ 네 번째 문단에서 바이러스가 복제를 끝낸 후 증식의 마지막 단계에서 숙주 세포로부터 방출되는 과정이 필요한데, 이러한 바이러스 방출 저해 기전을 이용한 약물이 바로 인플루엔자 치료제 타미플루라고 하였다. 이를 통해 타미플루는 바이러스가 숙주 밖으로 방출될 때 중요한 역할을 하는 효소를 저해하는 원리임을 알 수 있다.

17 ②

Quick해설 제시된 글은 자폐증의 진단 방법 및 특징에 대해 설명하고 있다. 가장 먼저 나와야 하는 문단은 자폐증의 특징을 설명하고 이 글의 방향을 제시해주는 [나] 문단이다. 그리고 일반적인 진단의 의미와 방법을 살펴보는 [가] 문단이 나와야 한다. 그러고 나서는 일반적인 진단 방법과 차이가 나는 자폐증 진단의 특징 중 하나를 서술하고 있는 [라] 문단과, [라] 문단과는 다른 자폐증 진단 특징을 설명하는 [다] 문단이 순차적으로 나와야 한다. 따라서 문맥상 흐름에 맞게 배열하면 [나] – [가] – [라] – [다]이다.

18 ③

Quick해설 '척도'는 '평가하거나 측정할 때 의거할 기준'을 의미하고 '규격'은 '제품이나 재료의 품질, 모양, 크기, 성능 따위의 일정한 표준'을 의미한다. 따라서 '척도' 대신에 쓸 수 있는 단어로 적절하지 않다.

19 ③

Quick해설 두 번째 문단에 따르면 ⓒ 순자는 인간은 태생적으로 이기적이고 질투와 시기가 심하며 눈과 귀의 욕망에 사로잡혀 있다고 보고 있으며 ⓒ 한비자는 욕망을 추구하는 이기적인 본성이 이익 추구를 위한 동기 부여의 원천이라고 보았다. 따라서 이 둘은 모두 인간의 본성을 이기적으로 보고 있음을 알 수 있다.

[오답풀이] ① 첫 번째 문단에 따르면 ㉠ 맹자는 욕망을 제어하기 위해 마음의 수양을 통한 '과욕'과 의로운 일을 꾸준히 실천하여 기를 수 있는 '호연지기'를 강조하였고, 두 번째 문단에 따르면 ⓒ 순자는 개인적인 노력과 동시에 나라에서 교육과 학문을 통해 예를 세워 인위적으로 선이 발현되도록 노력해야 한다고 주장하였다. 따라서 ⓒ 순자가 ㉠ 맹자의 주장보다보다 한 단계 더 나아간 금욕주의이다.
② 마지막 문단에 따르면 ⓒ 한비자는 불로소득을 인정하지 않았으므로 ㉠, ⓒ과 다르게 자본주의적 성향을 띠고 있었다고 보기 어렵다.
④ 마지막 문단에 따르면 ⓒ 한비자는 인간의 욕망을 부정적으로만 보지 않았다.

20 ③

Quick해설 문맥상 ⓐ의 '기르다'는 '육체나 정신을 단련하여 더 강하게 만든다'는 의미로 쓰이고 있다. 이와 동일하게 쓰이는 '기르다'는 ③이다.

[오답풀이] ① '아이를 보살펴 키우다'의 의미로 쓰이고 있다.
② '병을 제때에 치료하지 않고 증세가 나빠지도록 내버려 두다'의 의미로 쓰이고 있다.
④ '습관 따위를 몸에 익게 하다'의 의미로 쓰이고 있다.

21 ③

Quick해설 A지점과 B지점 사이의 거리는 2,340m이고, 60과 45의 최소공배수는 180으로 2,340까지의 수 중 60과 45의 공배수의 개수는 13개이다. 이때 B지점에 있는 나무는 제외해야 하므로 이동시킬 필요가 없는 나무는 12그루이다.

[상세해설] A, B 두 지점 사이에 있는 나무 사이의 간격의 수는 53−1=52(개)이고, 각 나무 사이의 간격은 45m이므로 A, B 두 지점 사이의 거리는 45×52=2,340(m)이다. 각 나무 사이의 간격을 60m로 변경시켰을 때 A, B 두 지점 사이에 있는 나무 중 이동시킬 필요가 없는 나무는 A지점에서부터의 거리가 60의 배수인 동시에 45의 배수, 즉 60과 45의 공배수인 곳에 세워진 나무가 된다. 60과 45의 최소공배수는 180이므로 1부터 2,340까지의 수 중 60과 45의 공배수는 180, 360, 540, 720, 900, 1,080, 1,260, 1,440, 1,620, 1,800, 1,980, 2,160, 2,340으로 13개가 있다.
처음 세운 A지점에서부터 2,340m 떨어진 나무는 끝 지점인 B지점에 세워졌으므로 A, B 두 지점을 제외하고 이동시키지 않아도 될 나무는 모두 13−1=12(그루)이다.

22 ③

Quick해설 트럭이 이동한 거리는 1,300+5=1,305(m)이고, 걸린 시간은 1분이므로 평균 속력은 $\frac{1,305}{1,000} \div \frac{1}{60}=78.3$(km/h)이다.
따라서 트럭이 터널에 진입하는 순간의 속력보다 80−78.3=1.7(km/h) 더 느리다.

[상세해설] 트럭이 터널에 진입해서 완전히 통과할 때까지 걸린 시간은 1분이며, 터널의 길이가 1,300m이고 트럭의 길이는 5m이므로, 총이동 거리는 1,300+5=1,305(m)이다. 따라서 트럭이 터널에 진입하는 순간부터 완전히 통과할 때까지의 평균 속력은 $\frac{1,305}{1,000} \div \frac{1}{60}=78.3$(km/h)이고, 터널에 진입하는 순간의 속력이 80km/h였으므로 이 트럭이 터널에 진입하는 순간부터 완전히 통과할 때까지의 평균 속력은 터널에 진입하는 순간의 속력보다 80−78.3=1.7(km/h) 더 느리다.

23 ④

Quick해설 ㉠ 전체 해양쓰레기 중 2018년 플라스틱 쓰레기가 차지하는 양은 전체 해양쓰레기의 $\frac{25,971}{31,817}\times100≒81.6$(%)이고, 2021년에는 $\frac{53,839}{59,486}\times100≒90.5$(%)으로 2018년과 2021년 플라스틱 쓰레기가 차지하는 비중의 차는 90.5−81.6=8.9(%p)이다. 그러나 2018년 대비 2021년 플라스틱 쓰레기의 양은 25,971×2<53,839로 2배 이상, 즉 100% 이상 증가하였으므로 옳지 않은 설명이다.
㉢ 2018년부터 2020년까지 전체 해양쓰레기 무게는 매해 꾸준히 감소하였으나 전체 해양쓰레기의 양은 2019년 대비 2020년에 증가하였으므로 옳지 않은 설명이다.
㉣ 2021년 해양쓰레기를 차지하는 쓰레기의 무게는 플라스틱, 목재, 외국 기인 순이었고, 전체 해양쓰레기 중 목재 쓰레기가 차지한 무게의 비중은 $\frac{658}{2,588}\times100≒25.4$(%), 외국 기인한 쓰레기가 차지한 무게의 비중은 $\frac{454}{2,588}\times100≒17.5$(%)로 그 차는 25.4−17.5=7.9(%p)이므로 옳지 않은 설명이다.

[오답풀이] ㉡ 해양쓰레기 중 플라스틱 쓰레기가 차지하는 무게는 2018년 $\frac{2,585}{4,397}\times100≒58.8$(%)에서 2021년 $\frac{1,197}{2,588}\times100≒46.3$(%)로 각 해의 해양쓰레기 중 플라스틱 쓰레기가 차지하는 무게 비중은 감소하였다.

24 ②

Quick해설 '(누수량)÷(양변기 고장 건수)'의 산식을 통해 평균 누수량이 80톤 이상인 시기는 84.3톤인 2017년과 84.1톤인 2018년 2개임을 알 수 있다.

[상세해설] 양변기 고장 건당 평균 누수량은 [표1]의 누수량을 [표2]의 양변기 고장 건수로 나누어 구할 수 있다. 단, 누수량이 천 톤 단위이므로 이를 감안하여 다음과 같이 연도별 양변기 고장 건당 평균 누수량을 계산할 수 있다.
• 2016년: 1,755×1,000÷22,141≒79.3(톤)
• 2017년: 1,696×1,000÷20,108≒84.3(톤)
• 2018년: 1,933×1,000÷22,974≒84.1(톤)
• 2019년: 1,658×1,000÷20,933≒79.2(톤)
따라서 양변기 고장 건당 평균 누수량이 80톤 이상인 해는 2017년과 2018년으로 2개이다.

25 ④

Quick해설 연도별 물탱크 고장 원인의 비중은 다음과 같다.
• 2016년: 382÷52,227×100≒0.73(%)
• 2017년: 392÷47,252×100≒0.83(%)
• 2018년: 499÷69,542×100≒0.72(%)

• 2019년: 446÷53,254×100≒0.84(%)

물탱크 고장은 매년 누수 건수가 가장 적으므로 매년 가장 적은 비중을 보인 누수 원인이나, 그 비중은 1%에 미치지 않으므로 옳지 않은 설명이다.

[오답풀이] ① 누수 원인 중 배관 노후, 양변기 고장, 배관 동파는 2017년부터 전년 대비 증감 추이가 감소 → 증가 → 감소이나 물탱크 고장은 증가 → 증가 → 감소의 추이를 보인다. 따라서 나머지와 다른 증감 추이를 보이는 누수 원인은 물탱크 고장뿐이다.

② 배관 노후의 건수는 매년 전체 합계의 과반수이므로 50%를 넘는 가장 큰 누수 원인이다.

③ **24**번 풀이에 따라 양변기 고장 건당 평균 누수량은 79.3톤(2016년) → 84.3톤(2017년) → 84.1톤(2018년) → 79.2톤(2019년)으로, 2017년까지 전년 대비 증가하다가 그 이후 계속해서 감소하고 있다.

26 ④

Quick해설 제품 A, B를 각각 27개, 6개를 팔아야 최대이익을 얻을 수 있으며, 이때의 최대이익은 $5×27+4×6=159$(만 원)이다.

[상세해설] 제품 A를 x개, B를 y개 생산하면, 제시된 [표]에 따라 A제품 한 개당 원료는 1kg, 전력량은 2kWh가 필요하고, B제품은 한 개당 원료가 2kg, 전력량이 1kWh가 필요하다.

이를 바탕으로 식을 세우면 $x+2y≤40$, $2x+y≤60$이고, $x≥0$, $y≥0$이므로 연립부등식의 교점은 $(x, y)=(\frac{80}{3}, \frac{20}{3})$이다.

또한 A, B를 팔아 얻을 수 있는 최대이익을 k만 원이라고 하면 $5x+4y=k$이다. 이때 상품은 완제품만 판매한다고 하였으므로 교점에 가까운 정수이면서 연립부등식을 만족하는 (26, 6), (26, 7), (27, 6) 중에서 k를 최대로 하는 값을 찾아야 한다. $x=27$, $y=6$일 때 최대이므로 최대이익은 $5×27+4×6=159$(만 원)이다.

27 ③

Quick해설 차 대 차 고속도로 교통사고 발생 비율은 $26.07+42.65+25.48=94.2$(%), 사망 발생 비율은 $6.31+51.94+17.96=76.21$(%), 차량 단독 고속도로 교통사고 발생 비율은 $0.57+1.56+0.05+1.44=3.62$(%)이고, 사망 발생 비율은 $3.88+8.74+0.97+2.43=16.02$(%)이다. 즉, 차 대 차 고속도로 교통사고 발생 비율은 차량 단독 고속도로 교통사고 발생 비율의 25배 이상이지만, 사망자 수 발생 비율은 5배 미만이므로 교통사고 발생 건당 사망자 수는 차량 단독 고속도로 교통사고가 차 대 차 고속도로 교통사고보다 많다.

[오답풀이] ① 전체 사망자 수와 부상자 수가 주어져 있지 않으므로 횡단 중 차 대 사람 고속도로 교통사고 발생 시 중경상인 부상자 수와 사망자 수를 알 수 없다.

② 차량 단독 고속도로 교통사고 발생 비율은 $0.57+1.56+0.05+1.44=3.62$(%)이고, 이 중 절반은 $0.5×3.62=1.81$

(%)이다. 차량 단독 고속도로 교통사고 중 충돌사고는 1.56%로 1.81% 미만이므로 차량 단독 고속도로 교통사고의 절반 미만을 차지한다.

④ 부상 중 중상, 경상, 부상 신고 모두 각각 차 대 차가 $18.10+53.45+21.33=92.88$(%), $23.13+51.49+23.21=97.83$(%), $17.25+44.73+34.10=96.08$(%)를 차지한다. 한편 각각의 부상자 수는 알 수 없으므로 전체 부상자 수에서 차 대 차 추돌사고로 인한 부상자 수가 차지하는 비중은 95%를 넘을 수도, 넘지 않을 수도 있다. 따라서 정확한 비중은 알 수 없다.

28 ④

Quick해설 차 대 차 고속도로 교통사고 유형별 경상자 발생자 수는 충돌 $6,756×0.2313≒1,563$(명), 추돌 $6,756×0.5149≒3,479$(명), 기타 $6,756×0.2321≒1,568$(명)이다. 제시된 자료는 중상자 발생자 수 중 충돌 $1,768×0.181≒320$(명), 추돌 $1,768×0.5345≒945$(명), 기타 $1,768×0.2133≒377$(명)을 표기한 자료이므로 옳지 않다.

[오답풀이] ① 차량 단독 전도/전복 고속도로 교통사고로 인한 사망자 수는 $206×0.0388≒8$(명), 중상자 수는 $1,768×0.0124≒22$(명), 경상자 수는 $6,756×0.0019≒13$(명), 부상신고 수는 $997×0.002≒2$(명)이다.

② 차 대 사람 고속도로 교통사고 유형별 발생 건수는 횡단 중 $4,223×0.0028≒12$(건), 차도통행 중 $4,223×0.0012≒5$(건), 길가장자리구역 통행 중 $4,223×0.0005≒2$(건), 보도통행 중 $4,223×0.0005≒2$(건), 기타 $4,223×0.0168≒71$(건)이다.

③ 고속도로 교통사고 사고유형별 사망자 수 발생 비율은 차 대 사람 $0.97+0.97+5.83=7.77$(%), 차 대 차 $6.31+51.94+17.96=76.21$(%), 차량 단독 $3.88+8.74+0.97+2.43=16.02$(%)이다.

29 ②

Quick해설 제시된 [그래프]를 표로 정리하면 다음과 같다.

구분	2012년	2013년	2014년	2015년	2016년
아동 인구	9,691,876	9,431,699	9,186,841	8,961,805	8,736,051
아동 인구 구성비	19.0%	18.0%	18.0%	17.0%	17.0%
총인구	51,009,874	52,398,328	51,038,006	52,716,500	51,388,535
전년 대비 아동 인구	−	−2.7%	−2.6%	−2.4%	−2.5%
전년 대비 총인구	−	+2.7%	−2.6%	+3.3%	−2.5%
구분	2017년	2018년	2019년	2020년	2021년
아동 인구	8,480,447	8,176,335	7,928,907	7,710,946	7,483,944
아동 인구 구성비	16.0%	16.0%	15.0%	14.9%	14.5%

총인구	53,002,794	51,102,094	52,859,380	51,751,315	51,613,407
전년 대비 아동 인구	−2.9%	−3.6%	−3.0%	−2.7%	−2.9%
전년 대비 총인구	+3.1%	−3.6%	+3.4%	−2.1%	−0.3%

ⓐ 2013~2021년 동안 전년 대비 총인구가 증가한 해는 2013년, 2015년, 2017년, 2019년이고, 감소한 해는 2014년, 2016년, 2018년, 2020년, 2021년이므로 감소한 해가 더 많다.

ⓒ 2012~2021년 동안 평균 아동 인구의 수는 (9,691,876+9,431,699+9,186,841+8,961,805+8,736,051+8,480,447+8,176,335+7,928,907+7,710,946+7,483,944)÷10≒8,578,885(명)이다. 이는 850만 명보다 크다.

[오답풀이] ⓑ 2013~2021년 동안 전년 대비 아동 인구가 가장 큰 비율로 감소한 해는 3.6% 감소한 2018년이다. 이때 총인구도 2018년에 3.6% 감소하여 가장 큰 비율로 감소하였다.

ⓓ 2013~2021년 동안 전년 대비 아동 인구가 가장 작은 비율로 감소한 해는 2.4% 감소한 2015년이다. 이때 총인구는 전년 대비 3.3% 증가하였다.

30 ④

Quick해설 ⓒ 2021년 여성 국회의원 수가 (총 국회의원 수)×0.1보다 작은 나라는 일본이 유일하므로 옳은 설명이다.

ⓒ 2019년 대비 2021년 여성 국회의원 증가율은 한국은 $\frac{57-51}{51}$×100≒11.8(%), 미국은 $\frac{118-102}{102}$×100≒15.7(%)로 한국보다 미국이 높으므로 옳다.

ⓓ 2021년 북아메리카 여성 국회의원 수 비율은 $\frac{100+241+118}{413+628+535}$×100≒29(%)이고, 남아메리카 여성 국회의원 수 비율은 $\frac{35+32+26}{158+280+57}$×100≒19(%)이다. 따라서 여성 국회의원 수 비율은 북아메리카가 남아메리카보다 높으므로 옳은 설명이다.

[오답풀이] ⓐ 3년 연속 여성 국회의원 수가 증가한 나라는 캐나다, 오스트리아, 벨기에, 독일, 그리스, 리투아니아, 룩셈부르크, 노르웨이, 슬로바키아, 스위스, 오스트레일리아, 뉴질랜드의 12개국이다.

31 ④

Quick해설 이스라엘의 전체 국회의원 중 여성 국회의원 비율은 $\frac{32}{120}$×100≒27(%)이고, OECD 평균 비율은 25%이다. 따라서 27−25=2(%p) 높으므로 옳지 않은 설명이다.

[오답풀이] ① 한국의 전체 국회의원 중 여성 국회의원 비율이 OECD 평균 비율, 즉 25% 이상이려면 한국 여성 국회의원 수는 300×0.25=75(명)이어야 한다. 따라서 75−57=18

(명) 이상 증가하여야 하므로 옳은 설명이다.

② 그리스의 전체 국회의원 중 여성 국회의원 비율이 OECD 평균 비율, 즉 25% 이상이려면 그리스 여성 국회의원 수는 300×0.25=75(명)이어야 한다. 따라서 그리스의 여성 국회의원 수는 75−65=10(명) 이상 증가하여야 하므로 옳은 설명이다.

③ 스페인의 전체 국회의원 중 여성 국회의원 비율은 $\frac{154}{616}$×100=25(%)이고, 이는 OECD 평균 비율 25%와 같으므로 옳은 설명이다.

32 ③

Quick해설 ⓐ 가장 빨리 운송할 수 있는 열차는 오전 10시 10분에 도착하는 R열차로, R열차의 화물운임은 2×(300×5×45)=135,000(원)이다.

ⓒ 가장 저렴하게 운송할 수 있는 열차는 2×(300×5×42)=126,000(원)이 드는 Q열차로, Q열차를 이용하여 운송하였을 때 도착 시간은 오전 11시 40분이다.

[상세해설] 열차별로 오전 8시 12분 이후 가장 빨리 출발하는 열차편은 P열차가 오전 9시 10분, Q열차가 오전 8시 20분, R열차가 오전 8시 25분이다. A역에서 G역까지의 거리는 총 300km이다. 따라서 A역에서 G역까지 정차를 하지 않았을 때 P열차는 1시간, Q열차는 2시간 30분, R열차는 1시간 15분이 소요된다. P열차는 D역에서만 정차하므로 G역에 오전 9시 10분+1시간+10분=오전 10시 20분에 도착하고, Q열차는 B~F역에 정차하므로 G역에 오전 8시 20분+2시간 30분+5×10분=오전 11시 40분에 도착하고, R열차는 C역, D역, F역에 정차하므로 G역에 오전 8시 25분+1시간 15분+3×10분=오전 10시 10분에 도착한다. P열차의 화물운임은 2×(300×5×50)=150,000(원)이고, Q열차의 화물운임은 2×(300×5×42)=126,000(원)이고, R열차의 화물운임은 2×(300×5×45)=135,000(원)이다.

따라서 가장 빨리 운송할 수 있는 열차는 R열차로 R열차의 화물운임비(ⓐ)는 135,000원이고, 가장 저렴하게 운송할 수 있는 열차는 Q열차로 Q열차를 이용하여 운송하였을 때 도착 시간(ⓒ)은 오전 11시 40분이다.

33 ④

Quick해설 (d): 350+2,293+521+127+470+153+306=4,220

[오답풀이] ① (a): 3,940−331−2,107−110−457−138−297=500

② (b): 3,999−336−2,146−505−112−142−299=459

③ (c): 4,132−348−519−115−463−149−303=2,235

34 ③

Quick해설 ㉡ 천연기념물은 2020년까지 매년 2개씩 증가하여 짝수 개씩 증가하다가 2021년에는 전년 대비 7개로 홀수 개만큼 증가하였다.

㉣ 2019년에는 명승과 국가민속문화재가 전년 대비 1개 증가하였다.

(단위: 건)

구분	2017년	2018년	2019년	2020년	2021년
국보	331	336	342	348	350
전년 대비	−	+5	+6	+6	+2
보물	2,107	2,146	2,188	2,235	2,293
전년 대비	−	+39	+42	+47	+58
사적	500	505	513	519	521
전년 대비	−	+5	+8	+6	+2
명승	110	112	113	115	127
전년 대비	−	+2	+1	+2	+12
천연기념물	457	459	461	463	470
전년 대비	−	+2	+2	+2	+7
국가무형문화재	138	142	146	149	153
전년 대비	−	+4	+4	+3	+4
국가민속문화재	297	299	300	303	306
전년 대비	−	+2	+1	+3	+3

[오답풀이] ㉠ 조사 기간 동안 국가지정문화재 중 보물의 비율은 지속적으로 증가하고 있다.

(단위: 건)

구분	2017년	2018년	2019년	2020년	2021년
합계	3,940	3,999	4,063	4,132	4,220
보물	2,107	2,146	2,188	2,235	2,293
비율	53.5%	53.7%	53.9%	54.1%	54.3%

㉢ 명승과 국보를 더한 값과 국가무형문화재와 국가민속문화재를 더한 값의 차이는 점점 커지고 있다.

(단위: 건)

구분	2017년	2018년	2019년	2020년	2021년
명승	110	112	113	115	127
국보	331	336	342	348	350
(명승)+(국보)	441	448	455	463	477
국가무형문화재	138	142	146	149	153
국가민속문화재	297	299	300	303	306
(국가무형문화재)+(국가민속문화재)	435	441	446	452	459
차이	6	7	9	11	18

35 ④

Quick해설 2012~2020년 동안 전체 에너지 중 석탄의 비율이 전년 대비 감소한 해의 수는 6개이다.

구분	2011년	2012년	2013년	2014년	2015년
합계	277.1	278.3	279.4	282.4	287.0
석탄	83.7	80.6	81.5	84.4	85.4
석탄 비율	30.2%	29.0%	29.2%	29.9%	29.8%
전년 대비	−	−1.2%p	0.2%p	0.7%p	−0.1%p

구분	2016년	2017년	2018년	2019년	2020년
합계	293.8	302.4	305.5	303.0	292.0
석탄	81.5	86.2	86.7	82.1	72.2
석탄 비율	27.7%	28.5%	28.4%	27.1%	24.7%
전년 대비	−2.1%p	0.8%p	−0.1%p	−1.3%p	−2.4%p

36 ③

Quick해설 LNG 소비량이 전년 대비 감소한 해는 2014년, 2015년, 2019년이다. 2014년, 2015년, 2019년에 원자력 소비량은 전년 대비 모두 증가하였다.

[오답풀이] ① 원자력 소비량이 전년 대비 가장 큰 비율로 떨어진 해는 2018년이다. 나머지 에너지 중 석유의 소비량은 전년 대비 감소하였다.

② 전체 에너지 중 석탄과 석유의 소비량의 합은 2020년의 경우 $\frac{110.2+72.2}{292}\times100 ≒ 62.5(\%)$로 63%보다 작다.

④ 전체 에너지 소비량 중 LNG와 원자력의 소비량이 차지하는 비율의 차이가 가장 작은 해는 2015년이다. 석탄의 소비량이 조사 기간 중 가장 많은 해는 2018년이다.

37 ②

Quick해설 조사 기간 동안 전년 대비 1일 평균수용인원이 가장 큰 비율로 감소한 해는 2021년이다. 이때 신수용인원은 2020년과 2014년에 이어 세 번째로 큰 비율로 감소하였다.

구분	2012년	2013년	2014년	2015년	2016년
신수용인원	10,011	9,748	8,272	8,466	7,504
전년 대비	−	−2.6%	−15.1%	+2.3%	−11.4%
1일 평균수용인원	1,854	1,852	1,660	1,549	1,530
전년 대비	−	−0.1%	−10.4%	−6.7%	−1.2%

(1일 평균 수용인원)÷ (신수용 인원)	18.5%	19.0%	20.1%	18.3%	20.4%
구분	2017년	2018년	2019년	2020년	2021년
신수용 인원	8,359	7,902	7,032	5,934	5,237
전년 대비	+11.4%	−5.5%	−11.0%	−15.6%	−11.7%
1일 평균 수용인원	1,612	1,510	1,342	1,261	1,066
전년 대비	+5.4%	−6.3%	−11.1%	−6.0%	−15.5%
(1일 평균 수용인원)÷ (신수용 인원)	19.3%	19.1%	19.1%	21.3%	20.4%

[오답풀이] ① 조사 기간 동안 전년 대비 신수용인원이 15% 이상 감소한 해는 2014년과 2020년으로 2개이다.

③ 조사 기간 동안 전년 대비 신수용인원이 증가한 해는 2015년과 2017년으로 2개이다. 전년 대비 1일 평균수용인원이 증가한 해는 2017년으로 1개이다. 따라서 전년 대비 신수용인원이 증가한 해는 전년 대비 1일 평균수용인원이 증가한 해보다 많다.

④ 조사 기간 동안 1일 평균수용인원이 신수용인원의 20% 이상인 해는 2014년, 2016년, 2020년, 2021년으로 4개이다.

38 ④

Quick해설 각각의 점수를 계산하면 다음과 같다.

구분	과정	분야	창의성	일관성	명료성	완성도	기여도	저자수	단독 여부	총합
A	석사	3	9	6	8	7	7	0	1	41
B	통합	0	7	10	8	6	6	0	0	37
C	통합	3	10	6	9	6	7	0	0	41
D	석사	3	8	8	4	10	5	0	0	38
E	박사	2	5	7	7	4	10	3	0	38
F	통합	2	9	5	9	8	8	0	0	41
G	석사	3	10	8	5	6	7	0	1	40
H	통합	0	4	4	10	10	5	3	0	36
I	석사	1	10	9	7	9	10	0	0	46
J	박사	0	9	9	10	9	9	0	1	47
K	통합	2	6	5	8	5	9	3	1	39
L	박사	0	6	4	6	4	4	0	0	24

2차 평가 인원은 석사, 박사, 통합 과정 모두 2배수인 2명씩을 선정한다. 석사의 경우 I와 A, 박사의 경우 J와 E, 통합 과정의 경우 C와 F가 2차 평가 인원으로 선정된다. 따라서 2차 평가 인원에 선정되지 않은 사람으로 바르게 짝지어진 것은 D, H, K이다.

39 ③

Quick해설 박사 과정 최고점자인 J와 최저점자인 L의 점수 차이는 47−24=23(점)으로 20점을 초과한다.

[오답풀이] ① 모든 가산점이 없어질 경우에도 2차 평가 대상에 선발되는 인원은 석사의 경우 I와 A, 박사의 경우 J와 E, 통합 과정의 경우 C와 F로 동일하다.

② 토목 공학 분야에 3점의 가산점이 생기더라도 B의 총점은 40점이므로 통합 과정 중 2차 평가 대상으로 선발되는 인원은 C와 F이다. 따라서 B의 1차 평가 당락은 바뀌지 않는다.

④ 기여도가 평가 항목에서 제외되더라도 2차 평가 대상에 선발되는 인원은 석사의 경우 I와 A, 박사의 경우 J와 E, 통합 과정의 경우 C와 F로 동일하다.

40 ①

Quick해설 상우가 출근하는 데 13분이 소요되려면 거주지가 B, 직장이 나여야 한다. 우성이는 환승하지 않고 출근을 할 수 있어야 하므로 우성이의 거주지는 A, 정재의 거주지는 C이다. 정재가 C에 거주하고, 네 개 이상의 역을 지나친다면 직장은 다이다. 따라서 우성이의 직장은 가이다.

[상세해설] 정재는 출근을 위해 적어도 네 개 이상의 역을 지나쳐야 한다. 정재가 A에 거주한다면 직장은 가가 되며, B에 거주해도 가능한 경우는 가뿐이다. 정재가 C에 거주하면 직장은 다가 된다. 우성이는 환승을 하지 않고 출근이 가능하다. 우성이가 A에 거주한다면 직장은 가 또는 다이며, B에 거주하면 나, C에 거주해도 나만이 가능하다. 이때 상우는 C에 거주하지 않으므로 A 또는 B에 거주한다.

구분	정재	우성	상우
A	가	가, 다	가, 나, 다
B	가	나	가, 나, 다
C	다	나	—

정재의 거주지와 직장이 A−가이면, 상우는 거주지가 B이므로 우성이의 거주지와 직장은 C−나가 된다. 이때 상우의 직장은 다가 되는데 B에서 다로 최소시간으로 이동할 때, 3호선으로 1개역을 이동하고, 1호선으로 2개역을 이동하며, 환승역 1개, 일반역 1개에서 정차하는데 환승역에서는 하차하여 이동하므로 환승역에서의 정차 시간은 고려하지 않는다. 따라서 3+2×2+1=8(분)이 소요된다. 따라서 상우가 출근하는 데 13분이 소요된다는 조건에 모순이다.

정재의 거주지와 직장이 B−가이면, 상우는 거주지가 A이므로 우성이의 거주지와 직장은 C−나가 된다. 이때 상우의 직장은 다가 되는데 A에서 다로 최소시간으로 이동할 때, 1호선으로 3개역을 이동하고, 환승역 1개, 일반역 1개에 정차하므로 2×3+2+1=9(분)이 소요되어 모순이다.

정재의 거주지와 직장이 C−다라면, 우성이와 상우의 거주지와 직장은 각각 A-가, B-나 또는 B-나, A-가이다. A에서 가까지 이동할 때, 환승을 하지 않고 가면 1호선으로 5개역을 이동하고, 환승역 1개, 일반역 3개에서 정차하므로 2×5+2+3=15(분)이다. 만약 A에서 가까지 1호선, 3호선의 환승역에서 환승한 다음 2호선, 3호선의 환승역에서 다시 환승해서 간다면 1호선으로 1개역, 2호선으로 1개역, 3호선으로 1개역을 이동하고, 환승역 2개에서 정차하는데 두 환승역에서 모두 하차하여 이동하므로 환승역에서의 정차 시간은 고려하지 않는다. 따라서 2+2.5+3=7.5(분)이다. B에서 나까지 최소시간으로 이동하였을 때, 3호선으로 3개역을 이동하고, 환승역 2개에서 정차하므로 3×3+2×2=13(분)이 소요된다.

따라서 정재의 거주지와 직장은 C-다, 우성이의 거주지와 직장은 A-가, 상우의 거주지와 직장은 B-나가 된다.

직무능력평가

경영

01	02	03	04	05	06	07	08	09	10
②	④	①	④	③	④	①	③	②	③
11	**12**	**13**	**14**	**15**	**16**	**17**	**18**	**19**	**20**
②	③	④	③	④	①	①	③	②	③
21	**22**	**23**	**24**	**25**	**26**	**27**	**28**	**29**	**30**
②	③	③	④	③	④	②	④	②	③
31	**32**	**33**	**34**	**35**	**36**	**37**	**38**	**39**	**40**
②	③	①	①	②	③	④	③	①	④

01 ②

[상세해설] 제시된 보도자료에서는 홍수 예방이나 홍수 조절 등을 위해 예컨대 드론이나 AI 등과 같은 첨단 장비를 활용하는 원격점검대책에 관한 구체적인 계획에 대해서는 언급하고 있지 않다.

[오답풀이] ①, ③, ④ 올해 홍수기에 적용되는 주요 대책 세 가지로 '관계기관 협업대책, 댐 운영 개선대책, 지역소통 강화대책'을 언급하고 있다. 관계기관 협업대책은 환경부·기상청·홍수통제소·한국수자원공사가 참여하는 「정책협의회」를 언급한 부분에서 확인할 수 있으며, 댐 운영 개선대책은 수문방류 예고제가 시행되었다는 점에서 알 수 있다. 또한 지역소통 강화대책은 지자체, 지역주민, 관계기관이 참여하는 '댐 홍수관리 소통 회의'를 가동한다는 설명에서 알 수 있다.

02 ④

[상세해설] ㉠ 조사·계획단계에서 가장 중요한 것은 환경피해를 방지하는 것이며, 이를 위해서는 환경 측면에서의 사업의 적정성, 타당성을 면밀히 검토해야 할 것이다. 따라서 ㉠과 같은 사항은 제반 계획을 수립하게 되는 조사·계획단계의 활동 내역에 해당된다.

ㄴ 실제 건설 작업 시의 환경영향을 고려하는 것은 건설 작업의 구체적인 설계와 시공 단계에서 미리 파악하여 친환경시공에 도입해야 하는 사항일 것이므로, 세 번째 설계·시공단계의 활동 내역에 해당된다.

03 ①

[상세해설] 제시된 글에서는 수력발전 댐과 다목적 댐의 연계운영에 대한 필요성이 대두된 배경을 언급하고 있으며, 마지막 문단에서 그러한 연계운영에 따른 기대효과를 개괄적으로 설명하고 있다. 따라서 제시된 글을 통해 강조하고자 하는 바는 '다목적 댐-수력발전 댐 통합운영을 통한 효율적인 관리체계 구축'의 내용이 가장 적절하다.

04 ④

Quick해설 [보기]의 주제1~4에 맞는 문단은 순서대로 [라]-[다]-[나]-[가]이다.

[상세해설] • 주제1: 중소·벤처기업 393개사를 지원함으로써 기업매출 확대 및 일자리 1,889개를 창출하였다는 [라]의 내용은 물 산업 혁신 일자리에 관한 사업의 일환이다.
• 주제2: 지역민 일자리 창출과 복지 증진, 성장자금 지원 등은 사회적 가치를 창출하고 지역경제를 활성화하는 데 기여하는 노력이므로 이는 [다]에서 언급되어 있다.
• 주제3: 핵심역량 관리와 더불어 중장기적인 인력을 육성하기 위한 노력, 미래 변화 및 전략과제를 반영한 전문가 육성 등의 활동은 미래 대비 융합 중심의 창의형 인재 육성 사업의 모습으로, [나]에서 언급되어 있다.
• 주제4: 직장 내 괴롭힘을 방지하기 위한 예방체계 구축에 관하여 언급된 [가]는 구성원이 보호받는 존중 일터 구축의 일환이라고 볼 수 있다.

05 ③

Quick해설 최종 결재권자의 서명이 이루어진 시점은 문서가 성립되는 시점이 되며, 그 효력이 발생하는 시점은 문서의 수신자에게 전달되는 시점이 된다. 이를 '도달주의' 원칙이라고 한다.

[오답풀이] ① 사내 윤리강령과 행동지침 등은 일정한 사항을 지시하는 지시문서이자 내부에 비치하여 업무에 활용하는 비치문서로 볼 수 있다.
② 공기관 간의 업무 협조와 관련된 내용을 주고받은 공식 문서는 일정한 사항을 일반에게 알리는 문서가 아니므로 공고문서로 분류되지 않고 법규문서, 지시문서, 비치문서, 민원문서에도 해당되지 않으므로 일반문서로 분류할 수 있다.
④ 민원문서는 '특정한 행위를 요구하는 문서와 그에 대한 처리문서'라고 기재되어 있으므로 두 가지를 모두 포함한다.

06 ④

[상세해설] • (A) 건강한 물순환 회복, 친환경 대체 수자원 확보, 수생태계 보전과 복원 노력, 삶의 질을 높이는 도시환경 조성 등의 전략을 추진하기 위한 세부 과제로 '건강하고 깨끗한 환경'의 전략 방향이다.
• (B) 양질의 일자리 창출, 신기술 개발 및 투자 확대, 혁신성장 마중물 역할 강화 등의 전략을 추진하기 위한 세부 과제로 '경제 활력 제고'의 전략 방향이다.
• (C) 국민이 원하는 서비스 제공, 지역발전 및 지역경제 활성화, 국민소통 및 참여 강화 등의 전략을 추진하기 위한 세부 과제로 '국민 체감형 서비스'의 전략 방향이다.
• (D) 공정하고 청렴한 윤리경영 실현, 인권보호 및 노동권 존중 등의 전략을 추진하기 위한 세부 과제로 '클린 책임 경영'의 전략 방향이다.

07 ①

[상세해설] 스마트워터 그리드는 인터넷 기술을 활용하여 급수 대상 구역에 공급하는 수돗물의 관로를 안전하고 효율적으로 유지하는 체계이다. 배수관로에 누수를 탐지하고 압력을 조절하는 센서를 부착하고 여기에서 나오는 정보를 컴퓨터에 전송하여 수돗물의 수질을 시스템에 의해 자동으로 조절 및 유지하는 기능을 한다.
제시된 글에서 언급된 바와 같이 취수장, 정수장, 수도관 등에서 보내오는 정보를 스마트워터 그리드가 센서를 통해 자동으로 인식하여 이에 필요한 조치를 취하게 되므로, 이는 기존 물 관리의 일방향 정보수집 방식에서 한층 발전된 양방향 정보수집의 기능을 보여주는 스마트워터 그리드의 가장 큰 장점이라고 할 수 있다.

08 ③

[상세해설] 글로벌 물안전관리기법(WSP, Water Safety Plan)은 상수원에서 수도꼭지까지 수돗물의 안전성을 위협할 수 있는 위해 요인을 사전에 진단하여 개선방향을 제시하도록 국내 실정에 맞도록 자체 개발·적용한 글로벌 물안전관리 기법이다. 또한 수직형 정수처리 및 분산형 용수공급시스템은 컴팩트한 수직구조의 신개념 정수처리 설계기술로 소비자 인근으로 정수시설 분산 배치와 비상용수 확보를 통한 안전하고 안정적인 미래형 용수공급시스템을 말한다.
언급된 두 가지 물 관리 기법은 6단계 정수처리 시스템 최적화 과정에서 적용되고 있는 기술이며, 정수처리 시스템 최적화 단계는 누구나 신뢰하는 건강한 수돗물 생산체계 강화를 위한 정수작업이 진행되는 과정이라고 할 수 있다.

[오답풀이] ① 3단계 '수자원시설 유지 및 안전관리'에서는 이상강우, 지진, 시설노후화 등의 다양한 위협 요인으로부터 수자원 시설물의 안전성을 강화하기 위해 보조여수로 신설 등의 치수 능력 증대사업을 시행하고 있으며, 댐 계측계기 실시간 계측과 지진감시가 가능한 ICT 기반의 수자원통합안전관리시스템과 댐 위험도 분석·평가 기법을 도입, 안전에 믿음을 더하는 예방 중심의 과학적인 시설물 관리가 수행된다.
② 5단계 '취수원 수질관리'에서는 사전 예방적 수질안전 관리체계 구축을 위해 조류 냄새물질 발생을 사전에 모니터링할 수 있는 예측 시스템을 개발하였으며, 실시간 조류냄새물질 측정 시스템과 조류독소 온라인 측정시스템을 운영하여 조류 등 취수원 이상수질에 대한 선제적 대응 기반을 마련하여 운영하고 있다.
④ 9단계 '하수처리 운영 효율화'에서는 하천수질개선 및 공공위생 향상 등 국민 생활환경 개선을 위해 댐 상류에 하수도를 건설·운영하여 상수원 수질을 안전하게 관리하고 있으며, 민간 투자사업 등 대규모 하수도사업 참여를 통해 깨끗하고 안정된 양질의 물순환체계를 구축하고 있다.

09 ②

[상세해설] 지능형 검침인프라(AMI)는 스마트그리드를 구현하기 위해 필요한 핵심 인프라로서 스마트미터, 통신망, MDMS(Meter Data Management System, 계량데이터관리시스템)와 운영시스템으로 구성되고 스마트미터 내에 모뎀을 설치하여 양방향 통신이 가능한 지능형 전력계량 인프라를 말한다. AMI 운영시스템에서는 소비자와 전력회사 간 양방향 통신으로 원격검침, 수요관리, 전력소비 절감과 전기품질 향상 등 다양한 융복합 서비스를 제공하게 된다. 특히, AMI 사업은 국내 우수한 IT기술을 기반으로 전력피크 시 요금정보 등을 소비자에게 제공하여 최대 수요 저감효과를 얻을 수 있어 근래 지속되고 있는 전력수급 비상 시 능동적인 대처가 가능하기 때문에 그 필요성이 더욱 부각되어 왔다.
제시된 스마트 물관리 개념도에서는 지능형 관망을 운영하는 (B)단계에서 스마트미터, 수질계측기, 수질전광판 등과 함께 지능형 검침인프라가 작동할 수 있다.
[오답풀이] (A)단계에서는 물수급 정보 통합관리, 정수처리 공정 자동화, 실시간 계측관리 등이, (C)단계에서는 수도꼭지 정보제공, 수도꼭지 부착형 필터, 스마트 BILLING, Total Care Service 등이, (D)단계에서는 하이브리드형 재처리 시스템, 재이용수 실시간 계측관리, 무인 원격공정제어 시스템 등의 구체적인 기능이 단계별로 작동되는 것이 스마트 물관리의 기본 개념이다.

10 ③

[상세해설] 공고문의 도입 부분에서 환경부 고시로 실시계획 승인 고시된 「'갑' 지역 지하수저류지 설치사업」에 편입되는 토지 등에 대하여, 「공익사업을 위한 토지 등의 취득 및 보상에 관한 법률」 제15조에 의거 '1. 사업개요~4. 보상시기 및 절차' 내용의 보상계획을 공고한다고 서술되어 있다. 또한, 보상가격은 감정평가법인의 평가금액을 산술평균하여 결정한다고 언급되어 있으므로, 해당 지역 주민에 대한 적절한 토지 보상을 통해 분배균형을 실현하고자 함을 알 수 있다.

11 ②

[상세해설] 피들러는 한 리더가 과업지향적 리더십과 관계지향적 리더십을 동시에 가질 수 없다고 보았다. 따라서 호의적인 상황이거나 비호의적인 상황에서는 과업지향적 리더십이 유용한데, 그 리더가 관계지향적 리더십을 가졌다면 상황을 보통의 상황으로 바꾸거나 과업지향적 리더를 고용해야 된다.

12 ③

[상세해설] 전문적 관료제는 핵심운용부문이 주요 부문이 되고, 사업부 조직은 중간라인부문이 주요 부문이 된다.

13 ④

[상세해설] 에이전시 숍(agency shop)에 대한 설명이다.
[오답풀이] ① 오픈 숍(open shop): 노동조합에 가입한 조합원이나 하지 않은 조합원 모두를 고용할 수 있는 제도
② 클로즈드 숍(closed shop): 신규채용에 있어 사용자가 조합원 중에서 고용하지 않으면 안되는 제도
③ 유니온 숍(union shop): 노동조합의 조합원 이외의 근로자까지 자유로이 고용할 수 있으나 고용된 근로자는 일정기간 후 반드시 조합원이 되어야 하는 제도

14 ③

[상세해설] 집중화 전략은 전사적 수준의 전략이 아닌 사업부 수준의 전략이다.

15 ④

[상세해설] BCG 매트릭스에서는 자금흐름을 중요하게 보지만, GE 매트릭스에서는 원의 위치를 통해 해당 산업군의 투자수익률(ROI)을 표시한다.
[오답풀이] ① GE 매트릭스에서 원의 크기는 진출한 시장의 크기이다.
② GE 매트릭스의 가로축은 사업단위 경쟁력이고, 세로축이 산업의 장기매력도이다.
③ Cash Cow → Question Mark 또는 Star 내에서의 자금 순환이다.

16 ①

[상세해설] 기술적 분석은 약형효율적 시장이론에 의해, 기본적 분석은 준강형효율적 시장이론에 의해 부정된다.

17 ①

[상세해설] 스트립 매입에 대한 그림은 ①이다.
[오답풀이] ② 스트립 매도에 대한 그림이다.
③ 스트랩 매입에 대한 그림이다.
④ 스트랩 매도에 대한 그림이다.

18 ③

[상세해설] 유형자산이 가동되지 않거나 유휴상태가 되더라도 감가상각은 중단하지 않는다.
[오답풀이] ② 감가상각액은 재고자산의 가공원가로서 제조원가에 포함될 수 있다.

④ 잔존가치가 장부금액보다 아래로 내려가게 되면 감가상각을 하지 않게 된다.

19 ②

[상세해설] 총매출액은 180,000원＋800,000원＝980,000원이다. 매출채권이 기초에 비해 40,000원 상승했으므로 현금흐름은 40,000원 감소한다.
위 거래들을 분개로 한 번에 나타내면 다음과 같다.
(차) 매출채권　40,000원　　　（대) 매출　　　980,000원
　　 현금　　　940,000원
영업에서 유출된 현금의 영업비용은 총 250,000원이고, 미지급비용이 70,000원 증가하였으므로 분개로 나타내면 다음과 같다.
(차) 영업비용　250,000원　　　（대) 미지급비용　70,000원
　　　　　　　　　　　　　　　　　　 현금　　　　180,000원
따라서 940,000원의 현금 유입과 180,000원의 현금유출이 발생하므로 940,000원－180,000원＝760,000원이다.

20 ③

[상세해설] 사행적 다각화란 관계가 없는 기업으로 다각화를 하는 것이다. 여기서 다각화란 한 기업이 종래 운영하고 있던 업종 이외의 다른 업종에 진출하여 이를 동시에 운영하는 것이다. 다각화를 추진하는 목적은 성장추구, 위험분산, 범위의 경제성, 시장지배력 강화 등이 있다. 성장추구만을 위한 다각화를 진행할 경우 실패할 가능성이 높다. 다각화의 유형은 다음과 같이 구분할 수 있다.
• 수평적 다각화: 기술적으로 기존 제품라인과는 상관없이 현재의 고객에 요구할 수 있는 신제품을 추가하는 것
• 집중적 다각화: 기술적으로 기존의 제품라인과 유사성을 갖고 마케팅 시너지 효과를 획득할 수 있는 신제품을 추가하는 것
• 복합적 다각화: 기존의 기술이나 제품과는 상관없이 신제품을 추가하여 새로운 시장을 개척하는 것
• 수직적 통합전략: 전방 통합과 후방 통합을 합한 것

21 ②

[상세해설] 현금을 출자할 경우 현금이 증가하여, 자본이 증가하는 거래이다. 따라서 순자산이 증가한다.
[오답풀이] ① 광고비로 현금을 지급한 거래이므로 비용이 발생하고, 자산이 감소하므로 순자산이 감소한다.
③ 차입으로 인해 부채가 증가한 거래이므로 순자산이 감소한다.
④ 미지급했던 금액이 감소하였으므로 부채가 감소하였으나, 새로운 부채를 발행하였으므로 순자산의 변동은 없다.

22 ③

[상세해설] 수익성지수법은 '(현금유입의 현재가치)÷(현금유출의 현재가치)'이므로 수익성지수가 1보다 크면 투자안을 채택하고, 1보다 작으면 기각한다.
[오답풀이] ② 내부수익률법은 내부수익률을 이용한 방법으로, 현금유입액의 현가와 현금유출액의 현가를 일치시키는 할인율로 기업의 현금유출입만 파악하고 있다면 간단하게 구할 수 있다.

23 ①

[상세해설] (가중평균자본비용)＝(부채비용)×(부채÷자산)×(1－법인세율)＋(자기자본비용)×(자본÷자산)을 활용하여 구할 수 있다. 문제에서 주어진 부채는 1억 원, 자본은 10,000원×30,000주＝3(억 원)이다.
따라서 12%×(1억 원÷4억 원)×(1－20%)＋16%×(3억 원÷4억 원)＝14.4(%)이다.

24 ③

[상세해설] 조직에서 이루어지는 의사결정 프로세스가 무작위적이며 체계적이지 않다는 것을 강조하는 모델은 쓰레기통 모형이다. 쓰레기통 모형에서는 조직을 문제, 해결책, 선택기회, 참여자라는 네 가지 요소가 비교적 독립적인 조건에서 뒤죽박죽 버려져 있는 쓰레기통으로 표현하며, 조직에서의 의사결정은 이 네 가지 요소가 특정한 계기로 인해 우연히 서로 연결되며 이루어진다고 본다.
[오답풀이] ① 명목집단법: 참석자들끼리 서면으로 의사를 개진하게 하는 방법이다.
② 델파이법: 전문가들에게 설문을 전하고 의견을 받아서 의사결정을 내리는 방법이다.
④ 브레인스토밍: 여러 명이 아이디어를 무작위로 개진하여 최선책을 찾아내는 방법이다.

25 ②

[상세해설] 심리회계는 관련 내용을 분리하여 건별로 의사결정을 하는 현상이며, 대중적인 정보를 신뢰하고 개별적 정보를 무시하는 현상은 군중심리이다.

26 ④

[상세해설] 기말 재무상태표 대손충당금을 구하면 40,000－35,000＝5,000(원)이다.
기초 1,000원의 대손충당금이 존재하였는데 2,000원이 회수불가능으로 판명되어 사라진다.
(차) 대손충당금 1,000원　　　(대) 외상매출금 2,000원

대손상각비 1,000원

위와 같은 분개를 할 수 있다.

따라서 최종적인 대손상각비(대손충당금 설정액)는 1,000＋5,000＝6,000(원)이다.

27 ②

[상세해설] 영업현금흐름(OCF)은 '(영업이익)×(1－법인세율)＋(감가상각비)'로 계산하여 구할 수 있다.

OCF＝1,300×(1－20%)＋200＝1,240

28 ④

[상세해설] 소비자의 시장지배력은 가격차별화 성립 조건에 해당되지 않는다. 가격차별화의 성립 조건은 다음과 같다.

• 판매자가 가격을 정할 수 있는 힘을 가져야 한다. 즉 판매자가 독점력을 가져야 한다. 그래야만 가격설정자인 독점자는 가격차별화를 시행할 수 있다. 그러나 가격순응자인 완전경쟁기업은 가격에 영향을 미칠 수 있는 아무런 힘을 가지고 있지 못하기 때문에 가격차별화를 시행할 수 없다.
• 가격을 차별화하기 위해서는 차별화되는 구매자들 사이에 수요의 가격탄력성이 서로 달라야 한다. 또는 가격이 차별화되는 구매자들 사이의 유보가격이 서로 달라야 한다.
• 서로 다른 수요군 또는 시장으로 분리할 수 있어야 한다. 극장에서 소인의 입장료가 다른 것은 대인과 소인을 쉽게 구분할 수 있기 때문이다.
• 두 시장 사이에 재거래가 이루어질 수 없어야 한다. 만약 재거래가 이루어진다면 동일 상품을 싼 시장에서 구매하여 비싼 시장에서 재판매할 수 있기 때문에 가격차별화가 이루어질 수 없다.
• 시장 분리에 들어가는 비용이 가격차별의 이익보다 적어야 한다.

29 ②

[상세해설] 투자신탁회사가 고객자금을 운영해 얻은 수익을 배당하는 신탁상품으로 단기자금 운용에 유리한 상품이 MMF(머니마켓펀드)이다. 즉 투자신탁회사가 고객의 돈을 모아 단기금융상품에 투자하여 수익을 얻는 초단기금융상품이다. 우리나라에서는 1996년 10월부터 투신사에서 발매하기 시작했다.

[오답풀이] ① 어음관리구좌(CMA)에 대한 설명이다.
③ 환매조건부채권(RP)에 대한 설명이다.
④ 양도성예금증서(CD)에 대한 설명이다.

30 ③

[상세해설] 역직승진이란 조직구조의 편성과 조직운영의 원리에 따라 상위직급으로 이동하는 것으로, 조직의 관리체계를 위한 라

인상의 이동이 있다.

[오답풀이] ① 직계승진제도에 대한 설명이다.
② 신분자격승진제도에 대한 설명이다.
④ 조직변화승진제도에 대한 설명이다.

31 ②

[상세해설] 주주들은 자본에 대한 출자의무는 있으나 회사의 채무에 대해 간접적으로만 책임을 진다. 즉 자신이 출자한 한도 내에서만 책임이 있을 뿐 그 외 부분에 대해서 책임을 가중시킬 수 없으며 회사나 채권자에 대하여 어떠한 책임을 지지 않는다.

32 ③

[상세해설] 경쟁우위 확보와 무형자산에 대한 재인식을 목적으로 하는 것은 자원기반 관점에 대한 내용이다. 자원기반관점은 조직능력, 핵심역량, 기업문화, 경영자의 능력과 무형자산을 중요하게 다루고 있다. 무형자산은 대부분 암묵적이므로 쉽게 모방하기 어렵기 때문이다. 기업의 경쟁우위는 바로 이러한 특징을 지닌 자원과 능력에 의해서 지속될 수 있다.

[오답풀이] ①, ② 성공적인 지식경영을 위한 전제조건은 다음과 같다.
• 기업의 전략과 연결
• 기업문화의 개선: 지식의 창조, 공유, 전파에 중요한 가치를 두고 이를 실천하는 자율적, 창의적인 기업문화로 개선하는 데 노력을 기울여야 한다.
• 지식경영을 위한 네트워크 구축: 지식경영을 효율적으로 추진하기 위하여 지식의 관리, 전파, 공유를 위한 효율적인 네트워크가 구축되어야 한다. 이를 통하여 종업원들은 쌍방향 의사소통을 하고 기업경영에 대한 참여의식과 자율성을 높일 수 있다.
• 지식의 평가, 보상 시스템의 확립: 지식의 창조와 공유, 전파를 위한 활동을 객관적으로 평가하고 이에 대한 공정한 보상이 있어야 성공할 수 있다.
• 학습조직의 구축: 창조적 지식인, 자율적 학습인을 양성하기 위해서는 현장 중심의 학습조직이 구축되어 이를 중심으로 활발한 활동이 전개되어야 한다.
④ 지식경영의 구성요소로는 문화, 전략, 프로세스, 정보기술 4가지가 있으며, 지식경영 프레임워크를 성공적으로 수행하기 위해 필요하다.

33 ①

[상세해설] M&A(기업 인수・합병)는 신규 투자가 아니고 기존의 기업 자체나 기존의 기업이 영위하는 사업의 일부를 선택하는 것으로, M&A 이후 숨어 있던 문제가 표면으로 드러나게 된다. M&A는 우호적 M&A와 적대적 M&A로 구분할 수 있다. 우호

적 M&A는 인수기업의 독단이 아닌 피인수기업과의 합의에 의
해 이뤄지며 주로 기업성장을 목적으로 해서 시너지 효과가 난
다. 반면 적대적 M&A는 피인수기업의 의사와 관계없이 인수기
업의 독단적 결정으로 이뤄지며 공개매수 방식이나 주식매입을
통해 이뤄진다. 순기능으로는 제한된 경제자원의 재분배가 있고,
역기능으로는 시장지배력을 집중시켜 공정한 시장경쟁을 저해하
고 막대한 거래비용이 소요되는 점이 있다.

34 ①

[상세해설] 유사한 업무를 묶어서 업무의 효율성을 높이는 것은 기
능별 부문화이다. 기능별 부문화는 유사 업무를 처리하는 라인
및 스탭 부문들을 전문적 기능에 따라 결합하여 설계하는 것을
말하며, 기능 간 상호조정이 어려워 전반적 관리기술을 학습하는
관리층을 양성하기 어렵다. 기능별 부문화의 장점은 '기능 내 협
업과 규모의 경제의 이점, 기술개발 용이, 자원과 노력의 낭비 감
소, 지식공유 감소'이며, 단점은 '기능 간 상호조정 어려움, 관리
층 양성에 필요한 전반적 관리기술 학습/교육이 어려움'의 특징
을 가지고 있다.

[오답풀이] ②, ③ 지역별(제품별) 부문화: 시장이나 고객을 중심
으로 준독립적이며, 자기충족적인 각 영역 단위들로 기업을
부문화하는 것을 말한다.
   • 장점: 분권화된 의사결정과 명확한 책임소재를 통한 고객만
   족 향상, 환경변화 대응력 우수, 기능 간 조정 용이
   • 단점: 특정 분야 지식의 전문화 애로, 제품라인 간의 통합과
   표준화 어려움, 운영비용 증가(기능부문에서 규모의 경제 달
   성 ×)
④ 매트릭스 부문화: 기능식 조직과 다른 여러 조직구조를 결합
한 것으로 중간 규모의 조직이다.
   • 장점: 지식공유 용이, 인적자원 관리의 융통성, 시장과 고객
   요구에 적극적 대응 가능
   • 단점: 부문 간 갈등, 몰입도나 충성심 저하, 관리비용 증가

35 ②

[상세해설] 종업원의 업무의 권한과 책임을 늘려서 자아성취감과
일의 보람을 느낄 수 있도록 하여 높은 동기를 유발시키고 생산
성의 향상을 도모하는 직무설계의 방법은 직무충실화이다.

[오답풀이] ① 직무확대(수평적 확대): 종업원이 중심과업의 수행
뿐만 아니라 관련된 기타 과업까지도 동시에 수행하도록 하여
개인의 직무를 보다 넓게 확대하는 것을 말한다.
③ 직무전문화: 전통적 접근방법으로 직무를 단순화 · 전문화 ·
표준화시켜 노동의 효율성을 증대시키는 것을 말한다. 수평적
전문화와 수직적 전문화로 구분된다.
④ 직무교차: 수평적 직무확대의 일종으로 각 작업자의 직무 일
부분을 다른 작업자의 직무와 중복되게 하여, 공동으로 수행
하게 하는 것을 말한다.

36 ③

[상세해설] 구성원 스스로를 셀프리더(스스로 리더십을 갖춤)로 만
드는 리더십은 슈퍼 리더십에 대한 설명이다.

[오답풀이] ① 변혁적 리더십: 구성원들의 혁신과 변화를 위한 관
점을 제시하는 리더이며, 거래적 리더십에 대한 비판으로 등
장하였다. 구성요소로는 카리스마(영감적 동기부여, 이상적
역할모델), 개별적 관심, 지적 자극 등이 있다.
② 거래적 리더십: 조건적 보상, 예외에 의한 관리(능동적 예외관
리, 수동적 예외관리) 등의 구성요소를 가지고 있다.
④ 서번트 리더십: 집단역량강화에 기여하는 파트너십형 리더십
이다. 구성요소로는 경청, 공감, 치유, 설득과 임파워먼트, 스
튜어드십, 부하의 성장을 위한 노력, 공동체 형성 등이 있다.

37 ④

[상세해설] 기능목록(기술목록)은 종업원의 직무적합성을 쉽게 파
악할 수 있도록 인적사항, 핵심직무, 기술, 경력, 학력, 능력정보,
교육기록, 자격여부 등을 요약한 표이다.

[오답풀이] ① 자기신고제도: 종업원에게 자기의 직무내용, 능력
의 활용 정도, 능력 개발에의 희망, 취득 자격 등에 대해서 일
정한 양식의 자기신고서에 기술한 것을 인사부서에 정기적으
로 신고하게 하는 제도이다.
② 직무순환제도: 여러 직무를 여러 작업자가 일정 기간을 주기
로 순환하여 번갈아가면서 수행하는 것을 말한다.
③ 직능자격제도: 직무를 수행할 수 있는 능력을 자격에 따라 몇
개의 등급으로 분류하고, 자격을 획득한 자에게 적합한 직위
를 부여하는 제도이다.

38 ③

[상세해설] 당기총제조원가를 구하고, 그다음 당기제품제조원가,
마지막으로 매출원가를 구하면 된다. 올해 처음 운영하는 회사이
므로 기초에 해당하는 항목은 모두 0이다.
   • 당기총제조원가＝직접재료원가＋직접노무원가＋제조간접원가
      ＝200,000(당기매입액)－50,000(기말원재료)
      ＋300,000＋100,000＝550,000
   • 당기제품제조원가＝기초재공품＋당기총제조원가－기말재공품
      ＝0＋550,000－20,000＝530,000
   • 매출원가＝기초제품＋당기제품제조원가－기말제품
      ＝0＋530,000－30,000＝500,000
따라서 매출총이익은 1,000,000원이다.

39 ①

[상세해설] 두 방식에 가장 큰 차이는 기능별 포괄손익계산서에서
만 매출원가가 포함되어 있다는 점이다.

40 ④

[상세해설] 약형 효율적 시장은 과거 주가의 패턴에 대한 분석으로 미래의 주가를 예측할 수 없다. 따라서 떨어질지 다시 올라갈지는 알 수 없다.

[오답풀이] ③ EPS라는 공시된 정보를 이용하여 투자하는 방법이므로 준강형 효율적 시장에 위배된다. 준강형 효율적 시장에서는 이미 공개된 정보를 통해서는 초과수익을 얻을 수 없다.

경제

01	02	03	04	05	06	07	08	09	10
②	④	①	④	③	④	①	③	②	③
11	12	13	14	15	16	17	18	19	20
④	④	③	③	②	③	④	①	①	③
21	22	23	24	25	26	27	28	29	30
④	①	②	④	①	③	④	①	①	①
31	32	33	34	35	36	37	38	39	40
④	④	②	①	④	③	④	②	③	②

01 ②

[상세해설] 제시된 보도자료에서는 홍수 예방이나 홍수 조절 등을 위해 예컨대 드론이나 AI 등과 같은 첨단 장비를 활용하는 원격점검대책에 관한 구체적인 계획에 대해서는 언급하고 있지 않다.

[오답풀이] ①, ③, ④ 올해 홍수기에 적용되는 주요 대책 세 가지로 '관계기관 협업대책, 댐 운영 개선대책, 지역소통 강화대책'을 언급하고 있다. 관계기관 협업대책은 환경부 · 기상청 · 홍수통제소 · 한국수자원공사가 참여하는 「정책협의회」를 언급한 부분에서 확인할 수 있으며, 댐 운영 개선대책은 수문방류 예고제가 시행되었다는 점에서 알 수 있다. 또한 지역소통 강화대책은 지자체, 지역주민, 관계기관이 참여하는 '댐 홍수관리 소통 회의'를 가동한다는 설명에서 알 수 있다.

02 ④

[상세해설] ㉠ 조사 · 계획단계에서 가장 중요한 것은 환경피해를 방지하는 것이며, 이를 위해서는 환경 측면에서의 사업의 적정성, 타당성을 면밀히 검토해야 할 것이다. 따라서 ㉠과 같은 사항은 제반 계획을 수립하게 되는 조사 · 계획단계의 활동 내역에 해당된다.

㉡ 실제 건설 작업 시의 환경영향을 고려하는 것은 건설 작업의 구체적인 설계와 시공 단계에서 미리 파악하여 친환경시공에 도입해야 하는 사항일 것이므로, 세 번째 설계 · 시공단계의 활동 내역에 해당된다.

03 ①

[상세해설] 제시된 글에서는 수력발전 댐과 다목적 댐의 연계운영에 대한 필요성이 대두된 배경을 언급하고 있으며, 마지막 문단에서 그러한 연계운영에 따른 기대효과를 개괄적으로 설명하고 있다. 따라서 제시된 글을 통해 강조하고자 하는 바는 '다목적 댐-수력발전 댐 통합운영을 통한 효율적인 관리체계 구축'의 내용이 가장 적절하다.

04 ④

[보기]의 주제1~4에 맞는 문단은 순서대로 [라]-[다]-[나]-[가]이다.

[상세해설] • 주제1: 중소·벤처기업 393개사를 지원함으로써 기업매출 확대 및 일자리 1,889개를 창출하였다는 [라]의 내용은 물 산업 혁신 일자리에 관한 사업의 일환이다.
• 주제2: 지역민 일자리 창출과 복지 증진, 성장자금 지원 등은 사회적 가치를 창출하고 지역경제를 활성화하는 데 기여하는 노력이므로 이는 [다]에서 언급되어 있다.
• 주제3: 핵심역량 관리와 더불어 중장기적인 인력을 육성하기 위한 노력, 미래 변화 및 전략과제를 반영한 전문가 육성 등의 활동은 미래 대비 융합 중심의 창의형 인재 육성 사업의 모습으로, [나]에서 언급되어 있다.
• 주제4: 직장 내 괴롭힘을 방지하기 위한 예방체계 구축에 관하여 언급된 [가]는 구성원이 보호받는 존중 일터 구축의 일환이라고 볼 수 있다.

05 ③

최종 결재권자의 서명이 이루어진 시점은 문서가 성립되는 시점이 되며, 그 효력이 발생하는 시점은 문서의 수신자에게 전달되는 시점이 된다. 이를 '도달주의' 원칙이라고 한다.

[오답풀이] ① 사내 윤리강령과 행동지침 등은 일정한 사항을 지시하는 지시문서이자 내부에 비치하여 업무에 활용하는 비치문서로 볼 수 있다.
② 공기관 간의 업무 협조와 관련된 내용을 주고받은 공식 문서는 일정한 사항을 일반에게 알리는 문서가 아니므로 공고문서로 분류되지 않고 법규문서, 지시문서, 비치문서, 민원문서에도 해당되지 않으므로 일반문서로 분류할 수 있다.
④ 민원문서는 '특정한 행위를 요구하는 문서와 그에 대한 처리문서'라고 기재되어 있으므로 두 가지를 모두 포함한다.

06 ④

[상세해설] • (A) 건강한 물순환 회복, 친환경 대체 수자원 확보, 수생태계 보전과 복원 노력, 삶의 질을 높이는 도시환경 조성 등의 전략을 추진하기 위한 세부 과제로 '건강하고 깨끗한 환경'의 전략 방향이다.
• (B) 양질의 일자리 창출, 신기술 개발 및 투자 확대, 혁신성장 마중물 역할 강화 등의 전략을 추진하기 위한 세부 과제로 '경제 활력 제고'의 전략 방향이다.
• (C) 국민이 원하는 서비스 제공, 지역발전 및 지역경제 활성화, 국민소통 및 참여 강화 등의 전략을 추진하기 위한 세부 과제로 '국민 체감형 서비스'의 전략 방향이다.
• (D) 공정하고 청렴한 윤리경영 실현, 인권보호 및 노동권 존중 등의 전략을 추진하기 위한 세부 과제로 '클린 책임 경영'의 전략 방향이다.

07 ①

[상세해설] 스마트워터 그리드는 인터넷 기술을 활용하여 급수 대상 구역에 공급하는 수돗물의 관로를 안전하고 효율적으로 유지하는 체계이다. 배수관로에 누수를 탐지하고 압력을 조절하는 센서를 부착하고 여기에서 나오는 정보를 컴퓨터에 전송하여 수돗물의 수질을 시스템에 의해 자동으로 조절 및 유지하는 기능을 한다.
제시된 글에서 언급된 바와 같이 취수장, 정수장, 수도관 등에서 보내오는 정보를 스마트워터 그리드가 센서를 통해 자동으로 인식하여 이에 필요한 조치를 취하게 되므로, 이는 기존 물 관리의 일방향 정보수집 방식에서 한층 발전된 양방향 정보수집의 기능을 보여주는 스마트워터 그리드의 가장 큰 장점이라고 할 수 있다.

08 ③

[상세해설] 글로벌 물안전관리기법(WSP, Water Safety Plan)은 상수원에서 수도꼭지까지 수돗물의 안전성을 위협할 수 있는 위해 요인을 사전에 진단하여 개선방향을 제시하도록 국내 실정에 맞도록 자체 개발·적용한 글로벌 물안전관리 기법이다. 또한 수직형 정수처리 및 분산형 용수공급시스템은 컴팩트한 수직구조의 신개념 정수처리 설계기술로 소비자 인근으로 정수시설 분산 배치와 비상용수 확보를 통한 안전하고 안정적인 미래형 용수공급시스템을 말한다.
언급된 두 가지 물 관리 기법은 6단계 정수처리 시스템 최적화 과정에서 적용되고 있는 기술이며, 정수처리 시스템 최적화 단계는 누구나 신뢰하는 건강한 수돗물 생산체계 강화를 위한 정수작업이 진행되는 과정이라고 할 수 있다.

[오답풀이] ① 3단계 '수자원시설 유지 및 안전관리'에서는 이상강우, 지진, 시설노후화 등의 다양한 위협 요인으로부터 수자원 시설물의 안전성을 강화하기 위해 보조여수로 신설 등의 치수 능력 증대사업을 시행하고 있으며, 댐 계측계기 실시간 계측과 지진감시가 가능한 ICT 기반의 수자원통합안전관리시스템과 댐 위험도 분석·평가 기법을 도입, 안전에 믿음을 더하는 예방 중심의 과학적인 시설물 관리가 수행된다.
② 5단계 '취수원 수질관리'에서는 사전 예방적 수질안전 관리체계 구축을 위해 조류 냄새물질 발생을 사전에 모니터링할 수 있는 예측 시스템을 개발하였으며, 실시간 조류냄새물질 측정 시스템과 조류독소 온라인 측정시스템을 운영하여 조류 등 취수원 이상수질에 대한 선제적 대응 기반을 마련하여 운영하고 있다.
④ 9단계 '하수처리 운영 효율화'에서는 하천수질개선 및 공공위생 향상 등 국민 생활환경 개선을 위해 댐 상류에 하수도를 건설·운영하여 상수원 수질을 안전하게 관리하고 있으며, 민간투자사업 등 대규모 하수도사업 참여를 통해 깨끗하고 안정된 양질의 물순환체계를 구축하고 있다.

09 ②

[상세해설] 지능형 검침인프라(AMI)는 스마트그리드를 구현하기 위해 필요한 핵심 인프라로서 스마트미터, 통신망, MDMS(Meter Data Management System, 계량데이터관리시스템)와 운영시스템으로 구성되고 스마트미터 내에 모뎀을 설치하여 양방향 통신이 가능한 지능형 전력계량 인프라를 말한다. AMI 운영시스템에서는 소비자와 전력회사 간 양방향 통신으로 원격검침, 수요관리, 전력소비 절감과 전기품질 향상 등 다양한 융복합 서비스를 제공하게 된다. 특히, AMI 사업은 국내 우수한 IT기술을 기반으로 전력피크 시 요금정보 등을 소비자에게 제공하여 최대 수요 저감효과를 얻을 수 있어 근래 지속되고 있는 전력수급 비상 시 능동적인 대처가 가능하기 때문에 그 필요성이 더욱 부각되어 왔다.

제시된 스마트 물관리 개념도에서는 지능형 관망을 운영하는 (B)단계에서 스마트미터, 수질계측기, 수질전광판 등과 함께 지능형 검침인프라가 작동할 수 있다.

[오답풀이] (A)단계에서는 물수급 정보 통합관리, 정수처리 공정 자동화, 실시간 계측관리 등이, (C)단계에서는 수도꼭지 정보제공, 수도꼭지 부착형 필터, 스마트 BILLING, Total Care Service 등이, (D)단계에서는 하이브리드형 재처리 시스템, 재이용수 실시간 계측관리, 무인 원격공정제어 시스템 등의 구체적인 기능이 단계별로 작동되는 것이 스마트 물관리의 기본 개념이다.

10 ③

[상세해설] 공고문의 도입 부분에서 환경부 고시로 실시계획 승인 고시된 「'갑' 지역 지하수저류지 설치사업」에 편입되는 토지 등에 대하여, 「공익사업을 위한 토지 등의 취득 및 보상에 관한 법률」 제15조에 의거 '1. 사업개요~4. 보상시기 및 절차' 내용의 보상계획을 공고한다고 서술되어 있다. 또한, 보상가격은 감정평가법인의 평가금액을 산술평균하여 결정한다고 언급되어 있으므로, 해당 지역 주민에 대한 적절한 토지 보상을 통해 분배균형을 실현하고자 함을 알 수 있다.

11 ④

[상세해설] ⓒ 투자수요의 이자율탄력성이 작을수록 IS곡선의 기울기가 급격해지므로 구축효과는 작아진다. 따라서 재정정책의 효과는 커지고 금융정책의 효과는 작아진다.
ⓔ 재정정책의 지출재원을 중앙은행에 의존하는 경우 LM곡선도 우측 이동하여 구축효과를 작게 만든다.
ⓜ 생산능력이 충분한 잉여생산능력의 경제에서는 수요가 공급을 창조하므로 구축효과가 거의 나타나지 않는다.

[오답풀이] ⓐ 확재재정정책이 아닌 긴축금융정책에 대한 설명이다.
ⓓ 유동성함정구간에서 LM곡선이 수평이므로 재정정책의 효과는 최대가 된다. 따라서 승수효과는 100%이고, 구축효과는 0이다.

12 ④

[상세해설] ⓐ 이자율효과: 물가의 하락 → 명목화폐수요의 감소(실질화폐공급의 증가) → 이자율의 하락 → 민간투자와 민간소비의 증가 → 총수요의 증가
ⓑ 물가수준이 낮아지면 이자율이 하락하여 자본유출이 발생하고, 이로 인해 환율이 상승(원화가치 하락)하여 순수출이 증가한다.
ⓒ 경상수지효과: 물가의 하락 → 국내상품가격의 상대적 하락 → 수출의 증가, 수입의 감소 → 순수출의 증가 → 총수요의 증가
ⓜ 물가수준이 상승하면 이자율이 상승하여 할부로 구매하는 내구재 소비가 감소한다.

[오답풀이] ⓓ 피구효과(실질자산효과, 부의 효과): 물가의 하락 → 명목자산의 실질가치 상승 → 소비 증가 → 총수요의 증가

13 ③

[상세해설] • (실업률)$=\dfrac{(실업자)}{(취업자)+(실업자)}\times100=\dfrac{(실업자)}{70+(실업자)}$
$\times100=30(\%)$에서 실업자 수는 30명이다.
• 경제활동인구는 취업자 수 70명과 실업자 수 30명을 합한 100명이다.
• (경제활동참가율)$=\dfrac{(경제활동인구)}{(생산가능인구)}\times100=\dfrac{100}{200}\times100=50(\%)$
이다.

14 ③

[상세해설] ⓑ 인플레이션이 발생하면 화폐가치가 감소하여 인플레이션조세를 내는 셈이 된다.
ⓒ 합리적 기대가설에 의하면 예상 인플레이션율이 증가할 경우 단기총공급곡선이 좌측으로 이동하기 때문에 인플레이션이 심화된다.
ⓔ 물가하락으로 기업이 실질적으로 부담해야 할 부채가 증가하면 금융기관에서 차입한 자금에 대한 상환이 어려워지고 이러한 기업부실은 결국 금융기관의 부실로까지 이어지는 악순환이 되풀이된다. 이를 '부채 - 디플레이션 효과'라고 한다.

[오답풀이] ⓐ 인플레이션율이 명목이자율에 즉각 반영된다면 명목이자율과 인플레이션율은 1:1로 변하게 되므로 실질이자율은 불변이다.
ⓜ 먼델 - 토빈효과에 따르면 기대 인플레이션율이 상승하면 명목이자율이 상승하는데 명목이자율이 기대 인플레이션율을 모두 반영하지 않으므로 실질이자율이 하락한다.

15 ②

[상세해설] 전기의 실제 인플레이션율(π_{t-1})이 기대 인플레이션율

(π_t^e)과 항상 같다면 $\pi_{t-1}=\pi^e$의 식이 성립하고, 실업률이 자연실업률과 동일하다면 $\pi=\pi^e$의 식이 성립한다. 따라서 필립스곡선 식은 $0=12-4u_N$이 되고, 이 식을 통해 자연실업률은 $u_N=3(\%)$가 된다.

16 ③

[상세해설] 기술진보가 존재하면 균제상태에서 1인당 자본량의 증가율은 기술진보율과 일치하므로 1인당 자본량은 기술진보율만큼 증가한다.

[오답풀이] ① 기술진보가 없다면 균제상태에서 1인당 산출량의 증가율은 0이므로 인구증가율의 상승은 1인당 산출량의 증가율에 영향을 미치지 않는다.

② 기술진보가 없다면 감가상각률이 변하더라도 새로운 균제상태에서 1인당 자본량의 증가율은 0으로 불변이다.

④ 균제상태에서 1인당 자본량의 증가율은 기술진보율과 일치하므로 기술진보율이 3%이면, 1인당 자본량의 증가율이 3%이다. 균제상태에서 총자본증가율은 인구증가율과 기술진보율의 합이므로 8%이다.

17 ④

[상세해설] 수출품에 대한 기술진보가 이뤄지면 대량생산이 가능하므로 국제시장의 초과공급으로 인해 수출품의 국제가격이 하락할 가능성이 있다. 이때 교역조건은 악화된다.

[오답풀이] ① 수입품에 대한 선호가 증가하여 수입이 증가하면 수입가격이 상승하므로 교역조건이 악화된다.

③ 환율이 상승하면 수출품의 국제가격이 하락하므로 교역조건이 악화된다.

18 ②

[상세해설] 국가신용도 하락 → 해외자본 유출 → 환율 상승(자국화폐가치의 하락)

[오답풀이] ① 무역상대국의 경기호황 → 무역상대국의 수입 증가 → 자국의 수출 증가 → 외환의 공급 증가 → 환율 하락(자국화폐가치의 상승)

③ 외국과 비교하여 상대적으로 자국의 인플레이션율이 낮은 경우 → 수출 증가, 수입 감소 → 환율 하락(자국 화폐가치의 상승)

④ 이자율 상승 → 해외자본 유입 → 환율 하락(자국 화폐가치의 상승)

19 ①

[상세해설] 수입 증가 → IS곡선의 좌측 이동 → 경상수지가 악화(국제수지가 적자) → 환율 상승 압력 → 환율을 고정시키기 위해

중앙은행이 외환 매각 → 국내통화량 감소 → LM곡선 좌측 이동 따라서 국내통화량은 감소하고, 국민소득은 대폭 감소한다.

20 ③

[상세해설] 우하향하는 직선인 수요곡선상에서 수요량이 0일 때 가격탄력성은 무한이며, 수요량이 증가할 때마다 수요의 가격탄력성은 점점 작아진다.

[오답풀이] ① 조세부과로 인한 경제적 순손실은 수요의 가격탄력성의 크기에 비례한다.

② 기펜재는 열등재이므로 수요의 소득탄력성은 음(−)의 값을 갖는다.

④ 대체재의 수와 수요의 가격탄력성은 비례한다.

21 ④

[상세해설] 두 상품 X와 Y가 완전대체재인 경우, 상품 X에 조세가 부과되어 X재의 가격이 상승하면 소비자는 X재를 전혀 소비하지 않고 대신 Y재를 소비할 것이므로 X에 대한 조세는 모두 상품 X의 생산자에게 귀착된다.

22 ①

[상세해설] 코로나19의 영향으로 소비자들의 지출이 감소하면 총수요가 감소하므로 총수요곡선이 좌측으로 이동한다. 기업들의 생산성이 하락하면 총공급이 감소하므로 총공급곡선이 좌측으로 이동한다. 따라서 시장균형은 ⊙으로 이동한다.

23 ②

[상세해설] 실업률은 $\dfrac{(실업자\ 수)}{(경제활동인구)}\times100$으로 구할 수 있다. 이 중 경제활동참가율은 $\dfrac{(경제활동인구)}{(생산가능인구)}\times100$으로 구할 수 있으므로, 경제활동인구를 구하면 실업률을 구할 수 있다.

$75=\dfrac{(경제활동인구)}{1,600만}\times100$이므로 경제활동인구는 1,600만×0.75=1,200(만 명)이다.

따라서 실업률은 $\dfrac{100만}{1,200만}\times100=8.333\cdots$이므로, 소수점 셋째 자리에서 반올림하면 실업률은 8.33%임을 알 수 있다.

24 ④

[상세해설] 주어진 시장수요함수와 시장공급함수를 연립하여 풀면 $50-P=5P-10$이 되고, $P=10$임을 알 수 있다. 이를 시장수요함수 또는 시장공급함수에 대입하면 $Q=40$이다. 개별기업의

평균비용곡선은 $AC(Q)=Q+\dfrac{16}{Q}+2$이므로 $TC=AC\times Q=Q^2+16+2Q$이고, $MC=2Q+2$이다. 완전경쟁기업의 이윤극대화 균형조건인 $P=MC$에 대입해 보면 $10=2Q+2$, $Q=4$임을 알 수 있다.

25 ①

[상세해설] 유동성함정 상태에서 LM곡선은 수평선이 되며, 화폐 수요의 이자율 탄력성이 무한대가 되고 이자율은 최저수준에서 일정하다. 따라서 통화량을 증가시켜도 이자율이나 국민소득은 변하지 않는다.

26 ③

[상세해설] X재의 가격하락에도 불구하고 X재의 수요량이 불변이면 가격효과는 0이다. 가격효과는 소득효과와 대체효과의 합으로 나타나므로 가격효과가 0이기 위해서는 소득효과와 대체효과의 부호가 반대이고 절댓값은 동일해야 한다.

소득효과와 대체효과의 방향이 반대라면 X재는 열등재이다. 소비자가 소비하는 모든 재화가 열등재일 수는 없으므로 X재가 열등재면 Y재는 반드시 정상재이다.

두 재화가 완전보완재이면 가격소비곡선은 원점을 출발하는 우상향의 직선이므로 X재 가격이 하락하면 반드시 두 재화가 소비량은 모두 증가해야 하므로 두 재화는 완전보완재가 아니다.

27 ④

[오답풀이] © 대체재의 가격 하락은 수요의 감소 요인이다. 수요의 감소는 수요 곡선의 왼쪽 이동으로 나타난다.

28 ①

[상세해설] • A국의 경우 GDP 증가율은 음(-)의 값이고, 물가 상승률은 양(+)의 값이므로 경기 침체 속에서도 물가가 상승하는 스태그플레이션이 나타나고 있다. 원자재 가격이 상승하면 총공급곡선이 좌측으로 이동하여 스태그플레이션이 발생한다.

• B국의 경우 GDP 증가율과 물가 상승률이 모두 음(-)의 값이므로 총수요의 감소에 의한 경기 침체 상황이 나타나고 있다. 소비와 투자가 감소하면 총수요곡선이 좌측으로 이동하여 국민소득이 감소하고 물가가 하락한다.

29 ①

[상세해설] 피구효과에 따르면 물가수준이 하락하여 실질화폐잔고 (M/P)가 증가하면 부(W/P)의 증가로 이어져 소비가 증가하고,

이로 인해 IS곡선이 오른쪽으로 이동하면서 소득(Y)의 증가로 이어진다.

30 ①

[상세해설] A점은 소득의 전부를 소비로 지출하는 지점으로, 소득과 소비 수준이 동일하다. 따라서 평균 소비 성향은 1이다.

[오답풀이] ② 소비 곡선은 지속적으로 0보다 큰 값을 가지면서 증가하고 있다. 따라서 시간이 흐를수록 소비의 누적액은 증가한다.

③ A점과 B점 모두 소득과 소비 수준이 동일하므로 평균 소비 성향은 1이다. 따라서 평균 저축 성향은 0이다.

④ 청년기와 노년기에는 소비가 소득보다 크므로 부(-)의 저축이 나타나고, 중장년기에서는 소득이 소비보다 크므로 정(+)의 저축이 나타난다.

31 ④

[상세해설]

노동투입량(명)	1	2	3	4	5
하루 생산량(개)	9	21	35	46	55
한계수입	-	12만	14만	11만	9만
한계비용	-	10만	10만	10만	10만

판매가격이 1만 원으로 고정되어 있으므로 한계수입은 하루 생산량 증가분에 1만을 곱한 것과 같으며, 건물 임차료 3만 원은 하루 생산량과는 무관한 고정비용이므로 한계비용은 노동자 1명을 늘렸을 때의 일당 10만 원으로 일정하다. 이윤은 한계수입과 한계비용이 일치하는 생산량에서 극대화되므로 노동투입량 4명과 5명 사이에서 이윤이 극대화된다.

즉, 4명의 노동을 투입할 때까지는 한계수입이 한계비용보다 높아 노동투입량을 늘릴수록 이윤이 계속해서 증가하지만, 4명과 5명 사이의 어느 순간에서부터는 이윤 상승이 정점을 찍고 하락하여 5명을 투입하였을 때는 이윤이 감소하는 구조이다.

그런데 문제에선 노동 투입이 정수 단위로만 가능하다고 하였으므로 4명을 투입할 때의 이윤과 5명을 투입할 때의 이윤을 직접 구해 이윤극대화 지점을 찾을 수밖에 없다.

노동투입량이 4명일 때의 이윤은 46-40-3=3(만 원), 5명일 때의 이윤은 55-50-3=2(만 원)이므로 이윤극대화 노동투입량은 4명이다. 이윤극대화 지점을 찾을 때 고정비용인 임차료는 한계비용에 영향을 주지 않으므로 임차료가 하락하여도 이윤극대화 생산량은 변하지 않는다.

[오답풀이] ① 21개를 생산할 경우 노동투입량은 2명으로 총수입은 21만 원이고, 총비용은 노동비용 10(만 원)×2(명)=20(만 원)과 고정비용 3만 원을 합한 23만 원이다. 이때 이윤은 21(만 원)-23(만 원)=-2(만 원)이다.

② 이윤극대화 수준에서 이윤은 3만 원이다.

③ 노동투입량이 증가할수록 총비용이 증가하므로 총비용은 최대 고용가능인력인 5명일 때 가장 크다.

32 ④

[상세해설] '실질이자율＝명목이자율－물가 상승률(인플레이션율)'에서 인플레이션율이 0이면 실질이자율과 명목이자율은 동일하다.

[오답풀이] ① '실질이자율＝명목이자율－인플레이션율'에서 인플레이션율이 음(－)의 값이면 실질이자율이 명목이자율보다 높다.

② 일반적으로 명목이자율과 실질이자율은 정(＋)의 관계에 있다.

③ 피셔방정식 '명목이자율＝실질이자율＋인플레이션율'에서 인플레이션율이 낮아질수록 명목이자율도 낮아진다.

33 ②

[상세해설] ㉠ 주택담보대출의 이자율 인하 → 대출 증가 → 소비 증가 → 총수요 증가(총수요곡선의 우측 이동)

㉢ 기업에 대한 투자세액공제 확대 → 투자 증가 → 총수요 증가(총수요곡선의 우측 이동)

㉣ 해외경기 호조로 순수출 증대 → 총수요 증가(총수요곡선의 우측 이동)

[오답풀이] ㉡ 종합소득세율 인상 → 처분가능소득 감소 → 소비 감소 → 총수요 감소(총수요곡선의 좌측 이동)

㉤ 가계의 실질자산가치 감소 → 소비 감소 → 총수요 감소(총수요곡선의 좌측 이동)

34 ①

[상세해설] 가격상한제가 실시되고 있을 때 공급 증가로 공급곡선이 우측으로 이동하게 되면 시장균형가격과 가격상한의 차이가 작아지면서 시장가격은 점차 가격상한과 일치하게 된다. 따라서 사회적 후생손실은 작아지게 된다. 시장거래 가격은 여전히 가격상한과 일치하므로 불변이고, 소비자 잉여와 생산자 잉여는 모두 증가하게 된다.

35 ④

[상세해설] 관료제의 비능률은 정부실패의 원인이다.

[오답풀이] ① 소비의 외부비경제가 발생하면 사회적 편익보다 사적 편익이 크다.

② 생산의 외부경제가 발생하면 사회적 비용보다 사적 비용이 크다.

③ 규모의 경제는 독과점을 발생시키는 원인이다.

36 ③

[상세해설] (가)는 희소성, (나)는 '무엇을, 얼마나 생산할 것인가?', (다)는 '어떻게 생산할 것인가?', (라)는 '누구를 위하여 생산

할 것인가?'의 문제이다.

[오답풀이] ① 자원의 수량이 절대적으로 부족한 상태는 희귀성이다.

② 생산요소의 제공에 대한 대가를 결정하는 문제는 분배와 관련된 (라)의 문제이다.

④ 생산물의 종류와 수량을 결정하는 문제는 (나)의 문제이다.

37 ④

[상세해설] 시장 수요 함수 $Q^D=150-5P$와 공급 함수 $Q^S=20P$를 연립하면 $150-5P=20P$, $25P=150$에서 균형가격은 $P_E=6$, 균형거래량은 $Q_E=120$이 도출된다. 시장의 균형 수준, 즉 $P_E=6$에서 소비자잉여와 생산자잉여의 합은 최대가 된다.

[오답풀이] ① $P=20$은 균형가격 $P_E=6$보다 높은 수준이므로 $P=20$일 때 초과공급이 발생한다.

② $P=4$는 균형가격 $P_E=6$보다 낮은 수준이므로 $P=4$일 때 초과수요가 발생한다.

③ $P\geq30$인 구간에서는 수요량이 0이므로 $P=60$일 때 소비는 발생하지 않는다.

38 ②

[상세해설] 명목환율은 자국화폐와 외국화폐의 교환비율을 말하며, 실질환율은 국가 간 물가를 고려하여 조정한 환율을 말한다. 실질환율은 '(명목환율)÷해외재 대비 국내재의 상대가격'으로 나타낼 수 있다. 한국의 인플레이션율이 미국보다 높다면 국내재의 상대가격이 상승하여 원/달러 명목환율이 상승한다.

39 ③

[상세해설] 전액 지급준비제도하에서는 지급준비율이 $z=1$이므로 통화승수도 $m=\dfrac{k+1}{k+z}=1$이 된다. 이 경우 통화량은 본원통화의 크기와 일치하고 은행의 신용창조는 발생하지 않는다.

40 ②

[상세해설] 정부가 실시한 최고가격(가격상한) 40만 원은 균형가격보다 낮은 수준이므로 시장에서 실효성이 있다. 암시장이 없다면 생산자의 총판매수입은 $8\times60=480$(억 원)에서 $4\times40=160$(억 원)으로 320억 원만큼 감소한다.

[오답풀이] ① 가격상한제가 실시되기 전 균형가격은 60만 원이고, 균형거래량은 8만 개이다. 가격을 40만 원으로 규제하면 공급량은 4만 개로 감소하고 수요량은 12만 개로 증가하여 8만 개의 초과수요가 발생한다.

③ 소비자의 총지출액은 $8\times60=480$(억 원)에서 $4\times40=160$(억 원)으로 320억 원만큼 감소한다.

④ 4만 개의 거래량 수준에서 소비자가 최대로 지불하고자 하는 금액은 80만 원이므로, 이는 암시장 가격이 된다.

01	02	03	04	05	06	07	08	09	10
②	④	①	④	③	④	①	③	②	③
11	**12**	**13**	**14**	**15**	**16**	**17**	**18**	**19**	**20**
②	①	④	④	③	③	②	④	④	④
21	**22**	**23**	**24**	**25**	**26**	**27**	**28**	**29**	**30**
④	④	③	②	②	③	②	①	③	③
31	**32**	**33**	**34**	**35**	**36**	**37**	**38**	**39**	**40**
③	③	②	②	②	②	②	②	①	④

01 ②

[상세해설] 제시된 보도자료에서는 홍수 예방이나 홍수 조절 등을 위해 예컨대 드론이나 AI 등과 같은 첨단 장비를 활용하는 원격점검대책에 관한 구체적인 계획에 대해서는 언급하고 있지 않다.
[오답풀이] ①, ③, ④ 올해 홍수기에 적용되는 주요 대책 세 가지로 '관계기관 협업대책, 댐 운영 개선대책, 지역소통 강화대책'을 언급하고 있다. 관계기관 협업대책은 환경부·기상청·홍수통제소·한국수자원공사가 참여하는 「정책협의회」를 언급한 부분에서 확인할 수 있으며, 댐 운영 개선대책은 수문방류 예고제가 시행되었다는 점에서 알 수 있다. 또한 지역소통 강화대책은 지자체, 지역주민, 관계기관이 참여하는 '댐 홍수관리 소통 회의'를 가동한다는 설명에서 알 수 있다.

02 ④

[상세해설] ㉠ 조사·계획단계에서 가장 중요한 것은 환경피해를 방지하는 것이며, 이를 위해서는 환경 측면에서의 사업의 적정성, 타당성을 면밀히 검토해야 할 것이다. 따라서 ㉠과 같은 사항은 제반 계획을 수립하게 되는 조사·계획단계의 활동 내역에 해당된다.
㉡ 실제 건설 작업 시의 환경영향을 고려하는 것은 건설 작업의 구체적인 설계와 시공 단계에서 미리 파악하여 친환경시공에 도입해야 하는 사항일 것이므로, 세 번째 설계·시공단계의 활동 내역에 해당된다.

03 ①

[상세해설] 제시된 글에서는 수력발전 댐과 다목적 댐의 연계운영에 대한 필요성이 대두된 배경을 언급하고 있으며, 마지막 문단에서 그러한 연계운영에 따른 기대효과를 개괄적으로 설명하고 있다. 따라서 제시된 글을 통해 강조하고자 하는 바는 '다목적 댐-수력발전 댐 통합운영을 통한 효율적인 관리체계 구축'의 내용이 가장 적절하다.

04 ④

Quick해설 [보기]의 주제1~4에 맞는 문단은 순서대로 [라]-[다]-[나]-[가]이다.

[상세해설] • 주제1: 중소·벤처기업 393개사를 지원함으로써 기업매출 확대 및 일자리 1,889개를 창출하였다는 [라]의 내용은 물 산업 혁신 일자리에 관한 사업의 일환이다.
• 주제2: 지역민 일자리 창출과 복지 증진, 성장자금 지원 등은 사회적 가치를 창출하고 지역경제를 활성화하는 데 기여하는 노력이므로 이는 [다]에서 언급되어 있다.
• 주제3: 핵심역량 관리와 더불어 중장기적인 인력을 육성하기 위한 노력, 미래 변화 및 전략과제를 반영한 전문가 육성 등의 활동은 미래 대비 융합 중심의 창의형 인재 육성 사업의 모습으로, [나]에서 언급되어 있다.
• 주제4: 직장 내 괴롭힘을 방지하기 위한 예방체계 구축에 관하여 언급된 [가]는 구성원이 보호받는 존중 일터 구축의 일환이라고 볼 수 있다.

05 ③

Quick해설 최종 결재권자의 서명이 이루어진 시점은 문서가 성립되는 시점이 되며, 그 효력이 발생하는 시점은 문서의 수신자에게 전달되는 시점이 된다. 이를 '도달주의' 원칙이라고 한다.

[오답풀이] ① 사내 윤리강령과 행동지침 등은 일정한 사항을 지시하는 지시문서이자 내부에 비치하여 업무에 활용하는 비치문서로 볼 수 있다.
② 공기관 간의 업무 협조와 관련된 내용을 주고받은 공식 문서는 일정한 사항을 일반에게 알리는 문서가 아니므로 공고문서로 분류되지 않고 법규문서, 지시문서, 비치문서, 민원문서에도 해당되지 않으므로 일반문서로 분류할 수 있다.
④ 민원문서는 '특정한 행위를 요구하는 문서와 그에 대한 처리문서'라고 기재되어 있으므로 두 가지를 모두 포함한다.

06 ④

[상세해설] • (A) 건강한 물순환 회복, 친환경 대체 수자원 확보, 수생태계 보전과 복원 노력, 삶의 질을 높이는 도시환경 조성 등의 전략을 추진하기 위한 세부 과제로 '건강하고 깨끗한 환경'의 전략 방향이다.
• (B) 양질의 일자리 창출, 신기술 개발 및 투자 확대, 혁신성장 마중물 역할 강화 등의 전략을 추진하기 위한 세부 과제로 '경제 활력 제고'의 전략 방향이다.
• (C) 국민이 원하는 서비스 제공, 지역발전 및 지역경제 활성화, 국민소통 및 참여 강화 등의 전략을 추진하기 위한 세부 과제로 '국민 체감형 서비스'의 전략 방향이다.
• (D) 공정하고 청렴한 윤리경영 실현, 인권보호 및 노동권 존중 등의 전략을 추진하기 위한 세부 과제로 '클린 책임 경영'의 전략 방향이다.

07 ①

[상세해설] 스마트워터 그리드는 인터넷 기술을 활용하여 급수 대상 구역에 공급하는 수돗물의 관로를 안전하고 효율적으로 유지하는 체계이다. 배수관로에 누수를 탐지하고 압력을 조절하는 센서를 부착하고 여기에서 나오는 정보를 컴퓨터에 전송하여 수돗물의 수질을 시스템에 의해 자동으로 조절 및 유지하는 기능을 한다.

제시된 글에서 언급된 바와 같이 취수장, 정수장, 수도관 등에서 보내오는 정보를 스마트워터 그리드가 센서를 통해 자동으로 인식하여 이에 필요한 조치를 취하게 되므로, 이는 기존 물 관리의 일방향 정보수집 방식에서 한층 발전된 양방향 정보수집의 기능을 보여주는 스마트워터 그리드의 가장 큰 장점이라고 할 수 있다.

08 ③

[상세해설] 글로벌 물안전관리기법(WSP, Water Safety Plan)은 상수원에서 수도꼭지까지 수돗물의 안전성을 위협할 수 있는 위해 요인을 사전에 진단하여 개선방향을 제시하도록 국내 실정에 맞도록 자체 개발·적용한 글로벌 물안전관리 기법이다. 또한 수직형 정수처리 및 분산형 용수공급시스템은 컴팩트한 수직구조의 신개념 정수처리 설계기술로 소비자 인근으로 정수시설 분산배치와 비상용수 확보를 통한 안전하고 안정적인 미래형 용수공급시스템을 말한다.

언급된 두 가지 물 관리 기법은 6단계 정수처리 시스템 최적화 과정에서 적용되고 있는 기술이며, 정수처리 시스템 최적화 단계는 누구나 신뢰하는 건강한 수돗물 생산체계 강화를 위한 정수작업이 진행되는 과정이라고 할 수 있다.

[오답풀이] ① 3단계 '수자원시설 유지 및 안전관리'에서는 이상강우, 지진, 시설노후화 등의 다양한 위협 요인으로부터 수자원 시설물의 안전성을 강화하기 위해 보조여수로 신설 등의 치수능력 증대사업을 시행하고 있으며, 댐 계측계기 실시간 계측과 지진감시가 가능한 ICT 기반의 수자원통합안전관리시스템과 댐 위험도 분석·평가 기법을 도입, 안전에 믿음을 더하는 예방 중심의 과학적인 시설물 관리가 수행된다.
② 5단계 '취수원 수질관리'에서는 사전 예방적 수질안전 관리체계 구축을 위해 조류 냄새물질 발생을 사전에 모니터링할 수 있는 예측 시스템을 개발하였으며, 실시간 조류냄새물질 측정시스템과 조류독소 온라인 측정시스템을 운영하여 조류 등 취수원 이상수질에 대한 선제적 대응 기반을 마련하여 운영하고 있다.
④ 9단계 '하수처리 운영 효율화'에서는 하천수질개선 및 공공위생 향상 등 국민 생활환경 개선을 위해 댐 상류에 하수도를 건설·운영하여 상수원 수질을 안전하게 관리하고 있으며, 민간투자사업 등 대규모 하수도사업 참여를 통해 깨끗하고 안정된 양질의 물순환체계를 구축하고 있다.

09 ②

[상세해설] 지능형 검침인프라(AMI)는 스마트그리드를 구현하기 위해 필요한 핵심 인프라로서 스마트미터, 통신망, MDMS (Meter Data Management System, 계량데이터관리시스템)와 운영시스템으로 구성되고 스마트미터 내에 모뎀을 설치하여 양방향 통신이 가능한 지능형 전력계량 인프라를 말한다. AMI 운영시스템에서는 소비자와 전력회사 간 양방향 통신으로 원격검침, 수요관리, 전력소비 절감과 전기품질 향상 등 다양한 융복합 서비스를 제공하게 된다. 특히, AMI 사업은 국내 우수한 IT기술을 기반으로 전력피크 시 요금정보 등을 소비자에게 제공하여 최대 수요 저감효과를 얻을 수 있어 근래 지속되고 있는 전력수급 비상 시 능동적인 대처가 가능하기 때문에 그 필요성이 더욱 부각되어 왔다.

제시된 스마트 물관리 개념도에서는 지능형 관망을 운영하는 (B)단계에서 스마트미터, 수질계측기, 수질전광판 등과 함께 지능형 검침인프라가 작동할 수 있다.

[오답풀이] (A)단계에서는 물수급 정보 통합관리, 정수처리 공정 자동화, 실시간 계측관리 등이, (C)단계에서는 수도꼭지 정보제공, 수도꼭지 부착형 필터, 스마트 BILLING, Total Care Service 등이, (D)단계에서는 하이브리드형 재처리 시스템, 재이용수 실시간 계측관리, 무인 원격공정제어 시스템 등의 구체적인 기능이 단계별로 작동되는 것이 스마트 물관리의 기본 개념이다.

10 ③

[상세해설] 공고문의 도입 부분에서 환경부 고시로 실시계획 승인 고시된 「갑」 지역 지하수저류지 설치사업」에 편입되는 토지 등에 대하여, 「공익사업을 위한 토지 등의 취득 및 보상에 관한 법률」 제15조에 의거 '1. 사업개요~4. 보상시기 및 절차' 내용의 보상계획을 공고한다고 서술되어 있다. 또한, 보상가격은 감정평가법인의 평가금액을 산술평균하여 결정한다고 언급되어 있으므로, 해당 지역 주민에 대한 적절한 토지 보상을 통해 분배균형을 실현하고자 함을 알 수 있다.

11 ②

[상세해설] 테일러(Taylor)의 과학적 관리론은 합리적 경제인관·X이론적 인간관에 기초하여 경제적·물질적 유인을 통한 동기부여를 강조한다. 사회심리적 요인을 중시하는 것은 인간관계론이다.

[표] 과학적 관리론과 인간관계론의 비교

구분	과학적 관리론	인간관계론
능률관	기계적 능률관	사회적 능률관
조직관	기계적·기술적·합리적·경제적 모형	사회체제모형
인간관	합리적 경제인관	사회인관

주 연구대상	공식적 구조 중심	비공식 구조, 소집단 중심
동기부여	경제적 유인	사회 · 심리적 유인
의사전달	하향적	상향적 · 하향적
조직과 개인 간 목표의 균형	여건 조성으로 자동적 균형	적극적 개입전략으로 균형

12 ①

[상세해설] 직장 이탈 금지, 친절 · 공정의 의무, 종교중립의 의무는 「국가공무원법」상 공무원의 의무에 해당한다. 부정청탁의 금지는 「국가공무원법」이 아니라 「부정청탁 및 금품등 수수의 금지에 관한 법률」상 공무원의 의무에 해당한다.

13 ④

[상세해설] 「국가재정법」상 추가경정예산안을 편성할 수 있는 사유는 ① 전쟁이나 대규모 재해가 발생한 경우, ② 경기침체, 대량실업, 남북관계의 변화, 경제협력과 같은 대내 · 외 여건에 중대한 변화가 발생하였거나 발생할 우려가 있는 경우, ③ 법령에 따라 국가가 지급하여야 하는 지출이 발생하거나 증가하는 경우이다.

14 ③

[상세해설] 시장형 공기업은 자산규모 2조원, 총수입액 중 자체수입액이 차지하는 비중이 100분의 85 이상인 공기업이며, 준시장형 공기업은 시장형 공기업이 아닌 공기업을 말한다. 한국수자원공사. 한국마사회, 한국철도공사 등은 시장형 공기업이 아니라 준시장형 공기업에 해당한다.

15 ③

[상세해설] 브룸(Vroom)의 기대이론에서 기대감(Expectancy)은 특정 결과가 특정한 노력으로 인해 나타날 수 있다는 가능성에 대한 개인의 신념으로 주관적 확률로 표시된다. 수단성은 1차 수준의 결과(과업목표달성)가 2차 수준의 결과(과업달성에 따른 보상이나 제재, 처벌 등)를 가져오게 될 것이라는 개인의 믿음의 강도를 말한다. 즉 개인이 지각하기에 어떤 특정한 수준의 성과를 달성하면 바람직한 보상이 주어지리라고 믿는 정도를 수단성이라고 한다.

16 ③

[상세해설] 호손효과는 정책평가의 내적 타당성을 저해하는 요인이 아니라 외적 타당성을 저해하는 요인이다. 호손효과는 실험대상자들이 실험대상으로 관찰되고 있다는 사실을 알게 되면 평소와 다른 행동을 하는 것이다. 즉 인위적인 실험환경에서 얻은 실험적 변수의 결과를 모집단에 '일반화'하기 어렵다는 의미에서 호손효과는 정책평가의 외적 타당성을 저해하는 요인에 해당한다.

17 ②

[오답풀이] ⓒ 실질적 편익은 고려하나, 금전적 편익은 사회 전체적으로 보면 순이득이 아니므로 비용편익 분석 시 이를 고려하지 말아야 한다.
ⓒ 편익비용비율(B/C ratio)은 편익을 비용으로 나눈 값으로 1보다 크면 경제성이 있다.

18 ②

[상세해설] 성과주의 예산제도에서는 사업의 단위원가(업무단위 한 개를 생산하는 데 소요되는 경비(예 도로건설 km당 1백 원))에 업무량(업무단위에 표시된 업무의 양(예 10km))을 곱하여 예산액(예 1천만 원)을 측정한다.
[오답풀이] ① 품목별 예산제도는 예산의 통제기능을 충족시키기 위하여 고안되었다.
③ 계획예산제도는 하향식 예산 접근으로 중앙집권적인 기획기능이 강화되어 과도한 중앙집권화를 초래하고 하부기구의 자주성이 상실되기 쉽다.
④ 영기준 예산제도는 예산을 편성할 때 전년도 예산에 구애되지 않고 정부의 모든 사업활동에 대해 영기준(Zero-Base)을 적용하여 그 능률성과 효과성 및 중요성 등을 체계적으로 분석함으로써, '우선순위'를 결정하고 그에 따라 실행예산을 편성 · 결정하는 예산제도를 말한다. 즉 과거의 사업이나 예산에 기득권을 전혀 고려하지 않고 사업의 타당성을 엄밀하게 분석하여 이를 기초로 예산을 배정하는 방식이다.

19 ④

[상세해설] 내부 프로세스 관점에서의 성과지표는 의사결정과정의 시민참여, 적법적 절차, 커뮤니케이션 구조 등이 있다. 고객만족도, 정책순응도, 민원인의 불만율, 신규 고객의 증감 등은 내부 프로세스 관점이 아니라 고객 관점에서의 성과지표이다.

20 ④

[상세해설] 탈신공공관리론의 기본적 목표는 '신공공관리의 역기능적 측면을 교정하고 통치 역량을 강화하며, 정치 · 행정체제의 통제와 조정을 개선하기 위해 재집권화와 재규제를 주창하는 것'이다. 주요 내용은 다음과 같다.
1) 구조적 통합을 통한 분절화의 축소

2) 재집권화와 재규제의 주창

3) 총체적 정부 또는 합체된 정부의 주도

4) 역할 모호성의 제거 및 명확한 역할관계의 안출(案出)

5) 민간 · 공공부문의 파트너십 강조

6) 집권화, 역량 및 조정의 증대

7) 중앙의 정치 · 행정적 역량의 강화

8) 환경적 · 역사적 · 문화적 요소에 대한 유의

구분		탈신공공관리
정부기능	정부–시장관계 기본 철학	정부의 정치 · 행정적 역량 강화 • 재규제의 주창 • 정치적 통제 강조
	주요 행정가치	민주성 · 형평성 등 전통적 행정가치 동시 고려
	정부규모와 기능	민간화 · 민영화의 신중한 접근
	공공서비스 제공 초점	－
	공공서비스 제공방식	민간 · 공공부문의 파트너십 강조
조직구조	기본모형	관료제 모형과 탈관료제 모형의 조화
	조직구조 특징	재집권화 • 분권화와 집권화의 조화
	조직개편 방향	분절화 축소, 총체적 정부 강조 집권화, 역량 및 조정의 증대
관리기법	조직관리 기본철학	자율성과 책임성의 증대
	통제 메커니즘	－
	인사관리 특징	공공책임성 중시

따라서 [보기]에서 탈신공공관리(post－NPM)에 대한 설명으로 옳은 것을 고르면 ⓒ, ⓒ, ⓔ, ⓜ, ⓗ, ⓞ이다.

21 ④

[상세해설] 구성정책은 모든 국민을 대상으로 하는 정책이므로 대외적인 가치배분에는 큰 영향이 없지만, 대내적으로는 게임의 법칙이 일어난다.

[오답풀이] ① 배분정책은 특정 개인, 집단, 지역주민들 또는 국민의 일부에게 권리나 이익 또는 서비스를 배분하는 내용을 지닌 정책으로, 모두가 수혜자가 된다는 면에서 집행과정에서 반발과 갈등의 강도가 가장 적은 정책유형이다.

② 규제정책은 정책의 불응자에게 강제력을 행사하며, 법률의 형태를 취하도록 하는 것이 원칙이나, 집행과정에서 집행자에게 재량권을 부여할 수밖에 없으며, 정책으로부터 혜택을 보는 자와 피해를 보는 자(피규제자)를 정책결정 시에 선택하며, 양자 간의 갈등이 심각해진다.

③ 재분배정책은 계급대립적 성격을 지니는 것으로, 계급정책(class policy)이라 부를 수 있으며, 재산권의 행사에 관련된

것이 아니라 재산 자체를, 평등한 대우가 아니라 평등한 소유를 문제로 삼고 있다.

22 ④

[상세해설] 균형성과관리(BSC: Balanced Score Card, 1992)는 하버드 비즈니스 스쿨의 로버트 캐플런(Kaplan)과 경영컨설턴트인 데이비드 노튼(Norton)이 재무지표 중심의 기존의 성과관리의 한계를 극복하고 다양한 관점의 균형을 추구하기 위하여 주장하였다. BSC는 특히 네 가지 균형을 중시한다. 첫 번째 균형은 ⑤ 재무적 지표와 비재무적 지표(고객, 학습과 성장, 내부 프로세스)의 균형이다. 둘째는 ⓒ 조직의 내부 요소(직원과 내부 프로세스)와 외부 요소(재무적 투자자와 고객) 간 균형이다. 셋째는 ⓒ 결과를 예측해 주는 선행 지표와 결과인 후행 지표 간 균형이다. 넷째는 ⓔ 단기적 관점(재무 관점)과 장기적 관점(학습과 성장 관점)의 균형이다. 따라서 ⑤, ⓒ, ⓒ, ⓔ 모두 옳은 내용이다.

23 ③

[상세해설] 제시된 글은 완전성의 원칙에 관한 사례이다. 예산총계주의로서 모든 세입과 세출은 예산에 명시적으로 나열되어 있어야 한다는 것이 완전성의 원칙이다.

24 ②

[상세해설] ⑤ 예산 편성 지침을 하달하고 그 지침에 따라 사업을 평가하는 것은 합리 모형의 중앙집권적 통제 방식과 관련 있다.

ⓒ 비용 편익 분석은 합리 모형의 대표적 분석 기법이다.

[오답풀이] ⓒ 점증 모형의 점증주의적 예산 전략이다.

ⓔ 대통령의 공약을 들고 나온다거나 정치적 호응을 얻을 수 있도록 사업 명칭이나 내용을 포장하는 것은 대표적 정치적 전략이다.

25 ②

[상세해설] 특별회계는 국가에서 특정한 사업을 운영하고자 할 때, 특정한 자금을 보유하여 운용하고자 할 때, 특정한 세입으로 특정한 세출에 충당함으로써 일반회계와 구분하여 회계처리할 필요가 있을 때에 법률로써 설치한다. 국가가 특정한 목적을 위하여 특정한 자금을 신축적으로 운용할 필요가 있을 때에 한정하여 법률로써 설치하는 것은 기금이다.

> **국가재정법**
> 제4조(회계구분) ① 국가의 회계는 일반회계와 특별회계로 구분한다.
> ② 일반회계는 조세수입 등을 주요 세입으로 하여 국가의 일반적인 세출에 충당하기 위하여 설치한다.

③ 특별회계는 국가에서 특정한 사업을 운영하고자 할 때, 특정한 자금을 보유하여 운용하고자 할 때, 특정한 세입으로 특정한 세출에 충당함으로써 일반회계와 구분하여 회계처리할 필요가 있을 때에 법률로써 설치하되, 별표 1에 규정된 법률에 의하지 아니하고는 이를 설치할 수 없다.

제5조(기금의 설치) ① 기금은 국가가 특정한 목적을 위하여 특정한 자금을 신축적으로 운용할 필요가 있을 때에 한정하여 법률로써 설치하되, 정부의 출연금 또는 법률에 따른 민간부담금을 재원으로 하는 기금은 별표 2에 규정된 법률에 의하지 아니하고는 이를 설치할 수 없다.

② 제1항의 규정에 따른 기금은 세입세출예산에 의하지 아니하고 운용할 수 있다.

26 ③

[상세해설] 기획재정부가 정한 총액 내에서 의원들의 관심이 높은 사업은 소규모 혹은 우선순위를 낮게 설정해 예산 심의에서 증액을 유도할 수 있다. 국회 심의 과정에서 증액된 부분은 부처별 한도액 제한을 받지 않는다.

27 ②

[상세해설] 중복과 낭비를 예방하고 기능 내에서 규모의 경제를 구현할 수 있는 것은 기능구조의 장점이다. 사업구조는 산출물별 생산라인의 중복에 따른 규모경제와 효율성에 손실이 발생하는 단점이 있다.

구분	장점	단점
기능구조	• 중복과 낭비를 예방하고 기능 내에서 규모의 경제 구현 • 유사 기능을 수행하는 조직구성원 간에 분업을 통해 전문기술을 발전시킴	• 각 기능부서들 간의 조정과 협력이 요구되는 환경에 적응하기 곤란 • 의사결정의 상위 집중화로 최고관리층의 업무부담 증가 • 기능전문화에 따른 비효율
사업구조	• 사업부서 내의 기능 간 조정이 용이하고 신속한 환경변화에 적합 • 특정 산출물별로 운영되기 때문에 고객만족도 제고 • 성과책임의 소재가 분명해 성과관리 체제에 유리 • 조직구성원들의 목표가 기능구조보다 포괄적으로 형성 • 의사결정의 분권화	• 산출물별 기능의 중복에 따른 규모의 불경제와 비효율 • 사업부서 내의 조정은 용이하지만, 사업부서 간 조정 곤란 • 사업부서 간 경쟁이 심화될 경우 조직 전반적인 목표 달성 애로 • 각 기능에 맞는 기술 개발 곤란

28 ①

[상세해설] 1990년대의 성과관리제에 대한 설명이다. 성과관리제

는 조직의 미션과 비전에서 출발하여 성과목표를 설정한다는 연역적 · 하향적(top – down) 목표 수립을 강조한다.

[오답풀이] ② 목표관리제(MBO)에서 설정되는 좋은 목표는 구체적이고 상세하게 기술된 목표이다.

③ 하급자의 참여를 통한 협력적 목표 설정이라는 점에서 목표관리제는 조직목표 달성을 위한 상향식(bottom – up) 접근이다.

④ 1970년대 미국은 연방예산제도로 목표관리제가 도입되었다.

29 ③

[상세해설] 규칙적 오류는 어떤 평가자가 다른 평가자들보다 언제나 좋은 점수 또는 나쁜 점수를 주는 것을 말한다. 평가자가 일관성 있는 평정기준을 갖지 못하여 관대화 및 엄격화 경향이 불규칙하게 나타나는 것을 의미하는 것은 총계적 오류이다.

30 ③

[상세해설] 소속책임운영기관의 기관장의 근무기간은 5년의 범위에서 소속중앙행정기관의 장이 정하되, 최소한 2년 이상으로 하여야 하며, 중앙책임운영기관의 장의 임기는 2년으로 하되, 한 차례만 연임할 수 있다.

31 ③

[상세해설] 직류란 같은 직렬 내에서 담당 분야가 같은 직무의 군을 말한다. 직무의 성질이 유사한 직렬의 군은 직군이다.

국가공무원법

제5조(정의) 이 법에서 사용하는 용어의 뜻은 다음과 같다.

1. "직위(職位)"란 1명의 공무원에게 부여할 수 있는 직무와 책임을 말한다.
2. "직급(職級)"이란 직무의 종류 · 곤란성과 책임도가 상당히 유사한 직위의 군을 말한다.
3. "정급(定級)"이란 직위를 직급 또는 직무등급에 배정하는 것을 말한다.
4. "강임(降任)"이란 같은 직렬 내에서 하위 직급에 임명하거나 하위 직급이 없어 다른 직렬의 하위 직급으로 임명하거나 고위공무원단에 속하는 일반직공무원(제4조 제2항에 따라 같은 조 제1항의 계급 구분을 적용하지 아니하는 공무원은 제외한다)을 고위공무원단 직위가 아닌 하위 직위에 임명하는 것을 말한다.
5. "전직(轉職)"이란 직렬을 달리하는 임명을 말한다.
6. "전보(轉補)"란 같은 직급 내에서의 보직 변경 또는 고위공무원단 직위 간의 보직 변경(제4조 제2항에 따라 같은 조 제1항의 계급 구분을 적용하지 아니하는 공무원은 고위공무원단 직위와 대통령령으로 정하는 직위 간의 보직 변경을 포함한다)을 말한다.
7. "직군(職群)"이란 직무의 성질이 유사한 직렬의 군을 말한다.

8. "직렬(職列)"이란 직무의 종류가 유사하고 그 책임과 곤란성의 정도가 서로 다른 직급의 군을 말한다.
9. "직류(職類)"란 같은 직렬 내에서 담당 분야가 같은 직무의 군을 말한다.
10. "직무등급"이란 직무의 곤란성과 책임도가 상당히 유사한 직위의 군을 말한다.

32 ③

[상세해설] 제시문은 행태기준 평정척도법(BARS)에 관한 것이다. 행태기준 평정척도법(BARS)은 도표식 평정척도법이 갖는 평정요소 및 등급의 모호성과 해석상 주관적 판단 개입이라는 문제점 때문에 개발된 방식이다. 각 과업분야에 대해 이상적 과업행태부터 가장 바람직하지 못한 과업행태까지를 몇 개의 등급으로 구분하여 제시한 뒤, 해당 사항에 표시하게 함으로써 근무 성적을 평정하는 방법이다.

33 ②

[상세해설] A는 기능 구조, B는 사업 구조, C는 매트릭스 구조이다. 기능 구조는 전문가의 집합으로 전문성을 살릴 수 있으나(기술적 전문성의 장점) 조정이 어려운(기능 분립주의에 따른 할거주의로 수평적 조정 곤란) 조직 구조이다. 사업 구조는 전문가의 조정은 용이하나(사업부서 내의 기능 간 조정이 극대화하는 구조) 비용이 중복된다는 문제(규모의 불경제)를 지닌 조직 구조이다. 매트릭스 구조는 양자의 장점을 채택한 조직 구조이다.

34 ②

[상세해설] 수평적 이동에는 전직, 전보, 파견, 전입, 겸임, 인사교류 등이 있다. 파견은 공무원의 소속을 바꾸지 않고 일시적으로 다른 기관 등에서 근무하게 하는 것이다.

35 ②

[상세해설] 정책 결정자의 행동에 영향을 미치는 가치에는 정치적 가치, 조직의 가치, 개인의 가치, 정책의 가치, 이념적 가치 등이 있다. 제시문은 공익 또는 도덕적 기준에 비추어 볼 때, 정책 자체가 지닌 바람직한 가치를 기준으로 행동한 정책 결정자에 대한 글이므로 정책의 가치에 관한 서술이다.

36 ②

[상세해설] 다양한 이해관계의 조정을 중시하는 것은 점증주의이다. 합리주의는 예산 배분의 문제를 해결하기 위해 이론이나 모형을 구성하고, 이에 기초해서 계량 모형을 통해 최적의 해결 방안을 모색한다. 반면, 예산의 정치적 성격은 다양한 이해관계의 조정을 의미하는데, 그 결과 예산의 변화는 점증적이게 된다. 점증주의 예산 결정은 보수성, 기득권 옹호, 안정성 등을 특징으로 한다.

37 ②

[상세해설] 「국가재정법」상 추가경정예산안을 편성할 수 있는 경우는 ① 전쟁이나 대규모 재해(「재난 및 안전관리 기본법」 제3조에서 정의한 자연재난과 사회재난의 발생에 따른 피해를 말한다)가 발생한 경우, ② 경기침체, 대량실업, 남북관계의 변화, 경제협력과 같은 대내·외 여건에 중대한 변화가 발생하였거나 발생할 우려가 있는 경우, ③ 법령에 따라 국가가 지급하여야 하는 지출이 발생하거나 증가하는 경우이다. 헌법이나 법률에 의하여 설치된 기관 또는 시설의 유지·운영을 위한 경비의 지출은 준예산을 집행할 수 있는 경우에 해당한다.

> **국가재정법**
> 제54조 ① 국회는 국가의 예산안을 심의·확정한다.
> ② 정부는 회계연도마다 예산안을 편성하여 회계연도 개시 90일 전까지 국회에 제출하고, 국회는 회계연도 개시 30일 전까지 이를 의결하여야 한다.
> ③ 새로운 회계연도가 개시될 때까지 예산안이 의결되지 못한 때에는 정부는 국회에서 예산안이 의결될 때까지 다음의 목적을 위한 경비는 전년도 예산에 준하여 집행할 수 있다.
> 　1. 헌법이나 법률에 의하여 설치된 기관 또는 시설의 유지·운영
> 　2. 법률상 지출의무의 이행
> 　3. 이미 예산으로 승인된 사업의 계속
> 제89조(추가경정예산안의 편성) ① 정부는 다음 각 호의 어느 하나에 해당하게 되어 이미 확정된 예산에 변경을 가할 필요가 있는 경우에는 추가경정예산안을 편성할 수 있다.
> 　1. 전쟁이나 대규모 재해(「재난 및 안전관리 기본법」 제3조에서 정의한 자연재난과 사회재난의 발생에 따른 피해를 말한다)가 발생한 경우
> 　2. 경기침체, 대량실업, 남북관계의 변화, 경제협력과 같은 대내·외 여건에 중대한 변화가 발생하였거나 발생할 우려가 있는 경우
> 　3. 법령에 따라 국가가 지급하여야 하는 지출이 발생하거나 증가하는 경우
> ② 정부는 국회에서 추가경정예산안이 확정되기 전에 이를 미리 배정하거나 집행할 수 없다.

38 ②

[상세해설] 현금주의 방식에 의한 단식부기를 중심으로 회계 운영을 할 경우 이해가 쉽고 회계 처리에 비용이 적게 발생한다는 장점이 있다.

39 ①

[상세해설] 계속비는 당해 연도로부터 5년 이내에 한해 지출할 수 있다.

[오답풀이] ② 추가경정예산은 본예산과 별개로 성립되어 예산 단일성 원칙의 예외이다.

③ 예산 외의 지출 또는 초과지출에 대한 예외(한정성 원칙에 대한 예외)로 예비비, 이용 및 전용, 추가경정예산 등이 있다.

④ 한번 사고이월한 경비는 다시 다음 연도에 재차 이월(재이월)할 수 없다.

40 ④

[상세해설] ㉠~㉺ 모두 공직동기 이론에 관한 옳은 서술이다.

공직동기 이론은 신공공관리론에서 강조하는 이기적인 개인의 전제나 성과급 등을 통한 외재적 보상의 중요성보다는 공공부문 종사자가 갖고 있는 내적 동기 요인의 제고를 강조하며 등장하였다. 따라서 공직동기 이론은 공공부문의 종사자들을 '봉사 의식이 투철하고 공공문제에 더 큰 관심을 가지며 공공의 문제에 영향을 미칠 수 있다는 것에 큰 가치를 부여하고 있는 사람들'이라고 가정한다.

전기

01	02	03	04	05	06	07	08	09	10
②	④	①	④	③	④	①	③	②	③
11	12	13	14	15	16	17	18	19	20
②	①	③	④	②	①	③	②	④	①
21	22	23	24	25	26	27	28	29	30
④	④	②	①	①	②	①	②	①	①
31	32	33	34	35	36	37	38	39	40
④	②	④	③	①	③	④	③	②	②

01 ②

[상세해설] 제시된 보도자료에서는 홍수 예방이나 홍수 조절 등을 위해 예컨대 드론이나 AI 등과 같은 첨단 장비를 활용하는 원격점검대책에 관한 구체적인 계획에 대해서는 언급하고 있지 않다.

[오답풀이] ①, ③, ④ 올해 홍수기에 적용되는 주요 대책 세 가지로 '관계기관 협업대책, 댐 운영 개선대책, 지역소통 강화대책'을 언급하고 있다. 관계기관 협업대책은 환경부·기상청·홍수통제소·한국수자원공사가 참여하는 「정책협의회」를 언급한 부분에서 확인할 수 있으며, 댐 운영 개선대책은 수문방류 예고제가 시행되었다는 점에서 알 수 있다. 또한 지역소통 강화대책은 지자체, 지역주민, 관계기관이 참여하는 '댐 홍수관리 소통 회의'를 가동한다는 설명에서 알 수 있다.

02 ④

[상세해설] ㉠ 조사·계획단계에서 가장 중요한 것은 환경피해를 방지하는 것이며, 이를 위해서는 환경 측면에서의 사업의 적정성, 타당성을 면밀히 검토해야 할 것이다. 따라서 ㉠과 같은 사항은 제반 계획을 수립하게 되는 조사·계획단계의 활동 내역에 해당된다.

㉡ 실제 건설 작업 시의 환경영향을 고려하는 것은 건설 작업의 구체적인 설계와 시공 단계에서 미리 파악하여 친환경시공에 도입해야 하는 사항일 것이므로, 세 번째 설계·시공단계의 활동 내역에 해당된다.

03 ①

[상세해설] 제시된 글에서는 수력발전 댐과 다목적 댐의 연계운영에 대한 필요성이 대두된 배경을 언급하고 있으며, 마지막 문단에서 그러한 연계운영에 따른 기대효과를 개괄적으로 설명하고 있다. 따라서 제시된 글을 통해 강조하고자 하는 바는 '다목적 댐-수력발전 댐 통합운영을 통한 효율적인 관리체계 구축'의 내용이 가장 적절하다.

04 ④

Quick해설 [보기]의 주제1~4에 맞는 문단은 순서대로 [라]–[다]–[나]–[가]이다.

[상세해설] • 주제1: 중소·벤처기업 393개사를 지원함으로써 기업매출 확대 및 일자리 1,889개를 창출하였다는 [라]의 내용은 물 산업 혁신 일자리에 관한 사업의 일환이다.

• 주제2: 지역민 일자리 창출과 복지 증진, 성장자금 지원 등은 사회적 가치를 창출하고 지역경제를 활성화하는 데 기여하는 노력이므로 이는 [다]에서 언급되어 있다.

• 주제3: 핵심역량 관리와 더불어 중장기적인 인력을 육성하기 위한 노력, 미래 변화 및 전략과제를 반영한 전문가 육성 등의 활동은 미래 대비 융합 중심의 창의형 인재 육성 사업의 모습으로, [나]에서 언급되어 있다.

• 주제4: 직장 내 괴롭힘을 방지하기 위한 예방체계 구축에 관하여 언급된 [가]는 구성원이 보호받는 존중 일터 구축의 일환이라고 볼 수 있다.

05 ③

Quick해설 최종 결재권자의 서명이 이루어진 시점은 문서가 성립되는 시점이 되며, 그 효력이 발생하는 시점은 문서의 수신자에게 전달되는 시점이 된다. 이를 '도달주의' 원칙이라고 한다.

[오답풀이] ① 사내 윤리강령과 행동지침 등은 일정한 사항을 지시하는 지시문서이자 내부에 비치하여 업무에 활용하는 비치문서로 볼 수 있다.

② 공기관 간의 업무 협조와 관련된 내용을 주고받은 공식 문서는 일정한 사항을 일반에게 알리는 문서가 아니므로 공고문서로 분류되지 않고 법규문서, 지시문서, 비치문서, 민원문서에도 해당되지 않으므로 일반문서로 분류할 수 있다.

④ 민원문서는 '특정한 행위를 요구하는 문서와 그에 대한 처리문서'라고 기재되어 있으므로 두 가지를 모두 포함한다.

06 ④

[상세해설] • (A) 건강한 물순환 회복, 친환경 대체 수자원 확보, 수생태계 보전과 복원 노력, 삶의 질을 높이는 도시환경 조성 등의 전략을 추진하기 위한 세부 과제로 '건강하고 깨끗한 환경'의 전략 방향이다.

• (B) 양질의 일자리 창출, 신기술 개발 및 투자 확대, 혁신성장 마중물 역할 강화 등의 전략을 추진하기 위한 세부 과제로 '경제 활력 제고'의 전략 방향이다.

• (C) 국민이 원하는 서비스 제공, 지역발전 및 지역경제 활성화, 국민소통 및 참여 강화 등의 전략을 추진하기 위한 세부 과제로 '국민 체감형 서비스'의 전략 방향이다.

• (D) 공정하고 청렴한 윤리경영 실현, 인권보호 및 노동권 존중 등의 전략을 추진하기 위한 세부 과제로 '클린 책임 경영'의 전략 방향이다.

07 ①

[상세해설] 스마트워터 그리드는 인터넷 기술을 활용하여 급수 대상 구역에 공급하는 수돗물의 관로를 안전하고 효율적으로 유지하는 체계이다. 배수관로에 누수를 탐지하고 압력을 조절하는 센서를 부착하고 여기에서 나오는 정보를 컴퓨터에 전송하여 수돗물의 수질을 시스템에 의해 자동으로 조절 및 유지하는 기능을 한다.

제시된 글에서 언급된 바와 같이 취수장, 정수장, 수도관 등에서 보내오는 정보를 스마트워터 그리드가 센서를 통해 자동으로 인식하여 이에 필요한 조치를 취하게 되므로, 이는 기존 물 관리의 일방향 정보수집 방식에서 한층 발전된 양방향 정보수집의 기능을 보여주는 스마트워터 그리드의 가장 큰 장점이라고 할 수 있다.

08 ③

[상세해설] 글로벌 물안전관리기법(WSP, Water Safety Plan)은 상수원에서 수도꼭지까지 수돗물의 안전성을 위협할 수 있는 위해 요인을 사전에 진단하여 개선방향을 제시하도록 국내 실정에 맞도록 자체 개발·적용한 글로벌 물안전관리 기법이다. 또한 수직형 정수처리 및 분산형 용수공급시스템은 컴팩트한 수직구조의 신개념 정수처리 설계기술로 소비자 인근으로 정수시설 분산 배치와 비상용수 확보를 통한 안전하고 안정적인 미래형 용수공급시스템을 말한다.

언급된 두 가지 물 관리 기법은 6단계 정수처리 시스템 최적화 과정에서 적용되고 있는 기술이며, 정수처리 시스템 최적화 단계는 누구나 신뢰하는 건강한 수돗물 생산체계 강화를 위한 정수작업이 진행되는 과정이라고 할 수 있다.

[오답풀이] ① 3단계 '수자원시설 유지 및 안전관리'에서는 이상강우, 지진, 시설노후화 등의 다양한 위협 요인으로부터 수자원 시설물의 안전성을 강화하기 위해 보조여수로 신설 등의 치수능력 증대사업을 시행하고 있으며, 댐 계측계기 실시간 계측과 지진감시가 가능한 ICT 기반의 수자원통합안전관리시스템과 댐 위험도 분석·평가 기법을 도입, 안전에 믿음을 더하는 예방 중심의 과학적인 시설물 관리가 수행된다.

② 5단계 '취수원 수질관리'에서는 사전 예방적 수질안전 관리체계 구축을 위해 조류 냄새물질 발생을 사전에 모니터링할 수 있는 예측 시스템을 개발하였으며, 실시간 조류냄새물질 측정 시스템과 조류독소 온라인 측정시스템을 운영하여 조류 등 취수원 이상수질에 대한 선제적 대응 기반을 마련하여 운영하고 있다.

④ 9단계 '하수처리 운영 효율화'에서는 하천수질개선 및 공공위생 향상 등 국민 생활환경 개선을 위해 댐 상류에 하수도를 건설·운영하여 상수원 수질을 안전하게 관리하고 있으며, 민간투자사업 등 대규모 하수도사업 참여를 통해 깨끗하고 안정된 양질의 물순환체계를 구축하고 있다.

09 ②

[상세해설] 지능형 검침인프라(AMI)는 스마트그리드를 구현하기 위해 필요한 핵심 인프라로서 스마트미터, 통신망, MDMS(Meter Data Management System, 계량데이터관리시스템)와 운영시스템으로 구성되고 스마트미터 내에 모뎀을 설치하여 양방향 통신이 가능한 지능형 전력계량 인프라를 말한다. AMI 운영시스템에서는 소비자와 전력회사 간 양방향 통신으로 원격검침, 수요관리, 전력소비 절감과 전기품질 향상 등 다양한 융복합 서비스를 제공하게 된다. 특히, AMI 사업은 국내 우수한 IT기술을 기반으로 전력피크 시 요금정보 등을 소비자에게 제공하여 최대 수요 저감효과를 얻을 수 있어 근래 지속되고 있는 전력수급 비상 시 능동적인 대처가 가능하기 때문에 그 필요성이 더욱 부각되어 왔다.

제시된 스마트 물관리 개념도에서는 지능형 관망을 운영하는 (B)단계에서 스마트미터, 수질계측기, 수질전광판 등과 함께 지능형 검침인프라가 작동할 수 있다.

[오답풀이] (A)단계에서는 물수급 정보 통합관리, 정수처리 공정 자동화, 실시간 계측관리 등이, (C)단계에서는 수도꼭지 정보제공, 수도꼭지 부착형 필터, 스마트 BILLING, Total Care Service 등이, (D)단계에서는 하이브리드형 재처리 시스템, 재이용수 실시간 계측관리, 무인 원격공정제어 시스템 등의 구체적인 기능이 단계별로 작동되는 것이 스마트 물관리의 기본 개념이다.

10 ③

[상세해설] 공고문의 도입 부분에서 환경부 고시로 실시계획 승인 고시된 「갑」 지역 지하수저류지 설치사업」에 편입되는 토지 등에 대하여, 「공익사업을 위한 토지 등의 취득 및 보상에 관한 법률」 제15조에 의거 '1. 사업개요~4. 보상시기 및 절차' 내용의 보상계획을 공고한다고 서술되어 있다. 또한, 보상가격은 감정평가법인의 평가금액을 산술평균하여 결정한다고 언급되어 있으므로, 해당 지역 주민에 대한 적절한 토지 보상을 통해 분배균형을 실현하고자 함을 알 수 있다.

11 ②

[상세해설] • 전압 분담이 가장 큰 애자: 전선에서 가장 가까운 애자
• 전압 분담이 가장 적은 애자: 전선에서 8번째 애자 또는 철탑에서 3번째 애자

12 ①

[상세해설] 현수 애자 1련의 합성 저항은 $5 \times 1,000[k\Omega]$, 표준 경간이 $200[m]$이므로 $1[km]$, 즉 $1,000[m]$에서의 경간은 애자 5련을 병렬로 설치하여야 한다. 이때 애자의 총 합성 저항은 $R = 5,000/5 = 1,000[k\Omega]$이다.

그러므로 이때의 누설 컨덕턴스 $G = 1/R = 1/1,000[k\Omega] = 10^{-6}[\mho]$이다.

13 ③

[상세해설] • $Q_C = 3wCE^2$
• $Q_C{}' = 3wC'(2E)^2 = 3wC'4E^2$

따라서 $Q_C{}' = Q_C$ 되기 위해서는 $C' = \frac{1}{4}C$이어야 한다.

14 ④

[상세해설] $P_l = 3I^2R = \dfrac{P^2R}{V^2\cos^2\theta}$

• 전력 손실은 선간 전압의 2승에 반비례한다.
• 전력 손실은 역률의 2승에 반비례한다.
• 전력 손실은 저항에 비례한다.

15 ②

[상세해설] 페란티 현상은 무부하 선로에서 대지 정전 용량에 흐르는 충전 전류(진상 전류)의 영향으로 수전단 전압이 송전단 전압보다 높아지는 현상이다. 이에 대한 대책으로는 분로 리액터 설치로 지상 무효 전력을 감소시킨다.

16 ①

[상세해설] • 동기 속도 $N_s = \dfrac{120f}{p} = \dfrac{120 \times 60}{6} = 1,200[rpm]$
• 주파수 $f = \dfrac{pN}{120} = \dfrac{1,200 \times 6}{120} = 60[Hz]$

따라서 8극 발전기의 회전수

$N_s{}' = \dfrac{120f}{p} = \dfrac{120 \times 60}{8} = 900[rpm]$이다.

17 ③

[상세해설] 권선형 유도 전동기에서 2차 저항을 증가시키면 슬립은 증가(ⓒ)하고 기동 토크는 증가(ⓑ)하며 기동 전류는 감소(ⓐ)한다.
• 2차 회로의 역률이 개선된다.
• 최대 토크는 일정하다.

18 ②

[상세해설] • 단방향 사이리스터: SCR(3단자), LASCR(3단자), GTO(3단자), SCS(4단자)
• 쌍방향 사이리스터: SSS(2단자), TRIAC(3단자), DIAC(2단자)

19 ④

[상세해설] 상태 방정식을 벡터행렬로 변환하기 위해 최고 차수의 항을 남긴 채 나머지 항을 이항을 한다.

$$\frac{d^3}{dt^3}c(t)=-10c(t)-7\frac{d}{dt}c(t)-4\frac{d^2}{dt^2}c(t)+3u(t)$$

여기서 벡터 행렬을 구하면 다음과 같다.

$$A=\begin{bmatrix} 0 & 1 & 0 \\ 0 & 0 & 1 \\ -10 & -7 & -4 \end{bmatrix} \quad B=\begin{bmatrix} 0 \\ 0 \\ 3 \end{bmatrix}$$

20 ①

[상세해설] 일반적인 3상 동기 발전기의 경우, 터빈을 원동기로 사용하는 비돌극형 발전기를 말하며, 이 경우 3상 출력 관계식은

$$P=\frac{3EV}{X}\sin\delta[\text{W}]\text{이다.}$$

해당 관계식에 주어진 조건을 대입하면 다음과 같다.

$$P=\frac{3\times2,200\times4,400}{10}\sin30°=1,452,000[\text{W}]=1,452[\text{kW}]$$

21 ④

[상세해설] 단위 임펄스 전압을 라플라스 변환하면 $V(s)=1$이 된다. 전류를 라플라스 변환하면 $I(s)=\dfrac{2}{s+1}+\dfrac{4}{s+2}$이 된다.

이를 이용하여 전압과 전류의 비로 나타내어 임피던스 성분을 표현하면 다음과 같다.

$$Z(s)=\frac{V(s)}{I(s)}=\frac{1}{\dfrac{2}{s+1}+\dfrac{4}{s+2}}=\frac{1}{\dfrac{1}{\dfrac{1}{2}s+\dfrac{1}{2}}+\dfrac{1}{\dfrac{1}{4}s+\dfrac{1}{2}}}$$

$$=\frac{1}{\dfrac{1}{0.5s+0.5}+\dfrac{1}{0.25s+0.5}}$$

해당 임피던스는 각 소자의 요소로 나타내면

$$Z(s)=\frac{1}{\dfrac{1}{R_1+L_1 s}+\dfrac{1}{R_2+L_2 s}}\text{의 꼴이므로, 이는 }R_1, L_1\text{의 직}$$

렬회로와 R_2, L_2의 직렬회로가 전체적으로 병렬을 이루는 것과 같다. 이렇게 해석하였을 때, $R_1=0.5[\Omega]$, $L_1=0.5[\text{H}]$, $R_2=0.5[\Omega]$, $L_2=0.25[\text{H}]$이므로, 다음의 회로로 구성할 수 있다.

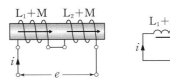

22 ③

[상세해설] 다이오드가 4개 연결된 정류회로는 단상 전파 정류회로 또는 브리지 정류회로라고 한다. 이 경우에는 직류에서 단락

이 된 것과 같으므로, 다이오드를 통해 정류된 직류에서는 무시할 수 있다. 즉 밀리암페어계에 L의 값은 의미가 없다.

교류전압을 E라고 할 때, 단상 전파 정류회로에서 직류전압 E_d는 $E_d=0.9E$의 관계성을 가지며, 이를 이용하여 직류전류 I_d값을 표현하면 $I_d=\dfrac{E_d}{R}=0.9\dfrac{E}{R}$가 된다.

주어진 값을 대입하면 다음과 같다.

$$I_d=0.9\times\frac{10}{2\times10^3}=4.5\times10^{-3}[\text{A}]=4.5[\text{mA}]$$

23 ④

[상세해설] 단상 변압기 3대로 $\varDelta$운전을 하던 도중, 한 대가 소손되어 두 대로 급전하는 것은 V결선으로 운전하는 것을 의미한다. V결선일 때의 변압기의 공급전력(P_n)은 변압기 한 대의 용량을 P_1이라 할 때, $P_v=\sqrt{3}P_1$의 관계식이 성립한다.

여기서 과부하율이 $10[\%]$라고 주어졌으며, 이는 $10[\%]$만큼의 부하전력을 더 부담할 수 있음을 의미하므로, 해당 관계식은 $P_v=\sqrt{3}P_1\times1.1$로 다시 표현할 수 있다. 주어진 단상 변압기의 용량을 대입하면 다음과 같다.

$$P_v=\sqrt{3}\times10\times1.1=1.73\times10\times1.1=19.03[\text{kW}]$$

24 ①

[상세해설] 그림의 회로는 인덕턴스 성분과 저항성분이 직렬로 연결되어 있으므로, 합성 인덕턴스 값을 고려하여 임피던스를 구할 수 있다.

코일의 직렬접속에서 나타나는 합성 인덕턴스는 다음과 같다.

ⓐ 가동접속(가극성)

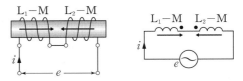

합성 인덕턴스 $L=L_1+L_2+2M$

ⓑ 차동접속(감극성)

합성 인덕턴스 $L=L_1+L_2-2M$

주어진 회로는 가동접속이므로 합성 인덕턴스는 $L=L_1+L_2+2M$이며, 이를 리액턴스 성분으로 나타내면 $X_L=wL=w(L_1+L_2+2M)$이 된다.

저항 또한 직렬이므로 합성 저항은 $R=R_1+R_2$가 된다.

그러므로 합성 임피던스는 다음과 같다.

$$Z=R+jX_L=R_1+R_2+jw(L_1+L_2+2M)$$

25 ①

[상세해설] • 테브난 등가 전압: $V_{ab} = \dfrac{30}{20+30} \times 100 = 60[\text{V}]$

• 테브난 등가 저항: $R_{ab} = \dfrac{20 \times 30}{20+30} = 12[\Omega]$

26 ①

[상세해설] 단락전류 I_s의 관계식은 $I_s = \dfrac{100}{\%x} I_n$이며, 3상 정격전류 I_n의 관계식은 $P = \sqrt{3} V_n I_n$에서 $I_n = \dfrac{P}{\sqrt{3} V_n}$로 표현할 수 있다. 또한, 3상 3선식으로 주어졌으므로, 해당 전선로는 $\varDelta$결선으로 되어있음을 알 수 있다.

즉 상전압 V_p와 선간전압 $V_l(=V_n)$과 같다고 볼 수 있다.

해당 관계식을 이용하여 주어진 조건을 대입하면

$I_s = \dfrac{100}{\%x} \times \dfrac{P}{\sqrt{3} V_n} = \dfrac{100}{5} \times \dfrac{10 \times 10^6}{\sqrt{3} \times 66 \times 10^3}$

$= \dfrac{2 \times 10^5}{66\sqrt{3}} = \dfrac{10^5}{33\sqrt{3}}[\text{A}]$가 된다.

27 ③

[상세해설] 수차 발전기의 관계식은 $P[\text{kW}] = 9.8 QH\eta_t\eta_g$이다.

여기서 $Q[\text{m}^3/\text{s}] =$ 유효수량, $H[\text{m}] =$ 유효낙차, $\eta_t =$ 수차 효율, $\eta_g =$ 발전기 효율을 의미한다. 문제에서 시간[hour]을 물었으므로, 유효수량을 시간에 대해 나타내면 $Q = \dfrac{36,000}{T}[\text{m}^3/\text{h}]$가 되며, 발전기 관계식에 대입하기 위하여 초 단위를 적용하여 나타내면, 1시간은 3,600초이므로 $Q = \dfrac{36,000}{3,600T} = \dfrac{10}{T}[\text{m}^3/\text{s}]$가 된다.

이를 발전기 관계식에 대입하면 $P[\text{kW}] = 9.8 \dfrac{10}{T} H\eta_t\eta_g$가 되며, 시간에 대하여 수식을 정리하여 대입하면 다음과 같다.

$T = 9.8 \dfrac{10}{P} H\eta_t\eta_g = 9.8 \times \dfrac{10}{1,000} \times 100 \times 0.9 = 8.82[\text{hour}]$

따라서 약 9시간 동안 발전할 수 있다.

28 ②

[상세해설] 중거리 선로 해석은 T형 회로와 π형 회로가 있다.

T형 회로	π형 회로

문제에서 T형으로 물었으므로, T형 회로에 대해 4단자 정수를 도출하면 다음과 같다.

$\begin{bmatrix} A & B \\ C & D \end{bmatrix} = \begin{bmatrix} 1 & \dfrac{Z}{2} \\ 0 & 1 \end{bmatrix}\begin{bmatrix} 1 & 0 \\ Y & 1 \end{bmatrix}\begin{bmatrix} 1 & \dfrac{Z}{2} \\ 0 & 1 \end{bmatrix} = \begin{bmatrix} 1+\dfrac{ZY}{2} & \dfrac{Z}{2} \\ Y & 1 \end{bmatrix}\begin{bmatrix} 1 & \dfrac{Z}{2} \\ 0 & 1 \end{bmatrix}$

$= \begin{bmatrix} 1+\dfrac{ZY}{2} & (1+\dfrac{ZY}{2})\dfrac{Z}{2}+\dfrac{Z}{2} \\ Y & 1+\dfrac{ZY}{2} \end{bmatrix} = \begin{bmatrix} 1+\dfrac{ZY}{2} & Z(1+\dfrac{ZY}{4}) \\ Y & 1+\dfrac{ZY}{2} \end{bmatrix}$

이를 이용하여 전송 파라미터를 구성하면 다음과 같다.

$\begin{bmatrix} E_s \\ I_s \end{bmatrix} = \begin{bmatrix} A & B \\ C & D \end{bmatrix}\begin{bmatrix} E_r \\ I_r \end{bmatrix}$

문제에서 송전단 전류 I_s에 대해 물었으므로, 이를 나타내면 $I_s = CE_r + DI_r$이 된다.

위에서 도출한 4단자 정수의 값을 송전단 전류식에 대입하면 $I_s = YE_r + (1+\dfrac{1}{2}ZY)I_r$이다.

29 ③

[상세해설] $I_c = \omega C\ell E = 2\pi \times 60 \times 0.008 \times 10^{-6} \times 100 \times 37,000$
$\fallingdotseq 11.2[\text{A}]$

30 ①

[상세해설] • 단자 전압 $V = I_f R_f = 2 \times 50 = 100[\text{V}]$

• 분권 발전기에서 무부하 시 $I_a = I_f$

• 유기 기전력 $E = V + I_a R_a = V + I_f R_a = 100 + 2 \times 3 = 106[\text{V}]$

31 ④

[상세해설] 저항 R이 주어져 있고, 솔레노이드에 전류가 흘러 자속을 만들면 이에 따른 비례상수 L이 작용하므로, 이 솔레노이드 회로는 R−L회로로 취급할 수 있다.

R−L회로의 시정수는 $\tau = \dfrac{L}{R}[\text{sec}]$이므로, 이를 계산하기 위해서는 인덕턴스 L이 필요하다. $LI = N\varnothing$의 관계를 이용하여 $L = \dfrac{N\phi}{I}$로 표현할 수 있고, 이를 시정수 관계식에 대입하여 풀면 다음과 같다.

$\tau = \dfrac{L}{R} = \dfrac{N\phi}{RI} = \dfrac{1,000 \times 3.5 \times 10^{-2}}{7 \times 5} = 1[\text{sec}]$

32 ②

[상세해설] 문제에서 역률이 주어졌으므로 전압 변동률 관계식 $\varepsilon = p\cos\theta + q\sin\theta$를 이용하여 풀 수 있다.

여기에서 $p = \%r$, $q = \%x$이다. 역률이 100[%]일 때의 전압 변동률은 $\varepsilon = p$이므로, p의 값을 구하면 된다. 역률이 0.6인 경우 무효율은 0.8이며, p는 q의 4배이므로 $p = 4q$이다. 즉 $q = \dfrac{p}{4}$가 되며, 주어진 조건을 해당 관계식에 대입하면 다음과 같다.

$$\varepsilon = 4.8[\%] = p\cos\theta + q\sin\theta = p \times 0.6 + \frac{p}{4} \times 0.8 = 0.8p \text{이므}$$

로, $4.8[\%] = 0.8p$의 관계에 따라 $p = \frac{4.8}{0.8} = 6[\%]$.

따라서 전압 변동률은 약 $6[\%]$이다.

33 ④

[상세해설] $K_p = \lim_{s \to 0} G(s) = \lim_{s \to 0} \frac{50}{1+s} = 50$

$e_p = \frac{1}{1+K_p} = \frac{1}{1+50} = \frac{1}{51}$

34 ③

[상세해설] 제시된 전류의 순시값을 극좌표 형식으로 변환하면 다음과 같다.

- $i_1 = 5\sqrt{2}\sin(\omega t + \theta) \rightarrow I_1 = 5\angle\theta$
- $i_2 = 3\sqrt{2}\sin(\omega t + \theta - \pi) \rightarrow I_2 = 3\angle\theta - \pi$

따라서 두 전류의 차에 상당하는 전류의 실효값은

$I_1 - I_2 = 5\angle\theta - 3\angle\theta - 180° = 5 - 3(\cos180° - j\sin180°)$
$\qquad = 8[A]$

35 ①

[상세해설] • 1차 정격 전류 및 단락 전류

$I_{1n} = \frac{P}{V_1} = \frac{10,000}{3,300} = 3[A]$

$I_{1s} = \frac{1}{a}I_{2s} = \frac{200}{3,300} \times 120 = 7.3[A]$

• 1차 환산 등가 누설 임피던스

$Z_{21} = \frac{V_1'}{I_{1s}} = \frac{300}{7.3} = 41[\Omega]$

• 임피던스 전압

$V_s = I_{1n}Z_{21} = 3 \times 41 = 123[V]$

• % 임피던스 강하

$\%Z = \frac{V_s}{V_{1n}} \times 100 = \frac{123}{3,300} \times 100 = 3.7[\%]$

36 ③

[상세해설] 기전력이 $3[V]$, 내부 저항이 $0.5[\Omega]$인 전지를 3개씩 직렬로 하였을 때의 합성 기전력 및 저항은

$V_s = 3 \times 3 = 9[V]$, $R_s = 0.5 \times 3 = 1.5[\Omega]$

위 직렬 접속의 전지 3조를 병렬로 접속하였을 때의 합성 기전력 및 저항은

$V_p = 9[V]$(병렬 접속 시 건전지 기전력의 변화는 없음),

$R_p = \frac{1.5}{3} = 0.5[\Omega]$

따라서 여기에 부하 저항 $1.5[\Omega]$을 접속하였을 때의 부하 전류는

$I = \frac{V}{R} = \frac{9}{0.5 + 1.5} = 4.5[A]$이다.

37 ④

[상세해설] 전압원 또는 전류원이 2개 이상 존재하는 회로의 경우 '중첩의 원리'를 사용하여 간단하게 풀 수 있다. 중첩의 원리는 각각 하나의 전압원 또는 전류원을 기준으로 값을 구하여 이 값들의 합으로 계산하는 방법으로, 각각 하나의 전압원 또는 전류원으로 해석할 때, 다른 전압원은 단락, 전류원은 개방하여 계산한다.

• 10[A]의 전류원을 기준으로 해석
 i) 30[A]의 전류원을 개방한다.

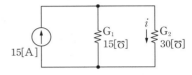

ii) 전류 분배법칙을 사용하여 G_2에 흐르는 전류를 계산한다.

$i_{10[A]} = \frac{G_2}{G_1 + G_2} \times i = \frac{30}{15 + 30} \times 15 = 10[A]$

• 30[A]의 전류원을 기준으로 해석
 i) 10[A]의 전류원을 개방한다.

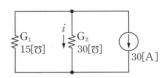

ii) 전류 분배법칙을 사용하여 G_1에 흐르는 전류를 계산한다.

$i_{30[A]} = \frac{G_2}{G_1 + G_2} \times i = \frac{30}{15 + 30} \times (-30) = -20[A]$

여기서 주어진 전류방향과 30[A]의 전류원에서 형성하는 전류의 방향이 반대인 것을 확인하여야 한다.

• G_2에 흐르는 전체 전류 계산
$i_{G_2} = i_{10[A]} + i_{30[A]} = 10 + (-20) = -10[A]$

38 ③

[상세해설] 문제에서 주어진 전달 함수로부터 특성 방정식을 구해 보면 $(s+2)(s^2 + 2s + 2) = s^3 + 4s^2 + 6s + 4 = 0$

위 특성 방정식을 이용하여 루드표를 작성하면 다음과 같다.

차수	제1열 계수	제2열 계수	제3열 계수
s^3	1	6	0
s^2	4	4	0
s^1	$\frac{4 \times 6 - 1 \times 4}{4} = 5$	$\frac{4 \times 0 - 1 \times 0}{4} = 0$	0
s^0	$\frac{5 \times 4 - 4 \times 0}{5} = 4$	$\frac{5 \times 0 - 4 \times 0}{5} = 0$	0

따라서 위 루드표의 제1열의 부호 변화가 없으므로 안정하다.

39 ②

[상세해설] 안정도 향상 방법(개선책)은 다음과 같다.

- 소호리액터 접지방식을 채용한다.
- 동기조상기를 설치한 중간조상방식을 채용한다.
- 고속도 AVR을 사용한 속응여자방식을 채용한다.
- 고속도차단기를 사용한 재폐로 차단방식을 채용한다.
- 직렬콘덴서를 설치하여 리액턴스를 줄인다.
- 단락비를 증가시켜 전압변동률을 줄인다.
- 계통을 연계한다.

따라서 단락비를 감소시킨다는 것은 안정도 향상 방법에 해당되지 않는다.

40 ②

[상세해설] 주어진 R−C회로의 전압관계식을 나타내면

$v_i(t) = Ri(t) + \frac{1}{C}\int i(t)dt$, $v_o(t) = \frac{1}{C}\int i(t)dt$가 되며, 이를 라플라스 변환하면 다음과 같이 나타난다.

$V_i(s) = RI(s) + \frac{1}{Cs}I(s)$, $V_o(s) = \frac{1}{Cs}I(s)$

$V_i(s)$, $V_o(s)$의 수식관계를 이용하여 $V_i(s)$의 수식을 다시 나타내면 $V_i(s) = RI(s) + \frac{1}{Cs}I(s) = RI(s) + V_o(s)$가 되고, 이를 전류에 관해 나타내면

$I(s) = \frac{1}{R}(V_i(s) - V_o(s)) = \frac{1}{R}V_i(s) - \frac{1}{R}V_o(s)$로 나타난다.

이를 신호흐름선도로 나타내면 다음과 같다.

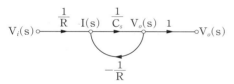

즉, $V_i(s)$에 $\frac{1}{R}$을 곱하여 $I(s)$가 나오고, 여기에 $\frac{1}{Cs}$을 곱하여 $V_o(s)$가 나온다. 여기에서 실제 전류 $I(s)$는 $\frac{1}{R}V_i(s)$에서 $\frac{1}{R}V_o(s)$만큼을 뺀 것으로 표현되므로 그만큼 피드백하여 적용을 해 주어야 한다.

01	02	03	04	05	06	07	08	09	10
②	④	①	④	③	④	①	③	②	③
11	12	13	14	15	16	17	18	19	20
②	②	④	②	④	②	②	②	④	④
21	22	23	24	25	26	27	28	29	30
③	④	④	②	④	③	③	①	④	②
31	32	33	34	35	36	37	38	39	40
④	④	②	①	②	④	②	④	①	③

01 ②

[상세해설] 제시된 보도자료에서는 홍수 예방이나 홍수 조절 등을 위해 예컨대 드론이나 AI 등과 같은 첨단 장비를 활용하는 원격 점검대책에 관한 구체적인 계획에 대해서는 언급하고 있지 않다.

[오답풀이] ①, ③, ④ 올해 홍수기에 적용되는 주요 대책 세 가지로 '관계기관 협업대책, 댐 운영 개선대책, 지역소통 강화대책'을 언급하고 있다. 관계기관 협업대책은 환경부·기상청·홍수통제소·한국수자원공사가 참여하는 「정책협의회」를 언급한 부분에서 확인할 수 있으며, 댐 운영 개선대책은 수문방류 예고제가 시행되었다는 점에서 알 수 있다. 또한 지역소통 강화대책은 지자체, 지역주민, 관계기관이 참여하는 '댐 홍수관리 소통 회의'를 가동한다는 설명에서 알 수 있다.

02 ④

[상세해설] ㉠ 조사·계획단계에서 가장 중요한 것은 환경피해를 방지하는 것이며, 이를 위해서는 환경 측면에서의 사업의 적정성, 타당성을 면밀히 검토해야 할 것이다. 따라서 ㉠과 같은 사항은 제반 계획을 수립하게 되는 조사·계획단계의 활동 내역에 해당된다.

㉡ 실제 건설 작업 시의 환경영향을 고려하는 것은 건설 작업의 구체적인 설계와 시공 단계에서 미리 파악하여 친환경시공에 도입해야 하는 사항일 것이므로, 세 번째 설계·시공단계의 활동 내역에 해당된다.

03 ①

[상세해설] 제시된 글에서는 수력발전 댐과 다목적 댐의 연계운영에 대한 필요성이 대두된 배경을 언급하고 있으며, 마지막 문단에서 그러한 연계운영에 따른 기대효과를 개괄적으로 설명하고 있다. 따라서 제시된 글을 통해 강조하고자 하는 바는 '다목적 댐−수력발전 댐 통합운영을 통한 효율적인 관리체계 구축'의 내용이 가장 적절하다.

04 ④

Quick해설 [보기]의 주제1~4에 맞는 문단은 순서대로 [라]-[다]-[나]-[가]이다.

[상세해설] • 주제1: 중소·벤처기업 393개사를 지원함으로써 기업매출 확대 및 일자리 1,889개를 창출하였다는 [라]의 내용은 물 산업 혁신 일자리에 관한 사업의 일환이다.

• 주제2: 지역민 일자리 창출과 복지 증진, 성장자금 지원 등은 사회적 가치를 창출하고 지역경제를 활성화하는 데 기여하는 노력이므로 이는 [다]에서 언급되어 있다.

• 주제3: 핵심역량 관리와 더불어 중장기적인 인력을 육성하기 위한 노력, 미래 변화 및 전략과제를 반영한 전문가 육성 등의 활동은 미래 대비 융합 중심의 창의형 인재 육성 사업의 모습으로, [나]에서 언급되어 있다.

• 주제4: 직장 내 괴롭힘을 방지하기 위한 예방체계 구축에 관하여 언급된 [가]는 구성원이 보호받는 존중 일터 구축의 일환이라고 볼 수 있다.

05 ③

Quick해설 최종 결재권자의 서명이 이루어진 시점은 문서가 성립되는 시점이 되며, 그 효력이 발생하는 시점은 문서의 수신자에게 전달되는 시점이 된다. 이를 '도달주의' 원칙이라고 한다.

[오답풀이] ① 사내 윤리강령과 행동지침 등은 일정한 사항을 지시하는 지시문서이자 내부에 비치하여 업무에 활용하는 비치문서로 볼 수 있다.

② 공기관 간의 업무 협조와 관련된 내용을 주고받은 공식 문서는 일정한 사항을 일반에게 알리는 문서가 아니므로 공고문서로 분류되지 않고 법규문서, 지시문서, 비치문서, 민원문서에도 해당되지 않으므로 일반문서로 분류할 수 있다.

④ 민원문서는 '특정한 행위를 요구하는 문서와 그에 대한 처리문서'라고 기재되어 있으므로 두 가지를 모두 포함한다.

06 ④

[상세해설] • (A) 건강한 물순환 회복, 친환경 대체 수자원 확보, 수생태계 보전과 복원 노력, 삶의 질을 높이는 도시환경 조성 등의 전략을 추진하기 위한 세부 과제로 '건강하고 깨끗한 환경'의 전략 방향이다.

• (B) 양질의 일자리 창출, 신기술 개발 및 투자 확대, 혁신성장 마중물 역할 강화 등의 전략을 추진하기 위한 세부 과제로 '경제 활력 제고'의 전략 방향이다.

• (C) 국민이 원하는 서비스 제공, 지역발전 및 지역경제 활성화, 국민소통 및 참여 강화 등의 전략을 추진하기 위한 세부 과제로 '국민 체감형 서비스'의 전략 방향이다.

• (D) 공정하고 청렴한 윤리경영 실현, 인권보호 및 노동권 존중 등의 전략을 추진하기 위한 세부 과제로 '클린 책임 경영'의 전략 방향이다.

07 ①

[상세해설] 스마트워터 그리드는 인터넷 기술을 활용하여 급수 대상 구역에 공급하는 수돗물의 관로를 안전하고 효율적으로 유지하는 체계이다. 배수관로에 누수를 탐지하고 압력을 조절하는 센서를 부착하고 여기에서 나오는 정보를 컴퓨터에 전송하여 수돗물의 수질을 시스템에 의해 자동으로 조절 및 유지하는 기능을 한다.

제시된 글에서 언급된 바와 같이 취수장, 정수장, 수도관 등에서 보내오는 정보를 스마트워터 그리드가 센서를 통해 자동으로 인식하여 이에 필요한 조치를 취하게 되므로, 이는 기존 물 관리의 일방향 정보수집 방식에서 한층 발전된 양방향 정보수집의 기능을 보여주는 스마트워터 그리드의 가장 큰 장점이라고 할 수 있다.

08 ③

[상세해설] 글로벌 물안전관리기법(WSP, Water Safety Plan)은 상수원에서 수도꼭지까지 수돗물의 안전성을 위협할 수 있는 위해 요인을 사전에 진단하여 개선방향을 제시하도록 국내 실정에 맞도록 자체 개발·적용한 글로벌 물안전관리 기법이다. 또한 수직형 정수처리 및 분산형 용수공급시스템은 컴팩트한 수직구조의 신개념 정수처리 설계기술로 소비자 인근으로 정수시설 분산 배치와 비상용수 확보를 통한 안전하고 안정적인 미래형 용수공급시스템을 말한다.

언급된 두 가지 물 관리 기법은 6단계 정수처리 시스템 최적화 과정에서 적용되고 있는 기술이며, 정수처리 시스템 최적화 단계는 누구나 신뢰하는 건강한 수돗물 생산체계 강화를 위한 정수작업이 진행되는 과정이라고 할 수 있다.

[오답풀이] ① 3단계 '수자원시설 유지 및 안전관리'에서는 이상강우, 지진, 시설노후화 등의 다양한 위협 요인으로부터 수자원 시설물의 안전성을 강화하기 위해 보조여수로 신설 등의 치수 능력 증대사업을 시행하고 있으며, 댐 계측계기 실시간 계측과 지진감시가 가능한 ICT 기반의 수자원통합안전관리시스템과 댐 위험도 분석·평가 기법을 도입, 안전에 믿음을 더하는 예방 중심의 과학적인 시설물 관리가 수행된다.

② 5단계 '취수원 수질관리'에서는 사전 예방적 수질안전 관리체계 구축을 위해 조류 냄새물질 발생을 사전에 모니터링할 수 있는 예측 시스템을 개발하였으며, 실시간 조류냄새물질 측정 시스템과 조류독소 온라인 측정시스템을 운영하여 조류 등 취수원 이상수질에 대한 선제적 대응 기반을 마련하여 운영하고 있다.

④ 9단계 '하수처리 운영 효율화'에서는 하천수질개선 및 공공위생 향상 등 국민 생활환경 개선을 위해 댐 상류에 하수도를 건설·운영하여 상수원 수질을 안전하게 관리하고 있으며, 민간 투자사업 등 대규모 하수도사업 참여를 통해 깨끗하고 안정된 양질의 물순환체계를 구축하고 있다.

09 ②

[상세해설] 지능형 검침인프라(AMI)는 스마트그리드를 구현하기 위해 필요한 핵심 인프라로서 스마트미터, 통신망, MDMS(Meter Data Management System, 계량데이터관리시스템)와 운영시스템으로 구성되고 스마트미터 내에 모뎀을 설치하여 양방향 통신이 가능한 지능형 전력계량 인프라를 말한다. AMI 운영시스템에서는 소비자와 전력회사 간 양방향 통신으로 원격검침, 수요관리, 전력소비 절감과 전기품질 향상 등 다양한 융복합서비스를 제공하게 된다. 특히, AMI 사업은 국내 우수한 IT기술을 기반으로 전력피크 시 요금정보 등을 소비자에게 제공하여 최대 수요 저감효과를 얻을 수 있어 근래 지속되고 있는 전력수급 비상 시 능동적인 대처가 가능하기 때문에 그 필요성이 더욱 부각되어 왔다.
제시된 스마트 물관리 개념도에서는 지능형 관망을 운영하는 (B)단계에서 스마트미터, 수질계측기, 수질전광판 등과 함께 지능형 검침인프라가 작동할 수 있다.

[오답풀이] (A)단계에서는 물수급 정보 통합관리, 정수처리 공정 자동화, 실시간 계측관리 등이, (C)단계에서는 수도꼭지 정보제공, 수도꼭지 부착형 필터, 스마트 BILLING, Total Care Service 등이, (D)단계에서는 하이브리드형 재처리 시스템, 재이용수 실시간 계측관리, 무인 원격공정제어 시스템 등의 구체적인 기능이 단계별로 작동되는 것이 스마트 물관리의 기본 개념이다.

10 ③

[상세해설] 공고문의 도입 부분에서 환경부 고시로 실시계획 승인 고시된 「'갑' 지역 지하수저류지 설치사업」에 편입되는 토지 등에 대하여, 「공익사업을 위한 토지 등의 취득 및 보상에 관한 법률」 제15조에 의거 '1. 사업개요~4. 보상시기 및 절차' 내용의 보상계획을 공고한다고 서술되어 있다. 또한, 보상가격은 감정평가법인의 평가금액을 산술평균하여 결정한다고 언급되어 있으므로, 해당 지역 주민에 대한 적절한 토지 보상을 통해 분배균형을 실현하고자 함을 알 수 있다.

11 ②

[상세해설] 경로함수는 경로에 따라 달라지는 물리량/함수/변수를 말한다. 일과 열은 경로함수이지만 내부에너지, 엔트로피, 엔탈피 등은 상태함수이다. 상태함수(state function)는 경로에 의존하지 않고, 처음과 나중의 상태에만 의존하는 함수이며, 점함수(point function)라고도 한다. 경로에 관계없이 계의 상태만으로 정해지는 물리량/함수/변수 등으로 온도, 부피, 압력, 내부에너지, 엔트로피, 엔탈피 등의 상태량이 상태함수에 해당된다.

12 ②

[상세해설] 회로의 압력이 설정치 이상이 되면 밸브가 열려 설정 압력 이상으로 증가하는 것을 방지하는 데 사용되는 유압밸브는 ②의 릴리프밸브다.

[오답풀이] ① 시퀀스밸브의 기호이다.
③ 감압밸브의 기호이다.
④ 유압펌프의 기호이다.

13 ④

[상세해설] 손실수두 $H = f \dfrac{l}{d} \dfrac{v^2}{2g}$ 이므로, 관의 길이가 증가할수록 손실수두는 증가한다(f: 마찰계수, l: 관의 길이, d: 관의 직경, v: 유체의 속도, g: 중력가속도).

14 ②

[상세해설] ㉠ 시밍(seaming): 접어서 굽히거나 말아 넣거나 하여 맞붙여 잇는 이음 작업
㉡ 헤밍(hemming): 내판(inner panel)을 외판(outer panel)에 얹고 외판의 플랜지를 펀치로 밀어 눌러 접어 내판과 외판을 결합하는 공법

[오답풀이] • 과도굽힘(overbending): 스프링 백을 감소시키기 위해 하형 다이에 여유각을 두어 판재가 과다 굽힘되게 하는 방법
• 스프링백(springback): 금속 박판의 성형 시 변형이 끝난 후 박판에 가해진 굽힘력이 제거되면 굽혀진 공작물 내에 남아 있는 탄성에너지로 인해 변형량의 일부분이 복원되는 현상

15 ③

[상세해설] 강을 고온의 오스테나이트 상태에서 담금질하였을 때 얻어지는 매우 단단하고 가늘고 치밀한 침상 조직은 마텐자이트(martensite) 조직이다. 마텐자이트 변태가 시작되는 온도는 탄소량에 의해 결정되므로 마텐자이트 온도(Ms점)라 하는데, 마텐자이트 변태는 이 온도 이하로 떨어질수록 진척되며, 다시 가열해도 원상태로 돌아오지 않는다. 이 온도를 Mf점이라고 한다. 탄소량 0.3%인 강에서는 Ms점이 약 350℃이고, 탄소량이 많아지고 합금원소가 가해지면 Ms점은 낮아진다. 마텐자이트 변태의 메커니즘은 무확산 변태과정이며 경도가 높은 이유는 가능 침상 결정 속의 전위밀도가 매우 높기 때문이다.

[오답풀이] ① 오스테나이트(austenite) 조직: 상온에서 안정된 체심입방의 철보다도 탄소가 더 많이 녹아들며, 마모에 강한 특색이 있으므로 철도레일의 포인트·무한궤도의 벨트 등에는 망가니즈강의 오스테나이트가 사용된다.
② 베이나이트(bainite) 조직: 고온도 영역에서 생성하는 베이나이트를 상부 베이나이트, 저온도 영역에서 생성하는 베이나이트를 하부 베이나이트 혹은 침상 베이나이트라고 한다.
④ 펄라이트(pearlite) 조직: 탄소 함유량 0.76~0.86[%]인 강

을 오스테나이트 구역으로 가열한 후 공석 변태온도 이하로 냉각시킬 때, 페라이트와 시멘타이트의 조직이 층상으로 나타나는 조직이다.

16 ②

[상세해설] 전단력 $=\dfrac{1}{2}wL$

$$=\dfrac{1}{2}\times 20\times 600$$

$$=6,000[\text{N}]$$

$$=6[\text{kN}]$$

17 ②

[상세해설] • SM35C: 기계구조용강으로 탄소(C)가 0.35[%]

• SC350: 주강용 탄소강으로 항복강도가 $350[\text{N/mm}^2]$

18 ③

[상세해설] 강화플라스틱은 비강도 및 비강성이 높고 이방성이 크다.

19 ③

[상세해설] $\theta=\dfrac{180}{\pi}\times\dfrac{Tl}{GI_P}=\dfrac{583.6Tl}{Gd^4}$

$$\left(\text{극단면2차모멘트 } I_P=\dfrac{\pi d^4}{32}\right)$$

$$=\dfrac{583.6\times 3,000\times 150}{8,300,000\times 5^4}$$

$$≒0.050$$

$$≒0.05°$$

20 ②

[상세해설] $\dfrac{F}{A}\propto\dfrac{u}{h}=\dfrac{du}{dy}$ ∴ 전단응력 $\tau=\mu\dfrac{du}{dy}$

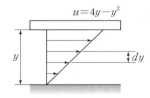

액체의 속도 u를 y로 한번 미분하면 전단응력

τ는 $\tau=\mu\dfrac{du}{dy}=\mu\dfrac{d}{dy}(4y-y^2)=\mu(4-2y)$이다.

$y=0$을 대입하면 $\tau=\mu\cdot 4$이다.

따라서 마찰전단응력은 $4\mu[\text{N/m}^2]$이다.

21 ③

[상세해설] 암석덩어리의 물속과 수은 속에 있는 부피를 V_w와 V_m이라 하면 '(암석덩어리의 무게)=(물에 의한 부력)+(수은에 의한 부력)'으로 표현할 수 있다.

$$1,000\times 5.3\times(V_w+V_m)=1,000\times V_w+1,000\times 13.6\times V_m$$

$$5.3V_w+5.3V_m=V_w+13.6V_m$$

$$5.3V_w-V_w=13.6V_m-5.3V_m$$

$$4.3V_w=8.3V_m$$

따라서 $\dfrac{V_w}{V_m}=\dfrac{8.3}{4.3}=\dfrac{83}{43}$이다.

22 ④

[상세해설] 제동토크 $T=Q\cdot\dfrac{D}{2}=\mu P\cdot\dfrac{D}{2}=0.1\times 300\times\dfrac{420}{2}$

$$=6,300[\text{kg}\cdot\text{mm}]$$

23 ④

[상세해설] 축에 작용하는 토크(비틀림 모우멘트)를 T, 축에 작용하는 접선력을 P, 축의 지름을 d, 키의 길이를 L, 키 재료의 허용전단응력을 τ_a라 하면

$$P=\dfrac{2T}{d}=bl\tau_a\text{에서}$$

$$T=\dfrac{dbl\tau_a}{2}=\dfrac{0.06m\times 0.01m\times 0.08m\times 200,000,000N/m^2}{2}$$

$$=4,800(N\cdot m)\text{이다.}$$

24 ②

[상세해설] $1cc=1\text{cm}^3$

$Q=qN$으로부터 1회전당유량 $q=\dfrac{Q}{N}$ (단, Q: 유량, N: 분당회전수)

펌프의 구동토크$(T)=\dfrac{pq}{2\pi}$

$$=\dfrac{20\times 200}{2\times 3.2}$$

$$=6.25[\text{kgf}\cdot m]$$

25 ③

[상세해설] 직렬관수로에서는 관로를 통한 유량은 일정하나 수두손실은 관의 연장에 걸쳐 누적되는 반면, 병렬관수로에서는 이와 반대로 수두손실은 각 병렬관수로에서 일정하며 총 유량은 각 병렬관수로의 유량의 합과 같다$(Q=Q_a+Q_b)$.

병렬관수로 내의 흐름 문제 해석 시에는 미소손실과 속도수두는 통상 무시하므로 병렬관수로에서의 Bernoulli 방정식은 다음과 같이 표시한다.

$$h_{La} = h_{Lb} = (\frac{p_1}{\gamma} + z_1) - (\frac{p_2}{\gamma} + z_2)$$

따라서 관로 1a2에서의 손실수두(h_{La})는 관로 1b2에서도 동일하게 5m가 된다.

26 ④

[상세해설] 밴드, 엘보우, 밸브등 기타 관부품에서 생기는 저항손실을 부차적 손실(minor loss)이라 하며 $h_L = K\frac{V^2}{2g}$로 나타낸다. 여기서 K는 손실계수로서 보통 실험적으로 구하며 $K = 10$을 식에 대입하면 $h_L = 10 \times \frac{V^2}{2g} = 10 \times \frac{10^2}{2 \times 9.8} = \frac{1,000}{19.6} = 51$이다.
따라서 손실수두는 51m이다.

27 ④

[상세해설] $P = \gamma h = \rho g h$에서 $h = \frac{P}{\rho g} = \frac{890 \times 10^3}{1,000 \times 9.8} = 90.8$[m]
이다.

28 ①

[상세해설] 평벨트의 길이 $L = \frac{\pi}{2}(D_1 + D_2) + \frac{(D_2 - D_1)^2}{4C} + 2C$
$= \frac{\pi}{2}(300 + 500) + \frac{(500 - 300)^2}{4 \times 800} + 2 \times 800$
$= 2,869$[mm]

29 ④

[상세해설] $\sigma_{max} = a_k \sigma_n = a_k \times \frac{P}{A} = a_k \times \frac{P}{(b-a)t}$
$= 2 \times \frac{5 \times 10^3}{(50 - 10) \times 5} = 50$[N/mm^2]

30 ②

[상세해설] $t \geq \frac{pd}{2\sigma_a \eta} + C \rightarrow p \leq \frac{2\sigma_a \eta(t - C)}{d}$
$p \leq \frac{2 \times 4 \times 0.75(8 - 1)}{150} \leq 0.28$kgf/mm^2
따라서 최대내압은 0.28[kgf/mm^2]이다.

31 ④

[상세해설] 웜(원동축): n_1, Z_1
웜휠(종동축): n_2, Z_2

$$i = \frac{n_2}{n_1} = \frac{Z_1}{Z_2} = \frac{\frac{\ell}{p}}{\frac{\pi D_2}{p}} = \frac{\ell}{\pi D_2}$$

$\tan\gamma = \frac{\ell}{\pi D_1}$이므로 $\ell = \pi D_1 \tan\gamma$

따라서 $\frac{n_2}{n_1} = \frac{\ell}{\pi D_2} = \frac{\pi D_1 \tan\gamma}{\pi D_2} = \frac{D_1 \tan\gamma}{D_2}$

32 ④

[상세해설] $\frac{V_1^2}{gy_1} = \frac{0.5^2}{9.8 \times 4} = 6.38 \times 10^{-3} < 1$
∴ 수력도약이 일어나지 않는다.
[오답풀이] 수력도약은 갑자기 유속이 느려지면서 수심이 깊어지는 현상이다.
$\frac{V_1^2}{gy_1} = 1$이면 등류 또는 균속도 운동이고, $\frac{V_1^2}{gy_1} > 1$이면 상류이다.

33 ②

[상세해설] • 토크 $T = \frac{5 \times 10^3}{\frac{2\pi \times 100}{60}} = 500$[N·m]

• 접선력 $F = T \times \frac{2}{d} = 500 \times 10^3 \times \frac{2}{20} = 5 \times 10^4$[N]

따라서 $\frac{5 \times 10^4}{b \times 50} = 100 \rightarrow b = 10$[mm]

34 ①

[상세해설] 하겐-포아젤 방정식 $Q = \frac{\Delta P \pi d^4}{128\mu\ell} = \frac{\pi R^4}{8\mu\ell}(P_1 - P_2)$

35 ②

[상세해설] Prandtl이 가정한 혼합거리 $l = ky$이므로 벽($y = 0$)에서는 거리 $l = 0$이다.
[오답풀이] 플란틀(Prandtl)의 혼합거리는 유체 입자가 주변 유체로 분산되기 전에 원래의 특성을 유지하는 거리로 난류 속에서 유체 입자가 자신의 운동량을 상실하지 않고 진행할 수 있는 거리이다.

36 ④

[상세해설] $p = \gamma h$이므로 $h = \frac{p}{\gamma} = \frac{98.7 \times 10^3}{10} = 9,870$[m]

37 ②

[상세해설] $T = \mu P \dfrac{d}{2} \rightarrow P = \dfrac{2T}{\mu d}$

$= \dfrac{2 \times 200 \times 10^3}{0.2 \times 400} = 5,000[\text{N}]$

따라서 드럼이 시계방향(우회전)으로 회전하므로 지점에서 모멘트는 다음과 같다.

$Fa - Pb - \mu Pc = 0$

$F = \dfrac{P(b + \mu c)}{a} = \dfrac{5,000(280 + 0.2 \times 100)}{1,500}$

$= 1,000[\text{N}]$

38 ④

[상세해설] • $\tan\delta_1 = \dfrac{\sin\theta}{\dfrac{D_2}{D_1} + \cos\theta} = \dfrac{\sin 120^\circ}{\dfrac{150}{300} + \cos 120^\circ}$

$= \dfrac{\sin 120^\circ}{\dfrac{1}{2} + (-0.5)} = \infty$

따라서 $\delta_1 = 90^\circ$

• $\tan\delta_2 = \dfrac{\sin\theta}{\dfrac{D_1}{D_2} + \cos\theta} = \dfrac{\sin 120^\circ}{\dfrac{300}{150} + \cos 120^\circ}$

$= \dfrac{0.866}{2 + (-0.5)} = \dfrac{0.866}{1.5}$

따라서 $\delta_2 = 30^\circ$

39 ①

[상세해설] 병렬 연결이므로 $k = 4k_1 = 4 \times 10 = 40[\text{N/cm}]$이다.

$F = \rho QV = 1,000 \times 0.01 \times 10 = 100[\text{N}]$

따라서 $k = \dfrac{F}{\delta} \rightarrow \delta = \dfrac{F}{k} = \dfrac{100}{40} = 2.5[\text{cm}]$이다.

40 ③

[상세해설] 온도가 일정하므로 보일의 법칙에 따라 $PV = C$이다.

즉, $P_1 V_1 = P_2 V_2 \rightarrow P_1 A_1 \ell_1 = P_2 A_2 \ell_2$

$\rightarrow P_1 A_1 \ell_1 = \dfrac{F_2}{A_2} A_2 \ell_2 \rightarrow P_1 A_1 \ell_1 = F_2 \ell_2$

$0.3 \times \dfrac{\pi \times 30^2}{4} \times 200 = 500 \times (200 - S)$

$S = 119[\text{mm}]$

K water

직업기초능력평가

번호	문제해결능력	번호	의사소통능력	번호	수리능력	번호	자원관리능력
01	① ② ③ ④	11	① ② ③ ④	21	① ② ③ ④	31	① ② ③ ④
02	① ② ③ ④	12	① ② ③ ④	22	① ② ③ ④	32	① ② ③ ④
03	① ② ③ ④	13	① ② ③ ④	23	① ② ③ ④	33	① ② ③ ④
04	① ② ③ ④	14	① ② ③ ④	24	① ② ③ ④	34	① ② ③ ④
05	① ② ③ ④	15	① ② ③ ④	25	① ② ③ ④	35	① ② ③ ④
06	① ② ③ ④	16	① ② ③ ④	26	① ② ③ ④	36	① ② ③ ④
07	① ② ③ ④	17	① ② ③ ④	27	① ② ③ ④	37	① ② ③ ④
08	① ② ③ ④	18	① ② ③ ④	28	① ② ③ ④	38	① ② ③ ④
09	① ② ③ ④	19	① ② ③ ④	29	① ② ③ ④	39	① ② ③ ④
10	① ② ③ ④	20	① ② ③ ④	30	① ② ③ ④	40	① ② ③ ④

감독 확인란

성명

수험번호
⓪ ① ② ③ ④ ⑤ ⑥ ⑦ ⑧ ⑨

생년월일
⓪ ① ② ③ ④ ⑤ ⑥ ⑦ ⑧ ⑨

수험생 유의 사항

(1) 아래와 같은 방식으로 답안지를 바르게 작성한다.
(예) ① ② ● ④

(2) 성명란은 왼쪽부터 빠짐없이 순서대로 작성한다.

(3) 수험번호는 각자 자신에게 부여 받은 번호를 표기하여 작성한다.

(4) 출생월일은 출생연도를 제외하고 작성한다.

(예) 2002년 4월 1일은 0401로 표기한다.

직업기초능력평가

성 명

감독
확인란

수험번호

성 명

수험번호

생년월일

수험생 유의사항

(1) 아래와 같은 방식으로 답안지를 바르게 작성한다.

(예)   ①   ②   ●   ④

(2) 성명란은 왼쪽부터 빠짐없이 순서대로 작성한다.

(3) 수험번호는 각자 자신에게 부여 받은 번호를 표기하여 작성한다.

(4) 생년월일은 총생년도를 제외하고 작성한다.

(예) 2002년 4월 1일은 0401로 표기한다.

번호	문제해결능력			
01	①	②	③	④
02	①	②	③	④
03	①	②	③	④
04	①	②	③	④
05	①	②	③	④
06	①	②	③	④
07	①	②	③	④
08	①	②	③	④
09	①	②	③	④
10	①	②	③	④

번호	의사소통능력			
11	①	②	③	④
12	①	②	③	④
13	①	②	③	④
14	①	②	③	④
15	①	②	③	④
16	①	②	③	④
17	①	②	③	④
18	①	②	③	④
19	①	②	③	④
20	①	②	③	④

번호	수리능력			
21	①	②	③	④
22	①	②	③	④
23	①	②	③	④
24	①	②	③	④
25	①	②	③	④
26	①	②	③	④
27	①	②	③	④
28	①	②	③	④
29	①	②	③	④
30	①	②	③	④

번호	자원관리능력			
31	①	②	③	④
32	①	②	③	④
33	①	②	③	④
34	①	②	③	④
35	①	②	③	④
36	①	②	③	④
37	①	②	③	④
38	①	②	③	④
39	①	②	③	④
40	①	②	③	④

K water

직 업 기 초 능 력 평 가

감독 확인란

번호	문제해결능력	번호	의사소통능력	번호	수리능력	번호	자원관리능력
01	① ② ③ ④	11	① ② ③ ④	21	① ② ③ ④	31	① ② ③ ④
02	① ② ③ ④	12	① ② ③ ④	22	① ② ③ ④	32	① ② ③ ④
03	① ② ③ ④	13	① ② ③ ④	23	① ② ③ ④	33	① ② ③ ④
04	① ② ③ ④	14	① ② ③ ④	24	① ② ③ ④	34	① ② ③ ④
05	① ② ③ ④	15	① ② ③ ④	25	① ② ③ ④	35	① ② ③ ④
06	① ② ③ ④	16	① ② ③ ④	26	① ② ③ ④	36	① ② ③ ④
07	① ② ③ ④	17	① ② ③ ④	27	① ② ③ ④	37	① ② ③ ④
08	① ② ③ ④	18	① ② ③ ④	28	① ② ③ ④	38	① ② ③ ④
09	① ② ③ ④	19	① ② ③ ④	29	① ② ③ ④	39	① ② ③ ④
10	① ② ③ ④	20	① ② ③ ④	30	① ② ③ ④	40	① ② ③ ④

성명

수험번호

⓪ ① ② ③ ④ ⑤ ⑥ ⑦ ⑧ ⑨

생년월일

⓪ ① ② ③ ④ ⑤ ⑥ ⑦ ⑧ ⑨

수험생 유의 사항

(1) 아래와 같은 방식으로 답안지를 바르게 작성한다.

　(예) ① ② ● ④

(2) 성명란은 왼쪽부터 빠짐없이 순서대로 작성한다.

(3) 수험번호는 각자 자신에게 부여 받은 번호를 표기하여 작성한다.

(4) 출생월일은 출생연도를 제외하고 작성한다.

　(예) 2002년 4월 1일은 0401로 표기한다.

K water

직업기초능력평가

성 명

<table>
<tr><td>ㄱ</td><td>ㄴ</td><td>ㄷ</td><td>ㄹ</td><td>ㅁ</td><td>ㅂ</td><td>ㅅ</td><td>ㅇ</td><td>ㅈ</td><td>ㅊ</td><td>ㅋ</td><td>ㅌ</td><td>ㅍ</td><td>ㅎ</td></tr>
</table>

감독
확인란

수험번호

| 0 | ① | ② | ③ | ④ | ⑤ | ⑥ | ⑦ | ⑧ | ⑨ |

생년월일

| 0 | ① | ② | ③ | ④ | ⑤ | ⑥ | ⑦ | ⑧ | ⑨ |

수험생 유의 사항

(1) 아래와 같은 방식으로 답안지를 바르게 작성한다.
(예) ① ② ● ④
(2) 성명란은 왼쪽부터 빠짐없이 순서대로 작성한다.
(3) 수험번호는 각자 자신에게 부여 받은 번호를 작성한다.
(4) 생년월일은 홍길동으로 제외하고 작성한다.
(예) 2002년 4월 1일은 0401로 표기한다.

번호	문제해결능력				번호	의사소통능력				번호	수리능력				번호	자원관리능력			
01	①	②	③	④	11	①	②	③	④	21	①	②	③	④	31	①	②	③	④
02	①	②	③	④	12	①	②	③	④	22	①	②	③	④	32	①	②	③	④
03	①	②	③	④	13	①	②	③	④	23	①	②	③	④	33	①	②	③	④
04	①	②	③	④	14	①	②	③	④	24	①	②	③	④	34	①	②	③	④
05	①	②	③	④	15	①	②	③	④	25	①	②	③	④	35	①	②	③	④
06	①	②	③	④	16	①	②	③	④	26	①	②	③	④	36	①	②	③	④
07	①	②	③	④	17	①	②	③	④	27	①	②	③	④	37	①	②	③	④
08	①	②	③	④	18	①	②	③	④	28	①	②	③	④	38	①	②	③	④
09	①	②	③	④	19	①	②	③	④	29	①	②	③	④	39	①	②	③	④
10	①	②	③	④	20	①	②	③	④	30	①	②	③	④	40	①	②	③	④